오십부터 시작하는
나이듦의 기술

오십부터 시작하는
나이듦의 기술

코니 즈바이크 지음
Connie Zweig

권은현 옮김

불광출판사

나이의 그림자를 만나다

저 멀리 벗어나려고 아무리 발버둥을 쳐도,
내 그림자는 나를 내버려 두지 않았다.
오직 태양만이 그림자를 몰아낼 힘이 있고,
태양만이 그림자의 크기를 키울 수도 줄일 수도 있다.
태양에서 그림자를 찾자.
- A. J. 아르베리, 『루미의 신비주의 시(*Mystical Poems of Rumi*)』

나는 수십 년간 '긍정적이고 의식적인 노인 되기 공동체'의 노인학자이자 기업가, 연사, 작가로 활동해오며 노인학 분야에 내면의 세계를 소개해 줄 심층 심리학자의 등장을 손꼽아 기다렸다. 정작 우리의 연구대상인 노인들의 목소리와 주관적인 경험을 듣지 못했다는 실망감에 젖어 학술회의장을 떠날 때가 많았던 탓이다. 그래서 노인의 사회, 제도, 경제, 정치 같은 객관적 문제만큼이나 중요한 주관적인 심리·정서·종교적 문제를 연결 지을 수 있는 누군가가 나타나길 간절히 바랐다.

예컨대, 오랜 사회생활에서 은퇴한 후 인생의 새로운 목적을 찾는 사람은 무엇을 경험할까? 그 사람의 달라진 목적을 사회 제도와 지역 공동체는 어떻게 지원할 수 있을까? 인생의 끝자락에서 용서를 느끼고자 우리를 배신한 사람과 화해하려 할 때의 개인적인 경험은 어떤가? 노년기의 삶을 부정하고 무의식적으로 살던 노인에서 깊은 자각과 함께 자신이 가진 재능을 나누는 삶을 사는 의식적인 **원로(Elder)**로의 내적 변화를 겪는 것은 어떤 느낌일까? 우리 사회가 어떻게 하면 더 많은 사람이 이러한 심리적 변화를 경험하게 할 수 있을까?

이와는 반대로, 자기 일을 중심으로 자아상을 형성해오다가 나이가 들었다는 이유(연령주의)로 커리어를 잃게 된 여성은 어떠한 내적 경험을 할까? 더 이상 가장의 역할을 할 수 없는 남성의 자존감은 어떻게 될까? 중병에 걸린 여성이 죽음이 임박했다는 사실을 마주하고 더는 가족을 돌볼 수 없게 될 때, 그 여성의 내면에는 어떤 일이 벌어질까? 노화는 단지 역할의 변화뿐 아니라 정체성, 의미, 목적 측면에서 커다란 내적인 변화를 겪는 과정이다. 사회와 가족은 이 시기를 어떻게 지지할 수 있을까?

바로 그 순간, 나는 마치 기도에 대한 응답처럼 책상 위에 놓인 코니 츠바이크의 이 책을 발견하게 된다. 이 책은 이야기와 인터뷰를 통해 지금까지 탐구되지 않았던, 칼 융이 '무의식', 또는 '그림자'로 표현한 나이듦의 영역을 밝힌다. 그림자는 인식의 불빛이 닿지 않는 곳에 자리한 우리의 한 부분이다. 거절당했거나 받아들일 수 없었던 특징과 감정, 아직 발현되기 전이거나 이루지 못한 숨겨진 재능과 능력을 담고 있다. 칼 융의 말처럼, 그림자의 본질은 순금과도 같다.

앞서 인용한 루미의 시에서 보이듯 오직 태양만이, 인식의 빛만이 우리 내면의 어둡고 알려지지 않은 그림자를 드러내고 결국에는 그 크기를 줄일 수 있다. 태양이 밝을수록 그림자는 희미해진다. 코니 츠바이크는 바로 이 그림자에 관한 베스트셀러를 여럿 써 왔으며, 지금까지 어떤 작가도 시도하지 못했던 '나이의 그림자'라는 영역을 탐구할 수 있는 가장 이상적인 탐험가이다.

그는 노년기의 특별한 가능성을 실현하지 못하게 우리의 역량을 가로막는 무의식 상태의 내적 장애물들을 중심으로 이야기를 풀어낸다. 그뿐만 아니라 이러한 장애물을 극복할 도구로 여러 가지 전통에서 유래한 그림자 작업(shadow work)과 영적 수련 같은 자기만의 방법을 제시한다. 한 가지 예를 들어보자.

나는 꿈을 통해 우리가 이미 알고 있지만 볼 수 없었던 것들을 보게 된다고 생각한다. 바로 이러한 이유에서 칼 융은 그림자를 탐구하기 위한 '꿈 작업(dream work)'을 개발했다. 몇 년 전에 나는 70세의 나이로 의대에 지원했다가 입학을 거부당해 스트레스를 받는 꿈을 꾸었다. 잠에서 깨어난 나는 연령주의가 외부의 사회 제도만이 아니라 내 안에도 존재한다는 사실을 깨달았다.

문화적 연령주의의 폐해를 다룬 책은 수없이 많다. 그러나 코니는 '내면의 연령주의자', 즉 꿈속에서 나 자신을 거부했던 나의 일부분에 대한 책을 썼다. 그리고 사랑하는 독자들이여, 들어보라. 우리의 일부분인 바로 그 그림자는 젊음, 자아상, 성공, 통제에 매달린다. 그리고 온갖 수단을 동원해 죽음의 존재를 부인하며 우리 자신을 거부한다. 다시 말해, 코니 츠바이크는 내면에서부터 연령주의를 탐구함으로써 우리가 내면에 존재하는 연령주의자를 인식하고 그림자에서 나와 빛으로 향하도록 이끌어준다.

그는 우리 시대의 다양한 문제들을 해결하기 위한 내면 작업과 사회 정의 구현을 위한 활동 참여를 지지한다. 세계적인 인구 고령화에서부터 기후 변화, 정치적 행동주의, 봉사, 유산, 전염병처럼 퍼지는 암, 가족 부양, 관계 회복, 영적 깨달음… 코니는 각 주제에 그림자 관점을 가미해 내면의 풍경을 넓히고 깊이를 더한다.

궁극적으로 이 책은 우리가 온전한 존재로 살기 위해 정서적, 영적, 문화적으로 깨어날 것을 촉구한다.

루미의 은유법을 확장해 보면, 해가 기울수록 그림자는 짙어진다. 황혼이 드리우고 해가 저물면 사물을 분간하기 어렵다. 밤이 되면 빛은 사라지고, 우리는 더듬거리며 길을 걷는다. 노년기도 마찬가지다. 태양만이, 즉 인식의 빛만이 그림자를 없앨 수 있다. 그리고 이 책과 이 책에서 제시하는 방법들은 우리 앞에 놓인 놀랍고도 만족스러운 길에 밝은 빛을 비춰줄 것이다.

해리 R. 무디 박사는 미국 은퇴자협회(AARP)의 전 부회장 겸 학술담당 이사이자, 헌터 칼리지 (건강한 노화를 위한) 브룩데일 센터의 전 이사장이다. 또한 구 엘더호스텔*(현 로드 스칼라)의 전 의장으로, 현재는 필딩 대학원의 교직원이자 '노화에서 보이는 인간의 가치(Human Values in Aging)' 뉴스레터 편집장을 맡고 있다. 그는 『노화: 개념과 논란(*Aging: Concepts and Controversies*)』의 공동 저자이자, 『영혼의 다섯 단계: 우리의 인생을 형성하는 영적 여정을 그리다(*The Five Stages of Soul: Charting the Spiritual Passages That Shape Our Lives*)』의 저자이다. 미국 노인학회(ASA)로부터 평생공로상을 받았다.

- 55세 이상을 대상으로 교육 및 여행 프로그램을 진행하는 북미 교육 기관

나의 시작에는 나의 끝이 있다.

In my beginning is my end…

- T.S. 엘리엇

차 례

추천사　나이의 그림자를 만나다 _해리 R. 무디 박사 5

서문　노년기를 여행하는 동료 여행자들에게 보내는 편지 18

들어가며　노화는 학습의 한 과정이다 26

1부
신성한 전령

1장　**내면에서부터 익어가기** 45
　　　우화 – 노년의 정체성 위기
　　　석가모니의 신성한 전령 49
　　　통과 의례 54
　　　'나이듦'이란 무엇인가? : 온전한 진실 말하기 63
　　　우리는 언제 '늙게' 되는가? 75
　　　운명으로서의 노화 77

2장 노화의 세 가지 관문 83

우화 – 어둠 속의 열쇠 (수피 이야기)

그림자의 인식: 심연으로의 관문 87

순수한 인식: 고요한 광활함을 향한 관문 100

랍비 라미 샤피로와의 인터뷰

키르탄 찬트 지도자 크리슈나 다스와의 인터뷰

죽음의 인식: 존재로의 관문 117

**3장 내면에서 외면으로, 외면에서 내면으로
연령주의를 만나다** 131

우화 – 내면의 연령주의자를 만나다 (베아트리체 우드의 이야기)

내면의 연령주의자를 만나다: 내면에서 외면으로 ... 134

내면의 연령주의자가 불러온 극적인 결과 142

집단적 연령주의의 그림자를 만나다: 외면에서 내면으로 ... 147

연령주의 반대 활동가 애슈턴 애플화이트와의 인터뷰

4장 신성한 전령으로서의 은퇴 164

우화 – 노인과 바다 (어니스트 헤밍웨이 소설 각색)

은퇴를 할 것인가, 말 것인가? 169

외면에서 내면으로 찾아오는 은퇴 176

재창조의 기회, 은퇴: 제2의 경력 182

은퇴를 위한 그림자 작업: 내면에서 외면으로 188

임상 전문가로서의 은퇴: 남을 돕는 전문의였던 나의 이야기 ... 197

영적 수련법으로서의 은퇴: 역할에서 영혼으로 206

5장 인생을 바꾼 질환으로 나타난 신성한 전령　214

우화 – 테이레시아스 이야기 (그리스 신화)

끔찍한 상처에서 신성한 상처로 　218

몸과 마음의 분열 끝내기 　220

몸의 질환: 대답으로서의 암 　224

질환을 위한 그림자 작업: 내면에서 외면으로 　236

내면 보살피기 　243

마음의 질환: 우울증 또는 환멸 　252

뇌 질환: 전염병과 같은 기억력 상실 　256

기억력 상실을 늦추고 뇌 가소성 높이기 　264

　　불교 심리학자 릭 핸슨과의 인터뷰

영적 수련으로서의 질환: 역할에서 영혼으로 　272

2부
인생의 회고와 회복

6장 당신이 살아본 삶과 살아보지 않은 삶에 대한 회고　281

우화 – 텐트 제작자 파티마 (수피 이야기)

새로운 시선으로 자신의 인생을 바라보다 　291

자아의 인생 회고: 표현된 것들 　294

그림자의 인생 회고: 억눌린 것들 　308

　　향심기도의 창시자 토마스 키팅 신부와의 인터뷰

7장 　**정서와 창의력을 회복해 과거를 내려놓고 현재를 살기** ... 322

우화 – 금 간 물 항아리 (인도 이야기)

정서의 회복: 역할에서 영혼으로 관계를 재창조하기 328

　　융 학파 정신분석가 제임스 홀리스와의 인터뷰

　　정신과 의사 로저 월시와의 인터뷰

잃어버린 창의력을 되찾다: 어둠 속의 황금 353

8장 　**영적인 회복을 통한 신념의 재정립과 수련 되찾기** 367

우화 – 신을 갈망하는 영혼 (칼 융의 사례 연구)

영적 환멸을 위한 그림자 작업 369

영적 작업: 수련 되찾기 388

3부
영웅에서 원로로

9장 　**천의 얼굴을 가진 원로** 401

우화 – 주인과 집사 (수피 이야기)

원로란 무엇인가? 406

원로 되기: 통과 의례 421

　　의식적인 원로 되기 센터 창립자 론 페브니와의 인터뷰

내려놓기: 저항하는 영웅을 위한 내면 작업 428

내면의 원로와 만나기: 입문 439

새로운 시작: 내면에서부터 원로를 다시 생각하다 445

신화학자 마이클 미드와의 인터뷰
시인이자 소설가, 활동가인 디나 메츠거와의 인터뷰
융 학파 정신분석가 라이오넬 코벳과의 인터뷰

나의 원로를 기리며: 융 학파 정신분석가 마리온 우드만 459

10장 원로의 지혜, 그리고 나이듦을 각성으로 이끄는 부름 464

우화 – 비를 부르는 사람 (중국 설화)

최후의 신성한 전령: 승려의 외침 467

더 높은 단계의 인식으로 깨어나기 471

지혜란 무엇인가? 480

후손들에게 지혜 전파하기 488

통합철학자 켄 윌버와의 인터뷰
신비주의가 로버트 앳츨리와의 인터뷰
불교 교사 안나 더글라스와의 인터뷰

**11장 원로 행동주의, 그리고 우리 자신보다
더 큰 무언가를 위해 봉사하라는 부름** 507

우화 – 미츠바 (유대교 이야기)

신성한 봉사와 원로 행동주의 촉구 510

봉사의 그림자 측면 515

부름에 귀 기울이거나 부정하기:
저항하는 원로를 위한 내면 작업 523

원로들의 행동 네트워크 창립자 존 소렌슨과의 인터뷰
LA 선 센터의 전 주지스님 웬디 에교쿠 나카오 선사와의 인터뷰

의식적인 조부모 되기: 어린아이들의 영혼 돌보기 536

기후 변화: 죽음에 대한 집단적 인식 542

4부
삶의 완성

12장 완성된 삶을 향해 나아가다 553

우화 – 모세는 소명을 다하고 죽었는가?

자아초월 심리학의 개척자 스타니슬라프 그로프와의 인터뷰
자아초월 심리학자 프란시스 본과의 인터뷰

13장 마지막 의식으로서 죽음을 다시 상상하기 570

우화 – 사마라에서의 약속 (고대 바빌로니아 전설)

그림자는 알고 있다: 끝을 위한 은밀한 준비 575

영적 지도자 미라바이 부시와의 인터뷰

맺음말 손주들에게 남기는 유언장 592

감사의 글 599

부록 의식적인 나이 들기를 위한 그림자 작업 안내 603

참고문헌 606

17

노년기를 여행하는
동료 여행자들에게 보내는 편지

만약 당신이 길을 잃거나 혼란에 빠져

한 치 앞도 볼 수 없다면,

소외되는 것 같고, 동질감을 느낄 사람을

어떻게 찾아야 할지 모르겠다면,

과거의 행동에 대한 후회가 당신을 계속 괴롭힌다면,

누군가를 용서하거나 용서받고 싶다면,

인생의 노년기를 위한 새로운 사색 거리를 찾는다면,

또는 단순히 자기 인식이나 감사함과 의미를 찾거나

사회에 공헌할 방법을 모색한다면,

여러분은 이 책에서 그 해답을 찾게 될 것이다.

내면을 돌아보고, 영혼의 갈망에 귀 기울이고, 더 심화된 인식의 변화를 통해 인생의 방향을 재발견할 방법을 찾을 수 있다. 과거의 모습을 내려놓고 미지의 세계를 직시하며, 활력과 목적의식이 충만한 노인으로 거듭난다면, 노년기를 하나의 통과 의례로 받아들이는 방법을 발견할 수 있다.

여러분이 사랑하는 이가 노년기를 여행하는 여행자라면, 또는 그런 노년기의 여행자를 치료하거나 돌보는 사람이라면, 여러분은 이 책에서 그 여행자를 도울 수 있는 소중한 지침을 얻게 될 것이다. 이 지침을 통해 사랑하는 이에게 새로운 통찰력을 제시하고, 어쩌면 이들이 새로운 방향으로 나아갈 수 있는 문을 열어 줄 수 있다.

단순히 나이를 한 살 더 먹는다고 성인에서 **원로(Elder)**로 변화하는 것은 아니다. 인생에서 노년기로 나아가는 길은 내적 장애물로 가득하다. 그러므로 우리는 의식적으로 이 길을 걸어야 하고, 장애물을 파악하고 헤쳐나갈 방법을 배울 도구가 필요하다. 자의식, 사회 정의감, 깊은 공감 능력, 자연과의 친밀감, 합의에 도달하는 기술, 창의적 노하우, 영적인 갈증처럼 생애 초기에 도움이 된 특징과 재능을 다시 끄집어내야 한다. 우리의 내면은 이와 같은 노력의 결과물을 모아서 '노년의 내면 작업(the inner work of age)'을 시작할 준비를 한다.

친애하는 여행자여, 당신이 몇 살이고 어느 세대에 속하든 당신 역시 그 부름을 들었기에 이 책을 펼쳐 들었을 것이다. 모든 세대에는 그 시대의 이야기, 신화가 있고, 이것은 각 세대가 살아온 시대의 문화적 경험, 요구사항, 약속에 뿌리를 둔다. 여기에는 전쟁이나 경기 호황과 불황부터 세기의 발명품, 정치적 판도의 변화, 사회 정의를 촉구하는 목소리, 공중보건의 위기,

현재진행 중인 기후 위기, 심지어는 집단적인 희망이나 절망과 같은 사회적 분위기까지도 해당된다. 그 결과, 외적인 나이듦은 은퇴 후의 안정성, 식량과 주거의 안정성, 직장 내 연령주의, 인종 형평성, 사회 복지 사업, 의료보험 등에서 세대마다 각기 다른 모습으로 다가온다. 그러나 내가 이 책에서 집중하고 있는 내적인 나이듦은 세대에 상관없이 어느 시대를 살아가건 누구에게나 똑같다.

이러한 의미에서 우리는 나이듦의 과정을 급진적으로 재창조하고 다시 상상할 기회를 얻는다. 그저 더 많이, 아니면 다른 방식으로 생각해보자는 말이 아니다. 나는 '재창조'라는 말을 많은 전문가들과 같은 방식으로 사용하지 않는다. 그들이 말하는 외적인 재창조는 나이듦에 관한 대다수 책의 주제이다.

그러나 내가 여기에서 강조하려는 부분은 우리가 덜 친숙하게 여기는 영혼의 영역, 즉 내면이다. 이미지나 판타지의 형태로 나타나는 미묘한 바람, 이러한 메시지에 우리가 반응하거나 두려워하는 방식, 그리고 거기에서 얻을 수 있는 상징적 의미를 말한다. 이 책에서 제시하는 심리적 활동과 영적 활동을 점차 배우면서, 우리는 내면의 세계에서 방향을 찾는 법을 발견하게 된다. 자신에 대해 더 잘 알게 되고, 스스로 나이듦을 다시 상상할 수 있게 되며, 궁극적으로 나이듦을 부정하다가 인식하게 되고, 자아 거부에서 자아 수용으로, 역할에서 흐름으로, 집착에서 내려놓음으로 변하게 된다. 심지어 산만함에서 현존으로 변하게 된다.

그 결과, 과거의 역할과 정체성의 속박에서 벗어나 새로운 자유를 찾게 되며, 본연의 목적에 맞는 존재가 되었다는 인식이 생기고, 자신의 삶이 흘러가는 방식에 깊이 감사하게 된다. 우리가 이처럼 인식의 내적 변화 과정을 거치면서, 자연스럽게 내면이 넉넉해지고, 영원한 유산으로써 사랑과 지혜의 재능을 사회에 나누려는 마음이 생긴다.

이것이 나이듦의 한층 성숙한 차원, 인간 발달 또는 인식의 확장이라는 보편적인 내면의 여정이다. 여기에는 노년기의 특별한 잠재력의 발현, 인간의 심리적·영적 진정성과 권위의 발현, 심지어 모든 종교적·영적 전통에서 노년기의 목적으로 묘사하는 인간 발달의 고차원적인 발현이 포함된다.

이 과정은 우리가 무엇을 하는지 또는 하지 않는지의 문제가 아니다. 즉, 일을 늘리고 자원봉사를 더 하는지 또는 일을 적게 하고 자원봉사를 줄이는지가 중요한 것이 아니다. 그보다는 '어떻게', 즉 노년의 내면 작업을 경험하면서 생겨나는 내면의 마음 상태가 중요하다. 이처럼 깊은 내면 작업은 개인마다 다르지만, 누구나 이 내면 작업을 갈망한다.

이 책의 집필을 준비하는 과정에서 나는 수백 명의 50대를 상대로 워크숍을 진행했고, 그들은 하나같이 이러한 열망을 표현했다. 참석자 대부분은 캄캄한 어둠 속에서 방향을 잃고 갈피를 못 잡아 주위를 더듬는 것 같다고 묘사했다. 소외감을 느끼며, 꼭 투명 인간 내지는 중요치 않은 사람이 된 것 같다고. 회사나 가정에서의 역할이 사라지면서 생겨난 목적 상실을 말하는 이들도 있었다. 일부는 질병과 죽음이 두렵다고 속내를 털어놓기도 했다. 그러나 하나같이 인생에 다른 무엇인가가 있다는 것을 직감적으로 느꼈다고 말하기도 했다. 지금까지 놓치고 있던 숨겨진, 아직 알려지지 않은 미스터리가 있음을 느낀다는 것이다.

수년간 많은 사람의 말을 들으면서, 나는 어떤 반복된 패턴을 보기 시작했다. 다시 말해, 우리는 노년기에 접어들면서 또 다른 정체성의 위기를 겪게 된다는 것이다. 나는 누구인가? 내 가치는 무엇인가? 내 신념은 무엇인가? 나에게 가장 중요한 것은 무엇인가? 공익을 위해 어떻게 사회에 돌려줄 수 있을까? 이런 질문이 다시금 우리를 찾아온다.

물론 흔히 말하는 중년의 위기에도 이와 같은 질문을 하곤 한다. 그 시기에는 역할, 경력이나 배우자 내지는 지리적 위치의 변화를 통해 질문의 해답을 찾을 수 있었다. 하지만 노년기에는 역할의 변화만으로는 충분하지 않다. 우리의 갈망에 로맨틱한 답안이나 지리적인 해결책은 없다.

워크숍에 참석한 사람들에게 이 책의 기본 전제, 다시 말해 노년기의 인생은 또 다른 통과 의례를 요구하는 외침이라는 생각을 소개했다. 이 책에서 소개할 방법들을 그들에게 알려주기 시작하자, 참석자들은 현재의 시공간에서 어떻게 스스로 중심을 잡아야 할지, 새로운 방향성을 어떻게 찾아야 할지 알게 되었다고 말했다. 한 여성이 말했다. "예전에는 정체성의 위기를 겪었어요. 그러나 이제 변화를 촉구하는 외침에 귀를 기울이게 됐죠. 이제는 어떻게 해야 할지 알아요. 나를 이끌 나침판이 생겨서 예전에는 두려웠던 일들이 더는 두렵지 않아요."

한 남성은 이렇게 말했다. "중년일 때는 항상 발전하고 앞으로 나아가려고 노력했어요. 지금 제가 앞으로 나아가고 있다고 말하는 건 맞지 않은 것 같아요. 그보단 더 멀리 가고 있다는 표현이 맞겠네요. 계속 성장하는 거죠. 하지만 지금까지와는 완전히 다른 방식과 속도로요."

또 다른 여성은 70세가 되었을 때, 노년기를 헤쳐 갈 '내면의 GPS'를 찾지 못했다고 말했다. 그 여성은 노년의 내면 작업을 통해 자신의 영혼을 향해 나아가는 법을 배우기 전까지는 내비게이션도 목적지도 없었다고 말했다.

이와는 반대로 여전히 젊음을 유지하거나 '나이를 먹지 않으려고' 애쓰는 사람들이 많다. 자신의 이미지를 유지하려고 안티에이징(항노화) 제품을 사용하면서, 내면 깊숙한 노년기의 외침을 외면한 채 존재감과 성공을 위해 자신을 밀어붙인다. 보통 이들은 자신이 나이를 부정하고, 인간 발달과 인생의 흐름을 막는 내면의 무의식적인 장애물에 갇혀 힘들어한다는 사실을 자각하지 못한다.

책에서 살펴보게 될 이 같은 '그림자 캐릭터들'은 변화에 저항하며 노년기의 숨겨진 힘을 못 찾게 방해한다. 변화와 상실이 두려워 나이를 부정하는 벽을 더 단단하게 쌓는다. 그 결과 우리는 오랜 역할과 정체성을 버리지 못하고 수년간 그 속에 갇히게 된다. 그러다가 결국 삶의 활력을 잃고, 정체감에 갇혀 우울증까지 겪게 된다. 내면의 그림자 캐릭터라는 톱니바퀴에서 벗어나지 못한 채 새로운 발달 단계로 나아가지 못하는 것이다. 즉, 우리에게 주어진 운명을 완수하지 못한다.

부정의 단계를 지나 있는 그대로의 삶을 받아들이길 거부하는 자신의 모습을 관찰할 수 있는 내면 작업으로 여러분을 이끌고자 하는 이 책의 목표는 여기에서 비롯되었다. 죽음을 앞두고 인생을 의식적으로 살펴볼 때 우리는 '노화의 전령'에 온전히 반응할 수 있다. 과거를 고치고 현재를 온전히 살아갈 수 있게 된다. 또 노년기에 가능한 의미 있고 값진 변화를 일으킬 만큼 자유로워질 수 있다. 그 결과로 우리는 내면에서부터 나이 들어갈 수 있다.

많은 사람에게 노년기는 힘들 수 있다. 우리가 평생 품은 이상과 높은 기대는 모든 종류의 한계 앞에서 무너진다. 늙어가는 뇌와 정신과 신체, 빈약한 경제적 안전망, 나이·인종·성별에 대한 차별은 물론이거니와 심지어는 사랑마저도 제한적이다. 시간의 한계는 말할 것도 없다.

젊은 날의 선명한 가능성은 꿈처럼, 현재의 요란스러운 혼란 속에 사라진 달콤한 노래처럼 느껴진다. 어쩌면 커다란 상처로 아픔과 상실을 겪었을 수도 있고, 나 자신과 사회에 낙담하고 무력감을 느낄 수도 있다. 우리에게 주어진 여정을 마치기 위해, 후손에게 우리의 재능을 물려주기 위해, 지금 이 순간에도 인도의 손길이 필요할지 모른다. 그리고 나는 이 책이 여러분을 붙들고 끌어당겨 줄 손이 되길 바란다.

인간의 평균 수명이 길어지면서, 의식을 넓힐 기회의 문도 함께 열렸다. 나는 여러분이 노년의 내면 작업을 통해 역할에서 영혼으로 변화하길 바란다. 이것이야말로 세대를 막론하고 이뤄내야 할 삶의 완성을 위한 작업이다. 이것이 바로 인생이라는 노래의 마지막 구절이다.

노화는 학습의 한 과정이다

확실히 나이 든 세대가 사는 세상은 그들의 어린 시절과는 다르다. 어질할 정도로 빠르게 변모하는 세상에서 인생의 노년기를 지내는 우리는 지쳤다고, 또는 뒤처졌다고 느낄 수도 있다. 한때 당연하게 여겼던 민주주의는 난도질당했다. 서점은 고대 생물만큼이나 희귀하고, 로봇이 사람을 대신해 고객 서비스 업무를 한다. 이제 전화기는 우리 신체의 일부와 같다. 디지털 플랫폼이 아이들의 놀이터가 되었고, 우리의 손자들은 집에서 알렉사가 소원을 들어주는 요정인 양 말을 건다.

오늘날 우리는 엄청난 과학·기술의 발달과 함께 사회와 문화의 붕괴가 확산하는 현상을 목격하고 있다. 우리가 살아가는 이 시대는 동시다발적으로 발생하는, 서로 연결된 위기의 시대다. 급속한 지구 온난화로 인한 기상 이변이 나타나고 있으며, 전염병이 세계를 강타할 위험이 도사리고 있다. 또한 세계화와 자유 민주주의에 대한 반발, 다국적 기업과 SNS 플랫폼으로 권력이 점차 집중되는 현상을 목격하고 있으며, 삶의 모든 영역에서 인종 간의 불평등이 뚜렷하게 나타나고 있다.

그렇다면 이 시점에 우리는 왜 노화에 대한 글을 읽고 (또는 쓰고!) 있을까? 언뜻 보면 다른 문제들이 너무나 시급해 노화라는 문제에 관심을 두는 것이 옳지 않다는 생각이 들 수 있다. 그러나 수치를 통해 살펴본 노화의 문제는 우리에게 깜짝 놀랄만한 이야기를 들려준다. 단지 수명 연장에 관한 이야기가 아닌, 우리 삶의 형태와 의미 그리고 가족과 공동체의 발전 경로를 바꾸는 이야기이다.

　　노화는 우리가 다른 위기를 바라볼 수 있게 해주는 일종의 렌즈이다. 이 렌즈는 우리에게 겉보기에는 동떨어진 것 같은 문제들의 연관성을 보여준다. 또한 남녀노소 모두에게 사회의 강점과 약점, 고유한 책임을 드러낸다. 아래에서 소개하는 통계치는 개인의 삶이 속한 더 큰 사회의 모습을 보여준다.

숫자로 본 노화

- **인구 통계:** 2017년 UN경제사회국은 전 세계의 60세 이상 인구가 2050년이 되면 20억 명에 달할 것으로 예측했다. 미국의 경우, 2017년 인구통계국 보고서에 따르면 2050년의 60세 이상 인구는 8천3백만 명을 넘길 것이며, 2035년이면 역사상 처음으로 노인 인구의 수가 아동 인구수보다 많아질 것이다. 이 같은 통계수치는 노동 인구, 의료보건, 사회안전보장, 주거, 교통, 소비, 교육, 가족의 형태에 이르기까지 다양한 영향을 끼칠 수 있음을 시사한다.
- **소득 불평등과 노화:** 소득 불균형과 수명 불균형은 상관관계가 있다. 2016년 에릭 노이마이어와 토마스 플룀퍼의 연구에 따르면, 정부는 저소득층의 소득을 늘리는 정책을 통해 각계각층의 수명 격

차를 줄일 수 있다.

● **성별 불평등과 노화:** 사회 보장국의 마이클 안지크와 데이비드 위버의 2001년 연구 보고서는 성별과 노화가 결부되어 있다고 밝혔다. 노인 여성의 빈곤율은 11.8%로 6.9%인 같은 연령대의 남성 빈곤율과 차이를 보였다. 미혼 여성의 경우 빈곤율은 17%까지 올라갔다.

● **인종간 불평등과 노화:** 유색 인종 노인의 빈곤율은 전체 노인의 평균 빈곤율보다 2배 이상 높은 것으로 나타났다. 2019년 미국지역사회재투자연합(NCRC)에 보고된 사브리나 테리의 조사에 따르면 아프리카계 노인 가구의 83%, 히스패닉계 노인 가구의 90%는 노년을 보낼 재정이 충분하지 않으며, 이는 백인 노인 가구의 53%와 비교되었다. 인종 간 건강 상태의 차이도 낮은 기대 수명에 영향을 미쳤다. 예를 들어, 흑인 여성은 백인 여성보다 노화의 속도가 빠른 것으로 나타났다. 알린 제로니무스의 연구진이 휴먼 네이쳐(Human Nature)지에 발표한 2010년 연구 결과에 따르면 49세에서 55세 사이의 흑인 여성은 만성 스트레스로 인해 같은 나이대의 백인보다 생물학적 나이가 7.5세 더 많은 것으로 나타났다. 그 증거는 세포의 죽음과 낮은 생존율을 보여주는 상대적으로 짧은 말단 소체(염색체 텔로미어)에서 찾을 수 있었다.

● **성적 지향에 따른 불평등과 노화:** 학술지 '노화학(The Gerontologist)'에 게재된 성 정체성과 나이에 관한 대규모 연구를 진행한 카렌 프레드릭슨-골드슨 외 연구진은 50세 이상의 성 소수자와 이성애자 사이에 상당한 건강 격차를 발견했다고 밝혔다. 예를 들어, 노인 동성애자는 만성 질환과 우울증에 걸릴 확률이 더 높았다. 동성 커플은 이성 커플보다 빈곤율이 더 높았다.

● **투표와 노화:** 노인 간병인을 위한 웹사이트(SeniorsMatter.com)에 게재된 조이 인트리아고의 보고서에 따르면, 투표와 나이에 관한 2012년 연구에서 60세 이상 노인의 90%가 유권자 등록을 한 것으

로 나타난다. 한편 18~30세의 등록률은 75%에 그친다. 고령 인구가 증가하면서 이들의 영향력도 커지고 있다.

- **이민과 노화:** 나이와 이민 사이에는 놀라운 연관성이 있다. 와튼 스쿨의 마우로 기엔 교수는 낮은 출생률과 노인 인구 증가의 균형을 맞출 수 있는 입증된 해결책이 바로 이민이라고 발의했다. 통념과는 달리 이민자의 대부분은 노동이 가능한 연령층에 속한다. 2017년 미국으로 이주한 이민자의 평균 연령은 31세였다. 기엔 교수는 노인 인구의 증가하는 의료 수요를 해결하는 데 필요한 의사, 간호사, 재택 간병인 등 보건 종사자들의 이민을 장려할 것을 제안했다.

- **정신 건강·총기 정책과 노화:** 노화, 총, 빈곤, 고독의 교차로에서 50세 이상 백인 남성의 자살이 전염병처럼 퍼졌다. 미국 질병통제예방센터(CDC)의 2016년 보고서에 따르면 75세 이상의 남성 3,291명이 자살했으며, 이는 같은 연령대의 여성 자살사망자 510명과 비교된다. 원인으로는 신체적 건강 악화, 인지 장애, 정서적 고통, 가정 내 총기 소지가 꼽힌다. 워싱턴포스트(The Washington Post)지에 실린 킴 소퍼의 기사에 따르면, 노인들의 총기 보유율이 높을수록 자살률도 높아진다.

- **중독과 노화:** 중독자의 평균 연령대는 갈수록 높아지고 있다. 미국 국립약물남용연구소(National Institute on Drug Abuse)에 따르면 2013년부터 2015년 사이 미국의 55세 이상 인구가 6% 증가하는 동안 아편 남용으로 치료를 찾는 인구의 비율은 54% 증가했다. 같은 기간에 헤로인 사용자 비율은 2배 이상 늘어났다. 또한 65세 이상 노인의 65%는 알코올중독 고위험군으로 보고되었으며, 10% 이상은 폭음하는 것으로 나타났다. 노인의 중독은 만성 통증, 상실, 경제적 어려움, 외로움, 정신 질환과 확실히 관련되어 있다.

- **기후 변화와 노화:** 마지막으로, 노년층은 젊은 세대보다 기후 변화의 영향에 더 취약하다. 2016년 미국 환경보호국(EPA)에서 발표

한 자료는 다음과 같은 위험 요소들을 나열했다. 폭염으로 인해 심장질환, 폐 질환, 당뇨병 환자의 위험도가 높아졌다. 개인 또는 제도적인 이유에 따른 이동의 제약으로 산불이나 홍수에도 대피하지 못할 수 있다. 지구 온난화, 오염, 황사로 인해 나빠진 대기질이 호흡기 기저질환을 가중시키고 있다. 오염된 물은 위장질환을 악화시킨다. 소화기관이 더욱 나빠지고 있다.베이비붐 세대는 생태계의 상호 연결성과 개인의 생활 방식이 지구에 미치는 영향을 처음으로 깨달은 세대였다. 우리는 화석 연료로 인한 대기 중 이산화 탄소 배기량 증가에 따른 기후 변화 현상의 최초 목격자다. 기후 변화를 시작한 것은 우리가 아니지만, 역사를 통틀어 대기 중으로 쏟아진 탄소의 85%는 지난 30년간 배출되었다. 우리는 이 거대한 책임을 통감하며 기후 변화의 영향으로부터 후손들을 보호하기 위해 가능한 모든 방법을 다 취해야 할 신성한 의무가 있다.

지금까지 살펴본 짧은 목록에서 알 수 있듯이, 노화와 나이는 사회경제적 문제 해결의 핵심이다. 그런데 우리가 집단적 연령주의 규범에 편승해 나이와 그 가치를 부정한다면, 이러한 심오한 문제들을 어떻게 해결할 수 있을까? 개인으로서 우리는 어떻게 **원로**의 도덕적 목소리를 찾고, 젊은 세대가 모두의 삶의 질 향상을 위해 나아갈 수 있도록 지원할 수 있을까? 이러한 관점에서 보면 이제 '노화 정의 구현 운동'을 펼쳐야 할 때라는 것을 알 수 있다.

하지만 노화를 탐구해야 할 더 가깝고 깊은 이유가 있다.

노년의 내면 작업의 약속

이 책을 집필하던 2018년에 나는 많은 사람을 인터뷰했다. 개중에는 유명한 사람도 있었고 그렇지 않은 사람도 있었다. 그렇지만 평범한 사람은 단 한 명도 없었다. 우리는 노화에 따른 내적 경험, 시행착오와 성공, 두려움, 힘들게 얻은 지혜에 대해 거리낌 없이 대화를 이어갔다. 무엇보다도 나는 그들이 노화의 심리적 여정에서 만나게 된 내적 장애물과 어떻게 그것을 극복해 노년의 보물을 찾았는지 들을 수 있었다. 나는 그들의 이야기를 들으면서 감동의 눈물을 흘렸고, 그들과 진심으로 가까워졌다고 느꼈다.

이처럼 나는 인터뷰와 수년간의 연구, 조사, 실습을 통해 노화의 내면 작업이 우리를 내면의 속박으로부터 해방시키고, 그에 따른 (필연적인) 변화가 우리를 바꿀 수 있다는 것을 깨달았다. 이 책에서 제시하는 심리적·영적 수련을 통해 우리는 궁극적으로 '역할에서 영혼으로의 변화', 즉 눈에 잘 보이지 않는 인간 발달의 더 높은 단계를 발견하게 될 것이다. 이것은 하버드 심리학자이자 저명한 인도자이며 베스트셀러 작가인 영적 지도자 람 다스가 1960년대 인도에서 돌아와 만든 표현이다. 그는 이러한 정체성의 변화를 우리가 살아오며 수행해 온 능동적인 역할에서 더 깊은 것, 즉 생산성이나 성과, 자아상에 의존하지 않는 내재적 가치를 지닌 영혼의 본질과 연결된 것으로 설명했다. 람 다스는 이러한 영적 본질을 '사랑의 인식(loving awareness)'이라고 불렀다. 영혼, 정신, 높은 자아, 또는 신, 무엇이라고 부르든 상관없이 **그것**과 동일시하기 시작할 때, 우리는 진정한 자신이 되기 시작한다. 이러한 발달의 다음 단계에서 우리는 노년의 보물을 찾을 수 있다.

노년기의 보물

- 더 이상 지금 우리의 감정이나 행동을 통제하지 않도록 과거를 내려놓는다.
- 인간관계를 재정립하기 위해 감정의 치유로 상처와 분노, 적개심과 후회를 내려놓는다.
- 현재 자신의 모습을 진심으로 받아들이면서 내면의 비평가에게서 해방되어 완전하고 진정성 있게 느끼고 행동할 수 있다.
- 우리 인생의 이야기를 더 깊고 넓게 볼 수 있는 식견을 찾음으로써 우리 영혼의 임무가 무엇인지 드러나게 된다.
- 우리의 잃어버린 창의성을 되찾아 그것이 가져다주는 즐거운 가치를 탐구한다.
- 내면을 조용히 잠재워 노화에 대한 부정적인 감정에서 멀어진다.
- 더욱 깊은 정체성을 경험해 과거의 역할과 책임으로부터 자유로워진다.

- 활력을 되찾아 놀이, 아름다움, 감사함으로의 문이 열린다.
- 활동과 봉사를 다시 시작해 외로움을 끝내고 공동체와 연결된다.
- 노년기인 우리 인생의 단계에 맞는 영적 활동을 선택해 정신·뇌·정서 건강에 기여한다.
- 우리의 진화론적 목표와 유산을 포함한 미래를 향해 새로운 방향성을 갖는다.
- 궁극적으로, 죽음 앞에서 평정심을 가진다.

당신은 이러한 빛나는 보물을 보면서 가질 수 없으리라 생각할지도 모른다. 얻고는 싶지만 도달할 수 없다고. 그렇다면 이렇게 생각해보자. 이 보물들은 곧 **원로**의 특징이다.

중년의 영웅이 되려는 노력과 가치를 내려놓고, 상처와 후회를 내려놓으면서 높은 곳에서 우리의 인생을 조망해보면, 노년기의 새로운 목적과 의미를 발견하게 되고, **영웅**에서 **원로**로 변화하기 시작한다. 역할에서 영혼으로 변화하는 것과 아주 비슷하게, 의식적인 원형(原型)의 변화는 한순간에 일어나지 않는다. **원로**의 등장을 장려하고, 과거로부터 자유로워져 현재에 기반을 두고 살아가며, 그림자를 인식하고, 공익을 위해 봉사하려면 의식적인 마음과 내면 작업이 필요하다.

인터뷰에서는 몇 가지 중요한 인생의 전환점이 계속 반복적으로 등장했다. 이러한 전환을 통해 (지나갈 방법을 안다면) 우리는 역할에서 영혼으로, **영웅**에서 **원로**로 변할 수 있다. 따라서 이 책은 과도기의 문턱과 그 문턱을 넘어서지 못하게 우리를 멈춰 세우고 그 결과 영혼의 진화를 막는 내면의 장애물들에 초점을 맞춘다.

보물을 못 찾게 방해하는 장애물들

- 스스로 젊다고 생각하면서 나이듦을 거부한다면 우리는 자신에 대한 차별을 인식하지 못하고 우리 문화의 제도적인 연령주의에 무의식적으로 동참하게 된다.(이 내용은 1장과 3장에서 살펴보기로 한다.)

- 노년기에 자아, 자아상, 성공 등 중년의 가치를 따른다면, 그림자와 영혼에 연결될 기회를 놓치는 것이다. (1 장부터 4장까지 이 부분을 살펴보기로 한다.)

- 자아 성찰을 위해 속도를 늦춰야 한다는 필요성을 부인하고 행동과 자신을 동일시한다면, 우리는 노화를 영적 수련으로 경험하지 않고 항상 하던 대로 할 것이다. (이 내용은 4장에서 알아보기로 한다.)

- 건강한 신체·정신과 동일시하고 신체적·인지적 증상을 무시한다면, 자신을 돌볼 기회를 놓치는 것이다. 그 결과, 우리는 질환을 영적 수련으로 경험하지 못한다. (이 내용은 5장에서 알아보자.)

- 좁은 시간대와 자신을 동일시하고 과거와 현재와 미래

를 전체적으로 보지 못한다면, 우리는 과거를 부인하고 미래를 두려워하는 상태에 갇힌 채 남아 있게 된다. (이 내용은 6장에서 살펴보자.)

- 과거에 대한 후회에서 벗어나지 못하거나 역사의 희생자라고 느낀다면, 우리는 과거를 내려놓고 상대방을 용서하거나 상대방의 용서를 받아 평화롭게 살다가 죽을 기회를 놓쳐버리게 된다. (이 내용은 6장과 7장에서 다루기로 한다.)

- 과거의 종교적·영적 신념과 자신을 동일시하고 현재의 나와 맞는지 재검토하지 않는다면, 우리는 영(Spirit)이나 더 큰 우주 속 우리의 위치와의 관계를 회복하지 못할 것이다. (이 부분은 8장에서 살펴보자.)

- 우리의 자아가 통제력을 포기하지 못해 노년의 내면 작업을 부정하고 저항한다면, 우리는 **원로**가 될 기회를 상실하게 된다. (이 내용은 2장과 9장에서 살펴보자.)

- 좁고 분리된 자아상과 동일시한다면, 자신보다 더 큰 존재와 연결해 더 높은 인식의 단계로 나아갈 기회를 상실하게 된다. (10장에서 이 내용을 살펴보자.)

- 고립감과 무력감에 사로잡힌다면, 우리는 공동선을 위해 봉사하라는 부름을 부정하는 것이다. (이 내용은 11장에서 살펴보자.)

- 위에서 언급한 장애물 중 하나라도 우리의 진화를 막는다면, 우리는 의식적으로 인생의 임무를 완수할 수

없다. (이 부분은 12장에서 살펴보자.)

- 우리가 신체와 자신을 동일시하고 죽음을 부정한다면, 죽음을 인식하면서 얻게 되는 선물을 통해 의식적으로 죽음을 준비할 수 없다. (이 내용은 13장에서 살펴보기로 하자.)

이 책 사용 설명서

각 장은 (노화에 대한) 부정을 벗어나 내면의 장애물을 인식하고 극복하는 데 도움이 되는 그림자 작업과 영적 관조의 전통에서 유래한 수련법을 제시한다. 이러한 수련법은 속도를 늦추고 내면을 돌아보며, 자아를 성찰하도록 만든다.

'개인의 그림자(Personal shadow)'는 스위스의 저명한 정신과 의사 칼 융이 만든 용어로, 칼은 내가 이 책을 쓰는 동안 나에게 **원로**와 같았다. 그림자는 어린 시절부터 사회적으로 허용되는 특징들(공손함, 인정, 배려 등)과 자신을 필연적으로 동일시하며 의식적인 자아를 형성하고, 이와 반대되는 특징들(무례함, 인색함, 이기심 등)을 무의식의 그림자 속으로 사라지게 하며 우리 각자에게서 생겨난다. 이처럼 허용되지 않는 감정, 이미지, 욕망 등은 그림자 속에 잠들어 있다가도 상처를 주는 등 자기 파괴적인 행동, 중독, 모든 종류의 투사로 갑자기 분출될 수 있다.

그림자 작업을 통해 우리는 그림자 내면의 목소리에 귀 기울이는 법을 배울 것이다. 이 목소리는 우리가 원하는 결과가 나오지 않는데도 같은 일을 계속해서 반복하게 만든다. 이 목소리를 그림자 캐릭터로 감지하고, 특정한 방식으로 협력할 수 있다. 이 책을 읽으며 우리는 함께 나이의 그림자, 특히 인식 바깥에서 우리에게 영향을 미치고 보물을 못 찾게 방해하는 노년기에 대한 특정한 이미지, 환상과 두려움을 만나게 될 것이다.

그림자 작업 수련법을 다룬 부분에 도달하면 질문마다 잠시 시간을 가지고 찬찬히 생각해보자. 이처럼 관조적인 질문들은 우리를 낯설고 불편하기까지 한 영역으로 이끌 수 있으므로, 저항하며 다른 곳으로 주의를 돌리려 할지도 모른다. 불안하고 초조한 기분이 들 수도 있다. 그때는 심호흡을 하고 다시 질문으로 돌아가 차분하게 어떤 생각이 떠오르는지 기다려보자. 이곳은 사적인 공간이니 그 누구도 우리의 생각을 알 필요가 없다. 일기장에 기록했다가 나중에 다시 그 질문으로 되돌아가 생각할 수도 있다. (책 뒤에 수록된 부록에서도 지속적인 수련을 위한 그림자 작업 단계를 설명할 것이다.)

나는 시인 라이너 마리아 릴케의 "지금 자신의 질문들을 살라(live the questions now)"는 말을 무척 좋아한다. 만약 이 책에서 만날 질문 중 하나가 여러분에게 특히나 와닿는다면, 마치 꽃봉오리처럼 개화할 때까지 항상 갖고 다니자.

그림자 캐릭터들(**비평가, 행동가, 공급자, 희생자, 내면의 연령주의자** 등)의 이름과 다른 용어들(**원로, 내면의 원로, 영웅** 등)은 일상적인 언어에서는 사용하지 않지만, 개인적이고 개별적인 특징에 더해 상징적이고 보편적인 특징을 대표하는 상징이라는 점을 강조하기 위해 대문자*로 표기했다.

영적 수련으로 여러분은 자신의 마음이 어떻게 움직이는지 알게 될 것이다. 궁극적으로 우리는 자신의 그림자 캐릭터에 순종하지 않고 그들을 관찰할 수 있다. 더 깊은 수련을 통해 우리는 과거의 역할과 믿음을 내려놓고 더 큰 존재로 자신의 정체성을 확장해, 의식의 새로운 단계로 들어선다. 직관적으로 자신에게 맞는다고 느껴지는 수련법을 선택해 계속해서 수련하면 된다. 마음이 열리고 편안해지며 자아의 감각이 확대되어 자신의 더 많은 부분을 포용하고, 이전에는 자아의 범위에 들어오지 않았던 다른 개인과 단체도 포함하게 되는 것을 느낄 수 있다.

영적 수련에 관한 부분에 도달하면, 잠시 멈춰 고요히 있어 보자. 경험이 많은 명상가라면 특별히 나이듦에 중점을 둔 새로운 수련법들을 찾을 수도 있다. 명상이 익숙하지 않은 사람도 쉽게 다가갈 수 있고 매력적으로 느껴지는 수련법들을 찾게 될 것이다. 예를 들어, 너무나도 낯설게 느껴지는 수련법들을 실행하기 전에 단순히 자신의 호흡을 따라가 보자. 복식 호흡은 그림자 작업을 위한 훌륭한 준비 과정이다.

이렇게 통합된 내면 작업을 통해 우리는 역할에서 영혼으

로 향하는 정체성의 변화에 도달할 수 있다. 조건적 페르소나와 습관적 두려움, 자동적인 반응을 버리고 처음으로 온전히 진실하고 투명하며 자유로워지게 된다. 노화는 우리가 거치는 학습의 한 과정이다.

나는 치료사가 되기 전까지 자기 성찰은 사람이 자연스럽게 타고나는 성향이라고 생각했다. 그러나 이후에 그것이 후천적으로 습득하는 기술이며, 특히나 큰 목소리를 가진 내면의 **비평가**가 있거나 과거에 대해 심한 죄책감을 느끼거나, 미래에 대한 불안이 깊은 사람은 배우기 어렵다는 사실을 알게 되었다. 그래서 나는 이 책에 개인의 경험과 단순하고 직접적으로 연결될 수 있는 자기 성찰의 수련법을 담고자 노력했다.

노년의 내면 작업은 숙제가 아닌 영혼의 작업이다. 그러니 천천히 읽자. 반발심이 생기면 지켜보고, 두려움과 회의적인 생각을 관찰하자. "난 이걸 제대로 못 해", "난 충분히 똑똑하지 못한가 봐."처럼 혹평을 두려워하는 어린 학생 같은 내면의 목소리를 경계하자. "나에게 명령하지 마", "지금까지 내 방식대로 했어."라고 말하는 내면의 **반항자**를 주의하자.

부디 이러한 목소리에 순종하지 말자. 그 대신, 이러한 수련은 지금 바로 이 순간 당신에게 필요한 도구 중 하나가 될 수 있다는 가능성에 마음을 열려고 노력하자. 이 수련들은 공부해야 하는 이론이나 개념이 아닌 당신의 인생 경험을 토대로 한다. 그리고 당신은 자신만의 속도로 곰곰이 생각해볼 수 있다.

이 책은 여러분이 찾게 될 의미를 곧바로 내어 주지 않는다. 그것은 우리 각자의 모험이 될 것이다. 이 내면 작업을 통해 여러분이 속박에서 벗어나 진전하고, 방향과 더 나아가 노년기를 위한 통찰력까지도 찾게 되길 바란다.

용어와 관련해 한마디 하자면, 이 책에서 사용된 용어는 나의 역사와 명상 경험을 반영하고 있다. 이 표현들이 여러분의 믿음과 다르다 할지라도, 그것 때문에 여기서 멈추지 않기를 바란다. 내 영적 혈통인 베단타*와 심층 심리학은 모두 지각 있는 존재의 내면에는 영원하고 우리 개개인보다 더 위대한 어떤 것과 연결하는 본질이 있다는 점을 가르쳐준다. 나는 이것을 영혼이라 부른다. 그러나 거듭 말하지만, 이 책은 믿음에 관한 책이 아니다. 이 책은 여러분 자신의 내적 경험에 관한 책이다.

부처가 말한 '공(空)', 즉 수냐타(sunyata) 또는 명상에서 말하는 리그파(rigpa)를 지칭하기 위해 나는 '순수한 인식'이라는 용어를 사용했다. 이것은 본질적으로 무목적적인 인식이다. 불교의 스승 조안 할리팩스는 이것을 광대함으로 설명했다. 수냐타는 '방해받지 않는'으로 해석된다. 이 맥락에서 방해물이란 무의식적인 내면의 장애물들로, 반복적으로 떠오르는 생

- Vedanta, 산스크리트어로 '베다(veda, 지식)의 끝, 또는 결론(anta)'이라는 뜻으로 고대 인도의 경전인 우파니샤드의 또다른 이름이자 이를 근본경전으로 삼는 철학파.

각들과 정서적 집착의 형태로 나타난다. 바로 이러한 것들이 순수한 인식을 방해하는데, 책에서 우리는 여기에 집중하고자 한다.

그러나 이 책은 직접적인 영적 체험의 방향을 제시하기 위해 특정 종교와 관계없는 포괄적인 접근법을 보여주고자 한다. 다양한 전통의 지도자들을 만나 그들의 노화와 영적 수련에 대한 경험을 인터뷰한 내용도 수록했다. 그들은 각자 자신에게 익숙한 세계관에 따라 이야기했으며, 내 바람은 모든 사람이 여기에서 관련성을 찾는 것이다. 따라서 이 책을 읽으면서 내가 쓴 표현인 '순수한 인식'을 '공(空)', '하나님', '자아', '신', '높은 곳의 힘' 등 궁극적인 현실을 가리키는 어떠한 용어로든 마음껏 바꾸어도 좋다.

각 전통에 대한 믿음의 중요한 차이점들을 무시하는 것이 아니다. 읽어보면 알겠지만, 이 책은 믿음에 관한 책이 아니다. 이 책은 모든 오래된 전통에서 종교적·영적 믿음의 뿌리가 되는 근본적인 영적 체험에 관한 책이다.

만약 여러분이 이 책의 메시지에 열린 자세를 유지한다면, 이 책은 지금까지 삶의 지혜로 축적되어온 성공과 실패, 재능과 제약을 가지고 이제는 노년기의 길로 들어서라는 부름에 응답하도록 돕는 지침이 될 것이다. 그것은 청춘의 이미지를 나이의 깊이와 바꾸고, 산만함을 자기 인식(self-knowledge)으로, 반응을 성찰로, 정보를 지혜로, 꽉 움켜쥔 손을 펼친 손으로 바꾸어야 한다는 부름일 수 있다.

과학이 인간의 수명을 크게 늘린 것은 분명하지만, 동시에 많은 사람이 인생의 의미를 잃었다. 우리의 수명은 길어졌지만, 길어진 수명에 인생이 더해지지 못했다. 그러나 이제 재생산이 가능한 시기가 지나고 은퇴한 이후에도 우리 앞에는 선조들보다 훨씬 더 긴 수십 년의 인생이 남아 있다. 물론 다양한 문제에 대한 제도적인 혁신과 정책 지원이 필요한 것도 사실이다. 그러나 내면에서부터 바르게 나이 드는 법을 배우지 않는다면, 우리는 영혼의 약속을 완수하지 못할 것이다.

　　신체적·정서적·도덕적·인지적·영적인 측면 모두에 있어서 노화는 우리의 다음 개척지이다. 나이듦의 신비와 두려움을 의식적이고 신중하게 직면해야 한다. 그리고 이 책은 우리가 바로 그 일을 할 수 있도록 내면의 도구를 제시하려 한다. 인생의 후반기를 진정으로 재창조하기 위해서는 내면으로부터의 변화가 필요하다.

1부

신성한
전령

1부에서는 노년기에 접어들면서 흔히 경험하는 정체성의 위기를 살펴보기로 한다. 이러한 위기는 고타마 싯다르타, 즉 붓다가 목격했던 신성한 전령인 질병, 고령, 죽음을 마주했을 때 촉발될 수 있다. 현실을 있는 그대로 바라볼 수 있게 해주는 신성한 전령은 오늘날 은퇴의 개념을 통해서도 찾아오며, 이는 곧 정체성의 위기를 불러올 수 있다.

또한 이 파트에서는 의식적으로 나이를 먹으면서 정체성의 위기를 벗어날 수 있는 세 가지 방법인 순수한 인식, 그림자의 인식, 죽음의 인식을 제시하고자 한다. 부처가 그랬듯 우리도 노화를 영혼의 여정으로 받아들일 수 있게 될 것이다.

내면에서부터 익어가기

우화

노년의 정체성 위기

나는 예순여덟 번째 생일을 앞두고 다음과 같은 꿈을 꿨다. 내가 자동차 뒷좌석에 핸드백을 뒀더니 한 여성이 다가와서는 그걸 집어 들고 도망갔다. 나는 소리를 지르며 그 뒤를 쫓아 어느 집으로 들어갔다. 거실에는 물건이 별로 없었지만 너저분했다. 여기저기 훑어본 나는 침실로 들어가 핸드백을 찾으려 했고, 심지어 침대 매트리스 아래까지 뒤졌다. 그러나 어디에서도 핸드백을 찾을 수 없었다. 그때 그 여성이 나를 향해 몸을 돌리면서 말했다. "알았어." 그러더니 서랍을 열고 핸드백을 꺼내 나에게 건넸다. 나는 그녀를 알아보았는데, 고등학교 동창인 폴라였다. 핸드백을 열어 보니 그 안에는 휴대 전화도 지갑도 없었다. 전날 밤에 내가 가방을 바꾸었던 것이다.

나는 예순여덟 번째 생일을 대수롭지 않게 생각했지만, 노년기로 접어들면서 또 한 번의 정체성 위기를 느끼게 된 것이 분명했다. 그래서 지갑 속에 들어 있는 운전면허증이 상징하는 내 신분증, 즉 내 정체성을 잃게 된 꿈을 꾼 것이다. 나는 중년의 위기에 대해서는 잘 알고 있었지만, 노년에 찾아오는 정체성의 위기에 대해서는 별로 들어본 적이 없었다.

나는 꿈을 곱씹다가 꿈속의 도둑이 같은 고등학교에 다녔던 동창생이었다는 사실을 깨닫고 그 점에 주의를 집중했다. 나는 지나치게 가까이서 지배력을 행사하던 가족에게서 벗어나려고 내 과거를 강력하게 거부했었다. 그런데 과거 속에 존재하던 그녀가 나타나 나를 끌고 가려 하는 것이다.

과거는 어떻게 현재의 우리에게 영향을 미쳐 꿈을 꾸게 하고, 욕망을 부채질하고, 가장 깊은 욕구를 자극할까? 과거에서 온 투명 인간이 우리의 내면 깊숙이 숨어 있는 것일까? 우리를 만든 조상, 방해하는 비평가, 유혹하는 연인, 경쟁하는 동료는 어떤 이들인가? 당시에도 안 친했고, 졸업한 뒤로 50년간 단한 번도 만난 적 없는 고등학교 동창은 왜 갑자기 내 꿈에 나타나 핸드백을 훔쳐 갔을까?

학교에 다닐 때 폴라와 나는 전혀 다른 사람이었다. 폴라는 외모에 신경을 많이 썼다. 인기가 많았고, 여유롭고 자기 확신이 있었으며, 남자애들과 있을 때도 늘 당당했고, 공부에는 관심이 없었다. 우리는 교집합이 하나도 없었다. 나는 열심히 공부했고, 배우는 것을 좋아했다. 외모에는 그다지 관심이 없었다. 그러나 한편으로 남자애들과 대화를 시도하면 늘 어색하고, 잘 어울리지 못한다고 느꼈다.

꿈속에서 나는 핸드백과 소지품을 반드시 찾아야 한다고, 과거로부터 되찾아와야만 한다고 느꼈다. 이것이 바로 인생 후반기의 핵심 과제다. 젊은 시절의 자아상과 거부당한 부분들을 인지하고 치유의 과정을 시작하면서 더 넓고 깊은 자아정체성을 형성하는 것. 꿈속 폴라의 이해할 수 없는 행동으로 인해 나는 학창 시절로 되돌아가 내 진짜 정체성은 그때 생각했던 것과 달랐고, 지금 생각하는 것과도 다르다는 사실을 깨닫게 되었다.

내가 핸드백을 되찾았을 때, 그 안은 비어 있었다. 가방은 신분증(정체성)을 위한 빈 그릇일 뿐, 사실 나는 그것을 도둑맞은 적 없는 것이다.

정체성이란 복잡하다. 그것은 여러 세대를 거쳐 끝없이 전승된 유전자, 추억과 자랑스럽고 부끄러운 순간들로 채워진 가족의 역사, 우리의 하위 문화들이 공고히 다져온 성별·인종·계급에 대한 사회적 관념으로 형성된다. 오늘날 우리는 자신의 인종과 성 정체성을 지키고자 나서는 사람을 격려하고 지지하지만, 동시에 정체성이란 고정된 것이 아니라는 사실 또한 배워가는 중이다. 인종, 성별, 성적 취향은 우리가 생각한 것보다 더 복잡하고 심지어 유동적이기까지 하다는 사실이 입증되고 있다.

이처럼 우리 안에도 단 하나의 정해진 자아란 없다. 우리의 또 다른 자아 또는 우리의 단면들은 무의식적으로 특정한 특징을 자신과 동일시하고 다른 특징은 거부하며('나는 저런 사람이 아니고 이런 사람이야'), 의식적인 정체성을 형성해간다. 그러나 하나의 정체성('나는 강하고 독립적인 여성이야')이 다른 정체성('그 사람이 날 버리면 어떡하지?')과 모순된다는 사실을 깨달을지도 모른다. 그럴 때 우리는 자신의 진정한 자아가 궁금해진다.

여기서 말하는 자아의 한 측면인 인생의 단계는 우리가 생각하는 스스로의 모습('아직 젊어', '그 정도로 늙진 않았지', '진짜 늙었어')을 형성하기도 한다. 노년기의 정체성 위기는 우리가 사랑하는 사람들과 우리의 역할, 외모와 건강, 자립성과 기여도와 존재감의 상실이나 우리에게 허락된 시간이 영원하지 않다는 것을 자각할 때 생겨날 수 있다. 우리는 이러한 상실감에 계속 슬퍼하고 어쩔 줄 몰라 하며 고통스러워 한다. 바로 그때 가장 심오한 영적 질문이 계속해서 떠오른다. 나는 누구인가? X가 없다면 나는 누구지? X라는 상황이 생기면 나는 누구지?

꿈에서 내 핸드백은 도둑맞았다는 점에서 내 몸과 같았다. 노화라는 도둑이 내 정체성을 훔쳤고, 그래서 그것이 진정 어디에 있는지 다시 생각하게 만들었다. 정체성이란 가질 수 있는 물건이 아니다. 몸속에 존재하는 것도 아니고, 생각 속에 있는 것도 아니다. 인간관계나 인종이나 성별에서 찾을 수 있는 것도 아니다. 이 모든 것은 영혼의 여정을 위한 탈것의 구성품에 불과하다.

노년기에 접어들어 이 탈것이 낡아감에 따라 영혼이 우리에게 던지는 질문은 무엇인가? 우리는 이제 더는 도움이 안 되는 과거의 정체성 안에 갇혀있는 것은 아닌가? 우리도 모르게 더 이상 믿지 않는 닳고 닳은 자신의 스토리나 신화 속에 사는 것은 아닌가? 아니면 이제는 무의미한 과거의 싸움에 갇혀있는 건 아닐까?

나의 꿈속에 등장한 고등학교 동창은 무의식 세계에서 온 전령이었다. 이제 더 이상은 젊은 시절의 내 과거를 부인할 필요도 없고, 나의 정체성을 위해 싸울 필요도 없다는 사실을 알리고자 온 것이다. 그런 일들은 인생이라는 여정의 초반에 해야 할 일이다. 이제 나는 **원로**가 되기 위해 인생의 방향을 재정비하려는 새로운 순간, 새로운 단계에 들어섰다.

석가모니의 신성한 전령

내 꿈속 전령은 인간 삶의 진실을 깨우치게 되는 내용으로 유명한 석가모니의 신성한 전령 이야기를 떠올리게 했다. 2,000년도 훨씬 전, 인도 북부에는 싯다르타 왕자가 종소리와 음악, 분수와 노래하는 새들로 가득한 아름다운 정원이 있는 궁전에 살고 있었다. 왕자의 아버지인 왕은 아들이 강인한 남성과 아름다운 여성에게만 둘러싸여 지내게 했다. 왕은 자신의 뒤를 이을 아들이 두려움이나 고통, 슬픔 따위는 모르고 자라도록 하겠다고 마음먹었다.

그러나 왕자는 호기심에 사로잡혔다. 29세가 된 왕자는 마부에게 자신을 성문 밖으로 데려가라고 명령했다. 성문 밖을 나간 왕자는 군중들 끄트머리에 있는 한 남녀를 목격했다. 그들은 둘 다 허리가 굽었고 아주 여윈 모습이었다. 피부는 갈라졌고 치아가 흔들리고, 흰머리가 어깨까지 닿았고, 손을 떨었다.

왕자는 마부에게 물었다. "저들은 무엇이냐? 자연이 저렇게 만든 것이냐?"

"맞습니다. 인생의 말년을 사는 사람들은 모두 저렇습니다. 그들은 늙었습니다. 한때는 어머니의 젖을 먹던 어린아이들이었지만, 성장하면서 튼튼해지고 아름다워졌고, 결혼해서 가정을 꾸렸습니다. 이제 그들은 인생의 끝자락에 이르렀습니다. 그들은 시간의 위력에 고통받고 있습니다. 시간은 그들의 아름다움과 힘을 뺏고, 즐거움을 앗아갔으며, 기억력을 감퇴시켰고, 감각들을 파괴했습니다. 그들은 과거 모습의 망가진 형태입니다."

왕자는 물었다. "이것이 내 운명이기도 하느냐?"

"왕자님, 살아 있는 그 누구도 이 운명에서 벗어날 수 없습니다."

왕자는 몸을 떨면서, 깊이 한숨을 쉬고 머리를 가로저었다. 그의 눈이 행복한 군중들을 향했다. "그런데 이 세상은 두려움에 떨지 않는구나! 이들은 어떻게 우리의 공통된 운명을 무시할 수 있을까?"

한순간 왕자는 마치 색칠이 된 화면을 꿰뚫어 보듯 자기 존재의 껍데기를 꿰뚫어 보았다. 노년을 마주하고 그는 최초의 신성한 전령, 진리를 일별하게 된 것이다. 이렇게 그는 부처가 되기 위한 여정을 시작했다.

나 역시 힘겨운 세상의 풍파로부터 보호받고 자라 현실을 받아들이지 못했다. 싯다르타의 아버지처럼 내 아버지도 나를 과잉보호한 것이다. 아버지는 내 주위를 아름다움과 음악과 사랑으로 채우며 나에게 물질적 풍요로움을 물려주겠다고 결심하셨다. 그리고 아버지의 왕궁 정원을 떠났을 때, 많은 젊은이처럼 열여덟의 나 역시 마법에 걸려 있었다. 인간 고통의 현실을 망각한 채 노화, 질병, 죽음에 개의치 않았다. 이 젊음의 마법은 우리를 불사의 존재라고 생각하게 했고, 인생에 끝이 없는 것처럼 살게 했다.

연약한 노인들을 본 이후 싯다르타는 병에 걸린 사람과 죽은 이의 시체를 통해 두 전령을 더 만나게 된다. 그러나 더 먼 길을 떠난 그는 방랑하는 승려와의 만남을 통해 곧 고통 너머의 삶, 영적 깨달음이라는 더 높은 목표를 위해 전념하는 삶을 생각하게 되었다. 그의 영혼은 자신을 넘어 다른 이들 또한 고통으로부터 해방시키는 삶을 살고자 하는 갈망에 눈을 떴다.

만약 우리가 부정의 단계에 있었다면, 이러한 노화·질병·죽음의 신성한 전령들은 심각한 정체성의 위기를 초래한다. 이들은 충격으로 우리를 마법에서 깨어나게 할 정도의 위력을 가진 신 또는 원형의 힘이다. 그들은 우리 신체의 연약함, 시간의 무상함, 다가올 종말을 깨닫게 할 위력도 가지고 있다. 그들은 우리의 깊은 갈망을 일깨워 우선순위를 바꾸게 하고, 사소한 것에서 인생에 정말 중요한 것으로 관심과 에너지를 돌리게 만들며, 우리를 산만하게 만드는 번잡함에서 벗어나 내면의 삶에 집중하게 할 잠재력을 지니고 있다. 이러한 갈망은 우리의 영혼을 깊은 불안과 기존의 삶에 대한 영적인 불만, 그리고 더 많은 것을 원하는 욕구로 자극한다. 나는 이것을 '성스러운 갈망'이라 부르는데, 주의를 기울인다면 우리는 이 갈망을 따라 영적인 길을 걷게 될 수 있다.

충분히 오래 살다 보면 신성한 전령을 마주하게 될 날이 반드시 올 것이다. 분명 우리는 질병을 앓게 될 것이고, 다른 사람의 아픈 모습을 보게 될 것이고, 끔찍한 통증으로 고통받고, 어쩌면 자신의 신체에 대한 통제를 잃어버린 모습도 보게 될 것이다. 우리의 조부모와 부모가 나이 들고 쇠약해지는 모습을 지켜보게 될 것이고, 정신의 통제력을 잃는 모습도 보게 될지 모른다. 우리는 죽음을 볼 것이고, 가까이에서 숨이 멎고 몸이 식어 굳어지는 것을 목격할 것이다. 그리고 어쩌면 희미한 것이 순간 획 하고 방을 떠나는 것을 느낄 수도 있다.

그러나 노화에 대한 온전한 진실을 또렷이 보는 것을 자신에게 어느 정도까지 허용할 것인가? 이러한 경험이 우리를 관통하고 마법을 깨, 지금껏 살아온 현실을 뒤바꾸는 것을 받아들일 수 있을까? 부처가 그랬듯 편안한 삶을 버리고 우리의 가장 중요한 본질을 향해 구도자의 길을 걷는 사람이 우리 가운데 몇이나 될까? 영혼의 속삭임, 자아를 넘어서야 한다는 영혼의 쉼없는 갈망에 귀를 기울여 현재의 관점이나 인식의 단계를 넘어선 사람이 얼마나 있을까?

잠시 싯다르타가 전령들의 부름에 귀를 기울이지 않았을 경우를 상상해 보자. 아마도 그는 전령들의 의미나 중요성을 부정하고, 왕궁으로 돌아가 그저 또 다른 왕이 되었을 것이다. 아니면 거리로 나가 삶의 난투에 뛰어들어 쾌락주의자나 허무주의자가 되었을 수도 있다. 부정의 길을 걸으면서 자신의 운명을 따르지 않고, 결국 목적지에 도달하지 못했을 것이다. 싯다르타는 부처가 되기 위한 문턱을 넘지 못했을 것이다.

우리 개개인의 내면에는 전령의 부름에 저항하며 계속 잠들어 있길 갈망하고, 기존의 방식에 만족하며, 노화라는 현실을 거부한 끝에 영적 발전을 밀어내는 무엇인가가 존재한다. 계속해서 현실 부정의 궁전으로 돌아가기를 원하고, 영원히 젊고 순진하거나 강력하고 통제력이 있기를, 또는 생산적이고 영웅적으로 남기만을 원하며, 우리가 원하는 대로 되길 바라는 무엇인가가 우리 안에 있다. 이처럼 젊음과 동일시하고 노화를 부정하는 행동은 우리 자신을 재창조하기 위해 극복해야 할 첫 번째 장애물이다.

통과 의례

오늘날 노화라는 신성한 전령은 인정받지 못하고 있다. 피할 수 없는 존재이지만 환영받지도 못한다. 우리는 세례식, 유아의 첫걸음, 바르 미츠바[*], 졸업식, 결혼식을 축하한다. 은퇴를 축하하는 파티를 열기도 한다. 그러나 그 이후에는 어떤가? 우리는 수십 년이 될 수도 있는 노년기를 그저 서서히 쇠락해 가는 시기, 서로 동떨어진 의미 없는 사건들이 일어나다 신체의 기능이 손상되어 결국 죽음에 이르는 과정이라고 생각한다.

노화의 전령에게 주의를 기울이는 법을 누구도 알려주지 않는다. 누구도 은퇴하거나 할아버지나 할머니가 되고, 병에서 회복하고, 사랑하는 이를 잃는 등의 경험을 어떻게 인식의 새로운 단계로 넘어가는 신성한 통과 의례로 받아들이는지 올바른 예시를 보여주지 않는다. 자신의 고유한 경험으로부터 지혜를 얻을 수 있도록 인생을 회고하는 법, 또는 인간관계의 상처를 회복하고 자신과 타인을 용서하는 법을 알려주는 이도 없다. 어떻게 **원로**의 도덕적인 목소리를 따라 활동가가 되어 더 큰 세상을 위해 봉사할 수 있는지, 노년기에 속한 지금의 우리에게 알맞은 명상 수련법을 찾고 자아를 넘어 **영적 원로**가 될

● Bar Mitzvah, 유대교에서 성년의례를 치른 사람을 가리키는 말. 이 책에서는 성년의식 자체를 지칭하는 표현으로 쓰인다.

수 있는지 시범을 보여줄 사람도 없다. 또한 누구도 역할에서 영혼으로 변화하는 법을 가르쳐주지 않는다.

우리에겐 노년기의 과도기를 지나기 위한, 그리고 **원로**가 되기 위한 지침이 없다. 지도도 없이 나이 들어 가는 노년기의 우리는 어떻게 보물을 찾을 수 있을까? 다행스럽게도 모델과 지침이 될 다른 문화들, 그리고 인생의 과도기를 잠재적 통과 의례로 연구한 광범위한 연구자료가 있다. 『의식적인 삶, 의식적인 노화(*Conscious Living, Conscious Aging*)』의 저자인 론 페브니는 인생의 과도기가 성공적인 통과 의례가 되기 위한 세 가지 단계를 말한다. 즉 내려놓기, 전이 시간(liminal time), 새로운 시작이다. '내려놓기'란 더는 자신의 발달에 도움이 안 되는 과거의 역할, 태도, 후회, 정체성을 떠나보내고 앞으로 나아가는 것을 의미한다. '전이 시간' 또는 '중립 지대'는 정체성들 사이의 휴지기, 혼란스럽고 형태를 잃은 듯 공허함과 두려움을 느끼는 시기를 말한다. 더 이상 애벌레는 아니지만 아직 나비도 아닌, 번데기와 같은 단계다. 그리고 이 시기에는 잃어버린 모든 것에 대한 깊은 슬픔도 포함될 수 있다. '새로운 시작'이란 새로운 자아의식, 목적, 전망이 생겨나는 때를 의미하며, 나는 여기에 인식의 잠재적인 다음 단계를 더하고 싶다.

과도기의 세 단계는 노년기를 통과하는 동안, 즉 월급을 받고 일하던 생활에서 은퇴하고, 정서적으로 마치지 않은 일을 끝내며, 질병을 앓거나, 타인을 돌보거나, **원로**가 되거나, 공익을 위해 봉사하거나, 영적 발전을 위해 노력하는 과정에서 중요하게 작용한다. 사실, 이 단계들은 허물을 벗고 다시 태어나는 과도기를 거치면서 우리의 영혼이 진화하는 과정을 설명한다. 통합 연구소(Integral Institute)의 설립자이자 더 높은 단계의 인식에 관한 연구로 이 책에 도움을 준 켄 윌버는 이러한 진화 과정을 '초월과 포함', 즉 인식의 한 단계를 뛰어넘으면서 이전 단계를 포함하는 과정으로 묘사한다.

예를 들어 중년기의 역할과 책임을 내려놓고 이 시기를 초월하는 과정에서, 우리는 젊다고도 늙었다고도 느끼지 않는 중립 지대에 들어갈 수 있다. 명확한 역할과 정체성 사이에서 여전히 활발하게 활동하고 있지만, 더는 자신이 누구인지 확신할 수 없다. 우리의 주된 역할은 더 이상 부모가 아니며 직업도 첫 번째 정체성이 될 수 없다. 이처럼 역할의 불확실성과 부재, 그에 따른 과거에 대한 상실감으로 인해 중립 지대에는 근본적인 불안감이 존재한다.

우리는 결국 내면 작업을 통해서 중년기를 지나 노년기의 문턱을 넘어 **원로**가 된다. 애쓰고 용쓰던 것을 내려놓고, '해야 하는 것들'을 내려놓는다. 이처럼 과거의 정체성을 놓아 주되 그동안 배운 모든 지식, 우리가 사랑하는 모든 것을 항상 우리 안에 간직한다. 이렇게 우리는 역할에서 영혼으로 진화한다.

'과도기(transition)'와 '초월(transcend)'이라는 두 단어에는 모두 '건너다' 또는 '넘어서다'를 의미하는 접두사 'trans-'가 있다. 과도기는 아동에서 청소년으로, 미혼에서 기혼으로, 노인에서 **원로**로 등 내외적으로 인생의 다음 단계로 나아가는 과정을 말한다. 전통적으로 이러한 과도기는 신성한 의식을 통해 기념되어왔다. 사실상 우리가 알고 있는 인생의 단계들이 바로 이러한 과도기에 이름을 붙이고 지원할 수 있도록 한 사회적 구성물이다. 예를 들어 '청소년기(adolescence)'는 아동기와 성인기 사이의 단계를 묘사하기 위해 1904년에 만들어진 용어로, 이 단계를 지나는 사람의 필요에 사회가 주의를 기울이게 했다. 그러나 지금 우리의 인생 단계, 은퇴와 허약한 고령 사이의 시기는 아직 명명되지 않았으며 그로 인해 대접도 받지 못하고 있다. 이러한 개념적 결핍으로 인해 이 단계의 인생에 대한 우리의 비전도 결여되어 있다. 저명한 노인학자인 빌 토머스의 말처럼, "우리는 나이듦에 대한 무지로 고통받고 있다."

반면에 초월은 나이가 아니라 다른 수준의 인식으로 내면이 변화하거나 단계가 바뀌는 것을 말한다. 인생의 각 분야에서 이 책에서 소개한 발달상 과업들을 완수하고, 의식적으로 그 단계들을 거쳐 과거를 내려놓고 미지의 세계로 나아가 반대편에서 모습을 드러낼 때, 예컨대 영웅에서 **원로**로 변하듯이 우리는 과거의 정체성을 초월해 다른 무게 중심을 갖고 살기 시작할 수 있다.

계속해서 과거의 역할과 정체성을 초월한 끝에 궁극적으로 자아를 초월해 인식의 고차원에 눈을 뜨게 된다면, 우리는 **영적 원로**가 될 수 있다. 즉, 자아의 발달에는 성인의 완성(켄 윌버는 이것을 '성장'이라 불렀다)으로 이어지는 내면 작업이 포함되며, 자아를 초월하는 영적 발달에는 각성(켄 윌버는 이것을 '깨어남' 이라 불렀다)으로 이어지는 내면 작업이 포함된다.

나이듦을 영적인 여정으로 보는 이 관점은 사실 새로운 개념이 아니다. 세계 대부분의 영적 전통은 노년기를 세상에서 물러나 묵상하고 자아를 초월하는 시간으로 그린다. 비교적 최근에 칼 융은 환자들이 중년 이후에 겪는 문제의 근본 원인으로 영적 전망의 부재를 지적했다.

내가 이 책을 쓰도록 영감을 준 인물인 잘만 섀크터-샬로미는 『에이징에서 세이징으로(From Age-ing to Sage-ing)』라는 책을 집필(로널드 S. 밀러와 공저)한 작가이자 '세이징 인터내셔널 (Sage-ing International)'이라는 단체의 랍비로, 이렇게 말했다. "노년기를 영적 발달의 정점으로 생각하지 않는다면, 우리는 이 과정을 단축시키고 수명이 늘어남에 따라 촉발될 수 있는 성장을 위한 진화적 명령에 제동을 걸게 된다. 우리는 개인으로서, 그리고 계속해서 진화하는 종으로서 인생의 완성이라는 본능에 이끌린다."

인생을 완성하려는 본능은 노년기에 나타나는 영적 갈망, 또는 신성한 갈망의 표현이라고 생각한다. 역할에서 영혼으로의 변화를 추구하는 것은 우리 내면에 있는 진화의 힘이다.

물론, 노년기에 자신의 노화를 직시하는 사람들도 있다. 이들은 인생의 새로운 단계로 접어들었다는 사실을 자부심을 가지고 받아들인다. 아마도 그들은 인생에서의 과도기를 환영하며, 다른 단계로의 문턱을 넘는 것을 두려워하지 않고, 변화를 포용했을 것이다. 아마도 어린 시절에 자신에게 소중했던 노인들이 긍정적인 **원로**의 모델이 되어주었기 때문일지도 모른다. 그래서 이제 자신도 그들과 같은 모습이 될 수 있다고 상상할 수 있는 것이다. 어쩌면 봉사의 목적이나 영성을 느꼈기에, 이제 의미와 방향성을 갖고 나아갈 수도 있다.

작가이자 블로거인 캐롤 오스본은 자신의 저서『더 나이 들고, 더 현명하고, 더 강렬한(Older, Wiser, Fiercer)』에서 이렇게 말했다.

"나이가 들었다고 할 때쯤이면, 우리가 어디까지 오를 수 있고 어디까지 떨어질 수 있는지와 같이 자신이나 이 세상이 할 수 있는 일을 구분 가능할 만큼 오래 산 법이다. 노년이란 진화의 선물인지도 모른다. 부정과 방어, 거짓말을 넘어 본래 계획된 만큼 강렬한 삶을 살아가기까지 너무나 오랜 시간이 걸리니까. 확실한 (그리고 무척 많은) 지름길을 대부분 다 가보기 전에 깨달음의 고통이라는 가능성을 기꺼이 받아들이고자 하는 사람은 거의 없다. 종내에는 모든 선택지가 사라진 뒤에야 숨을 헐떡이며 경계를 넘는 것이다. 더욱 강렬해지고자 분투하는, 늙고 용감한 영혼을 가진 소수의 우리 같은 이들이 사는 그 새로운 땅을 향해서."

나와 나눈 개인적인 대화에서 캐롤이 한 말이 있다. "63세의 나는 과거의 나와는 달랐죠. 그래서 있는 그대로 상황을 보고 받아들이기 위해 20대에 시작했던 영적 수련을 다시 해야 했어요." 그녀는 불확실성 속에 머무르며 과거의 인생을 벗어

던지고, 내면의 목소리를 따라 감정의 소용돌이에서 벗어나 집 근처의 강둑을 따라 걸었다. 다른 사람의 생각은 개의치 않으며 시간을 보냈다.

그녀는 이렇게 조언했다. "너무 늦기 전에 영적 수련을 시작하세요. 우리에겐 노화와 함께 끊임없이 찾아오는 문제들 속에서 중심이 되어줄 분명하고 조용한 인식이 필요합니다."

그러나 안티에이징 문화 속에서 늙어가는 사람들 대부분은 현실에 치열하지 않고, 잠시나마 외면하고 잊고 싶어하며 설명할 수 없는 증상, 반복되는 건망증, 갑작스러운 활력 상실 등의 증상으로 나타나기 전까지 전령을 무의식의 어둠 속으로 밀어놓는다. 그러다가 발버둥치고 울부짖으면서 불가피한 상황으로 끌려 들어간다.

그 상황이 일어나고 있음을 인정한다 해도, 한동안 미루기 위해 이러한 인식을 구획화시킬 수도 있다. '지금은 여유를 가질 수 없어. 3년 뒤쯤이면 모를까.' 우리의 두려움을 줄이려고 협상할지도 모른다. '더 열심히 더 오래 운동하자. 그러면 괜찮을 거야.' 아니면 무의식적으로 투사, 즉 외부적인 상황을 탓한다. '난 아직 60대야. 그렇게까지 늙진 않았다고. 다른 사람들이나 그렇지.' 우리는 이렇게 부정하면서 노년기가 선사하는 가장 큰 기회를 놓친다. 내면에서부터 자신을 재창조해 우리가 빚어진 목적대로 살 기회를.

어쨌거나 노화와는 가볍게 옆구리를 쿡 찌르는 정도에서 전면 공세 수준까지 아주 자잘하고도 자주 직면하게 된다. 거울에 비친 알아볼 수 없는 자신의 얼굴을 보고 수치심을 느낄 때 우린 묻는다. **"저건** 누구야?" 야망이나 성욕을 잃어 수치심을 느낄 때 자문하게 된다. **"그게** 없으면 난 누구지?" 부상에서 벗어날 회복력이 없을 때 생각한다. "나는 언제 정상으로 돌아갈까?" 이런 상황을 겪으면서 우리는 매번 수치심을 받고 자신의 몸에 배신감까지 느낀다. 우리의 충격은 노화가 진행되고 있다는 사실을 인식하지 못한다는 것을 여실히 보여준다. 노화에 대한 부정이나 노화를 통제할 수 있다는 믿음과 노화의 과정에 놓여있다는 현실 사이에서 긴장감이 발생한다.

85세의 한 여성 내담자는 헬스장에서 처음 보는 사람이 자신의 나이를 물어본 뒤, "좋아 보이세요."라는 말을 들었다고 했다.

"내 나이치고는 좋아 보인다는 말인가요? 내가 몇 살인 것 같아요?" 그녀가 물었다.

"77세요."

"아뇨, 62세예요."

그 사람은 믿기지 않는다는 듯 눈썹을 치켜떴다.

"안 믿는군요. 난 나이가 아니고 사람이에요." 그 여성이 말했다.

이것은 부정일까, 아니면 성공한 노화인가? 이러한 행동은 노인에 대한 고정 관념과 이에 수반되는 생각을 거부하는 것일까? 신체가 아닌 다른 면과 자신을 동일시하는 것일까? 아니면 있는 그대로의 자신을 받아들이지 못하고 자신의 신체와 시간의 한계라는 현실을 거부하는 것인가?

　이런 문제들을 함께 살펴볼 때, 그녀는 내가 자신의 현실을 받아들이라는 태도를 보였다는 이유로 나를 연령주의자라고 불렀다. 나는 그녀가 스스로의 나이를 받아들이지 못해서 민감하게 반응하는 것이라고 말했다. 만일 성공이나 생산성 같은 중년에 소중한 가치들과 자아상을 내려놓지 못하게 막는 감정 아래 무의식 속의 문제를 살펴보지 않는다면, 그녀는 노년기에 해야 할 과업들을 생각하고 완수할 기회를 놓치게 될 것이다. 즉, 전령의 부름을 듣고 문턱을 넘을 기회를 잃게 되는 것이다.

　젊은 시절 의식을 탐구한 우리에게 노년기는 다시 돌아가라는 외침이다. 우리의 정서적, 영적 발달은 여기서 멈추지 않고 매일 매 순간 진행된다. 노화는 속도를 늦추고 내면의 세계로 방향을 전환하고, 호흡을 관찰하며, 온전히 지금 이 순간을 살며, 내면의 장애물이 생겨날 때 그것을 목격하는 법을 배우는 수단이 될 수 있다. 영적 지도자인 람 다스의 표현을 빌리자면 노화는 방앗간의 곡물이다. 노화는 경험을 통찰력으로 바꾸기 위한 원료이다.

　외침을 듣고 일찍이 부정했던 사람에게 노년기는 시작하라는 외침이다. 지금이 아니면 언제 할 것인가?

'나이듦'이란 무엇인가?
온전한 진실 말하기

이 페이지를 쓰면서 나는 친구와 대화를 나누었다. 89세인 그녀는 이렇게 말했다. "오늘 10km를 걸었어. 핏비트(Fitbit)●가 오늘치 운동량을 다 채웠다고 하더라."

"그때 기분이 어땠어?"

"피곤했지. 그런데 빌이 섹스를 원해서 그것도 했어."

나는 미소를 띠며 속으로 생각했다. '우리 엄마의 노년기 때랑은 다르네!'

어떤 사람은 길어진 수명만큼 건강을 유지한다. 과거에는 그렇지 않았다. 만성질환과 신체 능력의 상실로 수년간 내리막길을 걷다가 인생의 종점에 도달했다. 그러나 오늘날 많은 이들은 노년기에 접어들고도 오래도록 건강하게 지내다가, 죽기 식전에 갑자기 건강이 나빠진다.

따라서 우리가 두려워하는 노인의 이미지(차를 몰아선 안 되는 저속 운전자들, 치매에 걸리고 양로원에 버려진 사람들, 마트에서 보행 보조기를 밀고 다니며 장 보는 사람들)는 고정 관념에서 생겨나 우리 주변에서 일어나는 또 다른 노화를 감춘다. 2016년에 95세의 한 핀란드 여성은 500피트 번지점프에 성공한 세계 최고령 여성

● 손목밴드 등의 형태로 몸에 착용할 수 있는 건강 관리 기기

이라는 신기록을 세웠다. 2019년 초에는 103세 여성이 그랜드 캐니언의 신입 산악관리인이 되었다.

물론 누구나 이런 경험을 하는 것은 분명 아니다. 노년기는 무시무시한 고정 관념도, 드문 예외도 아니다. 우리는 쇠퇴의 고통을 무시한 채 노화를 이상화하며 끊임없이 광고하고, 포장하고, 판매하는 안티에이징 메시지에 속아서는 안 된다. 그러나 노인들은 쇠약하고 쓸모없으며, 비참하고, 자원을 축낸다는 쇠퇴에 대한 고정 관념을 받아들일 수도 없다. 이러한 고정 관념은 노인을 차별하는 연령주의적 제도를 만들었다. 또한 노인을 '타자'로 보는 시각, 즉 우리가 두려워하는 것을 무의식적으로 타인에게 돌리는 시각으로 이어져 노년층의 고통만 가중시켰다.

그러니 부정도 미화도 없는 온전한 진실을 말하자. 람 다스의 말처럼, "지나치게 과장하거나 부정하지 말자." 이렇게 우리는 눈과 마음을 열고 의식적으로 노년기로 들어갈 수 있다.

노년기의 삶의 질은 집단이 아닌 개인이 결정한다. 이는 단순히 변화를 받아들이는 것 이상을 의미할 수 있다. 과거의 두려움을 극복하고 새로운 태도를 형성해 독이 되는 관계를 정리하고, 현재를 살면서, 자아를 뒤로 물리고 초월해 인생이 직관적으로 흘러갈 수 있게 하는 것을 의미한다. 노년기는 못다 이룬 꿈을 다시 꾸고, 그간 실현하지 못한 재능을 꽃피우면서 그림자에서 금을 캐내는 시간이 될 수 있다.

그러나 동시에 이 시기는 외롭고, 무섭고, 취약하며, 불확실하고, 갈피를 못 잡는 또 다른 어두운 영혼의 밤이 될 수도 있다. 특히나 가이드나 재정적 자원이 없거나, 명상 수련을 하지 않는 사람에게 더욱 그렇다.

노년기는 여러 힘에 의해 정의되고 한계지어진다. 노화에 영향을 미치는 유전적인 소인과 변이는 분명히 존재한다. 따라서 우리의 신체(우리의 건강, 질병, 회복력)가 우리가 경험하는 노화를 정의하고 제한한다. 급성 질환과 만성질환은 우리의 시간과 관심을 갈취하기 때문에, 이미 습관으로 뿌리내린 게 아니라면 내면 작업을 할 에너지는 거의 남지 않는다.

재정적으로 여유가 있고 풍요로운 사람들에겐 내면 작업에 집중할 수 있는 '시간적 여유'도 있다. 그러나 생존에 급급한 사람들에게 영적 성숙에 대한 진화적 필요(evolutionary needs)란 마치 사치품처럼 느껴질 것이다. 따라서 (앞선 도입부에서 제시한 통계 수치가 보여주듯이) 계급, 그리고 인종의 차이는 우리의 노년기 경험이 어떨지 알려주는 잣대가 된다. 또한 가족이나 사회 관계에서 얻는 지원, 의미와 목적에 대한 신념도 노화에 대한 내적 역량을 키우는 데 기여한다.

모든 사람은 의식적이든 무의식적이든 건강과 회복력에 도움이나 해가 되는 태도를 가지고 있다. 예를 들어, 개인의 정체성이 자신의 이미지에 근거한다면 점점 늘어나는 외모적 변화에 힘겹게 적응하는 과정에 자신감과 원동력을 잃을지도 모른다. 내 친구 재키는 자신의 주름이 저주같다고 말했다. "단 한 번도 내 몸이 마음에 든 적이 없어. 그래도 시간이 흐르면서 슈퍼모델과는 거리가 멀어도, 내 체형을 받아들이게 되었단 말이

야. 그랬더니 이제는 보기 싫은 이 주름이 문제야. 예전의 자기
혐오감이 다시 느껴져."

재키가 자신의 신체에 평생 가졌던 부정적인 생각이, 절대
로 받아들일 수 없다고 생각하고 부정했던 나이 든 얼굴의 주
름살과 처진 볼살로 옮겨간 것이다. 그녀 내면의 일부가 연령
주의적인 선입견을 받아들여 자신의 얼굴을 젊고 이상적인 얼
굴과 비교했기 때문이라고 지적하자, 재키는 깜짝 놀란 듯 보
였다. "그냥 누구나 다 그렇게 느낀다고 생각했어. 늙은 건 못생
긴 거라고."

그러나 이제 이러한 공식에 대한 저항이 커지고 있다. 인
스타그램에서는 멋진 할머니들이 속옷, 수영복, 화려한 색상의
최신 패션을 걸치고 거리낌 없이 자신을 표현하며 햇빛에 반짝
이는 은발을 자랑한다. 플레이보이 클럽의 웨이트리스였으며
이제는 증손주를 둔 83세의 도리 제이콥슨은 스타일 블로거로
자신의 인생을 재창조했고, 그녀의 팔로워 수는 35,000명에 달
한다.●

타이다이 티셔츠를 입고 페이스 페인팅을 자랑하는 89세
의 배디 윙클에게는 수백만 명의 팔로워가 있다.●●

● 2024년 현재 그녀의 나이는 90세로, 인스타그램 @seniorstylebible의 팔
　로워 수는 45,000명을 넘겼다.
●● 2024년 현재 그녀의 나이는 96세이며, 인스타그램 @baddiewinkle의 팔
　로워 수는 약 320만 명이다.

그들이 보여주는 메시지는 동일하다. '나이는 더 이상 우리의 생활 방식을 결정하지 않는다.'

직장에서의 역할이나 재정 상태에 기반해 자신의 정체성을 형성해 온 사람들은 이런 정체성의 근원이 변하면 자긍심을 유지하기 어려울 수 있다. 한 남성은 나에게 이렇게 말했다. "온종일 사람들을 돕는 정신과 의사가 아니라면 이제 나는 누구죠?" 다른 이는 이렇게 말했다. "바닥부터 이 회사를 쌓아 올렸는데, 이제는 저보고 나가라고 하네요. 회사가 없는 제 인생에 무슨 의미가 있을까요?"

스스로 정신세계를 탐구하고 자신을 깊이 이해하게 된 사람의 경험은 다를 수 있다. 그들은 자신의 불안감을 초래하는 원인이 무엇이며, 우울증이 생기면 필요한 것과 어떻게 도움을 요청하는지 알 수도 있다. 상실과 불확실성을 더 잘 참을 수도 있고, 정서적 회복탄력성을 통해 노화로 인한 변화에 더 유연하게 적응할 수 있을지도 모른다.

외향적인 사람과 내성적인 사람은 서로 다른 모습으로 늙어갈 것이다. 외향적인 사람은 봉사, 지역 사회 활동, 가족, 사회적 관계를 통해 더 많이 교류하려 할 것이다. 이들은 여럿이 있을 때 에너지가 생기고, 안정적인 결혼 생활과 친밀한 가족 관계 안에서 더 강한 목적의식을 느낀다. 한편, 내성적인 사람은 혼자 시간을 보내며 내면 작업을 할 수 있는 더욱 조용한 공간으로 이동하려는 경향이 있다. 이것은 내성적인 사람이 에너지를 아끼고 내적 자원을 활용하는 데 도움이 된다.

우리의 종교적 신앙, 영적 믿음, 경험도 노화를 정의하고 한계를 정한다. 기성 종교 단체의 신도들에게 교회나 시너고그 (유대교 회당)는 사회적인 지지를 받을 수 있는 곳이자 타인을 위해 봉사할 장소가 될 수 있다. 성직자들은 신도들에게 신앙심에 대한 확신을 주고, 과도기의 의식을 치를 공간을 제공할 수 있다. 그러나 대다수 교회와 유대교 회당은 청년들을 환영하면서도 고령이 되는 노인들을 축하하기 위한 의식은 제공하지 않는다. 물론 이러한 전통들의 공개적이고 대중적인 형태는 신비로운 상태나 더 고차원적인 발달 단계에 도달하기 위한 어떠한 영적 수련법도 제시하지 않는다.

어떤 종교 단체에도 속하지 않고 홀로 구도자의 길을 걷는 우리와 같은 사람들에게 수련법은 매우 중요하다. 이 책을 위한 인터뷰를 진행하면서 나는 마음의 중심과 평정심을 찾고, 세상의 소음에서 벗어나 더 깊은 근원에 도달하는 문을 열기 위해 다양한 명상 기법을 사용하는 사람들을 만났다. 긴장을 완화하기 위해 수련하는 사람들도 있었고, 수십 년의 수련을 통해 고차원적인 인식의 단계에 도달한 사람들도 있었다. 그러나 모든 이들에게 명상은 노화로 인한 상실감과 혼란으로부터의 은신처이자 완충지대가 됐다.

우리의 문화 역시 노화를 정의하고 한계짓는다. 우리는 나이를 포함한 모든 것에 대한 가능성과 한계를 소통하는 가족, 공동체, 단체, 국가라는 맥락 속에서 늙어간다. 이러한 맥락은 무엇이 그림자 속에 숨어 계속 표현되지 않은 채 남을지, 그리고 무엇이 의식적으로 노년기의 삶을 통해 구현되고 온전히 표현될지를 정한다.

예를 들어, '긍정적인 노화'나 '성공적인 노화'를 위한 운동은 약 10년 전 '나이듦'에 대한 오래된 부정적인 생각의 결과에 맞서기 위해 등장했다. 이 운동의 지지자들은 50세 이상의 사람들에게 생산성, 사회 참여도, 신체·정신 건강, 성적 능력, 자율성을 유지하라고 촉구했다. 이것은 많은 사람에게 매력적이며 수십 년 동안 점점 더 실현 가능성이 커지고 있는 이상이다. 또한 높은 삶의 만족도와도 상관관계가 있다.

그러나 성공적인 노화라는 개념에는 어두운 면도 있다. 이상은 빠르게 '의무'가 된다. 이상으로서의 생산성은 생산성 부족을 실패로 간주하며 존재보다 행동을, 명상보다 행동을 더 우선시해 결국 노동, 돈, 영웅적인 개인주의의 집단적 가치를 강화한다. 이때 자신의 능력(역량)을 잃은 사람들은 수치심을 느끼게 될 수 있다.

이상으로서의 기여는 기여도가 부족한 사람을 이기적이고 부담스러운 존재로 여기게 만든다. 지금까지 가족을 부양했고, 직업을 갖고, 타인을 위해 봉사한 사람은 더 이상 자신의 도움이 필요하다고 느끼지 못할 수 있다. 그리고 내성적인 사람은 자연스럽게 속도를 늦추고, 자기 효능감을 높이는 일을 그만두고 단순히 존재하기 시작할지 모른다.

이상으로서의 신체 건강은 건강을 잃은 것을 개인의 실패로 간주한다. 그러나 노년기의 신체적 한계는 (비록 그 순간이 죽음을 앞둔 때에야 올 수는 있어도) 필연적으로 찾아오는 것이다.

　이상으로서의 자율성과 자립성은 의존과 취약함을 실패로 간주한다. 그러나 노년기에 자율성의 고통스러운 한계를 직면하는 일은 피할 수 없다.

　게다가 이러한 이상은 해변을 걷는 매력적인 백인 노부부, 새로운 비즈니스 개업식에서 리본을 자르는 잘생긴 백인 노인 남성, 세련된 의상을 걸치고 성인용품을 광고하는 백인 노인 여성 등 우리 마음 깊숙이 숨겨진 사진처럼 무의식적인 이미지를 만든다.

　이와 같은 이상과 이미지는 노화의 복잡하고 독특한 현실을 가린다. 성공한 노인의 모습에서 자신을 볼 수 없다면 어떻게 될까? 우리가 '의무'로 내재화시킨 성공적인 노화의 이상에 가까워지기는커녕 꿈조차 꿀 수 없다면 말이다. 이상을 충족할 금전적 자원이 부족하다면? 의료 혜택이나 사회적 지원을 받을 수 없다면? 우리가 만일 유색인종이라면? 동성애자라면? 장애가 있거나 다른 사람을 돌봐야 한다면? 집에만 박혀 있는 사람이라면? 만성 질환이 있다면? 이러한 기준과 비교한다면 분명 누구라도 성공적으로 늙지 못하고 실패했다고 생각하게 될 것이다.

　마지막으로, 성공적인 노화에 대한 문화적 메시지는 내적 성향보다 외적 성향을 강조하고 그 결과로 자아 강화에 더욱 중점을 둔다. 그러나 내면에서부터의 노화는 생산성에서 사색으로, 물질에서 의미로, 역할에서 영혼으로 변화를 요구한다.

사실상, 노년기는 더 많은 제국의 건설이 아니라 내면의 발전과 자신보다 더 큰 존재와 연결되기를 강요한다. 우리가 인생 초반에 적용한 기준에 따라 노년기를 정의한다면, 노년기는 의미를 상실할 위험에 처한다.

'성공한 노화'의 비전은 노년기의 삶을 재구상할 수 있는 다양한 가능성에 대한 인식을 높이는 데 매우 긍정적인 영향을 미쳐 왔다. 그러나 잘못된 이분법적 사고를 만들기도 한다. 온전한 진실은 노년기의 신체적, 정서적, 인지적, 사회적 감퇴에도 불구하고 우리 대부분은 젊음이나 심지어 일관성을 경험한다는 것이다. 생산성을 무엇이라고 정의하든 간에 우리는 대부분 70대 이후에도 계속해서 생산성을 유지한다. 여유를 갖고 속도를 늦춰 손자를 돌보거나, 창의성이나 영성을 추구하는 등 조금 더 개인적인 삶으로 돌아서는 사람도 있다. 그리고 어느 시점이 되면, 우리는 모두 보다 큰 힘 앞에서 위축되고 통제력 상실로 어려움을 겪게 된다.

그때 우리는 자율성, 독립적인 자제력, 생산성과 같은 문화적 기대치로 평가받길 원치 않는다. 이것들은 인생의 다른 단계에 적용되는 잣대이다. 그보다 우리는 변화에 발맞추어야 하며, 지금 나의 본질을 반영한 삶을 만들기 위해 자기 포용의 깊이를 키워야 한다.

즉, '나이듦'의 의미를 세 글자로 요약하는 것은 그 의미를 축소하는 것이다. 그 과정에서 모든 뉘앙스가 사라진다. '나이듦(old)'이라는 단어의 라틴어 뿌리 'alere'는 '영양분을 주다

(nourish)'를 의미한다. 젊음을 지향하는 포스트모던 사회에서 '영양분을 받는(nourished)'이든 '영양분을 주는(nourishing)'이든 '나이듦'에 담겨 있던 소중하고 오래된 의미는 사라졌다. 내 바람은 **원로**들이 영양분을 받기도 하고 주기도 하는 것이다.

75세가 된 내 고객 밥은 이렇게 말했다. "늙어버린 기분이에요. 아무 일도 하고 싶지 않아요. 그런데 아무것도 안 하는 게 두렵기도 해요."

마침내 의무에서 해방된 것이라고 내가 지적하자, 그는 이렇게 대답했다.

"하지만 내겐 뭔가 해야 하는 의무가 있어요. 아무것도 안 하면 나는 누구죠?"

서구권에 사는 사람들 대부분이 그렇듯 그의 정체성은 분명히 일, 즉 행위(doing)와 얽혀있다. 우리가 일의 속도를 늦추거나 일을 중단하면, 노년기의 정체성 위기가 수면 위로 떠오른다. 자기가치감이 성과와 결부되어 있는 탓에, 방향타 없이 망망대해에 있는 듯한 느낌이 드는 것이다.

보디빌더였던 73세의 친구 윌리엄은 허리 수술을 여러 번 받아야 했다. 그런 그는 자신의 몸에 배신감을 느꼈다고 나에게 말했다. 더는 승마를 하거나 체육관에서 엔도르핀이 돌 만큼 운동할 수 없게 되자 그는 마음의 문을 닫고 친구와 가족들로부터 멀어졌다. 하지만 새로운 한계에 대한 자신의 정서적 반응을 곰곰이 생각해보니, 남에게 의존하는 것이 무서워 도움을 거부했다는 사실을 깨달았다. 독립성을 잃고 타인의 보살핌을 받아야 한다는 그의 가장 큰 두려움이 그림자 밖으로 나온 것이다.

윌리엄은 아내와 성인이 된 자녀들에게 마음의 문을 열고 서로의 역할이 뒤바뀐 상황을 받아들였다. 가족이 새로운 방식으로 자신을 보살피도록 수용하면서 그는 영웅적인 자립성이라는 일평생의 행동 양식에서 해방되었다. 서서히 성숙한 형태의 의존성을 알아갔다. 그가 사랑하는 이들과의 관계는 더욱 깊어졌고, 새로운 현실을 침착하게 받아들이며 그 안에 숨겨진 보물을 찾기 시작했다. 그의 이야기에는 성공과 실패, 끝과 시작이 모두 들어있다.

이것이 완전한 진실이다. 나이듦은 일차원적이지 않다. 노화는 이렇게 상반되는 것들로 가득하다.

- 존재와 행위
- 자유와 의존
- 목적과 방향 상실
- 활력과 피로감
- 집착과 내려놓기
- 외향성과 내향성
- 즐거움과 고통
- 득과 실
- 시작과 끝

우리가 노년기를 살펴볼 때는 어디에 관심을 둘지 유념해야 한다. 성장인지 쇠퇴인지, 득인지 실인지, 집착인지 내려놓기인지. 그리고 한 가지 개념만으로는 온전하고도 미묘한 진실을 볼 수 없다는 사실을 기억해야 한다. 다만 우리는 이처럼 반대되는 개념 간의 긴장감을 유지함으로써 이득을 얻을 수 있다. 노년기의 명암, 보물과 투쟁, 발전 가능성과 실질적인 어려움 모두를 탐구하는 것이다. 나이듦을 이분법적인 선과 악으로 나누는 행동을 반드시 멈춰야 한다. 이러한 행동은 다른 면을 보지 못하게 만든다. 우리가 노년기의 긍정적인 비전(재탄생, 자유, 목적, 창의성과 같은 것들)만 설파한다면, 쇠퇴의 현실(고통, 상실, 종말 등)을 부정하게 될 것이다. 노년기의 밝은 가능성과 위험 중 그 어느 것도 부정해선 안 된다.

그러니 모든 복잡하고 미묘한 의미의 '나이듦'을 정의하는 힘을 되찾아 인식의 빛 아래로 데려오자. 발전과 쇠퇴, 득과 실, 시작과 끝을 이야기하자. 그리고 자신을 위해, 또 문화 전체를 위해 이처럼 상반되는 개념들을 우리의 인식에 함께 포용하려 노력하자.

칼 융이 제안했듯이, 상반되는 개념 중 하나만 선택하고 나머지를 부정하는 것이 아니라 둘 사이의 긴장감을 유지하며 잠시 끓어오르게 둔다면 새로운 제3의 가능성, 즉 진정한 **원로**가 될 길이 나타날 것이다. 그들은 선과 악을 나누거나 둘 중 하나를 투사하는 흑백논리로 생각하지 않고, 그림자와 빛의 긴장감을 유지하며 영양분을 주고받는다.

우리는 언제 '늙게' 되는가?

'늙다'의 개념은 보는 사람의 관점(또는 나이)에 따라 의미가 달라질 것이다. 우리는 언제 젊음에서 늙음으로 변하게 되는가? 물에서 얼음으로 상태가 변하는 것처럼 우리도 단계적 변화를 거칠까? 시간의 변화, 노인이라는 사회적 인정, 능력의 쇠퇴, 외모의 변화, 내적 또는 주관적 경험에서 이러한 변화가 촉발되는가?

나는 노화란 무엇이고, 언제 노화가 시작되는지 대학교 신입생인 19세의 수에게 물었다. 수는 "노화는 몸이 고장 나기 시작하는 거고, 한 마흔쯤부터 시작될 거예요."라고 대답했다. 수는 마라톤을 뛸 능력을 잃고 금발 머리가 희끗희끗해지는 것을 노화라고 했다. 나는 수에게 70대가 되면 무엇을 하고 싶은지 물어보았다. "주름이 너무 많거나 너무 의존적이지 않았으면 좋겠어요. 그리고 제가 하고 싶은 걸 계속할 수 있기를 바라요."

많은 젊은이처럼 수는 노년기의 자기 모습을 긍정적으로 상상하지 못했다. 비록 수는 자기 할머니와 가깝고 사이가 좋지만, 실제 두 사람의 관계보다 무의식적인 고정 관념이 더 강력한 게 분명했다.

젊은 사람들이 생각하는 '늙음'과 노인들의 실제 경험 사이에는 큰 차이가 있다. 미국은퇴자협회(AARP) 소속 셸리 엠링의 보도에 따르면, 자산관리업체 US Trust가 실시한 2017년 연구에서는 세대별로 노년기가 언제 시작되는지에 대한 생각의 차이가 큰 것으로 나타났다. 예를 들어, 밀레니엄 세대는 59세부터가 노인이라고 응답했다. 반면 엑스 세대는 65세부터 시작한다고 응답해 노년기의 시작을 조금 더 늦게 인식하는 것으로 나타났다. 고령의 베이비붐 세대나 그들보다도 더 나이가 많은 침묵의 세대[•]는 73세라고 응답했다.

그렇다면 다시 질문해보자. 노화란 무엇인가? 생물학과 건강은 여기에 얼마나 기여하고 있는가? 마음 상태와 태도는? 문화적인 구성과 고정 관념의 영향은 어느 정도나 될까?

72세의 고객인 키트는 노년기와 관련해 완전히 상반된 두 가지 문화적 상황과 메시지를 겪었다고 말했다. 그의 가족 중에는 조부모, 친구, 교수 등 안전하고 현명한 보호자가 되어줄, 긍정적인 **원로**의 롤모델이 단 한 명도 없었다. 그의 어머니는 60대가 되자 우울증이 점차 심해졌고, 도자기 만들기를 중단했으며 삶의 활력을 잃었다. 아버지는 50대에 퇴직한 이후로 무언가를 만들거나 생산할 모든 의욕을 잃었다. 아버지는 80대가 되자 더욱 친절해졌지만, 알츠하이머 진단을 받아 키트와 형제들의 돌봄을 받았다. 따라서 키트의 삶에서 의도나 인식, 창의성, 봉사 정신을 갖고 늙어가는 노년기를 보여준 롤모델은 단 한 명도 없었다. 반대로 미래를 두려워하게 만들었다.

그러나 그의 마음에는 '늙음'의 또 다른 이미지가 있었다.

• 　1920~1940년대에 태어난 세대를 가리킴

키트는 20세가 되던 해 명상을 시작했다. 그의 첫 스승은 인도의 요가 수행자로, 부처님이 목격한 승려처럼 키트에게 신성한 전령과 같은 역할을 했다. 하얀 옷을 입고 가부좌를 튼 채 눈을 감고 앉아 있는 스승의 모습을 본 순간부터 그는 영혼의 발달을 향해 나아가는 내면의 여정으로 노화를 생각하게 되었다.

그는 미래 자신의 모습을 쉼 없이 움직이는 기계가 아닌 명상하는 사람, 즉 신체가 아닌 영혼으로 생각했다. 노년기의 삶에는 행동, 의무적인 역할, 돈 걱정, 그리고 가족에 대한 의무로부터의 자유가 수반된다는 사실을 자각했다. 노년기는 사소한 것을 내려놓고 내면으로 눈을 돌려 인생을 완성하고 영적인 발전에 집중하는 시기가 될 수 있다. 73세에 키트는 영적 수련을 시작하면서 내면의 평화를 향한 길을 찾게 되었다. 출가하지는 않았지만, 명상을 심화시켰고 마음을 열어 '해야 할 일' 목록을 내려놓았다. 그의 정체성은 사회 속 자아의 역할에서 벗어나 서서히 영혼의 깊숙한 갈망으로 변하기 시작했다.

운명으로서의 노화

앞서 살펴보았듯이 노화에 대한 우리의 경험은 유전자만이 아니라 사회를 구성하는 문화에 의해서도 어느 정도 결정된다. 노화는 다양한 신체와 문화를 통해 여러 형태로 나타나고 느껴질 수 있지만, 모든 인간의 공통된 운명이라는 점에는 변함이 없다. 내가 누구든지, 어떻게 살았든지, 무엇을 배웠든지 상관 없이 결국에는 개성, 즉 나는 나답고 너는 너다운 특징이 사라 질 것이다.

우리가 나이라는 구조물에 부여한 의미(우리는 언제 나이가 드는가? 나이는 어떻게 우리의 존재를 정의하는가? 나이에 맞는 옷차림이나 행동이란 어떤 것인가? **어떤 일**을 하기에 너무 나이가 들었다는 건 무슨 뜻인 가?)는 이전부터 지금까지 계속되고 있는 삶의 경험, 가족이나 친구, 미디어로부터 접하고 내재화한 노년기에 대한 시선, 제 스처, 농담에 뿌리를 두고 있다. 노화에 대한 부정적인 메시지 를 내재화한다면, 우리 발밑에 있는 보물을 절대로 찾을 수 없 을 것이다.

그러나 노년기에 대한 친숙하고 문화적인 메시지 뒤에는 특별한 '나이듦의 원형'이 있다. 우리는 동화를 들으면서 자랐 고, 이렇게 들은 이야기들을 다시 아이들과 손자들에게 전해준 다. 그 속에는 '지혜로운 노인', '착한 마녀', '마법사', '현자' 또는 '멘토'가 있다. 해리 포터 시리즈는 수백만 명의 아이들에게 교 장 선생님이자, **원로**이며, 악의 세력과 맞서는 덤블도어 교수 를 소개했다. 반지의 제왕 시리즈는 간달프를, 스타워즈 시리 즈는 요다와 오비완 케노비를 소개했다. 이들 모두 지혜롭고 오래도록 기억에 남는, 시대를 초월한 캐릭터들이다.

역사를 통틀어 다른 문화권에도 이런 인물들의 청사진이 있었다. 힌두교의 성스러운 어머니, 칼리는 검은 피부에 팔이 많으며 해골 목걸이를 걸친 모습으로 그려지는 출산과 사망과 변화의 여신이다. 칼리는 창조와 파괴라는 상반되는 개념을 포함한다. 칼리 안에서 창조와 파괴는 서양처럼 분리되지 않고 하나의 쌍을 이루어 존재하며, 시간은 직선이 아닌 신비로운 순환 고리의 형태로 엮인다.

고대 그리스에서 노화의 의미는 지팡이를 짚은 쭈글쭈글한 노인의 모습인 '게라스(Geras)'로 도기(陶器) 유물에 구현된다. 그리스인은 게라스와 비슷할수록, 즉 연륜이 깊고 진지할수록 훌륭하다고 생각했고 이를 미덕으로 받아들였다.

노령의 신은 종종 시간과 운명을 의인화한 모습이었다. 예를 들어 크로노스 또는 시간의 아버지로도 알려진 고대 로마신 새턴은 수염을 기른 날개 달린 노인으로 상상되었다. 그는 저승사자처럼 큰 낫과 시간의 흐름을 보여주는 모래시계를 들고 다니며 영생의 거짓과 필사의 진실을 밝힌다.

그러나 오늘날 노령의 원형은 고정 관념으로 축소되었고, 시대를 초월한 가치와 빛나는 아름다움은 소멸했다.

노화와 죽음은 항상 존재한다. 노화와 죽음은 모든 생명체의 시작부터 주어져 삶의 거미줄에 짜여 들어간, 결정된 것이다. 그렇다면 이렇게 거대한 힘은 우리와 무슨 상관이 있을까? 노화와 죽음은 우리 안에 있는가? 아니면 우리가 그들 안에 있는가? 나무는 잎사귀가 갈색으로 변하고 땅에 떨어질 때 저항하지 않는다. 그러나 우리는 계절의 변화를 인식한다. 노화는 우리가 통제할 수 없는 힘과 순간순간 만나는 것이다. 이러한 힘이 어떤 모습(능력의 감소, 만성 통증, 질병, 사랑하는 이를 잃은 슬픔 등)

으로 우리의 삶에 나타나든지 간에, 우리는 오직 운명과 어떻게 관계를 맺을 것인가만을 선택할 수 있다. 우리는 봄의 꽃망울에 매달릴 것인가? 아니면 손을 놓고 자연의 커다란 힘을 따라 흘러갈 것인가?

의식적이든 아니든, 이렇게 우리는 안전, 무조건적인 사랑을 원하는 자아와 피할 수 없는 운명 사이의 긴장감 속에 살고 있다. 만약 우리가 노년기에 노화를 일으키는 힘에 항복한다면 어떻게 될까? 신체의 노화는 다른 것의 탄생을 위한 시작인가? 늙어가는 몸은 영혼의 무엇을 드러내는가? 우리는 어떻게 지금의 내가 되는가?

그림자 작업 훈련

이제 시간을 내어 내면을 깊이 성찰하고 일기를 써보자.

나에게 온 신성한 전령들
- 어떤 형태로 나에게 다가왔는가?
- 나는 어떻게 반응했나?
- 나의 어떤 면이 저항하고 반응하지 못하게 막았나?
- 저항의 결과는 무엇인가?

'노화'에 대한 나의 인식
- 어린 시절의 나는 나이 든 사람을 어떻게 보았는가?
- 중년의 나는 나이 든 사람을 어떻게 보았는가?
- 현재의 나는 나이 든 사람을 어떻게 보는가?
- 노화에 대한 나의 가장 큰 두려움은 무엇인가?
- 내가 느끼는 노화의 가장 큰 즐거움은 무엇인가?

영적 수련

인생의 모든 계절을 마음 깊이 받아들이고 진심으로 감사하는 수련을 시작하자. 탄생과 죽음, 젊음과 늙음을 동일한 인생의 리듬을 이루는 두 가지 측면으로 생각하자.

선사 틱낫한은 마음챙김(mindfulness) 수련을 다룬 책 『연꽃의 개화(*The*

Blooming of a Lotus) 』에서 부정의 단계를 지나 두려움을 직시할 수 있도록 돕는 신성한 전령에 대해 아래와 같은 수련을 제안했다. 그는 두려움을 인식의 세계로 받아들이면, 두려움은 힘을 잃고 우리에게 미치는 영향도 줄어든다고 말했다.

❖

"나는 늙을 것이라는 사실을 알면서, 숨을 들이쉰다.
늙음에서 벗어날 수 없다는 사실을 알면서, 숨을 내쉰다.
병에 걸릴 것이라는 사실을 알면서, 숨을 들이쉰다.
병에서 벗어날 수 없다는 사실을 알면서, 숨을 내쉰다.
죽을 것이라는 사실을 알면서, 숨을 들이쉰다.
죽음에서 벗어날 수 없다는 사실을 알면서, 숨을 내쉰다.
…
온 마음을 다해 나의 하루를 깊게 살겠다고 결심하면서, 숨을 들이쉰다.
마음을 다해 삶을 살 때 느끼는 즐거움과 혜택을 알고, 숨을 내쉰다."

노화의 세 가지 관문

우화

어둠 속의 열쇠 (수피* 이야기)

한 수피 남성이 친구를 만나러 왔다가 그 친구가 바닥에 무릎 꿇고 가로등 아래 길가에서 무엇인가를 찾으며 기어 다니는 것을 보았다.

그가 친구에게 물었다.

"무엇을 찾는가?"

"집 열쇠를 찾고 있다네. 그런데 못 찾겠단 말이지."

"내가 도와주겠네."라고 말한 그도 몸을 숙여 가로등 아래를 찾기 시작했다.

그러나 둘 다 열쇠를 찾지 못했다. 친구에게 동선을 떠올려보고 어디에서 잃어버렸는지 생각해보라고

● 이슬람교의 신비주의자

하자 "집에서 잃어버렸네."라고 친구가 답했다.

그가 깜짝 놀라서 물었다. "그런데 자네는 왜 길에서
열쇠를 찾고 있나?"

"그야 여기가 더 밝으니까."

이 이야기에 등장한 친구처럼 우리는 모두 인식이라는 불빛 안
에서, 즉 우리가 이미 알고 있는 믿음이나 전략 안에서 문제에
대한 해답을 찾으려는 경향이 있다. 그러나 열쇠는 어둠 속 인
식의 경계선 아래, 보이지 않는 세상에 감춰져 있다.

대부분의 심리학 내지 자기 계발 프로그램은 자존감을 회
복하고 잘못된 행동, 사고방식, 소통방식을 바꾸거나, 자신의
삶에 대해 스스로에게 들려주는 화법을 바꾸려고 노력하는 등
빛에 집중한다. 자아의 관점에만 국한한다면, 이들은 외모 가
꾸기, 통제감 갖기, 일 처리하기 등 자아의 목표를 추구한다. 이
러한 자아 및 자아상과의 동일시는 내면에서부터의 노화에서
극복해야 할 핵심 장애물이다. 노년기에 진정으로 달성해야 할
과업과 자아의 목표는 같지 않다. 우리의 과업은 외면의 세계
에서 내면의 세계로, 사회 속 자아의 역할에서 영혼의 깊은 목
적으로 관심을 옮기는 것이다.

모든 영적 전통은 자아(Ego)가 중년의 전성기에는 우리에
게 큰 도움이 되지만, 그리스도의 본성, 불성, 아트만, 본모습
(Self) 또는 영이라 불리는 우리의 더 깊은 정체성을 가리는 마

음의 구성물이라고 말한다. 나는 이러한 본질을 자아처럼 작은 별개의 주체가 아닌 만물의 보편적·영적 본질과 우리를 연결하는 모든 인간의 일부분, 즉 '영혼(soul)'이라고 부른다.

람 다스가 말했듯, "자아는 하나의 작은 방에 불과하다. 하지만 영혼은 위대한 하나(the One)와 합해질 수 있다."

그리고 이것이 바로 내가 말하는 '내면에서부터 익어가기'이다. 우리가 내면의 가구를 옮기고, 역할을 재설계하고, 계속해서 바쁘게 사는 것에 그친다면 자아의 속임수를 꿰뚫어 볼 수 없다. 자아가 우리를 끊임없이 통제할 주도권을 주게 될 뿐이다. 이런 행동은 우리가 자아를 초월해 영적 중심 깊숙이 들어가지 못하게 막는다.

반면 외모나 생산성처럼 끊임없이 변하는 것과 자신을 동일시하는 습관을 깨는 수련을 하고 영혼에 집중할수록, 우리는 자아의 지배력을 줄여 더 심오한 부름을 들을 수 있다. 영혼은 지금 우리에게 무엇을 요구하는가?

조용히 차를 마시든, 시끄러운 회의실에 앉아 있든, 즐거운 가족 저녁 식사 준비를 하든, 마라톤을 뛰고 있든지 간에 노년기의 우리는 내면에 이런 질문을 던질 수 있다. 우리의 정체성이나 자의식은 어느 순간 자아나 영혼에 뿌리내릴 수 있다. 차이를 만드는 것은 우리의 마음 상태, 즉 무엇을 하느냐가 아닌 '어떻게' 하느냐이다.

깊숙한 내면의 세계로 방향을 전환해 역할에서 영혼으로 정체성의 변화가 계속되면, 우리는 영혼과 영혼의 우선순위를 살찌우는 일에 더욱 집중하게 된다. 그 결과, 두려움은 줄어들고 믿음은 커진다. 속박에서 벗어나 자유로워지게 된다.

이러한 변화에는 어둠 속에 숨겨진 열쇠와 같은 인식의 세 가지 특성이 필요하다.

- 그림자의 인식: 심연으로의 관문
- 순수한 인식: 고요한 광활함으로의 관문
- 죽음의 인식: 존재로의 관문

많은 사람은 심리 치료를 받고, 그 과정에서 큰 통찰력을 얻고, 행동을 바꾸고, 무의식적인 가족의 패턴과 그림자 문제를 발견하기도 했다. 그러나 분명히 심리치료에도 한계가 있다는 사실, 즉 자아를 뛰어넘어 영적인 영역과 연결되지 못한다는 것을 깨닫는다.

또 많은 이들이 마음의 평화를 얻고, 인식을 확장하며, 다른 상태를 경험하기 위해, 요가나 명상이나 환각성 약물을 시도했다. 그러나 명상 수련에도 한계는 있었다. 트라우마로부터 감정을 치유하거나 회복하지 못한다는 것이다.

이런 까닭에 노년기의 희망찬 단계를 경험하려면 세 개의 열쇠가 필요하다. 그림자 작업을 통해 부정의 틀을 깨고, 명상 수련을 통해 영혼을 다음 단계로 발전시키며, 온전히 현재에 머물면서 우리에게 주어진 시간을 잘 사용하기 위해 죽음의 인식을 유지해야 한다. 이제 그 세 개의 열쇠를 하나씩 살펴보자.

그림자의 인식
심연으로의 관문

그림자는 우리 마음속 무의식의 한 부분으로, 의식적인 인식의 이면에 존재한다. 이 이면은 마치 시야의 사각지대와 같아서, 우리가 그림자를 직접 볼 수는 없다. 우리는 감춰져 있는 그림자를 찾는 방법을 배워야 하고, 그러기 위해서는 어둠 속에서도 볼 수 있어야 한다. 왜? 그림자는 우리가 노년기의 보물을 찾지 못하게 막는 내면의 장애물을 없앨 수 있는 열쇠를 쥐고 있기 때문이다.

어릴 때는 의식적인 자아와 무의식적인 그림자가 함께 발달한다. 각각은 우리가 사랑을 받거나 인정받으려 할 때 부모님, 선생님, 성직자, 형제자매, 친구들의 말과 심지어 그들의 눈짓으로도 강화된다. 우리가 슬픈 감정을 부끄럽게 여기면, 그 슬픈 감정은 그림자로 도망간다. 우리의 분노가 처벌을 받는다면, 분노는 그림자로 쫓겨난다. 우리의 자아는 진실한 감정이 사라지는 것을 받아들이며 성장한다.

그림자는 우리의 감정, 꿈, 이미지가 잠들어 있는 암실과 같다. 그림자 작업은 필름을 현상하듯 우리의 감정과 꿈과 이미지가 다시 살아나게 하는 과정이다.

우리는 대부분 독립적이고, 재빠르며, 생산적이고, 강한 사람이 높은 평가를 받고, 인정과 지위로 보상받음을 알게 된다. 이와 반대되는 특징(의존적이고, 느리고, 생산적이지 않고, 나약한 행동)은 낮게 평가되며, 사람들의 지지를 받지 못하며 수치심을 유발한다는 것도. 따라서 우리는 나이가 들고, 느려지고, 생산성이 떨어지며, 타인의 도움이 더욱 필요해짐에 따라 사회적으로 받아들여지는 특징들을 잃어버리게 될 것을 두려워한다.

노화에 대한 이미지와 연상이 암실에서 잠들어 있는 것처럼 우리의 인식 밖에 놓여있다면, 우리는 노화를 보지 못하는 것이다. 우리는 우리가 그것을 보지 못한다는 사실조차도 모른다. 자신은 '노인'이 아니므로 그들과 함께 있고 싶지 않다고 말한 내 여든아홉 살 친구처럼, 우리는 현실을 부정하고 자신의 일부를 거부한다. 우리의 신체적, 인지적, 정서적 변화는 수치심이라는 큰 짐을 지고 있다. 그러나 그러한 자각이 없으면 기회는 사라진다.

인식의 세계 바깥에 존재하는 자신의 일부분과의 관계를 의식적으로 구축하는 방법을 배울 때 우리는 내면의 목소리를 경청하고, 지금 우리를 인도할 수 있는 목소리와 우리의 꿈을 파괴할 목소리를 구분할 수 있게 된다. 속도를 줄이고, 호기심을 갖고 내면으로 관심을 돌리며, 우리를 부르는 소리를 무시하지 않고 마음을 열면서도 그것에 압도되지 않는 방법을 배울 수 있다. 나는 이것을 그림자와 '연애하기(romancing)'라고 부른다.

예컨대, 우리는 이런 속삭임을 들을지도 모른다.

"혼자만의 시간이 더 필요해."

"혼자 있는 시간을 줄여야겠어."

"회고록을 쓰고 싶은데 두려워."

"인생에 여유를 가져야 하는데, 쓸모없는 사람처럼 느끼긴 싫어."

"새로운 목적을 찾아야 하는데 항상 피곤해."

"난 용서를 받아야 해. 하지만 절대 불가능할 거야."

"명상을 배우고 싶은데, 마음을 진정시킬 수 없어."

"어린이들을 가르치고 싶은데, 내가 무엇을 가르칠 수 있지?"

이처럼 상충하는 내면의 목소리들로 인한 소음 속에서 하나의 신호, 즉 깊은 진실을 말하는 내면의 목소리를 듣기란 힘든 일이다. 우리는 어떤 목소리를 따르거나 무시해야 할까?

내면의 지침에 귀 기울이는 방법을 배우면, 노년기의 정체성 위기를 해결하고 다른 방향으로 나아갈 수 있는 잠재력을 얻게 된다. 어떠한 부름이든 저항하지 않고 들을 수 있다. 포로가 아닌 주인이 되는 것이다. 과거를 버리고, 불확실한 세계로 걸어 들어가 새로운 인식의 단계로 뛰어오를 수 있다.

무의식의 세계로 다가가 나이의 그림자를 의식적으로 만나는 방법을 배움으로써 우리는 노년의 내면 작업에 새로운 차원을 더하게 된다. 오랫동안 배제된 것들(미루던 꿈, 은밀한 욕망, 감춰진 재능)을 포용하기 위해 인식은 확장되고, 자기 인식은 깊어진다. 자아가 더는 최고의 지배자가 아니게 됐을 때, 우리는 자신을 열고 추방당했던 감정과 꿈을 다시 들을 수 있게 된다.

표현력이 풍부한 시인이자 이제는 **원로**이기도 한 로버트 블라이가 『인간 그림자에 관한 작은 책(*A Little Book on the Human Shadow*)』에서 설명한 것은 다음과 같다. 어릴 때 우리는 눈에 보이지 않는 가방을 등 뒤에 끌고 다닌다. 그 안에는 분노, 눈물, 결핍, 게으름처럼 남들이 싫어하고 사랑받지 못하는 모든 감정과 생각과 행동이 가득 채워져 있다. 학교에 갈 때쯤이면 가방은 이미 1마일쯤 늘어나 있다. 고등학생이 되면 또래 집단의 압력으로 개성, 성, 즉흥성, 다른 의견 등 가방에 들어가는 것이 더 늘어난다.

블라이는 "우리는 스무 살이 될 때까지 자신의 어떤 면을 가방에 넣을지 결정하면서 인생을 산"다고 말했다. "그리고 나머지 인생은 그것들을 가방 밖으로 꺼내느라 쓴다." 바로 이것이 그림자 작업에 대한 클리프노트*의 정의이다. 즉, 그림자 작업은 가방에 들어 있는 것들을 꺼내는 노력이다.

자아로부터 거부당해 그림자로 도망친 감정과 능력에 노년기의 숨겨진 보물이 있다. 자아가 강해지려 할 때, 약한 감정은 그림자로 이동한다. 자아가 발전을 원하면, 퇴보는 그림자로 이동한다. 자아가 활력을 찾으려 하면, 피로감은 그림자로 이동한다. 자아가 속도를 추구하면, 느림은 그림자로 이동한다. 자아가 권력을 얻으려 하면, 무력감은 그림자로 이동한다. 이처럼 상반된 것들이 '좋음'과 '나쁨'으로 분리된다.

---

* CliffsNotes, 미국의 학생용 학습 가이드. 문학 작품 등을 요약·정리해 제공한다.

노년기에 그림자에서 나온 '나쁜' 특성이 발현되면, 내면의 비평가가 목소리를 높일 수 있다("너는 나약해…비생산적이지…항상 피곤해하고…그저 피해자일 뿐이야"). 혼잣말은 점점 어두워져서 남들과 비교하고, 부족한 부분을 찾아내고, 더 많은 일을 하도록 밀어붙인다. 내면의 비평가는 우리가 자신을 받아들이고 현재에 집중하는 것을 방해한다. 타인을 받아들이지 못하게 만들고 우리를 통해 흐르는 인생의 강을 파괴한다. 우리의 지식이 세상으로 흘러가지 못하게 막는다. 그 결과 우리는 수치심, 자기혐오, 우울증, 고립감을 느끼게 된다.

그림자의 본질은 숨기, 인식의 세계 밖에 남는 것이다. 그림자는 조롱하는 발언("그 나이에 그런 걸 입다니!")이나 불편한 기분('실패한 것 같고 투명 인간이 된 것 같아')처럼 간접적으로 나타난다. 아니면 중독자의 행동처럼 강박적으로 튀어나온다('멈출 수가 없어'). 또는 낯선 사람에게 즉각적으로 반감을 느끼거나('자기가 뭔데?') 수치심과 당혹감을 느낄 때('무능한 사람 취급을 받아서 너무 창피해')처럼 투사된 형태로 나타난다.

따라서 그림자가 나타나면 그림자를 알아채는 법을 배워야 한다. 감각의 날을 세워 그런 일이 생기면 눈치챌 정도로 깨어있어야 한다. 그런 후 그림자를 사랑하고, 어르고 달래서 인식의 세계로 끌고 와야 한다. 그림자는 수줍은 연인처럼 커튼 뒤로 다시 숨으려 할 것이다. 우리는 인내심을 가지고 그림자를 빛의 세계로 초대할 수 있다.

어둠 속에 빛을 비추면서, 그림자를 잊었다가 기억하기를 반복하면서, 그림자를 서서히 인식의 세계로 인도하는 이 과정이 그림자 작업의 본질이다. 결국, 우리는 그림자와 의식적인 관계를 형성하고, 무의식적으로 우리를 파괴하는 그림자의 힘을 줄이는 법을 배울 수 있다.

나이라는 맥락에서 그림자 작업은 내적, 외적 연령 차별의 자력을 줄이고 우리를 계속 부정하게 만드는 청춘의 마법을 깨뜨려 있는 그대로의 자신에 대한 온전한 진실을 향해 나아갈 수 있도록 돕는다. 블라이의 은유법을 나이의 그림자에 적용해 말하자면, 등 뒤로 끌고 다니는 가방에 당신은 '노화'의 어떤 면을 쑤셔 넣어왔는가? 노화에 대한 어떤 편견과 환상과 이미지를 자신도 모르게 노년기까지 가져왔을까? 어떤 창의적이고 영적인 꿈들이 정지된 채 그 가방에 숨겨져 있을까?

두려움은 노화의 여정에서 조용한 동반자일 수 있다. 우리는 통증과 외로움을 두려워하며, 쓸모없는 투명 인간이 될까 봐 두려워한다. 사랑하는 이를 잃게 되고, 자신의 몸에 대한 통제력과 삶의 의미를 잃게 될 것을 걱정한다. 일부는 완전한 삶을 살지 못하거나, 진정으로 기여하지 못 하거나, 진정한 사랑을 나누지 못한다는 두려움을 안고 산다. 우리는 자신의 진정한 진실을 말하지 못할 것을 두려워한다. 우리는 후회하며 죽는 것을 두려워한다.

하지만 그림자에는 긍정적인 재능과 특성도 있는데, 성년기의 책임과 의무를 위해 희생한 창의적이거나 영적인 꿈들이 그것이다. 그림을 그리거나 노래하기를 원했던 꿈일 수도 있고,

영적 성장을 향한 열망일 수도 있다. 이러한 환상과 갈망은 노년기에 우리가 관심을 주길 기다리며 가방 속에 잠들어 있다.

우리가 싯다르타처럼 내면의 부름에 응답하고자 한다면 그 부름에 어떻게 응답하고 따를 것인지, 그 부름이 인도하는 곳으로 난 좁은 길을 어떻게 찾을지 선택해야 할 것이다. 우리는 있는 그대로의 진실을 받아들이고, 문턱을 넘어서서 깊이 변하도록 허락해야 한다.

물론, 단순히 의지나 계획만 가지고 의식적으로 나이 들거나 노화에 대한 부정을 극복하길 희망할 수는 없다. 그러나 우리는 거부하거나 부정해온 자신의 일부분(깊어진 주름, 느려진 걸음걸이, 머지않은 퇴직, 반복되는 죽음의 꿈)을 직시할지, 아니면 외면할지를 선택할 수 있다. 수십 년 동안 집필했던 소설, 따뜻한 카리브해에서 수영하는 꿈, 마음이 끌리던 자선활동처럼 잠재된 욕망과 오래 묻어 둔 꿈을 향해 나아갈지, 아니면 등을 돌릴지 선택하는 것이다.

에세이 「인생의 단계(*The Stages of Life*)」(1931)에서 칼 융은 이렇게 말했다.

"수명에 아무런 의미가 없다면, 인간은 분명 칠팔십 대가 되도록 성장하지 않을 것이다. 인생의 오후는 그 자체만으로 의의를 지녀야 하며 그저 (인생의) 아침의 안타까운 부속품일 수는 없다 … 아침의 법칙을 오후에 적용하는 사람은 누구라도 … 자신의 영혼에 상처를 입힌 대가를 반드시 치러야 한다."

다시 말해, 젊음을 유지하려고 애쓰면서 내면의 부름을 부인하거나 노년기가 우리를 부르는데도 자아가 계속 우리를 통제하게 둔다면 영혼은 고통받게 될 것이다. 힘을 향한 자아의 야망은 진화를 향한 영혼의 갈망을 방해할 것이고, 우리의 가장 깊은 목적은 실패할 것이다.

65세를 앞둔 고객 조셉은 젊고 이상 가득한 베이비붐 세대로, 성공한 소설가가 되겠다는 꿈이 중년 시절까지 그를 이끌었다. 나를 찾아왔을 때 그에게는 젊은 아내와 두 어린 자녀, 그리고 많은 빚이 있었고, 아침에 침대 밖으로 나오기를 무서워했다. 그가 오직 돈 때문에 일하는 사이 소설가의 꿈은 시들어갔다. 머지않아 그를 늙은이라고 생각할 젊은 아내에, 대학을 보내야 할 아이는 두 명인 데다 자신을 위한 시간이나 창의력을 발휘한 시간은 없었다. 그는 자신의 60대가 이럴 거라고는 상상도 못 했다. 미래는 불안했고 나이가 드는 일은 부정적으로만 보였다.

조셉은 두 가지의 내적 장애물에 갇혀있었다. 무의식중에 젊음과 자신을 동일시했고, 자아상과 자신을 동일시했다.

'내가 다른 일을 했었더라면', '이 늘그막에 자녀가 둘이나 있지 않았다면'이라고 조셉은 생각했다. 그러나 그는 환멸감에 맞서기보다 그것을 소화하려 했고, 그 선택을 긍정하고자 자신의 선택에 맞서지도 않았다. 그 대신, 스스로를 운명의 희생자라고 느꼈다.

매주 그의 이야기를 들으면서 내게는 그가 기계적으로 반복하는 말들, 즉 그림자 캐릭터의 등장 신호가 들리기 시작했다.

"나는 덫에 갇혔어. 나는 의무감에 살고 있어. 큰 집, 사립학교, 보모. 절대로 살아서 빠져나가지 못할 거야."

나는 조셉에게 이런 생각이 들 때 신체의 어떤 감각이 특히 자극받았는지 물었다. 그러자 그는 가슴 위에 묵직한 것을 올려놓은 듯했고, 어깨가 움츠러드는 느낌이 들었다고 말했다.

나는 동시에 어떤 감정이 생겼는지 물었다. 그는 무력감, 허무감, 그리고 절망감을 느꼈다고 말했다.

이처럼 반복된 생각과 감정과 느낌은 그림자를 경계하라는 신호이다.

일부 사람들은(사고형) 자기 내면의 대화를 감지해 그림자 캐릭터에 더욱 잘 다가갈 수 있다. 일반적으로 그림자 캐릭터는 비판적이고 부정적인 톤으로 말한다. 따라서 사고형은 그림자와 연애하면서 자신에게 물어볼 수 있다. "나한테 반복적으로 하는 말이 뭐지?"

다른 부류의 사람들은(감정형) 자기 감정의 변화를 더 잘 감지한다. 감정형은 스스로에게 이렇게 물어볼 수 있다. "이 그림자 캐릭터의 목소리와 함께 느껴지는 감정은 뭐지?"

또 다른 분류의 사람들은(감각형) 자신의 신체적 감각을 더 자연스럽게 인지한다. 감각형은 이렇게 질문할 수 있다. "이 목소리가 들릴 때 내 몸에서 어느 부분이 긴장하거나 수축하거나, 감각이 없거나, 텅 빈 것 같거나, 찌릿찌릿하거나 살아 있는 것처럼 느껴지지?"

그림자 캐릭터는 특정한 형체를 띄거나 성격을 가지고 등장할 수 있다. 그러면 우리는 내면의 캐릭터를 시각적으로 의인화해 더 의식적으로 만든다. 아마 함께 나타나는 이미지가 있을 것이다. '내 안의 누가 이렇게 생각하고 느끼는 거지?'라고 자문할 수 있다. '이 그림자 캐릭터는 몇 살일까? 남자일까, 여자일까?' 우리는 낯선 그림자 캐릭터와 의식적인 관계를 맺기 위해 이런 질문들을 던져 인식의 빛 아래로 끌어낸다.

나는 조셉에게 상상 속 이미지나 인물을 만났는지 물었다. 그러자 그가 재빨리 대답했다. "영원히 언덕 위로 빌어먹을 바위를 밀어 올리는 시시포스요." 그런 다음 깊은 한숨을 쉬었다.

그런 후 우리는 최근에 같은 양상을 경험했던 때를 떠올리면서 이 그림자 캐릭터의 근원을 추적했다. 조셉은 곧바로 글을 쓰고 싶었지만, 아내가 아이들을 돌봐달라고 부탁했던 며칠 전의 이야기를 꺼냈다. "그래야만 할 것 같았어요." 그가 어깨를 축 늘어뜨리며 말했다.

이제 우리는 그림자 캐릭터의 역사를 밝혀 현재의 반응이 사실은 과거의 반응이라는 것을 확인하고자 한다. 그림자 캐릭터가 나타날 때 우리는 시간여행을 하는 것이다.

더 오래전 과거로 거슬러 올라가서 그림자 캐릭터의 역사를 추적하기 위해 나는 조셉에게 눈을 감고 똑같은 내면의 메시지나 감정이나 감각을 느꼈던 때를 떠올려보라고 말했다. 그는 오랫동안 잊고지냈던 기억을 떠올렸다. 조셉의 형은 다른 아이들을 괴롭혔고, 그 일로 초등학교에서 퇴학을 당해 부모님에게 수치심을 안겨주었다. 그는 7살 때 스스로 다짐했다. '부

모님이 나를 자랑스럽게 여기시도록 착한 아이가 되어야지.'

조셉 내면의 시시포스는 이렇게 탄생했다. 수십 년 동안, 이 캐릭터는 조셉이 '나쁜 아이'라고 느끼지 않도록 그를 지켰고, 열심히 일해서 가족을 부양하도록 채찍질했다. 그러나 이제 조셉이 노년기에 접어들면서 자유, 활력, 창의력을 갈망하기 시작하자, 시시포스는 그를 파괴하고 있었다. 조셉도 자신이 가족을 위해 돈을 버느라 음악적 재능을 포기하고 깊은 분노 속에서 생을 마감한 아버지와 아주 닮았다는 사실을 알았다.

조셉의 개인적인 그림자는 모든 사람의 그림자와 마찬가지로 대를 거쳐 내려온 비밀이나 금기사항과 같이 가족의 그림자에 묻혀 있다. 이는 결국 종교 단체나 국가의 정체성같은 문화적 그림자에도 스며든다. 우리 사회가 인종 차별과 백인 우월주의의 역사를 직면함에 따라 우리는 집단적 그림자를 만나고 있다.

갈색 눈동자 유전처럼 우리 중에도 많은 사람이 시시포스, 즉 쉼 없이 가족을 부양하는 **가장**(Provider)의 그림자를 무의식적으로 물려받았다. **간병인**(Caregiver), **행동가**(Doer), **양육자**(Nurturer), **조력자**(Helper)도 마찬가지이다. 이토록 많은 유형이 생산성과 의무감을 핵심 가치로 내재화한 결과 생겨난다. 그림자와 관계를 구축하려면 자기 성찰에 많은 시간을 할애해야 하지만, 물질적인 것을 중시하고 일 중독을 높게 평가하는 우리 문화에서 이처럼 전통적이지 않은 선택을 내리기는 어렵다. 따라서 우리의 야망과 의무감을 조종하는 내면의 그림자 캐릭터(내 고객 한 명은 이 캐릭터를 '**야심가(Driver)**'라 부른다)가 존재한다는 사실을 인지하는 것이 매우 중요하다. 노년기에 접어들면서 이러한 캐릭터는 영혼의 발전을 방해할 수 있다.

그림자의 양상이 반복적으로 발생하고 우리가 이미지, 생각, 감정을 하나의 캐릭터로 인식하게 되면, 이 그림자 캐릭터에는 형태와 성격, 심지어 이름까지 생긴다. 이러한 방식으로 그림자 캐릭터는 일반적인 무의식의 물질 덩어리와 차별된다. 이름을 붙이고, 몸에서 위치를 찾고, 메시지를 들음으로써 우리는 마치 최면을 걸듯 우리의 인생을 움켜쥔 그림자 캐릭터의 위력을 약화시켜 다른 선택을 할 수 있게 된다. 명상과 자기 관찰을 통해 그림자 캐릭터의 활동 속도를 늦추고 다음번에 같은 패턴이 발생할 때 알아차릴 수 있는 나노초의 시간을 갖는다면, 조건반사적인 반응을 보이지 않겠다는 선택을 할 수 있다.

예컨대, 조셉은 자신에게 이렇게 말할 수 있다. "지금 시시포스가 나타났어. 지금 반드시 이 의무를 수행해야 할까? 아니면 조금 놀거나 글을 쓰는 것처럼 다른 선택을 할 수 있을까?"

그림자 작업 초기에는 그림자를 가방에 다시 넣지 않고 동행하기 위해 단순히 그 양상을 관찰하고 파악하는 법을 배운다. 수련과 자아 성찰을 통해 우리는 그림자 캐릭터를 만났을 때 그 메시지를 믿고 따르기보다 거부할 수 있는 더 큰 선택의 자유를 느낄 수 있다. 조셉은 이제 바위를 내려놓고 자신의 흐름을 따라갈 수 있을 것이다.

궁극적으로 우리는 깊은 수련을 통해 그림자 캐릭터와의

무의식적인 동일시를 멈출 수 있다. 항상 똑같이 들리고 느껴지는 생각, 감정, 감각은 영혼으로 나아간 우리의 진정한 정체성이 아니다. 그림자가 그 자체의 목적을 가지고 순간적으로 우리를 장악한 것이다.

　새롭게 그림자를 인식하게 된 조셉은 몇 가지 어려운 과제에 직면했다. 그 내면의 이상주의자는 한계를 인정하고 싶지도, 선택지를 포기하고 싶지도 않았다. 여동생에 이어 아버지도 돌아가시는 개인적인 상실도 그가 자기 죽음을 생각해보도록 만들진 않았다. 그는 마치 구명보트처럼 자신의 이상을 붙들고 있었다.

　"시간은 많으니까, 내 꿈은 나중에도 이룰 수 있어."

　그러나 65세가 되자 자연스럽게 한계가 나타났다. 이러한 한계를 부인하면 우리는 그림자 캐릭터에게 사로잡힌 채 노년기의 정체성 위기에 직면할 위험에 처한다.

　시시포스 그림자는 조셉이 무모한 속도로 계속 의무를 지게 했다. 하지만 나는 그가 다른 종류의 책임, 즉 자기 이야기에서 희생자라고 느끼기 위해 내린 선택(돈을 벌기 위해 일하고, 젊은 여성과 결혼하고, 두 아이를 낳고, 편안한 삶을 살기로 한 것)에 대한 내적인 책임을 져야 할 것 같았다. 그는 아내와 아이들을 다시 선택할지 말지 정해야 했다. 계속해서 무의식적으로 시시포스에게 순종한다면 인생은 바뀌지 않을 것이고, 아버지처럼 후회 속에 생의 끝을 맞이할 것이다.

　또 조셉은 (의무의) 바위 밑에서 빠져나오기 위해 바람을 피우거나 충동적으로 일을 그만두는 등 무의식적으로 행동할 것이 아니라 자신을 위해 행동해야 했다. 이런 선택들은 출구처럼 보이지만 사실은 시시포스에 대한 반응일 뿐, 깊은 내면의 지시에서 나온 것이 아니다.

시시포스와 연애하기 시작한 지 몇 개월이 지나자, 조셉은 언제 시시포스가 자신의 행동을 통제하려 드는지를 알 수 있었다. 명상을 시작하자 이 그림자 캐릭터 내면의 대화를 더욱 빠르고 명확하게 알아채기 시작했다. 마침내 조셉은 자신에게 남은 시간이 제한적이라는 사실까지 스스로 시인할 수 있었다. 이제 그는 인생을 변화시킬 준비를 마쳤다.

순수한 인식
고요한 광활함을 향한 관문

나는 항상 명상과 그림자 작업을 함께 가르친다. 지난 수년간 많은 이들이 내게 명상이 그림자 작업과 무슨 관계가 있냐고 질문해왔다. 그럴 때 나는 이렇게 대답했다. 만일 우리가 의존, 퇴화, 죽음과 같이 가장 두려워하고 무서워하는 의식적 인식의 세계로 들어가려 한다면, 우리의 성격보다 더 크고 내면의 자아를 넘어선 무언가에 기반을 두고 있어야 한다고.

'순수한 인식(pure awareness)'이라는 용어는 자신을 초월해 고요하고, 열려 있고, 편안한, 단순히 자각을 인식하는 마음 상태를 일컫는다. 이것은 '초월', '공허함', '수냐타(sunyata, 空)', 또는 힌두교 전통에서 순수한 의식을 의미하는 '투리야(turiya)'라고도 불린다. 순수한 인식은 침묵으로 나아가는 관문으로, 항상 그곳에 이미 존재하고 있다. 모든 신비주의 전통에는 이것을 지칭하는 명칭과 여기에 도달하는 **길**이 있다. 그것은 모든 종교의 창시자가 경험한 보편적 초월 상태이다. 그리고 이것은 우리 각자의 내면에 있다. 생각 사이사이에, 숨결 사이사이에 존재한다.

순수한 인식은 생각이나 감각처럼 인식의 또 다른 대상이 아니다. 순수한 인식은 만물을 아는 자, 즉 주체이다. 우리가 무엇(공허함 또는 충만함, 자아 또는 무아)이라 부르든, 그것은 인식 그 자체이며, 람 다스는 이것을 '사랑의 인식(loving awareness)'이라 불렀다.

우리가 일상에서 수련으로 순수한 인식의 침묵을 키우고 그 안에 머물 때 냉정한 내면의 관찰자 혹은 목격자가 나타난다. 우리는 마음속 조용한 거리, 객관적인 내면의 공간으로 그 목격자를 경험한다. 그림자 캐릭터와 그 캐릭터의 시끄럽고 반복적인 생각의 패턴에 압도될 때, 우리는 결국 순수한 인식 수련을 통해 고요의 중심에 앉아 그림자를 관망할 수 있게 된다. 이것이 영혼의 진화에서 핵심 단계이다.

내 동료 린다는 이렇게 설명했다. "세 명의 아이들을 키우고 퇴직할 때까지 쉬지 않고 일을 해온 터라 단지 가만히 있을 수 있는 시간에 너무나도 감사해요. 저는 제 마음속 소음을 넘어 객관적인 시선으로 관망하는 인식 속에 앉아 있을 수 있고, 충만함을 느껴요. 길거리에서 시위하거나 무언가를 고치려고 노력할 필요가 없죠. 제가 발산하는 이 평화로운 분위기가 다른 사람에게도 영향을 준다는 걸 알아요. 제 주변의 모든 사람에게 작용하고 있죠. 지금은 그것만으로도 충분해요."

나이가 들어감에 따라 우리는 예방적 차원에서 이러한 인식을 키워야 한다. 신체적, 정서적 위기가 닥쳐온 후에 뒤늦게 해결방안을 찾는 게 아니다. 매일 우리의 중심으로 돌아가는 수련을 통해 지금, 해일이 지평선에 보이기 전에 자신을 구조할 구명용 뗏목을 만들어야 한다.

물론 이런 수련이 건강상의 위기나 상실의 파도를 막아 주거나, 슬픔을 더 쉽게 견디도록 해 주지는 않는다. 다만 우리의 삶에 찾아온 위기를 대하는 내면의 평온함은 더욱 커질 것이다. 마음의 소음을 잠재우고 덧없는 생각을 관망하는 법을 배울 때, 우리는 서서히 이러한 생각과 자신을 동일시하는 행동을 깰 수 있다. 어쩌면 변하지도 늙지도 않는, 우리 안의 영원한 무언가를 발견할지도 모른다.

사람들은 나에게 이런 질문을 한다. "왜 이렇게 혼란스럽고 위험한 때에 조용히 앉아 있는 거죠? 눈을 감을 게 아니라 더 활발하게 움직여야 하는 것 아닌가요? 계속 정보를 얻으려면 뉴스에 관심을 가져야 하지 않나요? 밖으로 나가 시위해야 하는 것 아닌가요?"

기후 변화, 인종차별주의와 혐오의 확산, 전 세계적인 팬데믹, 만연한 가짜 뉴스 등으로 세상에 짜증과 분노, 두려움을 느끼는 사람들이 늘어나고 있다. 그만큼 우리에게는 회복하고 활력을 되찾을 일상의 피난처가 필요하다. 그 어느 때보다도 지금 우리는 복잡한 마음을 달래고 그림자와 같은 생각을 뛰어 넘을 길, 그날 뉴스의 헤드라인보다 더 심오한 무언가와 하나가 될 방법이 필요하다.

그러나 명상은 우리만을 위한 것은 아니다. 조용한 좌선은 또렷한 정신과 열린 마음으로 공익을 위해 일할 수 있도록 우리를 준비시킨다. 우리는 모두 연결되어 있으므로, 고요의 중심에서 행동하면 혼란과 소음은 커지지 않고 오히려 줄어든다.

내가 행동에서 존재로 변해야 할 차례

매일 해가 저물고 어둠이 깔리면, 나는 하던 일을 멈춘다. 50년이 넘는 세월 동안 나는 빛이 어둠으로 바뀌는 것을 지켜보았고, 눈을 감고 행동에서 존재로, 빠른 속도에서 느린 속도로, 외향적인 태도에서 내성적인 태도로 변화했다.

나에게 해 질 무렵이란, 한낮의 밝은 빛은 줄어들었어도 아직 캄캄한 밤이 하늘을 뒤덮지 않은 소중한 시간이다. 그래서 나는 빛의 세계와 어둠의 세계 사이에 존재하는 이 시간에 집중했고, 또 한 번 낮이 사라질 때의 상실감과 또 한 번의 저녁이 나를 감싸 안을 때의 갈망을 느꼈다.

무엇에 대한 갈망인가? 나는 눈을 감고 명상에 접어들어 숨을 들이쉬고 내쉬고, 그날 있었던 일들을 내려놓고, 이와 함께 내면의 소음도 비우며, 광활함 속으로 가라앉아 너른 침묵의 바다와 하나가 되길 갈망한다.

내 호흡에 대해 소중한 친밀감을 느낀 지 수년이 지난 후, 나는 모든 명상이 매번 죽음을 수련하고, 내면으로 깊이 들어가, 모든 것을 내려놓고, 마지막으로 숨을 내쉬는 것과 같다는 사실을 깨달았다. 그리고 이 단락을 쓰면서, 이렇게 일상의 수련이 된 명상은 내가 이생의 황혼, 더욱 거대한 **해 질 녘**을 향해 의식적으로 나이 드는 일을 준비하는 데 도움이 된다는 사실을 깨달았다.

순수한 인식을 기르기 전까지 우리의 내면세계는 강렬한 감정의 색채로 물들어 순간의 생각을 믿고, 잠시 모습을 드러내는 그림자 캐릭터와 자신을 무의식적으로 동일시한다. 그 결과 슬픔과 수치심을 느끼고 무력감을 느낀다. '오늘 힘이 좀 없네.' 보다는 '그 일을 하기에는 너무 늙었어.'라거나 '너무 나약해.'라고 느낀다. 또는 '오늘은 그렇게 일을 많이 하고 싶지 않아'가 아닌 '난 쓸모없는 사람이야.'라고 느낀다. 우리는 그림자 캐릭터 속에서 길을 잃고, 고요함으로 향할 문을 찾지 못한다.

그러나 우리가 순수한 인식을 기르고 그림자 캐릭터를 관망하는 법을 배우면, 그 순간의 감정을 관찰하고 그때 드는 생각을 인지하되 믿지 않을 수 있다. 그런 감정과 생각들은 하늘에 둥둥 떠다니는 구름처럼 우리 마음을 흘러간다. 우리의 깊은 정체성은 명확하게 남아 있고, 지나가는 현상들에 물들지 않는다. 우리는 이렇게 말할지 모른다.

"상실이 나를 슬프게 만들지만, 이 또한 지나갈 거라는 걸 알아."

"이제 더는 그 일을 할 수 없다 해도, 그 사실이 나의 본질을 훼손하진 않아."

"다른 결과를 바랐지만, 이 결과도 받아들일 수 있어."

이렇게 매일 마음을 열고 한 호흡 한 호흡을 살피게 되면, 우리는 자신의 상황을 불평하고 비판하고 거부하는 생각이나 그림자 캐릭터 같은 존재가 아니라는 사실을 깨닫기 시작한다. 우리는 왔다가 사라지는 그런 일시적인 감정들이 아니다. 오히려 단순하고, 침묵하며, 관망하는 인식에 가깝다. 우리가 소음이 아닌 인식과 동일시하면 할수록, 마음은 더욱 잔잔해지고 넓게 개방되어 영원한 공(空)의 세계로 더욱 깊이 들어가게 된다. 그리고 인생을 있는 그대로 더욱더 받아들이게 된다.

그림자 캐릭터와의 무의식적인 동일시를 깨고 순수한 인식의 세계나 고요한 광활함으로 돌아갈 수 있는 능력은 많은 선물을 가져다준다. 심장 박동이 느려지고 혈압이 낮아지면서 긴장이 풀리고 스트레스에서 회복된다. 그리고 수년에 걸친 연구에서 보여주듯이 명상은 뇌파를 긍정적으로 바꾼다.

추가로, 최근의 연구 결과는 명상이 세포 단위에서 노화를 늦출 수 있다는 것을 보여준다. 2009년 텔로미어(염색체를 보호하는 뚜껑 같은 역할을 하는 염색체 말단부의 DNA로, 텔로미어의 길이는 노화의 척도가 된다)를 발견해 노벨상을 받은 엘리자베스 블랙번 박사는 스트레스는 짧은 텔로미어, 즉 짧은 수명과 관련이 있다고 밝혔다. 박사는 명상으로 스트레스가 줄어든다면 그만큼 텔로미어의 길이도 늘어날 수 있다고 주장했고, 여러 연구를 통해 그 주장이 사실임을 확인했다.

명상은 또한 노화에 따른 뇌의 퇴행을 지연시키는 것으로 나타났다. 로스앤젤레스 캘리포니아대(UCLA)의 신경학자 에일린 루더스는 일반적으로 나이가 들면서 줄어드는 뇌 백질의 부피와 나이의 연관성을 연구했다. 루더스 박사는 명상을 하지 않는 사람들과 비교해 명상하는 사람들은 이러한 감소가 덜 두드러졌다고 보고했다. 오랜 명상 수련자의 뇌는 비 수련자의 뇌보다 50세 때 평균 7.5세 더 젊은 것으로 나타났다.

수련을 통해 우리는 언젠가 침묵 속에 앉아 오가는 생각과 감정의 흐름을 관찰하고, 그림자 캐릭터의 목소리와 영혼의 속삭임을 구분할 수 있다. 노화라는 맥락에서 우리는 나이를 알아챌 수는 있지만, 나이와 자신을 동일시할 수는 없다. 오히려 나이와 함께 필연적으로 생기는 변화는 영혼의 진화를 위한 수단이 된다.

반대로, 우리가 버티고 저항하고 거부할 때 슬픔의 파도가 밀려온다. 모든 것은 변한다. 우리는 변화를 원치 않는다. 모든 것에는 끝이 있다. 우리는 끝을 원치 않는다. 우리는 소중한 목숨에 매달린다. 끊임없이 바뀌는 변화에 저항할 만큼 큰 슬픔을 느낀다.

다행히도 우리가 사는 지금 시대에는 과거에 소수의 선택된 사람만 알던 신비주의 명상법이 보편화되어, 다양한 수련법을 탐구해 자신의 자연스러운 성향과 믿음에 맞는 것을 선택할 수 있게 되었다. 우리는 생각이 어떻게 오가는지, 그림자 캐릭터가 어떻게 모습을 드러내고 사라지는지, 신체 감각이 어떻게 생기고 사그라드는지 알아차릴 수 있는 내면의 공간을 개방하는 마음 상태, 즉 순수한 인식 또는 비이원성(nonduality)을 기를 수 있다. 여기에서 자아는 어떠한 목적도 목표도 갖지 않는다. 어떠한 목표에 도달하려 하거나, 모든 것을 고치려 하거나 저항하려 하지 않는다. 마음속의 감정들을 버리고 순수한 인식 그 자체에서 휴식한다.

조지 해리슨이 노래했듯, "우리가 자기 자신을 넘어서면, 그곳에서 기다리고 있는 마음의 평화를 찾을 것이다."●

따라서 영적인 관점에서, 우리는 시대의 환경을 선택할 수는 없다. 그러나 이러한 상황에 대한 인식의 질은 선택할 수 있다. 그림자의 속박에서 벗어나 고요한 광활함으로 가는 문을 열고 조용한 목격자로서 자기 생각과 감정을 경험할 수 있다.

〰〰〰〰〰〰〰〰〰〰〰〰〰〰〰〰〰

랍비 라미 샤피로와의 인터뷰

나와 노년기의 영적 수련에 관해 이야기를 나누었던 랍비 라미 샤피로(당시 67세)의 절충주의 수련은 신비주의 유대

● When you've seen beyond yourself, then you may find, peace of mind is wating there. 조지 해리슨이 작사·작곡한 비틀즈(The Beatles)의 1967년 노래 〈Within You Without You〉의 가사.

교, 선불교, 라마크리슈나의 힌두교에서 유래했다. 그는 랍비 잘만 섀크터-샬로미 그리고 토머스 키팅 신부와 협력했고, 여러 저서와 워크숍에서 신비주의 전통의 비이원성, 즉 단일의식의 깊은 통합적 경험을 다루었다.

"제 몸은 지금의 나이를 상기시킵니다. 하지만 단 하나의 현실에 대한 깨달음은 나이를 초월한 느낌입니다. 형용하거나 표현할 수 없는 무한한 측면을 설명할 수는 없지만, 그것은 태어나지도 죽지도 않습니다. 이를 잠시라도 경험하면 모든 것이 변하죠. 우리는 우리가 바다로 돌아가는 파도에 불과하다는 것을 알기 때문에 더는 죽음을 두려워하지 않습니다. 형태는 사라지고 라미는 죽지만, 바다의 본질은 그대로지요."

나는 그에게 60대인 지금은 무엇을 수련하느냐고 질문했다.

"유대교 신비주의에서는 생명의 다섯 차원에 맞춰 각각 한 가지씩 수련하기를 권합니다. 신체를 위해 기공(氣功) 수련을*, 심장을 위해 메타(metta)** 연민 수련을 합니다. 마음을 위해 교리를 읽고 심리, 종교, 영성 사이의 관련성에 대한 글을 씁니다. 정신(soul)을 위해서 성스러운 어머니와 연결된 만트라를 연습하고 만물의 상호 연결성을

● Qigong. 호흡법을 이용해 심신을 다스리는 선가(禪家) 전통 체조.
●● 팔리어로 '긍정적인 기운'과 '타인을 향한 선의'를 뜻함.

더욱 자각합니다. 영혼(spirit)을 위해서 '나는 누구인가'라는 질문을 다차원적으로 탐구하는 과정이 포함된 라마나 마하르쉬의 문답을 연습합니다."

이것은 자신을 온전히 쏟아부어야만 하는 일처럼 들렸다. "무엇을 하든, 우리의 삶은 항상 '나는 누구인가?'를 탐구하는 과정입니다. 구도자에게 이것은 언제나 중요한 질문입니다. 그들이 수년간 명상을 중단한다 해도 그 질문은 그림자 속에 항상 있습니다. 그러니 다시 집어 들기만 하면 됩니다."라고 라미는 답했다.

노년기에도 그럴까? "제가 나이가 들수록 그 질문의 중요성은 더욱 커지더군요. 16세든 60세든 같은 방식으로 그 질문을 하면 똑같은 비이원의 현실로 완성되어갑니다. 몇 년을 살았든 영원한 본질은 우리의 몸 안에 그대로 남습니다."

나는 그에게 자신의 경험을 예로 들어달라고 요청했고, 그는 무중력 상태의 감각 차단 탱크(청각, 시각, 촉각 등의 감각들을 인위적으로 차단해주는 탱크-옮긴이)에 앉아 좌선하고 몸과 마음이 비이원성의 상태로 사라졌던 경험에 대해 말했다. "이 라미라는 이름표, 이러한 아픔과 고통은 우리의 진정한 본질이 아닌 파도의 물마루일 뿐입니다."

라미는 아드바이타(Advaita), 즉 힌두교 비이원성의 스승과 함께 좌선할 때 비슷한 경험을 했다고 설명했다. "제가 쉬지 않고 말하고 있을 때 그가 물었습니다. '당신은(Are you)?'"

"모든 것이 멈추었습니다. 시간이 멈추었습니다. 사라졌습니다. 저는 아무 말 없이 자유를 느끼며 잠시 뒤 돌아왔습니다. 그는 제 마음의 이면으로 가서 마음을 잠재우는 올바른 질문을 던졌습니다."

～～～～～～～～～～～～～～～～～～～～～～～～～～

우리 중에는 평범한 일상의 자각을 넘어서면 무엇이 있는지를 조금은 경험할 수 있는, 기본적인 영적 수련의 경험이 있는 사람들이 있다. 일부는 이런 수련을 계속해서 심화한다. 다른 이들은 수련을 그냥 중단한다. 그러나 노년기의 과업에는 명상이 길러주는 바로 그 특징들과 기술들이 필요하다. 속도를 늦추고 아래로 서서히 내려가, 마음을 관리하고, 자아의 갈망을 해소하고, 온전히 현존하면서 영혼의 목소리에 귀를 기울일 수 있는 능력이 필요하다.

오늘날 많은 사람은 이와는 정반대의 상태를 경험한다. 소음에 끌려다니고, 혼란스럽고 폭력적인 일상의 사건에 점차 불안해하고, 화내고, 슬퍼한다. 보고 듣기를 강요받는다. 그 결과 몸과 마음은 과부하에 걸리고, 포스(the Force)가 흐트러진 것을 느낀다. 그러므로 우리는 그 어느 때보다도 지금, 소음으로부터의 피난처이자 정신을 가다듬고 마음을 여는 방법인 '평온한 중심(calm center)'을 찾아야 한다. 시간이 갈수록 내면으로 관심을 돌린 효과가 커지는 것을 보게 될 것이다.

세상에는 다양한 영적 전통이 존재하며, 각각의 전통마다 내면으로 관심을 돌리는 자체적인 방법과 함께 다수를 위한 (대중적인) 도덕적·행동적 수련법과 소수를 위한(비전, 심오한) 내적·신비주의 수련법이 있다. 일부는 유대교, 아드바이타, 수피즘, 기독교 등 하나의 특정한 전통에 끌린다. 다른 이들은 수십 년에 걸쳐 다양한 전통과 수련법을 조금씩 체험해보며 수많은 스승과 그들의 가르침에서 선물과 그림자 문제를 발견한다. 그러나 모든 신비주의와 묵상 수련법의 목표는 동일하다. 바로 비이원적인 순수한 인식에 안착할 때까지 마음의 소용돌이를 잠재우는 것이다.

키르탄 찬트 지도자 크리슈나 다스와의 인터뷰

힌두교 헌신의 길은 1960년대 끝 무렵 인도에서 '람 다스 (Ram Dass)'가 되어 돌아온 리처드 앨퍼트가 '마하라지-지(Maharaj-ji)'라고 부르며 스승(guru)으로 모신 님 카롤리 바바의 영적인 힘에 대한 이야기를 들려주면서 유명해졌다. 앨퍼트는 바로 우리 눈앞에서 하버드 심리학자에서 LSD● 지지자로, 그리고 신의 찬양자로 변신했다.

1950년대 롱아일랜드에서 자란 제프리 카젤은 록스

● 강력한 환각제. 향정신성 의약품으로 지정되어 법률로 사용을 규제한다.

타가 되고 싶었다. 어느 밴드로부터 리드싱어 자리를 제안받았을 때, 그는 인도에서 막 돌아온 람 다스를 우연히 만나게 되었고 그 즉시 람 다스에게서 자신이 원하는 것을 발견했다. 제프는 인생의 중요한 전환점에 서 있었다. 로큰롤 가수의 꿈을 좇을 것인가, 아니면 마하라지-지의 추종자를 따라 인도로 돌아가 그 스승을 만날 것인가?

결국 제프는 동쪽으로 향했고 몇 년 뒤 '크리슈나 다스(Krishna Das)'가 되어 고국으로 돌아왔다. 그의 이름은 '크리슈나, 또는 람의 하인'이라는 뜻이다.

힌두교 헌신의 길에서 신과 스승과 자기(Self)는 하나이다. 스승은 우리 밖에 존재하지 않는다. 그는 우리의 진정한 본질, 우리 안의 신을 반영하는 거울이다. 크리슈나 다스의 표현처럼, "스승은 우리가 살아가는 실재(實在)이며, 그는 우리 안에서 살아간다."

따라서 헌신의 길에서 스승에게 매 순간 헌신하고, 자신을 내맡기고, 스승을 기억하는 활동을 하는 것이 신 또는 순수한 인식으로 나아가는 관문이다. 사상이나 방법론은 없다. 오직 이 신성한 관계만이 존재할 뿐이다. 이것이 크리슈나 다스가 스승의 현존에서 배운 것이다.

내가 그를 인터뷰했을 때, 그는 73세를 앞두고 있었다. "마하라지-지는 우리에게 수련하고, 사람들에게 봉사하고, 사람들을 먹이고, 신을 기억하라고 가르쳤습니다. 사람들에게 자기만족을 위한 명상을 가르친 건 아닙니다⋯ 스승님은 우리를 있는 그대로 내면에서부터 사랑하셨어요. 그런 사랑을 마음속으로 느낄 때 우리가 생각하는 자신, 이 모든 가식이 무너지죠."

크리슈나 다스는 인도에서 마하라지-지와 거의 3년을 보냈다. 당시 그곳에서 스승을 위해 노래했던 판딧(pandit, 가수)이 서양 여성들에게 집적대기 시작했다. 그러자 스승은 그들을 쫓아냈고, 대신 크리슈나 다스에게 노래를 시켰다. "이런 만트라나 신의 이름은 정신보다 더 심오합니다." 그가 내게 말했다. "어떤 대상을 믿는 것이 아니에요. 우리는 관심을 자신에게 돌리려고 찬트를 부릅니다. 그리고 그 경험은 우리를 변화시키죠."

크리슈나 다스는 인도에 있으면서 산야신(sannyasin, 승려)이 되길 원했지만, 스승은 크리슈나를 미국으로 돌려보냈다. "스승님은 제가 이승에서 애착하는 것을 통해 생을 살아야 한다고 말씀하셨어요. 오랫동안 가슴이 찢어지듯 아팠고 우울했죠."

미국으로 돌아가고 6개월이 지나 스승님이 돌아가셨다는 소식을 들었다. 그는 마음속으로 다짐했다. "서양에서 스승님을 위해 노래하겠어요."

그가 키르탄(Kirtan)* 혹은 주고받는 형식의 종교적인

---

* 인도의 대표적인 종교 음악이자 의식

찬트 록스타로 알려지기까지 20년이 흘렀다. 14개의 음반이 발매됐고, 전석 매진된 공연에는 그와 함께 노래하려고 수천 명의 청중이 모였다. 환호하며 열망에 찬 목소리에 둘러싸여 나는 힌두교 신화 속 인물인 크리슈나와 그를 따르는 소 치는 여성들, 고피(gopis) 전설을 떠올렸다. 크리슈나가 피리로 성스러운 곡을 연주하자 그 여성들은 남편을 떠나 그를 따라 숲으로 들어갔고, 그곳에서 그를 둘러싸고 기쁨으로 헌신의 춤을 추었다. 그러나 고피들이 크리슈나와 함께 있다는 사실에 자만하고 특권의식을 갖자 크리슈나는 모습을 감추었고, 고피들의 영적 갈망은 더욱 깊어졌다. 그리고 고피들은 크리슈나를 찾아 사방을 떠돌아다녔다.

"서양에서 우리는 자아(ego)가 되라는 교육을 받죠. 영적인 수련조차 때로는 이기적인 사고를 강화해요. 우리가 요가를 하고 명상을 하면 자아는 그 결과를 붙잡고 자기에게 몰두하죠."라고 크리슈나가 내게 말했다. [나는 『영성의 그림자를 만나다(Meeting the Shadow of Spirituality)』라는 저서에서 이 내용을 설명했다.]

그는 인기가 높아질수록 자아가 개입한다는 것을 깨달았다. 그래서 인도로 돌아갔고, 사원에서 비전을 보았다. 그는 광활한 공간에서 마치 바닷속의 파도와도 같이 사람이 왔다 갔다 하는 신의 연극을 보았다. 각각은 자신이 중요한 파도라고 생각하며 교만해져서 바다로 돌아갔다. 이러한 직접적인 인식으로 그는 발목을 잡던 생각에서 해방되었다. 그는 집으로 돌아와 마음을 다해 노래를 부르기 시작했다.

"사원을 마지막으로 방문했을 때, 마하라지-지가 내 마음을 바꾸었죠. 그 이후, 내가 한 일이 아니라는 것을 알았어요. 그가 모든 걸 했죠. 저는 단지 노래만 불렀어요. 사람들과 함께 노래하지 않았다면, 내 마음속 어두운 부분에 빛을 비추지 못했을 거예요. 그래서 찬트를 할 때 떠오르는 건 그게 무엇이든지 간에 내가 명상을 할 때 내려놓으려는 대상이 됩니다. 그건 공연이 아녜요. 우리는 함께 수련하는 거죠."

크리슈나는 부모님이 나이 들어가는 모습을 볼 때를 이야기했다. "부모님을 더 인간적으로 보게 돼요. 친절을 베풀며 현재에 머무르는 것이 그분들에게 얼마나 힘든 일인지 알게 되죠. 우리는 부모님과 똑같은 패턴이나 자기혐오나 불안감을 흡수해왔어요. 그래서 이렇게 프로그래밍된 건 우리가 아니며, 우리의 본질이 아니라는 것을 알아야 해요. 우리는 진리와 연결되어야 해요."

누구나 같은 것을 바란다고 그가 말했다.

"우리는 우리의 진정한 본질을 경험하고 고통을 내려놓길 원해요. 하지만, 나이가 들수록 점점 더 어려워지죠. 기력은 떨어지고, 더는 자신을 중요하고 힘과 카리스마가 있는 사람으로 투사할 수 없어서 위기에 봉착해요. 우리의 욕망을 따르기에는 너무 나약하죠. 집중력도 떨어지고, 준비가 안 되어 있으면 마음을 원하는 곳으로 데려갈 수 없어요. 그래서 준비가 중요하죠.

언제라도 수련을 시작할 수 있어요. 신념이 아닌 자신의 경험을 바탕으로 말이죠. 자신의 감정에 집중하고 무엇이 효과 있는지 인식하세요. 본질을 기억해낼 때마다, 우리는 꿈에서 돌아와 인식의 씨앗을 뿌리게 돼요."

어린 시절 크리슈나 다스가 원한 것은 오직 노래하는 것이었고, 이제 그 꿈은 이루어졌다. 그러나 그의 상상과 똑같지는 않다. "제가 꿈꾸던 삶을 살고 있어요. 하지만 이건 직업이 아닌 수련이죠. 풍금 앞에 앉아 연습해요. 완전히 집중해서 연습하기 때문에, 다른 어떤 일이 벌어지는지 모르죠. 무릎도 아프고, 어깨도 쑤시지만, 찬트를 부를 때는 모두 희미해져요."

초기에 찬트 연습을 할 때는 어린 시절의 정서적인 문제들이 끔찍한 고통을 불러일으켜 집중할 수 없었다고 그가 말했다. 그 탓에 집중력의 흐름이 외부로 향했다. 그러나 15년에서 20년 전쯤 마침내 그 흐름은 말랐고, 이제는 내면을 향한다. 내면의 줄기는 수련을 통해 더욱 깊어지고 달콤해졌다.

"나이가 들수록, 영적 수련은 자연스럽게 우리의 인생 경험을 무르익게 합니다. 따라서 우리가 자신의 내면에 어떻게 앉느냐가 익어가는 경험이 됩니다. 제게는 지금 여기에 집중하기가 더 쉬워요. 강박적인 생각의 흐름에 덜 통제받습니다. 그런 생각이 완전히 사라진 것은 아닙니다.

단지 무게중심이 바뀌었기 때문에 그 생각이 저를 잡지 못합니다."

크리슈나 다스는 자신의 자아가 그렇게 하는 것이 아니라고 설명했다. "저는 단지 노래하고 프로그램을 따를 뿐입니다."

나이가 들면서, 죽음의 공포를 극복하기 위해 스스로 진정시키는 대신 영적 가르침의 도움을 받을 수 있다고 그가 말했다. 불교는 우리가 언제라도 사망할 수 있다고 가르친다. 인도에서 힌두교도는 죽음에 둘러싸인 삶을 살고 있다고 그는 지적했다. 여기처럼 죽음이 가려져 있지 않다.

하지만, "영적 수련 없이는 우리를 고통스럽게 하는 문제를 내려놓을 수단이 없습니다. 내려놓기는 두려움 없이 긍정적으로 모든 것을 놓아주도록 준비시켜주기 때문에 아주 중요해요. 우리는 두려움이 아닌 사랑 안에서 살 수 있습니다. 우리는 두려움이 아닌 사랑의 품에서 죽을 수 있습니다."라고 그는 덧붙였다.

〜〜〜〜〜〜〜〜〜〜〜〜〜〜〜〜〜〜

죽음의 인식
존재로의 관문

베이비붐 세대는 18초에 한 명씩 사망한다.

숨을 들이마신다…

2086년이 되면 우리 세대는 사라질 것이다.

숨을 내쉰다…

이것이 죽음의 인식이다.

죽음은 언제라도 도둑처럼 슬며시 다가와 삶을 훔쳐 갈 수 있다. 우리가 어릴 때 죽음을 만나면, 그것이 가족이나 친구의 죽음이든 자신이 죽음의 문턱까지 갔던 순간이든 다시 회복하고 잊어버리는 경향이 있으며, 청춘의 마법과 시간의 무한성이라는 환상에 다시 빠져든다.

성인이 되어 겪는 죽음과의 밀접한 만남은 더욱 깊은 인상을 남기게 된다. 신성한 전령과 같은 이 만남은 짧아진 수명을 통렬히 자각하게 만든다. 그러나 얼마쯤 시간이 지나면, 우리는 또다시 잠이 든다.

죽음을 바라보는 것은 그림자를 볼 때와 비슷한 부분이 있다. 한순간 언뜻 봤다가 잊어버리고, 기억했다가, 또다시 잊어버린다. 우리 대부분은 그냥 죽음의 숨결로부터 고개를 돌려버린다. 그러나 이런 외면은 우리의 삶에 지대한 영향을 미친다. 어니스트 베커는 그의 고전적 저서 『죽음의 부정(The Denial of Death)』에서 우리의 "가장 뿌리 깊은 욕망은 죽음과 소멸에 대한 공포에서 자유로워지는 것이다. 그러나 그 공포심을 일깨우는 것은 삶 그 자체이기에, 우리는 충만한 삶을 피해야 한다."라고 말했다.

이와 같은 죽음의 부정, 그에 기인한 삶의 부정은 여러 형태를 띤다. 중요한 사람이 되고자 하는 우리의 영웅적인 노력과 물질을 모으려는 갈망, 또는 베커가 사제 계급의 '빌려온 힘(borrowed power)'이라 부르는 것, 그 힘의 마법과도 같은 상징들에 의존하려는 행위는 전부 다 내면의 공허함을 채우려는 노력이다. 거짓 자기(false self)를 만들려고 숨 가쁘게 달려갈 때 우리는 그 순간에 온전히 존재하지 못하고, 삶의 특권을 오롯이 즐기거나 감사함을 느끼지 못한다. 동시에 있는 그대로를 인정하길 거부하며 우리 또한 사라질 것이라는 사실을 거부한다.

이러한 부정에는 항상 이유가 있다. '나는 특별해.' '나는 좋은 사람이야.' '나는 좋은 가톨릭(또는 무슬림, 유대인, 아니면 다른 종교) 신자야.' '나는 중요한 일의 일부야.' '나는 고지혈증 치료제를 먹어.' '나는 비건이야.' '우리 어머니는 102세까지 살았어.'

우리의 유한함을 부인하면 완전한 진실을 못 보게 된다. 부정은 역할에서 영혼으로 넘어가는 것도, 온전히 현재를 사는 것도 막는다.

융 학파 정신분석가이자 다작가인 제임스 ('짐') 홀리스와의 인터뷰에서, 당시 78세였던 그는 계속해서 이 주제로 돌아왔다.

"죽음에 대한 인지는 성찰한 삶의 일부입니다. 음울한 것이 아니에요. 영생이 아닌 죽음이 의미를 가능케 합니다. 죽음은 우리의 선택을 중요한 것으로 만들죠.

문제가 있다고 생각하는 건 우리가 자연과 분리되어 있다고 느끼기 때문입니다. 죽음은 자연이나 신에게는 문제가 아닙니다. 그러나 자아의 지배를 받는 우리에게는 문제가 되죠. 정말 성장하기 위해서는 피할 수 없는 죽음을 받아들여야 합니다."

짐은 죽음의 인식을 가질 역량과 충만한 삶을 살아갈 능력을 연결지었다. "불안감이 가장 큰 사람은 최소한의 위험을 감수하려 합니다. 그래서 그들은 충만하지 않은 삶을 살고, 죽음을 앞두고 후회합니다. 불안이 적은 사람은 인생을 더 충만하게 살며 끝에 대한 두려움이 없습니다. 그들이 가장 두려워하는 것은 다른 사람의 죽음이죠."

우리의 살고자 하는 본질적인 의지와 피할 수 없는 죽음에 대한 끊임없는 자각 사이의 긴장감은 오래도록 종교, 철학, 심리학의 주제가 되어왔다. 실존주의자들은 '죽음에 대한 불안'을, 정신분석가들은 '멸절의 공포(fear of annihilation)'를 말한다. 그리고 둘 다 결과를 무한히 추측한다.

그러나 살아 있음을 강렬하게 느끼는 동시에 유한함을 인식하는 사람들이 드물게 있다. 2018년 초 진행한 인터뷰의 끝 무렵에 95세의 토마스 키팅 신부가 내게 말했다. "지금 나는 여기에 있네만, 내일 인터뷰 기사를 읽으라고 보내줄 때쯤이면 더는 없을지도 몰라."

나는 이처럼 극도로 난처한 순간에 웃어야 할지 울어야 할지 몰라 혼란스러웠다. 그러나 곧바로 그가 나와 함께한 90분의 시간이 귀중하다는 사실을 깨달았다. 자신이 언제든지 죽을 수 있다는 사실을 통렬히 자각하는 동시에 나와의 연결고리를 계속해서 붙잡고 우리의 대화에 관심을 쏟은 그의 능력은 높은 수준의 현존을 보여준 모범이다.

토마스 신부는 몇 달 뒤 별세했다. 그만이 아니라 내가 인터뷰 한 다른 두 명의 **원로**들인 프란시스 본과 로버트 앳츨리도 이 책을 쓰는 사이 세상을 떠났다. 나는 슬픔과 감사함을, 사랑과 상실감을 느꼈다. 그들이 인생의 마지막 순간을 앞두고 나에게 소중한 것을 남기기로 선택했기 때문에. 그들 한 명 한 명은 정말로 집중하면서 대화에 참여했다.

죽음의 인식은 온전히 지금, 여기에서 현존하는 삶을 살기 위한 관문이다. 현존은 순간적인 몸의 감각, 감정, 생각을 깊이 자각하는 것이며, 이것은 다른 이들의 현존으로 확장되어 그들의 감정과 생각에 조화된다. 더 나아가 모든 생명체와 우리를 연결한다. 현존은 부정의 베일을 뚫고 우리에게 삶의 모든 순간과 모든 환경의 신성한 가치를 교훈으로, 더 큰 세계로 나가는 문으로 드러낸다. 이를 통해 우리는 집중을 방해하는 것들의 공허함과 자아의 헛된 노력의 무의미함을 꿰뚫어 볼 수 있다.

지금 이 문장을 쓰면서도 나는 마음의 눈으로 람 다스의 집 벽에 걸린 시계를 본다. 그 시계에는 시간을 나타내는 숫자가 없다. 모든 시곗바늘은 '**지금**'을 가리키고 있다.

그러나 자아는 소멸의 공포에 휩싸여 죽음을 부정하기 위해 모든 노력을 쏟으며, 온갖 형태와 색채로 요새를 짓는다. 여기에서 과거를 후회하거나 미래를 두려워하는 정신의 움직임이 바로 내면의 장애물이다. 정서적으로 끝내지 못한 일은 우리로 하여금 후회하며 과거를 돌아보고 '이랬더라면, 저랬더라면(if only)' 하고 희망하거나 미래를 보며 '~하면 어쩌지?(what if)' 하고 두려워하도록 만든다.

종교적 교리의 지지자들은 이러한 실존적 공포를 사용해 우리에게 착한 어린이, 도덕적인 성인이 되라고 강요하고, 천국에 가거나 좋은 방향으로 환생해 죽음을 초월하려면 특정한 방식으로 행동해야 한다고 강요한다.

세속적인 믿음도 이처럼 방어적으로 사용될 수 있다. 〈디 애틀랜틱(The Atlantic)〉에 자세히 수록(J. 그린버그 외, 2012 참조)된 것처럼, 한 연구자 그룹은 죽음의 공포를 우리보다 더 오래 지속되는 세계관과 연결지었다. 우리는 본능적으로 '우리'의 범주를 좁혀 '그들'을 몰아내는 방식으로 우리의 세계관에 어긋나는 사람과 대립한다. 이러한 부족 단계의 인식은 일반적으로 내세에 대한 믿음과 죽음을 상징적으로 초월하는 방법들을 포함한다. 이렇게 '우리'는 항상 존재하는 죽음에도 불구하고 안정감을 찾게 된다.

의식적인 관찰이 아니더라도 죽음을 떠올리게 하는 것은 자아의 세계관을 더 강화하려는 무의식적인 노력을 촉발한다. 앞서 언급한 연구자들이 '죽음'이라는 단어를 화면에 몇 초간 짧게 반복적으로(의식적으로 인지하기에는 너무 빠르게) 띄우자 반미주의 작가에 대한 미국인 피실험자들의 반응은 증폭되었다. 내 방식대로 말하자면, 비록 의식적으로 인식하지 못한 상황이라도 죽음을 떠올렸을 때 그들이 타인에 투사한 그림자는 더욱 강화되었다.

문화적으로 죽음을 부정하는 양상에서 벗어난 일부 예외가 있는데, 멕시코의 망자의 날이나 신도들의 머리에 재를 바르고 "당신은 흙입니다."라고 말하는[●] 재의 수요일이 그렇다. 6세기 『성 베네딕도회 규칙서(*Rule of Saint Benedict*)』는 수도자들에게 "죽음을 매일 눈앞에 둘 것"을 장려한다. 이슬람교 수피파는 명상을 위해 묘지에 가서 '죽음의 기억(remembrance of death)'을 수련하며, 티베트의 불교 승려들은 통제할 수 없는 육신의 필연적인 죽음과 그 시기가 불확실하다는 무상함을 인식하는 '로종(lojong)' 수련을 한다.

부처님의 말씀처럼, "모든 발자국 중에서 코끼리 발자국이 최고다. 마찬가지로, 모든 마음챙김 명상 중에서 죽음에 대한 명상이 최고다."

신성한 전령이 우리 자신의 죽음을 마주하게 할 때, 운이 좋다면 우리는 인생의 완전한 진실에 대한 계시를 경험하고 그 결과 자아가 겸손해질지 모른다. 그렇지 않다면 자아는 영웅적인 행동, 물건 수집, 지위, 심지어 창의적인 노력과 위업을 통해서라도 불사의 존재가 되기 위해 끊임없이 노력할 것이다. 통합철학자 켄 윌버는 이것을 '아트만 프로젝트(the Atman project)',

---

● 창세기 3:19. "너는 흙이니, 흙으로 돌아갈 것이다."

즉 시간 속에서 영원성을 찾으려는 시도이자 결국 **그것**과 다른 대리 만족에서 '영(spirit)'을 찾으려는 노력이라 불렀다.

죽음의 인식은 정신에 열을 가해, 서서히 연금술적 변화를 일으킨다. 『에이징에서 세이징으로』에서 랍비 잘만 섀크터-샬로미는 그 변화를 이렇게 설명했다. "죽음을 신과 자연의 일탈이 아닌 인생의 완성을 촉구하는 촉매로 받아들일수록, 우리의 불안감은 경외심과 감사와 이해로 바뀐다."

주기적으로 명상 수련을 하는 사람이라면 누구나 이 진실을 알고 있다. 마음이 방황하면, 그 순간에 온전히 현존할 수 없다. 우리는 그림자의 인식을 통해 마음을 열고 자신을 더 깊이 알게 되며, 그림자로 밀쳐두었던 두려움을 의식적인 자각의 세계로 초대할 수 있다. 순수한 인식을 통해 소음을 관망하고 고요한 광활함 속에 앉는 법을 배울 수 있다. 죽음의 인식을 통해 자아의 두려움을 내려놓고 이 순간, 있는 그대로의 경험을 소중히 여기며 현존하는 법을 배울 수 있다. '그렇다, 나도 죽는다… 그렇다, 나도 죽는다…' 역설적이게도 이러한 인식이 반복될수록 두려움은 줄어들고, 평생 부정하며 억눌려 있던 에너지가 돌아와 더 활기찬 미래를 위해 사용할 수 있게 된다.

죽음의 인식은 평범한 순간에 이뤄질 수 있다. 여든 살의 내 친구는 휴지를 사려고 코스트코에 갔다가, 문득 저 휴지를 다 쓸 때까지 살아 있을지 의문이 들었다고 했다.

죽음의 인식은 우리의 젊은 시절에 활동하던 록스타들의 부고 소식을 읽을 때 찾아올 수도 있다. 아레사, 조지 해리슨,

데이비드 보위, 프린스, 글렌 프라이, 레너드 코헨, 제리 가르시아, 배리 화이트, 레이 찰스, 그레그 올맨, 톰 페티, 메리 트래버스, 루 리드, 피트 시거, 조 코커, 리언 러셀, 톰 포거티, 클래런스 클레먼스, 레번 헬름, 마일스 데이비스, 프레디 머큐리, 제임스 브라운, B.B. 킹. 이들의 이름을 쓰면서 나는 충격받았다. 이들이 우리 세대의 아티스트들이다.

중병을 진단받을 때처럼 긴박하게 울리는 경보음과 함께 올지도 모른다. 스티브 잡스는 췌장암으로 간 이식 수술을 받고 2년 뒤 스탠퍼드 대학의 2011년도 졸업식 축사에서 그가 평생을 살아오며 인용해온 문장을 이야기했다. "하루하루를 인생의 마지막 날인 것처럼 산다면, 언젠가 당신의 인생은 거의 확실히 옳을 것이다." 그는 이러한 인식을 사용해 매일 아침 거울을 바라보면서 "오늘이 내 인생의 마지막 날이라면, 내가 지금 하려는 일이 하고 싶을까?"라고 물었다. 이 질문에 대한 대답이 며칠 동안 계속해서 '아니'라면, 뭔가 변화가 필요하다는 걸 알았다고 그는 말했다.

여든네 살의 내 친한 친구 스튜어트는 자신의 '끝을 향한 느린 비행'에 대해 가족과 친구에게 공개적으로 말해왔다. 그는 가족과 함께 보내는 시간, 작품 활동과 요리를 하는 시간을 정말 즐겼다. 그리고 의사가 그에게 남은 시간은 열 달에서 일 년 반 정도라고 선고했다.

그가 우리에게 말했다. "이제 막 현실이 다가왔어. 나는 곧 내려갈 롤러코스터의 꼭대기에 있는 거야. 그래도 괜찮아. 내 마음은 열려 있어. 후회도 없지. 먼저 떠난 사랑하는 이를 만났던 신비로운 첫 경험에 무한히 감사해. 죽음이 끝이 아니라는 걸 알아. 끝이라고는 생각 안 해. 난 알아."

우리 모두에게 죽음을 인식하는 것뿐만 아니라 포용하는 모범까지 보여준 스튜어트에게 나는 진심으로 고마움을 느꼈다. 죽음 앞에서 평화로울 수 있던 그의 능력은 끝을 받아들이지 못해 몸부림친 다른 친구들과 극명한 대조를 보였다.

내 고객인 롭은 아버지의 죽음을 목격한 뒤 깊은 상실감을 자기의 마지막에 대해 생각하는 거울로 삼았다. 그는 일과 결혼 같은 자아의 목표, 성인이 된 딸과의 어색한 관계, 종교적 성향 등 모든 것을 재평가할 수밖에 없었다고 말했다. 심지어 그는 평생 성에 집착해온 자신의 그림자를 더 넓은 관점에서 보고, 그 집착을 내려놓기 위한 내면 작업을 하고 싶어했다.

"중년기와 노년기의 제 가치와 우선순위는 서로 맞지 않아요. 죽을 때가 돼서 일을 열심히 하지 않았다고 후회하긴 싫어요." 얼마 지나지 않아 그는 손자를 돌보고 동물의 멸종을 막는 자연 보호 단체의 이사회에 참여하기 위해 은퇴했다.

죽음의 인식은 매 순간 낡은 믿음과 행동을 녹이고 그 속에 있는 깊은 본질을 드러내는 촉매제로 작용할 수 있다. 이것이 바로 노년기의 수수께끼, 해석될 수 없고 오로지 온전히 살아봐야만 하는 암호문이다.

전 세계 사망자 수 증가 보도가 시시각각 들려오던 코로나 팬데믹을 겪으며 많은 이들은 자신이 죽을 수도 있다는 위험,

사랑하는 이들의 죽음이라는 현실로부터 죽음을 직면하길 강요당했다. 공포와 슬픔이 우리 안에 스며들고 세계는 점점 더 조용해졌다. 그리고 마스크 착용 반대자들과 백신 접종 거부자들의 반발 속에서 죽음을 부정하는 움직임이 나타났다. 물론 그들의 동기는 복잡했다. 그러나 죽음의 인식에 대한 부정이 영향을 미쳤음은 분명했다.

우리 사회가 이러한 죽음의 인식에 개방적으로 변해가고 있다는 신호들이 있다. 이 주제를 다룬 몇 권의 책이 베스트셀러가 되었으며, 의료 지시서와 호스피스 치료, 조력 자살에 대한 공개적인 논의가 늘어났다. 심지어 지역사회와 온라인에서는 사람들이 함께 모여 다과를 즐기고 죽음에 대해 솔직하게 이야기를 나누는 '죽음 카페'를 만드는 작은 움직임도 일어나고 있다. 이러한 모임은 금기시되던 주제인 죽음을 양지로 끌어내, 더 충만한 삶을 살고자 하는 의지에서 비롯한다. 그들은 죽음에 대한 불안을 직면하고, 죽음을 부정하는 패턴에서 벗어나려 한다.

따라서 노화의 목적은 단지 삶의 속도를 줄이는 것에 있지 않다. 우리의 관심과 에너지를 외부에서 내부로, 역할에서 영혼으로 돌리는 것이다. 순간을 영원으로, 찰나(刹那)를 영겁(永劫)으로 연결하는 것이다. 인식의 세 가지 문을 열어 심연, 고요한 광활함, 존재의 신비로 향하는 것이다.

우리가 그림자의 인식, 순수한 인식, 죽음의 인식을 기르면, 노화는 노년기의 새 출발을 돕는다.

그림자 작업 훈련

그림자의 인식

- 우리 내면의 어떤 그림자 캐릭터가 어둠을 탐색하기 두려워하는가?
- 어느 그림자 캐릭터가 부정의 벽을 유지하려 노력하는가?
- 우리가 짊어진 가방에 '나이듦'에 대한 어떤 감정과 생각이 들어있는 가?

순수한 인식

- 순수한 인식을 느껴본 적이 있는가?
- 자아를 초월하도록 해 주는 수련법이 있는가?
- 매일 그 수련을 하지 못하게 내면에서 방해하는 것은 누구인가?

죽음의 인식

- 언제 처음으로 죽음을 인식했는가?
- 그것을 다시 잊어버렸는가?
- 죽음의 인식을 다시 기억해냈는가?
- 여러분이 가진 죽음에 대한 믿음에는 무엇이 있는가? 그 믿음이 죽음 에 대한 두려움을 초래하는가?
- 지금, 이 순간 죽음의 인식은 여러분의 삶에 어떤 영향을 미치는가?

영적 수련

순수한 인식의 명상

람 다스의 수련법은 우리가 자신을 마음과 감각이 아닌 순수한 인식과 동일시하게 돕는다. 명상 초심자부터 숙련자까지 모두 이 방법으로 수련할 수 있다. 우선, 집중력을 흩트릴 수 있는 것들을 치우고 편안하게 앉는다. 몇 차례 숨을 깊이 들이마시고 내신다. 호흡하면서 오르락내리락하는 배에 집중하는 연습을 하자. 점차 마음이 고요해지는 것을 인식한다. 이제 다음의 안내를 따라가 보자.

1. 배로 숨을 들이마시며 눈으로 의식을 집중하고 조용히 말한다. "나는 눈이 아니며 눈에 보이는 것이 아니다. 나는 사랑의 인식이다."
2. 귀로 인식을 집중하고 조용히 말한다. "나는 귀가 아니며, 귀가 듣는 것이 아니다. 나는 사랑의 인식이다."
3. 입으로 의식을 집중하고 조용히 말한다. "나는 이 입이 아니며, 입이 맛보는 것이 아니다. 나는 사랑의 인식이다."
4. 마음의 중심에 의식을 집중한다. 잠시 멈추고, 마음의 중심에서 숨을 들이쉬고 내쉬면서, 순수한 인식에서 휴식한다.
5. 원한다면 신체의 다른 부분을 비롯해 아래로 내려가면서 계속 훈련한다. 이 훈련이 끝나면, 의식을 몸 전체로 불러오며 조용히 말한다. "나는 이 몸이 아니다. 나는 사랑의 인식이다."

람 다스의 말처럼, "오직 이 순간, 사랑의 인식을 하는 순간만이 진짜이다. 과거와 미래는 모두 생각에 불과하다."
위의 수련법을 반복하되, 이번에는 떠오르는 감정으로 바꿔보자. 자신을 감정이 아닌 사랑의 인식과 동일시하자. 이렇게 말하면서 수련한다. "나는 이렇게 아프지 않다. 나는 사랑의 인식이다. 나는 이 후회가 아니다. 나는 사랑의 인식이다. 나는 이 분노가 아니다. 나는 사랑의 인식이다."

이번에는 떠오르는 생각으로 바꿔서 수련을 반복해보자. 자신을 생각이 아닌 사랑의 인식과 동일시하자. 이렇게 말하면서 수련하자. "나는 이 생각이 아니다. 나는 사랑의 인식이다. 나는 그 소리가 아니다. 나는 사랑의 인식이다. 나는 내 마음의 눈에 비친 이미지가 아니다. 나는 사랑의 인식이다."

사랑의 인식에 주목하며 그것과 나를 동일시한다. 한 번 더, 한 번 더, 다시 한번 더.

사랑의 인식이라는 용어가 마음에 들지 않는다면 영, 고차원의 자아, 영혼, 아니면 무엇이든 자신에게 와닿는 다른 용어로 대체할 수 있다. 간단히 이렇게 말할 수도 있다. "나는 ○○가 아니다. 나는 만물을 통해 살고 호흡하는 것이다."

죽음의 인식 수련

우리는 죽음을 부정할 수도 있고, 스승으로 삼을 수도 있다. 죽음의 인식을 수련하는 것은 충만한 삶을 살기 위해서이다. 다음의 질문들을 생각하면서 복식 호흡을 하자.

- 내가 오늘 죽는다고 가정했을 때, 가장 크게 후회하는 일은 무엇인가?
- 지금 내가 원하는 삶에 가까워지기 위해 바꿀 수 있는 한 가지는 무엇인가?

내면에서 외면으로,
외면에서 내면으로
연령주의를 만나다

<u>우화</u>

내면의 연령주의자를 만나다

(베아트리체 우드의 이야기)

『나이가 없는 영』에서 캘리포니아의 도자기 예술가 베아트리체 우드는 90세 때 자신의 내면에 존재하던 연령주의자를 발견한 이야기를 들려주었다. "저는 어릴 때부터 쭉 나이 든 사람들을 싫어했기 때문에, 노년의 부조리함을 잘 알고 있어요."

"예를 들면 이런 거예요. 아파서 3일 동안 병원에 입원했던 때가 있었는데, 그때 저는 사투리를 쓰고 이는 다 빠져서 쭈글쭈글한 할망구랑 같은 병실을 썼어요. 좀 자려는데 이 늙은 여자는 쉬지 않고 수다를 떠는 거예요. 너무 화가 났어요. 그 여자를 피하려고 했죠. 다음날, 약간 휴식을 취하고 난 뒤 저 자신에게 말했어요. 이 여자한테 내가 잘못했구나. 그녀는 대화 상대가 필요했던 거죠. 더 친절하게 대해야겠다고 생각했어요. 그래서 그날 오후에 저는 오만한 태도를 버리고 그녀의 말을 들었죠. 그녀는 심장마비를 겪었는데, 위기의 상황에 아무도 없이 혼자서 두려움에 떨었다고 했어요. 다음날 나는 퇴원해야 했고, 예의를 차리려고 애를 썼죠.... 그녀의 침대에 앉아서, 손을 잡고 바라보았어요. 그런데 놀랍게도 이 늙고 못난 여자가 아름다워 보이는 거예요. 우리 사이에 벽이 없었죠. 정말 놀라운 경험이었어요.

무슨 말인지 아시겠어요? 우리는 따지고 보면 하나예요. 그때 그 일체감을 느꼈죠. 제가 떠나면서 그녀에게 작별 인사를 하고 다음 날 아침, 병실로 전화를 걸었는데 그녀를 바꿔줄 수 없다고 하더군요. 그날 밤사이에 세상을 떠나신 거죠.... 마지막 순간에 그녀는 자신을 생각해주는 누군가가 있다는 걸 알았으리라 확신해요. 자, 주름살 많은 할머니로부터 방해받길 원치 않던 예술가의 오만함을 보셨죠. 나는 그 오만함을 버리고 다른 인간을 만났어요. 그 흉측한 사람이 아름답게 변한 거예요. 그때가 제 인생에서 가장 중요한 경험이자 교훈을 얻은 순간이에요."

-필립 L. 버만과 코니 골드만 편집, 『나이가 없는 영(*The*

위 이야기에서 베아트리체 우드는 '내면의 연령주의자'를 인식한 이야기를 설득력 있게 들려주었다. 이 그림자 캐릭터는 노인과 공감하길 거부하고 우리 사회가 제도적인 연령 차별을 자각하지 못하게 막는다. 바로 이 그림자가 우리 안에서 어릴 때부터 성인이 되어갈수록 점점 더 노인에 대한 부정적인 특징을 투사한다. 노인은 '타인'이라는 비이성적인 결론을 주장하고, 결국 우리도 나이가 들어 '그들'이 된다는 사실을 부정한다. 노년층은 언젠가 우리 모두가 속하게 될 것임에도 불구하고 유일하게 차별받는 집단이다.

본인의 무의식적인 편견을 인식한 순간, 베아트리체는 자신의 내면으로 주의를 돌려 내면의 연령주의자(나이를 부정하고 젊음과 동일시하려고 고집을 피우는 그림자 캐릭터)와, 거기에 순순히 따르는 것이 자신과 타인 모두에게 어떤 결과를 가져오는지 깨달았다. 이를 자각하자 마음이 열렸고, 그에 따라 행동이 변했다. 우리가 같은 일을 할 때, 즉 내면의 연령주의자를 인정하고, 상대하고, 존중할 때, 우리는 개인적·사회적 변화의 문을 열게 된다.

내면의 연령주의자는 개인의 그림자 안에 있지만, 제도적 연령주의자는 집단과 문화의 그림자 안에 숨어 있다. 우리 대부분은 다른 형태의 차별과 그로 인한 해로운 결과를 인식하게 되었음에도 불구하고 나이를 이유로 모든 곳에서 벌어지는 고정 관념과 차별은 보지 못하고 있다. 그 결과, 우리는 이 사각지대를 보지 못한 채 관심과 가치와 서비스, 특히 우리의 힘을 결집하고 있다. 수백만 명의 사람들이 노년기에 접어드는 현재에 이르러서, 연령주의는 중대한 인권 문제이자 사회 정의 문제이다. 연령주의 이면의 음험한 힘을 뿌리 뽑기 위한 내면 작업과 사회적 운동(행동주의) 모두가 시급하다.

내면의 연령주의자를 만나다
내면에서 외면으로

내면의 연령주의자를 만나서 의식적인 관계를 구축한, 또는 '연애'한 내 이야기는 심원, 또는 신성한 자기 지식(self-knowledge)을 향한 관문을 열어주는 그림자 인식의 모델이 될 수 있다. 이 경험은 노년기에 나의 방향을 완전히 바꾸었다. 그리고 내면 작업이 어떻게 공익에 도움이 될 수 있는지를 보여주는 예이다.

　1960년대에 어린 시절을 보낸 나는 서른이 넘은 사람은 절대로 믿지 말아야 한다는 속설을 신봉했다. 그건 곧 마흔을 넘긴 사람을 대상으로 하게 됐고, 이후엔 쉰을 넘긴 사람… 오, 이런. 나이가 들며 나도 '그들' 중 한 명, 즉 내가 거부하던 노인 집단의 일원이 되어가고 있다는 것을 깨닫기 시작했다.

나는 '여성 노인'을 그림자로 추방했고, 그렇게 나의 미래의 모습을 거부하고 부정했다. 그러나 나는 오랫동안 이 사실을 인지하지 못했다. 사실, 나는 밥 딜런이 1973년에 자신의 어린 아들에게 불러 준 자장가의 가사를 계속해서 나에게 불러 주고 있었다. "너의 청춘이 영원하길."[•] 그 노래는 아름답게 축복하는 노래이지만, 지금 생각해보면, 마치 기도처럼 가사에 내포된 미묘한 연령주의적인 메시지가 그 노래를 듣는 사람들에게 어떻게 영향을 미쳤을지 궁금하다.

그러다 몇 년 전, 신성한 전령이 나타났다. 식당에서 내 옆에 앉은 노쇠한 할머니의 모습으로. 나는 그녀의 낡은 옷과 지저분한 손을 보았다. 그녀는 무료 샘플을 주문했고 나는 불편한 감정을 느끼는 내 자신을 인지했다. 아니, 솔직히 말하자면 역겨웠다. 내 마음속에서는 이런 대화가 이루어졌다. '내가 제일 좋아하는 비건 식당에 저 여자가 있어서는 안 돼. 주름살에 봄은 쇠약하고, 가난하고, 남의 도움을 받아야 한다니. 너무 처량해. 나는 절대로 저렇게 안 될 거야.' 속 깊은 곳이 답답하고 토할 것 같았다. 불편했고 두려웠다.

나는 스스로 부정하고 거부하던 무의식의 그림자 캐릭터, 즉 젊음의 활력을 상실하고, 취약하고, 남에게 의존해야 하는, 외롭고 가난한 존재를 그녀에게 투사하는 나 자신과 만나고 있

• May you stay forever young. 밥 딜런의 1974년 노래 〈Forever Young〉의 가사.

었다. 내가 '늙을' 때까지 오래 산다면 어떤 모습일지 암울한 미래의 상상도를 그녀에게 투사하고 있었고, 내가 본 모습과 느끼는 감정이 정말 싫었다.

나는 이 새로운 인식에 충격을 받았다. 특히나 나는 다른 '주의'들(인종 차별주의, 성차별주의, 계급주의, 성소수자 혐오 같은 것들)에 맞서 일하고 노력해왔기 때문이다. 그리고 나는 특정한 정체성 집단을 배척하는 문화적 메시지, 미디어 마케팅, 편견의 영향을 극명하게 인식하며 살아왔다. 그러나 눈에 보이지 않는 은밀한 연령주의가 내 무의식의 그림자 깊숙한 곳에서, 노년기까지 계속 있었다. 나는 첫 번째 내면의 장애물에 갇혔다. 바로 청춘과 동일시하고 나이를 부정하는 것이다.

내가 수십 년간 내면 작업을 한 뒤, 마침내 이 그림자 캐릭터를 찾을 수 있었고, 이 캐릭터에 '가방을 멘 여자'라는 이름을 붙였다. 그러니까 나는 '가방을 멘 여자'라는 의인화된 모습을 통해 내 안의 연령주의자의 보편적 원형을 인식하게 되었다. 그녀는 모든 것을 잃고, 스스로 돌볼 수 없으며, 길거리에 버려지게 된다는 두려움을 의인화한 것이다.

나는 내 그림자를 사랑하기 위해 앞 장에서 설명한 것과 같은 단계를 밟았다.

첫째, 내 마음속의 대화를 들었다. '나는 절대 저렇게 안 될 거야.' 이 문장에서 내가 우리-그들(us-them)의 이분법을 통해 거리를 두려 하는 것을 눈치챌 수 있었다.

그다음 나는 혐오감과 공포심을 느꼈다. 여기에서 나는

투사 때문에 정서적인 과민 반응을 보이고 있다는 것을 눈치챘다.

그런 후 내 신체 감각을 관찰했다. 명치에서 메스꺼운 느낌이 들었고 어깨가 뻐근했다.

그림자 인물의 내면의 목소리, 감정, 감각을 인식한 후에 형태가 생겼다.

그런 다음, 나는 그 여성(가방을 멘 여자)에 투사한 내 모습을 보았다.

우리는 종종 다른 사람에게 무의식적으로 투사된 그림자를 만나고 자신의 모습에서 부정하던 모습들을 남 탓으로 돌린다. 그래서 우리가 자신의 공격성, 게으름, 또는 성욕을 부정한다면, 다른 사람에게서 간접적으로 이런 면을 발견하고 과장된 반응을 보일 수 있다. 그 남자는 뻔뻔한 개자식이야, 그 여자는 게으른 집순이야, 그 사람은 완전 섹스 중독자야. 자신에게서 그런 모습을 없애고 내면에서 보이지 않도록 우리는 투사의 화살을 다른 사람에게 쏘고, 무의식적으로 그 사람을 탓한다.

연령주의로 우리는 '나이듦'에 대한 부정적인 환상(못생기고, 쇠약하고, 살기 어렵고, 노망 난)을 투사하며, 이로 인해 탐욕스러운 노인, 성가신 늙은이, 뒷방 늙은이, 명예퇴직자와 같은 고정관념이 만들어진다. 수백만 명이 자기 자신의 두려움의 대상을 노인들에게 투영할 때, 노인들은 젊어 보이려고 노력한다. 따라서 안티에이징 마케팅, 광고, 수술, 호르몬 대체요법이 전염병처럼 확산하고 있다. 또한 청년과 노인, 그리고 그 사이에 있는 모든 사람을 포함한 우리 사회 전체가 노인의 가치와 평생의 기술과 지혜를 낮게 평가하는 고정 관념을 믿으며 집단으로 내면의 연령주의자가 뿌리를 내린다.

그때는 몰랐지만, '가방을 멘 여자'라는 그림자 캐릭터는 우리 문화에 만연한 여성 내면의 연령주의적 이미지이다. 2016년에 알리안츠 생명 보험 회사가 시행한 설문에서, 소득 수준에 상관없이 돈을 잃거나 집을 잃는 것이 무섭다고 응답한 여성 응답자는 전체의 절반에 가까웠다. 이러한 두려움은 싱글 이혼 여성일 때 가장 높았지만, 고소득층 여성도 그 수치가 크게 다르지 않았다. 그러니까 나만 이 그림자 캐릭터를 끌고 다니는 게 아니었다.

끝으로 그림자 캐릭터의 근원을 찾아 개인사를 거슬러 올라가 보니 존엄성, 생명력, 창의력을 갖고 나이든 노인을 한 번도 본 적이 없었던 어린 시절까지 이르렀다. 잔인한 성품에 남을 잘 조종하는 할머니를 불편해하던 내 어머니의 모습이 기억난다. 우리가 찾아갔을 때 할머니가 엄마를, 그리고 내 여동생과 나를 보던 부정적인 시선에 우리는 절대로 할머니를 기쁘게 할 수 없을 거라고 느꼈던 기억도. 지금 생각해보면, 할머니는 145cm의 키에 교육을 못 받은 이민자로서 권력을 이용해 열등감과 나약함으로부터 자신을 보호했고, 돈으로 남을 조종해 취약하거나 외롭다는 느낌을 막았다. 그러나 어린 시절의 나는 할머니 같은 사람이 되고 싶지 않다는 생각만 했다.

그리고 내 기억의 저편에서 아버지가 싫어하는 이웃을 가리키며 이디시어● 표현을 사용하시던 것을 떠올렸다. "그는 알테 케커(alte kaker)야." 이 표현은 '가망 없는 노인네' 정도로 번역할 수 있다. 그 기억을 떠올리고 보니, 내가 살아오며 노인에 대해 비판적이고 부정적인 용어를 여러 차례 들었던 것을 알게 되었다. 아버지의 그 말에 담긴, 상대방을 가르치는 듯한 어조와 업신여기는 태도를 나는 얼마나 깊숙이 내면화했던가?

내가 식당에서 그 여성을 본 날처럼, 이런 투사를 깨닫고 이전까지는 무의식적으로 받아들이던 내면의 그림자 캐릭터와 의식적으로 관계를 형성하기 시작할 때 우리는 그림자와 연애하게 된다. 내면으로 관심을 돌려 일상의 순간에 숨겨진 메시지를 읽고 깊이와 자기 이해를 얻는다.

그림자를 만나고 비난의 화살을 바깥으로 돌려 그것을 부정할 때 우리는 현실이 아닌 투사된 이미지 속에 살게 된다. 그림자를 다시금 무의식의 어두운 동굴 속으로 추방하는 것이다. 그러나 우리가 그림자를 만나서 그 캐릭터를 받아들이면, 그림자는 힘을 잃게 된다.

매일 순수한 인식을 훈련하면서 나는 가방을 멘 여자가 내 인식을 뚫고 들어와 공포감, 혐오감, 나약함 같은 감정을 불러일으킨 순간을 관찰하는 법을 배웠다. 그러한 부정에 굴복하고 싶지 않았기 때문에 거북함을 견디며 호기심을 가지고 생각들

● 중·남부 독일어에 히브리어, 슬라브어 등이 섞인 언어. 유럽 내륙 지방과 그곳에서 미국으로 이주한 유대인들이 쓴다.

을 관찰했다.

그뿐만 아니라 외부로 관심을 돌리는 법도 배웠다. 수치심과 무력감 속에 투명 인간처럼 살아가는 우리 동네의 노숙자들에게로. 나도 모르게 연령주의의 기류에 굴복하고 있었다는 사실을 깨달았을 때 내 자신이 너무나 부끄러웠다. 이러한 부끄러움은 내가 사는 도시의 길모퉁이에 넝마를 뒤집어쓰고 웅크리고 있는 현실의 가방 멘 여자들에게 연민을 느끼게 했다. 내면의 연령주의자에게 마음의 문을 열자, 그들을 향한 문도 열렸다.

한 동료는 이것을 '스테레오 효과'라고 불렀다. 우리를 둘러싼 내면과 외부의 가방 멘 여성들, 즉 상징적인 인물과 실제 인물이 늙고, 가난하고, 사람들에게 잊혀질 거라는 공포심을 높인다. 남성이든 여성이든 무의식적으로 내면의 연령주의자에 동조한 결과는 끔찍하다. 인식의 경계 아래 도사린 가정과 사랑, 가족, 존엄성의 상실이라는 무시무시한 운명을 경고하는 것이다.

물론 이것은 여성뿐 아니라 남성에게도 적용된다. 80세의 남성인 친구는 은퇴를 강요당했을 때, 노숙자가 되는 것이 두려워 쉼터를 찾아 수도원에 들어갈까 했다고 털어놓았다. (그리고 실제로 그는 자신이 벌어 둔 돈보다 오래 살았고, 돈벌이를 위해 지금은 우버 기사로 일한다.) 70세의 한 남성 고객은 그의 그림자 인물이 '진취적인' 자아의 이상향과는 반대로 '일을 처리하지 못하는' 게으르고 무능한 인물이라고 말했다.

이렇게 우리가 젊을 때 가지고 있는, 무의식중에 감춰진 인물은 때로 안전을 위해 위험을 회피하거나, 예술보다는 사업을, 또는 음악보다는 교육을, 배우자를 선택하도록 우리를 조종한다. 한 친구의 표현에 따르면, "가방 멘 여성은 우리를 노예처럼 부리며 괴롭히고 조롱한다."

그녀는 우리가 노인 세대 전체를 거부하게 만든다. 그 결과로 우리에게서 소중한 우정과 충고와 조언을, 노인에게서 사랑과 기술과 지혜를 전파할 기회를 앗아간다. 뿐만 아니라, 내면의 연령주의자에게 순종하는 것은 자신의 미래를 거부하고 수치, 공포, 실망이 가득한 노년의 삶에 가까워지는 것이다.

나는 서서히 조심스럽게 가방 멘 여성을 꾀어내 그림자 밖으로 나오게 했고, 그녀의 메시지에 귀 기울였다. 노인에게 다르게 반응하며 노화에 대한 두려움과 공포를 해결하는 법을 배웠다. 이제 내 안의 연령주의자가 발현되거나, 여성 노숙인이 손을 내밀 때 나는 마음을 연다. 내 시선은 피하지 않고 그녀를 향한다.

베아트리체 우드와 나는 모두 편견과 고정 관념에 사로잡혀 무의식적으로 타인에게 투사하는 내면의 그림자 캐릭터와 불편한 만남을 가졌다. 조금씩 70세를 향해 다가갈수록 나는 밖으로 향한, 노인을 향한 화살이 나도 모르는 새 내면을 향하고 있는 것은 아닌지 궁금해졌다. 우리는 이러한 역학을 인지하지 못한 채 자신을 거부하고 심지어 싫어하며, 지금과 다른 모습을 갈망한다.

'있는 그대로'를 거부할 때 우리는 영혼의 발전을 막게 된다. 내면의 연령주의자를 발견한 것은 나에게 **원로**가 되기 위한 통과 의례의 첫 단계였다. 이 장애물을 극복하기 위해 나는 청춘을 자신과 동일시하는 그림자 캐릭터를 버려야 했다. 자기 존중과 감사함이 가득한 **원로**가 되어 새로운 인생의 단계로 나아가기 위해서는 "지금의 나는 누구인가?"를 자신에게 물으면서 미지의 세계로 걸어 들어가야 했다.

내면의 연령주의자가 불러온 극적인 결과

우리가 평생 동안 나이에 대해 (의식적·무의식적으로) '무엇'을 믿느냐에 따라 '어떻게' 나이 들지가 결정된다. 뇌·정신·신체의 연결성은 여기에서 무척 잘 드러난다. 연령주의적 투사의 대상으로 살아가는 것은 전 생애에 걸쳐 계속해서 일어나는 과정을 통해 우리의 자아상, 전반적인 건강, 뇌 건강, 행동에 영향을 미친다. 이것을 흡수해서 내면의 연령주의자를 키우면, 차별의 대상은 우리 자신이 된다.

다시 말해, 어떻게 나이 드는가는 생리학적으로만 결정되는 것이 아니다. 개인적이고 주관적인 경험인 건강의 결과는 생물학 못지않게 믿음과 가치와도 연결되어 있다. 우리가 연령주의자의 메시지를 내면화하면서 나이 들 때, 쓸모없고, 가치 없고, 매력 없고, 젊음과 비교해 열등하다고 생각할 때, 노화는 쇠퇴와 치매, 고통과 죽음을 의미할 뿐이라고 믿을 때, 우리는 자신이 믿는 대로 행동하게 된다. 젊음을 유지하려 애쓰고, 오래되어 닳고 닳은 습관과 역할도 내려놓지 않으며 현실을 부정하려고 고집을 피운다. 자기 자신을 돌보길 등한시하며, 의미와 목적을 잃고 점점 우울해지며 고갈된다. 그리고 건강이 나빠져 불가피한 문제로부터 회복할 힘을 잃는다.

반면에 부정적인 메시지를 거부하고, 내면의 연령주의자라는 그림자와 의식적인 관계를 형성할 때, 우리는 노년기를 다르게 보낼 수 있다. 이 시기는 역할에서 영혼으로 옮겨가는 전환기로서 정서적·영적 성장을 지속하고, 지혜를 기르며, 미래 세대에 기여하기 위한 성인 발달의 중요한 단계이다.

이 과정을 거친 뒤에 우리는 더욱 손쉽게 노화를 받아들이고, 자신을 한층 깊이 수용하며, 그에 따라 우리의 삶을 바꿀 수 있게 된다. 이렇게 우리는 타인에게 나이듦의 좋은 모범이 된다.

예일대 보건대학원의 심리학자 베카 레비는 연구를 통해 나이에 대한 우리의 믿음과 이런 믿음이 건강에 미치는 결과 사이의 연관성을 입증했다. 그녀의 '암묵적 연령주의'에 대한 연구는 노인에 대한 긍정적이고 부정적인 생각(그녀는 이것을 '나이 고정 관념'이라 불렀다)이 어떻게 그들의 정신적, 신체적 건강에 지대한 영향을 미치는지를 연구했다. 연령주의를 다룬 연구들을 검토한 「정신의 중요성: 노화하는 자아 고정 관념이 인지와 신체에 미치는 영향(*Mind Matters: Cognitive and Physical Effects of Aging Self-Stereotypes*)」에서 레비는 나이에 대한 고정 관념들은 아동기와 청년기에 내재화되고 수년에 걸쳐 자아상으로 이어져 구체화된다고 밝혔다.

그녀가 인용한 한 연구에서, 미취학 아동부터 6학년까지의 어린이에게 인생의 네 단계에 있는 한 남성의 그림을 보여주었을 때 노인은 "무력하고 스스로 자신을 돌볼 수 없으며, 전반적으로 수동적"이라고 생각한다는 것이 드러났다. 노인이 되는 것에 대해 어떻게 느끼냐는 질문을 받은 아이들의 60%는 부정적으로 응답했다.

레비는 이처럼 아동기의 고정 관념은 연령주의적인 메시지에 반복적으로 노출되어 강화된다고 밝혔다. 그녀는 또 다른 연구에서 대학생들이 무의식중에 '늙은'이라는 단어에 노출되었을 때 '젊은'이라는 단어와 비교해 더 빠르게 부정적인 특징과 연관시켰다는 결과를 인용했다. "이 단계의 요소들은 뇌리에 깊이 박혀서, 예컨대 50주년 동문회에서도 암묵적 연령주의는 계속해서 작용할 가능성이 높다." 다시 말해, 결국에는 우리가 노인이 되면, 이러한 나이의 고정 관념들은 레비가 말하는 '자기-고정 관념'이 되거나, 내가 말하는 내면의 연령주의자가 된다.

레비는 계속해서 고령 노인을 대상으로 '자기-고정 관념'의 영향을 조사했다.

- **기억력:** 레비는 화면에 의식되지 않을 만큼 빠른 속도로 단어들을 띄워 피험자에게 무의식적으로 주입하

는 기법을 개발했다. 나이의 부정적인 고정 관념('노망난')에 노출된 노인 피험자들은 긍정적인 고정 관념('현명한')에 노출된 노인 피험자들보다 기억력 테스트에서 나쁜 결과를 보였다. 이 결과는 이러한 고정 관념이 의식적 인식의 외부에서조차도 인지 능력에 영향을 미친다는 사실을 보여준다.

- **생존 의지:** 앞과 동일한 과정을 거친 뒤 가상의 치명적 의료 상황에 피험자를 노출시켰을 때, 부정적 고정 관념에 노출된 노인보다 긍정적 고정 관념에 노출된 노인이 생명을 연장하는 의료적 개입에 더 수용적이었다.

- **심장 건강:** 부정적 고정 관념에 노출된 노인 피험자는 그 영향을 인지하지 못했으나, 더 높은 심장 반응도를 보이며 심리적 스트레스를 받고 있음을 나타냈다.

- **생존율:** 데이터를 검토한 결과, 23년 전 노화를 긍정적으로 생각하던 사람이 그보다 덜 긍정적으로 생각하던 사람들과 비교해 수명이 7년 반 더 연장된 것을 발견했다. 이 수치는 저혈압, 낮은 콜레스테롤, 건강한 체중, 규칙적인 운동으로 인한 수명 연장보다 더 높은 결과였다!

- **뇌 건강:** 레비는 1996년 학술지 『성격과 사회심리학(*Journal of Personality and Social Psychology*)』에 의식적으로 인식하지 못하는 나이에 대한 긍정적인 자기-

고정 관념을 활성화해 기억력을 향상시킬 수 있다고 보고했다. 또한 그녀는 2016년 학술지 『심리와 노화(Psychology and Aging)』에서 부정적인 자기-고정 관념의 잠재의식적 활성화를 통해 알츠하이머 질환의 생체 지표*를 예측했다고 보고했다.

이처럼 놀라운 레비의 연구 결과는 의식적 인식 이면의 그림자 속에서 작용하는 연령주의가 청년 중심의 연령주의 문화를 경험하는 과정에서 우리의 신체와 정신에 영향을 미친다는 것을 확인시켜 주었다. 「노화에 대한 긍정적 자기 인식으로 연장된 수명(Longevity Increased by Positive Self-Perceptions of Aging)」 이라는 제목의 또 다른 논문에서, 레비와 연구자들은 노화에 대한 보다 긍정적인 내면의 자아상은 시간이 흐르면서 뇌·정신·신체 건강이 더 좋아질 것을 예보한다고 주장했다. 이것을 나의 방식으로 표현해보자면, 연령주의자의 고정 관념은 어릴 때 그림자 캐릭터로 내재화되고, 자아상이 된다는 것이다. 이후에 이들은 여러 경로를 통해 의식적·무의식적으로 촉발되며 우리에게 해롭거나 이로운 영향을 끼친다.
　이러한 복잡성을 생각해보면, 부정적인 생각과 이미지를 단순히 긍정적인 생각으로 바꾸는 것만으로는 내면의 연령주

----

* Biomarker. 단백질, DNA, RNA, 대사물질 등을 이용해 몸 안의 변화를 알아낼 수 있는 지표.

의에 맞설 수 없다. 우리의 인식 밖에 있는 그림자의 생각과 이미지는 쉽게 손에 잡을 수도 없으며, 전염성이 있고, 우리 사회에 깊숙이 뿌리박혀 있다. 따라서 우리는 순수한 인식, 그림자 인식, 사회적 행동을 함께 배양해야 한다.

집단적 연령주의의 그림자를 만나다
외면에서 내면으로

나는 내 내면의 연령주의자의 뿌리를 찾기 위해 젊음을 숭배하고 노인의 가치를 폄하하며, 다른 세대로부터 우리를 고립시키는 집단 문화적 그림자를 추적했다. 문화적 그림자는 가족과 개인의 그림자가 발달하는 더욱 큰 틀이다. 이는 국가적인 언론, 소셜 미디어, 노래 가사, 정치적 대화, 종교 교리, 교육을 통해 무엇이 수용되고 금기시되는지를 대규모로 결정하는 데 도움을 준다.

오늘날 세계는 집단적 그림자의 무대가 되어, 하루에도 몇 번씩 인간 본성의 어두운 면을 보게 된다. 최근 몇 년간 전 세계적으로 인종 차별, 성차별, 성 소수자 혐오, 장애인 차별, 종교적 불관용과 기타 문화적 그림자의 발현이 이뤄졌고, 때로는 폭력적으로 나타났다. 이것들은 마치 대뇌변연계(limbic brain)에 잠들어 있는 원시적인 야수처럼, 법적으로 규제받지만 진정 해결되지 못하고 많은 이들의 그림자 아래 잠복해 있는 것만 같다.

베카 레비의 연구가 보여주듯이 무의식적 자극도 우리의 생각과 행동에 큰 영향을 끼치며, 우리가 속한 문화, 특히나 언론에 의해 자신도 모르게 끊임없이 노출되고 있다. 아치 벙커가 에디스를 무시하고 가르치려 드는 모습*과 골든 걸스의 어리석고 바보 같은 농담**을 보면서 어린 내가 어떤 기분이 들었는지 기억난다. 이제는 나이 든 여성에 대한 경멸에 동조하도록 내게 (그러한 이미지들이) 주입되었다는 것을 안다. 미디어가 내 안의 연령주의자를 키운 것이다.

2017년 보고서 「60세가 넘는 노인, 무시당하다(*Over Sixty, Underestimated*)」에서 서던캘리포니아대 신문방송학부(USC Annenberg School for Communications and Journalism)의 S. 스미스, M. 쇼티, K. 피퍼 박사는 2014~2016년의 아카데미 작품상에 후보지명 된 25편의 영화 속에 등장한 노인이 어떻게 묘사되었는지 연구했다. 그러자 흥미로운 연구 결과가 나왔다.

- 대사가 있는 캐릭터 중 60세 이상은 불과 11.8%에 불과했다. 그중 77%는 남성이었다.
- 주인공을 포함한 전체 출연진 중 단 한 명만 60세가 넘었다. 영화 〈버드맨(*Birdman*)〉과 〈스포트라이트

- 1970년대 미국 드라마 시리즈 〈All in the Family〉에 등장하는 노부부 아치 벙커(Archie Bunker)와 에디스 벙커(Edith Bunker)를 말한다.
- 1985~1992년까지 방영한 미국의 시트콤 시리즈 〈The Golden Girls〉는 은퇴한 6~80대 할머니 셋이 주연으로 나온다.

⟨*Spotlight*⟩⟩에 출연한 마이클 키튼이었다.

연구 결과가 보여주듯이, 미국 내 60세 이상 영화 관람객이 14%나 됨에도 불구하고 스크린 속에서 그들은 소외되었다. 노인 캐릭터가 등장한다 해도, 연령주의의 조롱거리가 되었다. 노인 캐릭터가 주역으로 등장하는 영화 중 35%는 그들을 나이로 모욕하거나 무시하는 대사가 들어가 있었다.

같은 해 스미스와 동료 연구원들은 「작은 화면의 노인들 (*Seniors on the Small Screen*)」이라는 제목의 보완 보고서를 발표했다. 연구는 18세에서 49세 사이의 사람들이 가장 좋아하는 프로그램과 65세 이상의 사람들이 가장 좋아하는 프로그램 등 두 집단의 TV 시리즈를 대상으로 했다. 그 결과, 대사가 있는 캐릭터 중 노인은 10%가 채 되지 않았다. 두 집단 모두 젊은 캐릭터가 비하적인 언어를 사용하거나 노인 캐릭터가 자신을 비하하는 언어를 사용하며 연령주의를 조장했다. 2018년 동일한 연구자들의 후속 연구 「여전히 드물고, 여전히 조롱받다(*Still Rare, Still Ridiculed*)」에서도 영화 속 60세 이상의 캐릭터는 여전히 드물게 등장하며 조롱의 대상이 되는 것으로 나타났다.

1년 뒤인 2019년, 최고 감독상과 각본상 후보에 오른 이들은 모두 50세 이상이었다. 그리고 주연과 조연상 후보로 지명된 10명의 배우 중 4명이 60세 이상이었다. 이것이 예외적인 경우인지 아니면 전반적인 흐름인지는 두고 볼 일이다.

2013년 미국의 광고에 대한 논문에서는 텔레비전 광고 속

고정 관념적으로 그려진 노인들의 모습을 연구했다. 노인이 등장한 광고 중 97%는 그들을 '황금기 노인(golden agers)'이나 '완벽한 조부모'와 같이 긍정적인 고정 관념으로 묘사했으며, 남성이 여성보다 더 긍정적으로 묘사된 것으로 나타났다. 이런 광고의 대부분은 나이와 나쁜 건강을 연결 짓는 건강 관련 제품 광고였다. (상세내용은 E. 램과 J.젠트리 「미국 광고에서 노화의 부정」을 참조하자)

AARP의 연구에 따르면 연령 차별은 목적의식, 건강, 사랑하는 이의 죽음, 사회적 활동과 함께 삶에 대한 노인의 만족도에 큰 영향을 미치는 것으로 나타났다. 여성은 특히나 외모와 관련해 남성보다 연령 차별의 부정적인 영향을 더 크게 느꼈다. 백발의 CEO와 백발의 할머니는 다른 고정 관념을 초래한다. 따라서 여성은 실제 나이보다 더 젊어 보이려고 노력하기 시작했다.

직장에서의 연령주의(고용, 승진, 교육 거부 또는 나이로 인한 괴롭힘이나 해고)를 법으로 금지한 지는 50년이 넘어간다. 그러나 2016년 한 해만 하더라도, 미국 평등고용기회위원회(Equal Employment Opportunity Commission; EEOC)에 접수된 신고가 20,857건에 달한다. 노인은 비생산적이라는 고정 관념이 뿌리 깊은 우리 문화에서, 채용 권한을 가진 사람들은 자기 내면의 연령주의자로 인해 노년층의 채용을 꺼릴 수 있다.

사라 커만과 콜레트 세이어가 발표한 2017년 AARP 연구에 따르면, 50세에서 64세 사이의 노인 중 38%는 새로운 일자리에 지원할 가능성이 매우 큰 것으로 나타났다. 그러나 대부분은 그들의 나이가 불리하게 작용할 것으로 생각했다. 가장 중요한 사실은 응답자들이 일자리 차별이 삶의 만족도에 부정적인 영향을 끼친다고 생각한다는 것이다. 흥미롭게도 이들의 삶의 만족도에 기억력에 대한 편잔, 부탁하지 않은 도움 제안, 인내심 부족 같은 차별의 다른 표현 방식은 부정적인 영향을 끼치지 않았다.

그러나 나이에 대한 편견은 여전했다. 2017년 11월 AARP 게시판에 올라온 케네스 터렐의 보고서가 인용한 한 연구에서 연구자들은 온라인에 게시된 13,000개의 구인공고에 40,000장 이상의 이력서를 보냈다. 그들은 각 공고에 비슷한 능력을 가진 청년·중년·노인 지원자로 가장해 세 개의 이력서를 보냈다. 그 결과 노인 지원자가 가장 연락을 적게 받았다.

'노화의 미래를 위한 밀컨 연구센터(Milken Institute Center for the Future of Aging)'가 주최한 2017년 회담에서 HR 컨설팅 기업 머서(Mercer)의 시니어 파트너 퍼트리샤 밀리건은 50세가 넘는 직원에 대해 기업이 극복해야 할 세 가지 무의식적 편견을 말했다. 첫째, 나이 든 직원은 젊은 직원보다 생산성이 떨어진다. 둘째, 나이 든 직원은 배울 수 없다. 셋째, 나이 든 직원은 비용이 많이 든다. 그녀는 나이 든 직원이 여러 면에서 높은 성과를 낼 수 있고, 이직률을 낮추며, 안정성을 높인다는 점을 주목했다. (상세내용은 R. 아이젠버그의 "왜 기업은 노화의 미래를 더 준비하지 않는가?"를 참조하자[●])

━━━

●   Why Isn't Business Preparing More for the Future of Aging? 2017년 5월 9일 Next Avenue 웹사이트 게재.

스탠포드대 장수연구센터 창립 멤버인 로라 카스텐슨도 이에 동의했다. 2017년 이코노미스트지 특별 보고서 「장수의 경제학(*The Economics of Longevity*)」에서 그녀는 나이 든 직원이 젊은 직원보다 신체적으로 기능이 떨어지거나, 창의력이 부족하거나, 생산성이 낮은 것이 아니라고 주장했다. "50년 전에는 사실이었을지 모르지만, 이제 노동자들이 신체적으로 일할 수 없게 되는 연령대는 훨씬 더 높아졌다."

이례적으로 젊은 층이 대다수인 테크 업계의 채용 담당자들은 보통 기업 문화에 잘 적응할 수 있는 디지털 네이티브를 찾는다. 이 분야의 직원 중 거의 절반 정도가 밀레니엄 세대이다. 페이스북 전체 직원의 평균 나이는 28세이며, 구글은 30세, 아마존은 31세이다. 이것이 반드시 연령주의를 입증하지는 않지만, 노년층이 취업하기 힘든 현실임은 분명하다.

불평등한 힘의 역학관계는 나이와 성이 교차할 때 뚜렷한 양상을 보인다. 일자리를 잃고 자존감을 상실한 남성과 마찬가지로 오늘날 여성은 만연한 성차별에 더해서 나이에 따른 고용 차별로 정체성, 영향력, 존엄성을 상실할 위험이 있다. '나이'와 '여성'의 교집합은 위험한 영역이 된 것이다.

교육 분야에서, 제시카 테렐이 작성한 "교사들에게 매력적인 조기퇴직"이라는 제목의 기사에 따르면 '늙어' 보이는 경

● Make Early Retirement Enticing to Teachers, 2016년 District Administration 게재.

력 많은 교사는 조기 퇴직 장려금을 제안받거나 승진과 정년 보장을 거부당하는 경우가 흔하다고 보도했다.[●]

　동성애자 공동체에서는 '내면화된 동성애 연령주의', 즉 동성애자로서 나이를 먹었다는 이유로 자신을 폄하하거나 평가 절하하는 느낌을 받는다는 연구 결과가 발표되기 시작했다. LA 캘리포니아 주립대 필딩공공보건대학원(UCLA Fielding School of Public Health)의 리차드 G. 와이트와 그의 팀은 사회적 스트레스 요인으로서의 연령주의와 사회적 낙인으로서의 성 소수자 혐오, 그로 인한 동성애 노인의 건강 상태의 교차점을 연구했다. 내면화된 연령주의와 성 소수자 혐오로 인해 노인 동성애자는 기존에는 연구된 적이 없는 독특한 스트레스 원인에 노출될 수 있다. 이는 나이와 관련된 문제를 악화시키며 우울증과 같은 정신 건강 문제를 겪을 위험성을 키운다. 연구는 다음과 같은 결론을 내렸다. "우리는 중년 이상의 동성애자 남성에게 내면화된 연령주의와 성 소수자 혐오의 특수한 교집합이, 내면화된 동성애 연령주의를 발생시킨다는 가설을 세웠다."

　『노화하는 퀴어(Queer Aging)』의 저자 헤수스 라미레즈 발레스는 동성애자와 노인의 교차점과 관련해 수백 명의 동성애자 베이비붐 세대를 인터뷰했다. 그는 많은 이들이 자신의 성취에 대한 자부심과 동시에 남들이 에이즈에 걸렸을 때 자신은 살아남았다는 죄책감, 게이 문화에서 젊음을 지나치게 강조하는 것에 대한 슬픔을 느낀다는 사실을 발견했다. 그는 동성애

커뮤니티에 널리 퍼져있는 내면화된 동성애 연령주의가 이들을 우울증의 위험에 빠뜨린다고 결론지었다.

의학 분야의 연령 차별적인 오해는 노년층 환자의 진단과 치료에 영향을 미칠 수 있다. '노년 프로파일링'을 하는 일부 의료 서비스 제공자는 병리를 노화에 따른 불가피한 특징으로 치부하거나 약물 부작용과 같은 증상을 질병으로 취급할 수 있다. 두 경우 모두 환자를 위한 치료 방안이 편견에 가려진다.

미국과 유럽에서 고령 환자는 젊은 환자보다 생명을 구할 수 있는 특정 치료를 받을 가능성이 적다. 예를 들어, 2015년 베스 카스틸이 『미국심장학저널(*American College of Cardiology Journal*)』에 보고한 연구는 가벼운 심장 마비를 겪었지만 젊은 환자에게 제공되는 치료를 받지 못한 고령 환자를 다뤘다. "임상 시험에 참여할 기회가 적은 80세 이상 환자는 지침에 따른 치료를 받을 가능성이 적습니다."라고 심장 전문의 니콜라이 테즌이 말했다. "하지만 이러한 환자들에겐 더 침습적인 치료 전략을 사용하는 것이 더 좋은 결과를 가져옵니다."

대부분의 사람들이 50세 이전에 사망하던 1900년에는 이러한 유형의 차별이 타당했을 수 있다. 하지만 평균 수명이 80세에 육박하는 새로운 장수 시대에는 더 이상 유효하지 않다.

역설적으로 심지어 노화의 생물학적, 문화적, 심리적 측면을 연구하는 학문인 노인학조차도 주관성, 즉 노년기의 개인적인 인생 경험을 무시하는 이념을 고수한다. AARP의 전 부협회장이자 엘더호스텔(현 로드 스칼라)의 전 의장이며, 다작가인 해리 R. 무디는 노화에 관한 전문 학회(예를 들어, 미국노년학회나 미국노화협회 같은 단체가 주최하는)에서 나이 많은 연사들이 자신의 경험담을 이야기하는 것을 보지 못했다고 나에게 말했다. "마치 전미흑인지위향상협회(NAACP)나 전미여성기구(NOW)에서 모든 연사가 백인이거나 남성인 행사를 개최하는 것과 같죠. 노인학을 지지하는 사람들조차도 학문적 담론을 재생산하며, 나이에 대한 주관적 경험은 무시합니다. 당신이라면 주관성이 바로 학술계의 그림자라고 말할 수도 있겠어요."

최근 전미과학공학의학한림원(National Academies of Sciences, Engineering, and Medicine)에서 진행된 고령화, 장애 및 자립에 관한 포럼에서 캐시 그린리는 노인의 목소리 실종을 주제로 연설했다. 미국 보건복지부의 전 고령화 담당 차관보였던 그녀는 노인에 의한, 노인을 위한 새로운 옹호 물결이 일어나야 한다고 촉구했다. "더 많은 노인이 공개적으로 자신과 자신의 삶에 관해 이야기해야 합니다. 모두가 노화와의 각개전투를 벌이면서 어떻게 나이가 드느냐가 (집단의 책임이 아니라) 개인의 책임이라는 생각을 강화하고 있습니다." (자세한 사항은 J. 그레이엄의 "노화의 긍정적인 면을 발전시키는 법 배우기"를 참조하자[●])

한편, 노인의 복잡한 문제를 돌보는 데 특화된 노인의학 분야의 전문가 수는 늘어가는 수요에도 불구하고 감소하고 있

● Learning to Advance the Positives of Aging, 2017년 11월 KFF Health News 웹사이트게재.

다. 현재 미국의 노인의학 전문의는 7,500명밖에 없다. 반면에 노화를 치료 가능한 질병이라고 홍보하는 미국 항노화약학회 (American Academy of Anti-Aging Medicine; A4M) 소속 전문의 회원들은 수만 명에 이른다. 집단적 연령주의는 어디에나 있으며, 심지어 노인병학회 내에도 존재한다.

연령주의 반대 활동가
애슈턴 애플화이트와의 인터뷰

『연령주의 반대 선언(*This Chair Rocks: A Manifesto Against Ageism*)』의 저자 애플화이트는 이 분야의 적극적인 활동가이기도 하다. 그녀는 유머와 스토리텔링이 담긴 저서와 TED 강연을 통해 반차별 및 건강 관리 프로그램으로서 연령 차별 반대 캠페인의 필요성을 주장한다.

애슈턴은 60세 이상 다양한 부류의 사람들이 참여하는 여러 운동을 일으키기 위해 애쓰고 있다. 왜냐하면 우리 사회의 다양한 문제들(성차별, 인종 차별, 장애인 차별, 연령 차별 등)을 모두 하나의 투쟁으로 보기 때문이다. 그녀가 설립한 무료 온라인 정보 센터 '올드 스쿨(Old School)'은 학교와 기업을 위한 인식 개선 가이드, 교육 커리큘럼, 도서, 블로그, 팟캐스트 등의 리소스를 제공한다.

66세에 진행된 한 인터뷰에서 애슈턴은 80세가 넘어서도 계속 일하는 사람들에 대한 글을 쓰면서 현재 자신의 열정을 쏟게 된 이 주제에 다시 뛰어들게 되었다고 말했다. 글을 쓰기 위해 이 주제를 조사하면서 그녀는 노년에 대해 알고 있다고 생각했던 것이 모두 다 틀렸다는 사실을 깨달았다. "마치 그게 문제라는 듯한 프레임이 형성되어 있어요. 그래서 문제를 고치기 위해 뭔가 사야 한다고요. 틀렸어요! 노화는 어렵고 복잡하지만, 노화에 대한 우리의 두려움은 실제보다 많이 부풀려져 있어요. 우리의 태도가 현실과 부합한다면 우리는 더 오래, 더 건강하게 살 수 있어요."

과거에 그녀는 연령주의가 무엇이며 그로 인한 결과가 무엇인지 설명하는 강연을 요청받았다고 말했다. 그러나 이제는 연령주의에 맞서 어떻게 행동하고, 제도적 환경을 어떻게 개선할지에 대한 강연 문의가 온다. "이제 우리는 생각에서 행동으로 옮겨간 거죠. 정말 신나는 일이에요."

의대생들은 연령 차별적인 커리큘럼에 충격을 받았다고 그녀에게 말했다. 그래서 그녀는 강연의 내용을 구체화했다. 건축가들은 노인의 요구를 어떻게 건축에 반영할 수 있을지 문의했다. 그래서 그녀는 양로원과 요양원에 활기차고 개인화된 공동체를 만들고자 노력하는 단체인 '에덴 얼터너티브(Eden Alternative)'와 힘을 합쳐 노인을 위한 재택 간호 프로그램을 만들었다. 서던캘리포니아대학의 데이비스 노인학 대학원(USC Leonard Davis School of

Gerontology)처럼 노인 친화적인 대학들은 커리큘럼을 요청해 왔다. 모든 자료는 다른 사람들도 계속 사용할 수 있도록 올드 스쿨에 무료로 올라온다.

애슈턴이 말하는 '노화 산업 복합체'는 느리게 움직인다. "이 분야에 종사하는 전문가들 대부분은 인생의 마지막 단계에 있는 쇠약하고 노쇠한 사람들을 만나요. 이런 경험이 노화를 두렵게 하죠. 그래서 이들은 노화를 쇠퇴라고 믿게 돼요."

나는 그녀에게 전문가들의 내면에도 무의식적으로 연령 차별을 부정하는 연령주의자가 있다고 말했다. "맞아요!" 그녀가 거의 소리를 지르듯 대답했다. 그녀는 나이에 대한 무의식적인 믿음을 깨트릴 것을 촉구했다. "그게 첫 번째 단계예요. 우리가 자신의 편견을 보게 되면, 문화 속의 편견을 볼 수 있게 되고 문화를 바꾸는 전투사가 될 거예요. 처음엔 우리 자신이 (편견에) 가담한 것을 보고, 그 다음에는 우리 외부를 보게 되죠. 그러면 더는 지니를 병 속에 넣을 수가 없게 되는 거예요."

애슈턴은 우리가 문화로서의 노화에 대한 완전한 진실(긍정적인 이야기만이나, 쇠퇴하는 이야기만이 아닌)을 말하길 원한다. "'나이듦'을 모든 개별적인 뉘앙스로 볼 수 있는 현실적인 사람들은 나이가 들어갈수록 더 좋은 건강과 기회를 얻게 될 거예요."

연령주의 반대 운동이 진행 중이라는 몇 가지 신호가 있다. 2016년 세계보건기구(WHO)는 '연령주의에 반대하세요(Take a Stand Against Ageism)'라는 세계적인 캠페인을 펼치며 언론 보도문에 57개국의 83,000명 이상을 설문 조사한 결과를 발표했다. 응답자의 60%는 노인이 존중받지 못한다고 응답했다. 노인을 존중하는 수준이 가장 낮은 곳은 고소득국가인 것으로 드러났다.

고위 보건 자문 알라나 오피서는 2016년 세계보건기구 회보(WHO Bulletin)에 다음과 같은 글을 기고했다. "연령주의는 아주 만연하다. 하지만 암묵적이며 무의식적이라는 특징 때문에 성차별, 인종 차별을 비롯한 다른 형태의 차별과 달리 사회적으로 포용되고 있고, 보통 이에 대한 문제를 제기하지 않는다. 그러므로 연령주의를 없애려면 사회가 힘을 합쳐 세계적인 공동 대응을 해야 한다. 세계 인구가 빠르게 고령화되고 있는 현재의 인구학적 변화를 고려할 때, 우리는 개인과 사회에 긍정적인 영향을 미치기 위해 지금 행동해야 한다. 2016년 5월, 194개 회원국은 WHO 사무총장에게 다른 파트너들과 협력해 연령 차별에 맞서기 위한 글로벌 캠페인을 수립할 것을 촉구했다." 지금까지 196개 국가가 탄원서에 서명했다.

AARP도 '노화를 방해하고(disrupt aging)' 나이듦의 의미를 다시 생각하게 하는 캠페인을 펼치고 있다. 이들은 80세, 90세, 심지어 100세에도 자기만의 방식으로 잘 사는 사람들의 이야기를 통해 노인에 대한 잘못된 믿음과 고정 관념을 깨뜨리려고 노력하고 있다. 그들은 우리에게 연령주의적 생각을 점검하고, 다른 사람이 우리를 정의하도록 두지 말 것을 촉구한다.

2017년 여름, 패션 잡지 〈얼루어(Allure)〉는 업계 최초로 **'안티에이징'**이라는 용어를 더는 사용하지 않겠다고 발표하며 표지 모델로 70대 배우인 헬렌 미렌을 내세웠다.

기업 세계에서도 몇 가지 작은 조치가 단행되었다. IBM은 노인이 자신의 집에서 더 오래 살 수 있도록 기술이 어떻게 도울 수 있는지 연구하기 위해 오스틴 리서치 센터에 '고령화 환경'을 구축했다. 미슐랭(Michelin)은 프로젝트를 관리하고 멘토링을 촉진하기 위해 퇴직자를 재고용했다. 제록스(Xerox)는 인체공학적 교육 프로그램을 신설해 고령화되어가는 직원들의 근골격계 질환을 줄이는 노력을 하고 있으며, 시스코, 타겟, 유나이티드헬스 그룹은 역(逆) 멘토십 프로그램을 진행해 젊은 직원들이 나이 든 직원들에게 조언과 도움을 제공하고 있다.

한편, 글로벌 혁신 네트워크 조직 '노화 2.0(Ageing 2.0)'은 고령화 부문의 혁신을 우선시하기 위해 그랜드 챌린지 이니셔티브를 시작했다. 그리고 비영리 단체 '래디컬 에이지 무브먼트(Radical Age Movement)'는 모든 분야에서 연령 차별에 맞서는 세대 간 풀뿌리 커뮤니티를 구축하기 위해 노력하고 있다.

우리는 왜 다른 형태의 차별에 항의한 것과 같은 방식으로 연령주의에 항의하지 않는가? 오늘날 우리는 건강 문제와 재정 문제에 정신이 팔려 있고, 손자를 돌보는 일과 정보의 홍수 등으로 정신이 산만해져 있다. 그러나 연령 차별에 대해 우리가 느끼는 도덕적 분노는 어디에 있나? 이는 개인과 가족, 경제, 정치, 의료에 광범위하게 영향을 미치는 고통스럽고 제도적인 문제이다. 그런데 왜 이 문제는 인종 차별과 성차별만큼 우리에게 큰 충격을 주지 않을까?

나는 그것이 우리 대부분의 내면에 살고 있는 연령주의자가 우리의 활동을 방해하기 때문이라고 생각한다. 우리는 스스로 젊고 '나이가 들지 않았다고' 생각한다. 우리는 오래 살고 싶지만 동시에 젊음을 유지하길 원한다. 그리고 우리가 되어야 할 **원로**가 되길 원치 않는다. 노화를 부정하면 우리를 배척하는 연령주의적 정책과 암묵적으로 결탁하는 위치에 놓이게 된다. 만약 우리가 내면의 연령주의적 그림자를 발견하지 못하고, 거스를 수 없는 노화의 흐름을 받아들이고 따르지 못한다면, 노화가 우리와 모든 사람에게 주는 노화의 보물을 부정하게 될 것이다.

우리는 나이를 인정하고, 우리의 힘, 가치, 지위, 목소리, 아름다움을 되찾아야 한다. 볼 수 없다면 그것이 될 수 없고, 바꿀 수도 없다. 우리 모두 연령주의의 그림자를 사랑해 보자.

그림자 작업 연습

내면의 연령주의자 만나기

노인의 얼굴과 신체 사진을 보자(구글 이미지는 이 과정을 시작할 좋은 출발점이다). 각각의 사진에 대해 처음으로 드는 생각을 잡아내자. 머뭇거리지 말자. 각각의 사진에 대한 첫 생각이나 마음속 대화를 기억하자. '그녀는 연약해.' '그는 보기 안 좋게 늙었네.' '그는 쓸모없어 보여.' '그녀는 나이를 안 먹은 것처럼 보여.' '저 남자는 제 나이대로 보여.' '그녀는 나이에 맞게 옷을 입어야겠어.' '저 여자는 주름 제거 수술을 한 게 분명해.' '그는 지저분한 노인처럼 보여.'

이러한 생각과 함께 어떤 감정이 생기는지 살펴보자. 그들에게 매력을 느끼는가? 혐오감이 드는가? 두려운가? 즐거운가? 연민이 느껴지는가? 아무런 관심이 없는가?

이런 생각과 감정과 함께 여러분의 신체에는 어떤 감각이 느껴지는가? 숨이 가빠지거나 근육이 뻣뻣해지는가? 개방감? 긴장감?

이제, 최근에 실제로 노인을 만나 위와 동일한 내면의 목소리와 감정이 촉발된 사건을 떠올려보자. 기록하고 잠시 생각해 보자.

만약 이러한 내면의 목소리와 감정이 목소리, 감정, 감각을 가진 내면의 캐릭터라고 상상한다면, 그것은 누구일까? 이 캐릭터에 이미지를 입혀 의인화할 수 있다.

이름을 지어주고 종이에 적어 보자.

여러분은 그림자, 즉 내면의 연령주의자를 만나고 있다.

자신의 그림자를 추적해 자신의 인생을 거슬러 올라갈 수 있는가? 어른들에게서 들었던 부정적인 메시지인가? 여러분의 가족 중 부정적인 롤모델인가?

여러분은 몇 살이었나? 인생의 어떤 시기에 이 그림자 캐릭터가 탄생했는가?

여러분이 이 내면의 캐릭터가 말하는 것을 듣고 그 생각에 동조할 때, 어떤 느낌이 드는가? 어떤 행동을 하거나 하지 않는가?

내면의 연령주의자를 인식해 무의식 속에서 영향을 받도록 내버려 두지 않고 의식적인 관계를 맺는다는 것은 여러분에게 어떤 의미일까?

거울 속을 들여다보자. 자신이나 타인을 차별하고 있었다는 사실을 알게 된 지금, 생물학적 나이에 대해 어떻게 생각하는가?

집단적 연령주의의 그림자와 만나기

- 연령 차별의 대상이 된 적이 있는가? 여러분은 어떻게 반응했는가?
- 젊은 노동자를 위해 법으로 규정한 퇴직 연령이 있어야 할까?
- 세계 인구는 항노화 제품에 연간 2조 7,400만 달러를 쓰고 있다. 이 점에 대해서 어떻게 생각하는가? 성형 수술을 받을 생각이 있는가?
- 여러분이 연령 차별에 반대하는 정치적 활동을 못 하게 막는 것은 무엇인가?

영적 훈련

순수한 의식으로 돌아가는 명상을 수련하자. (수련법은 3장을 참조하자)

자기 내면의 연령 차별적 그림자 캐릭터가 나타나게 내버려 두자. 그리고 내면에서 이 그림자 캐릭터와 거리 두는 법을 배우자. 그러면 그림자 캐릭터를 목격할 수 있을 것이다.

신성한 전령으로서의 은퇴

우화

노인과 바다 (어니스트 헤밍웨이 소설 각색)

비바람에 찢어지고 땀에 젖은 셔츠를 입은 한 노인이 거친 손으로 작은 배를 끌고 나가 하얀 모래를 박차고 푸른 바다로 향했다. 두 명씩 타서 수다를 떠는 다른 배들에 둘러싸여 그는 홀로 항해를 떠났다.

해 질 무렵 다른 배들은 잡은 물고기를 들고 해안으로 돌아왔다. 그러나 노인은 중얼거리며 더 먼 바다로 향했다. "84일째 한 마리도 못 잡다니. 난 어부야. 실패했어."

며칠이 지나 그의 입술은 바짝 마르고 마지막 남은 한 모금의 물도 사라졌다. 그는 낚싯줄을 던졌고, 또 던졌고, 다시 바다 깊은 곳으로 던졌다… 그러고는 기다렸다…

잠시 뒤, 입질이 왔다. 그런 뒤 다시 잠잠해졌다. 다시 강하게 잡아당기는 느낌이 왔다. 그러자 커다란 청새치가 하늘로 솟구쳐 올랐다 물속으로 들어가고, 다시 솟아올랐다. 청새치는 노인의 배를 더 먼 바다로 끌고 갔다. 노인은 밧줄을 잡고 어깨에 감아 청새치의 속도와 무게에 대항했다. 손은 다 까지고 피가 났지만, 밧줄을 놓지 않았다. "어떤 놈인지 보고 싶네. 물 밖으로 나와라. 제발 좀 한번 보자." 그가 간청했다.

그는 거대한 청새치에게 마치 기도라도 하듯이 읊조렸다. "내가 너보다 강해." 그는 이 말을 하고, 또 했다. "널 사랑하고 존경해. 하지만 널 죽일 거야."

그가 창을 던졌고, 청새치의 움직임이 멈췄다. 노인은 청새치를 배의 옆구리 부분에 묶었다. 이제 노인은 다시 사람들의 존경을 받게 될 것이다. 사람들은 노인을 '그 어부'라고 부를 것이다.

집으로 향해 가던 중, 노인은 해수면 위로 보이는 지느러미들을 발견했다. 상어 떼가 그의 물고기 주변을 맴돌았다. 그는 상어를 향해 창을 던졌고, 창을 잃어버렸다. 막대에 칼을 묶어 또 다른 상어를 향해 던졌고, 칼도 잃었다. 노인은 승리는 과거의 일이며, 애써 잡은 물고기가 곧 사라지리라는 걸 안다.

뼈만 남아 가는 청새치에게 그는 사과했다.

노인이 해안에 도착하자, 사람들이 모여들어 그가 살아 있다는 사실에 안도하면서 커다란 가시에 놀랐다.

그는 지친 어깨 위로 돛대를 지고, 앞으로 꼬꾸라졌다
가 다시 균형을 잡고 돛대를 끌었다. 마치 십자가를
끄는 예수님처럼.

노인의 어린 보조가 그를 칭송했다. 그는 대꾸했다.

"큰 걸 잃으니 큰 걸 얻은 거야."

어떤 사람들에게 은퇴하라는 부름은 우리 안에 더 많은 것을
갈망하게 깨우고, 역할, 정체성이나 목적을 초월한 신성한 갈
망을 깨우며, 더 큰 존재와 교감하도록 깨우는 힘을 가진 신성
한 전령이다. 그것은 우리에게 문턱을 넘어 삶을 안팎으로 바
꾸기를 요구한다.

돈을 벌기 위한 일의 끝은 새로운 시작의 전조일지 모른
다. 우리 안에 다른 방식으로 공익을 위해 봉사하거나, 사회적,
정치적, 또는 도덕적으로 영향을 미치거나, 더 큰 유산을 남기
고자 하는 열망을 불러일으킬 수 있다. 행동에서 존재로 변하
고자 하는 욕구, 속도를 늦추고 우리가 살아온 삶에서 배운 교
훈을 고찰하고자 하는 욕구, 살아보지 않은 삶, 희생되어 그림
자에 묻힌 재능과 꿈을 생각하려는 욕구를 깨울지도 모른다.
일의 끝은 우리를 영적 이상향, 노화하며 깨우침을 얻는 꿈과
다시 연결할지 모른다.

다른 사람들에게 은퇴는 더 높은 비전이 아닌 단순한 휴식
을 의미한다. 책임감의 짐을 내려놓고 여가를 즐길 시간이다.

그러나 우리 중 일부는 은퇴를 거부하고 저항한다. 방향을 잃고, 일의 목적과 체계가 없는 삶을 상상하지 못한다. 우리는 단절된 채, 일상을 무엇으로 채울지 떠올리려 하며 공허함을 느낀다. 남이 '앞으로 무엇을 할 건가요?' 하고 물어올 때 불안해진다. 공포심에 내려놓지 못한다. 또 다른 내면의 장애물이 등장한다. 자신이 하는 일과 자아상을 동일시하는 것이다. 부지불식간에 성과와 외관으로 우리의 가치가 결정된다.

헤밍웨이의 소설에 등장한 어부는 낚싯대를 내려놓지 못했다. 손에서 피가 나고, 얼굴은 햇볕에 익고, 창을 잃었지만, 그는 포기할 수 없었다. 이것이 남성의 힘과 용기와 끈기의 정수인가? 아니면 내면의 장애물에 마비돼 에고는 거대한 힘 앞에서 굴복당하고, 역할에서 영혼으로 넘어가지 못하게 된 것인가?

어부가 어부로 존재하기를 그만둔다는 것은 무슨 뜻일까? 창을 내려놓거나, 커다란 청새치의 아름다움을 감상하거나, 청새치가 다시 깊은 바닷속으로 돌아가 삶을 살도록 내버려 둔다는 것은 어부에게 무엇을 의미할까? 어부가 할아버지가 되거나, 어린 소년들의 멘토가 되거나, 마을의 이야기꾼이 된다는 것은 그에게 어떤 의미일까?

무엇이 그를 멈추지 못하게 할까?

어부에게 평생의 역할을 잃는다는 사실은 감당하기 어려울 정도로 혼란스러울지 모른다. 어쩌면 그는 마을과 상관없는 존재가 되는 것이 두려운 걸지도 모른다. 그가 자기의 죽음을 마주하길 두려워하는 것은 분명하다. 어부 안의 연령주의자가 그

167

에게 물고기를 잡지 못하면 그는 가치가 없다고 말했을지도 모른다. 어쩌면 더 이상 젊고 당당한 가장이 아니라면 다른 어떤 일도 할 자격이 없다고 말했는지 모른다. 따라서 우리 대부분이 그러하듯 그는 자신이 유일하게 아는 일을 계속한 것이다.

노년기의 일(은퇴를 할지, 한다면 언제 할지, 어떻게 할지, 그 후에 무엇을 할지)에 관한 결정은 지극히 개인적인 문제다. 각자 원하는 것도, 가치관도, 즐거워하는 일과 환경도 모두 다르다. 그런 이유로 이 책에서 여러분은 다음의 사실을 제외하고는 어떤 특정한 은퇴 계획을 지지하는 내용을 찾을 수 없을 것이다. 노년의 삶은 내면으로 관심을 돌리고, **행동**에 초점을 둔 **영웅**에서 **존재**에 초점을 둔 **원로**로 바뀌어야 할 때이다. 앞서 말했듯이, 역할에서 영혼으로의 진화는 우리가 '무엇'을 하는지가 아니라 그 일을 '어떻게' 하느냐에 달려 있다. 자아상을 유지하려는 노력을 버릴 수 있는 자아의 역량에 관한 것이다. 어부는 내려놓을 수 없었다. 어부의 자아에게 그것은 그의 실패를 뜻할 것이다. 그러므로 노인은 패배를 직시할 수 없었고, 자신의 역할에서 은퇴할 수 없었다.

은퇴를 할지 말지에 관한 질문은 더 깊은 질문을 내포한다. 영웅적 태도의 **행동가**와 동일시 할 것인가, **원로**로서 더 큰 것을 대신해 행동할 것인가?

우리는 성취욕을 자극하는(예를 들어, '나는 부족해', '충분히 갖지 못했어', '더 많이 일해야 해', '대단한 성취를 이뤄야 해', '그만두면 실패자가 되는 거야') 그림자 캐릭터와 동일시하는가? 또는 그림자 내면의 목소리('어린 시절의 메시지를 들었지만, 믿지 않아', '나는 행동 이상의 내 가치를 알아')를 듣고 영혼의 부름을 따를 수 있는가?

우리는 대부분 은퇴하려면 기본적인 재정 계획이 필요하다는 것을 안다. 돈벌이를 위한 일을 그만두더라도 자신을 부양할 수 있는 경제적 수단이 있어야 한다. 그러나 정서적, 영적 계획도 재정 계획 못지않게 중요하다. 따라서 이 전환기에서 촉발된 내면의 그림자 캐릭터, 즉 '상어 떼'에 대해 살펴보자. 상어 떼는 노년에 더 이상 도움이 되지 않는 평생의 패턴에 우리를 가둬 영혼의 진화를 막는다.

따라서 우리는 의식적 과정과 무의식적 과정을 탐구해야 한다. 그래서 노년기의 큰 질문 중 하나인 은퇴를 할지 말지에 관한 질문을 고민해야 한다. 이 질문의 이면에는 더 심오한 질문들이 존재한다. 그리고 이 질문들은 이 단계에서 우리가 더욱 발전할 수 있는 실마리를 쥐고 있다.

은퇴를 할 것인가, 말 것인가?

노인학자 릭 무디는 내게 우리가 생각하는 은퇴의 이미지가 노화에 관한 로르샤흐 검사 * 와 같다고 말했다. 우리는 자신의 공

● 좌우 대칭의 불규칙한 잉크 무늬를 어떤 모양으로 보는가에 따라 그 사람의 성격이나 정신 상태, 무의식적 욕망 따위를 판단하는 인격 진단 검사법.

169

포와 두려움을 그 이미지에 투사한다. 그리고 이루지 못한 소원과 환상도 투사한다. 둘 다 무의식의 그림자 캐릭터들에 의해 전달된다.

수년간의 과도기를 거치면서 은퇴를 할지 말지를 의식적으로 자문하다 보면, 많은 목소리가 떠오를 것이다. "나는 어부다." "어부가 아니라면 나는 누구인가?" "마지막으로 큰 물고기를 잡는다면, 다시 존경받을 수 있을 거야. 그렇지 않으면 나는 아무것도 아니야. 죽는 날만 기다리는 쓸모없고 보이지 않는 존재가 되겠지."

우화 속의 어부는 이 과정의 첫 단계인 '내려놓기'를 하지 못한다. 그는 노골적인 낚싯대 이상의 것을 내려놓을 수 없었다. 말하자면 그의 자아가 역할과 과거의 업적에 자신을 동일시한 것이다. 어부는 청새치와의 싸움, 즉 영웅이 적과 벌이는 영원한 싸움을 내려놓을 수 없었다. 그는 어떤 대가를 치르더라도 행동하고 승리하는 중년의 영웅적 가치에서 내면 작업, 자기 돌봄, 봉사, 온정과 같은 더욱 성찰적인 노년기의 가치로 나아가지 못했다.

나는 어부가 그의 자존심이 청새치와 자신의 영혼을 모두 파괴했다는 사실을 내심 알고 있다고 상상하고 싶다. 그는 쥘 수 있는 것 이상을 잡으려 손을 뻗었고, 결국 그가 얻은 것은 곧 손실되었다.

융 학파 정신분석가 마이클 콘포르티는 『노인과 바다(Old Man and the Sea)』에 대한 에세이에서 헤밍웨이의 소설은 나이듦, 내려놓기, 한계에 직면하기, 희생이라는 모든 사람의 투쟁에 관해 이야기하고 있다고 지적한다. "산티아고(어부)가 되라는 부름은 어디에나 있으며, 우리가 오래된 행동과 태도에 필사적으로 매달릴 때 들려온다. 물질적 이득을 얻을 수 있다는 약속에 존엄성과 영성이 가려질 때, 우리는 산티아고의 집으로 돌아가는 길고 결실 없는 여정을 함께 경험하게 된다."

따라서 어부처럼 은퇴의 문턱에 다다르면 우리도 과거의 정체성, 낡은 패턴, 공허한 의미에 집착하게 될 것이다. 그와 마찬가지로 변화에 대해 우리가 가진 두려움은 전장을 떠나 미지의 영역, 즉 전이 공간(liminal space)에 들어서지 못하게 할 것이다. 그리고 우리 또한 인간의 존재보다 행동을 중시하는 문화와 결탁할 것이다.

한편 우리는 일을 그만두면 속 편하게 살고, 세계를 여행하며, 새로운 것을 배울 수 있을 만큼 충분한 돈을 버는 등 모든 소망이 이루어질 것이라고 어릴 때부터 열심히 상상했을 것이다. 이 역시 경제적인 한계, 건강상의 위기, 가족의 필요, 정서적 상실과 같은 노년기의 현실을 고려하지 않은 은퇴에 대한 투사이다.

그러나 우리가 내면을 돌아보고, 마음을 고요히 하고, 생각을 관찰할 수 있다면, 다른 속삭임들을 들을 수 있다. '일만 하며 살기보다 나만의 흐름을 따를 시간을 갖게 될 거야.' '가족을 부양하려고 미뤄두었던 창의적인 꿈으로 돌아갈 수 있어.' '손자들을 돌볼 수 있을 거야.' '내가 좋아하는 자선활동에 더 많이 참여할 수 있을 거야.' '드디어 원하는 대로 명상을 할 수 있겠네.' '일이 사라진 자리에 뭔가 놀라운 게 생길 거야.'

이런 자기 관찰을 통해 우리는 은퇴를 영적 수련의 기회로 삼을 수 있다. 우리는 내적 삶으로 방향을 전환해 은퇴하라는 부름을 거부하거나 그 부름을 낭만화하는 그림자 캐릭터를 인지할 수 있다. 이러한 장애물에 순종하지 않고 관찰할 수 있다. 어쩌면 우리에게 새로운 시작 또는 내면에서부터 나이 들기와 같은 인생의 새로운 단계로 나아가라는 영혼의 외침을 귀담아 듣게 될지도 모른다.

그림자 작업은 낚시와 비슷하다. 우리는 내면으로 깊이 들어가 지켜보면서 기다린다. 낚싯줄이 당겨지는 것 같다가 그 느낌이 사라진다. 또다시 더 세게 당겨지는 걸 느낀다. 배 전체가 경로를 이탈한 채 끌려가고, 낚싯줄은 끊어지고, 우리는 표류하게 된다. 이렇게 우리는 일과 은퇴 사이, 또는 은퇴와 새로운 목적 사이의 전이 공간을 떠돌게 된다.

그 노인처럼 우리는 "무엇 때문에 경로를 벗어났는지 알고 싶어."라고 자신에게 말한다. "무엇 때문에 기분이 상했는지, 심란한지, 평정심을 잃었는지 알고 싶어." 그런데 이처럼 우리를 끌어당긴 힘은 깊은 곳에 숨어 있다.

"내가 누구를 상대하는지 알았으면 좋겠어." 그러나 우리의 적, 즉 내면의 장애물은 눈에 보이지 않으며, 의식적 인식 밖 그림자 속에 있다. "나는 체계적이지 않은 시간이 두려워." "소득을 포기하기가 두려워. 내 모든 동료를 잃고, 쓸모없는 사람처럼 느껴지고, 목적을 잃는 게 두려워."라고 우리는 말한다.

우리가 더 귀를 기울인다면, 이렇게 들릴지 모른다. "은퇴는 끝을 의미하고, 죽음이 코앞이라는 것을 뜻하기 때문에 두려워." 이것은 은퇴를 생각할 때 종종 동반되는 죽음의 인식을 두려워하는 것이다.

어쩌면 이러한 인식이 당신을 더 깊은 질문으로 데려갈 수도 있다. '내가 일을 그만두지 않으면, 죽을 때 후회할까?'

내 고객인 조지는 83세의 나이에 자신의 보험 회사를 매일 운영했다. 비록 그는 녹초가 되었고 손자들과 시간을 보내지 못했지만, 속도를 늦추거나 은퇴하고 싶지 않았다. 이유를 물어보자, 그는 자신의 할아버지와 아버지가 은퇴 후 쓸모없는 존재로 여생을 살았다고 대답했다.

"할아버지는 온종일 텔레비전만 보셨고, 할머니를 괴롭혔어요. 아버지가 일을 그만두신 후에는 70대에 비만이 될 때까지 먹고 놀기만 하셨죠. 두 분 다 일을 그만두신 이후로 처량하고 쓸모없는 존재처럼 보였어요. 그래서 저는 은퇴하는 게 무서워요. 저는 은퇴를 할 것 같지 않아요."

탐구를 계속하면서 조지는 할아버지와 아버지가 은퇴의 부정적인 롤모델이었음을 알게 되었다. 그는 안락의자에 앉아 텔레비전을 보며 지내던 할아버지에 대한 무의식적인 이미지를 평생 가지고 있었다. 조지는 무의식적으로 은퇴한 사람들을 타인과 사회에 '쓸모없는' 사람으로 생각했기 때문에 내면으로 방향을 전환하면서 내려놓을 수 없었다.

"남자가 더 이상 가장 역할을 못 하게 되면, 우리는 누구인가요?" 그가 물었다.

나는 그에게 다음의 이야기를 들려주었다. 7년에 걸친 연구에서 연구자들은 70세와 79세 사이의 두 집단을 비교했다. 첫 번째 집단의 사람들은 자신이 친구와 가족들에게 유용한 존재라고 느꼈다. 두 번째 집단의 사람들은 그렇지 않다고 느꼈다. 7년 동안 자신이 쓸모없는 존재라고 느낀 사람들은 거동을 못 하거나, 자신을 돌볼 능력을 잃는 장애인이 되거나 사망할 가능성이 더 컸다. 따라서 연구자들은 유용성이라는 주관적인 감정이 노년기의 건강을 결정한다고 추정했다. (T. 그루네발트 외. "노년기의 타인에 대한 유용성과 장애와 사망" 참고[*])

이 모든 것을 생각하면서 조지는 내면의 장애물을 이해하게 되었다. 그림자 캐릭터가 직장에서 그를 계속 밀어붙여 자신이 쓸모없다는 느낌을 받지 않도록 스스로를 보호하고 있었던 것이다. 자기도 모르게 이 전략에 의존함으로써 조지는 역할을 내려놓고 전이 공간으로 들어가지 못했다. 그는 새로운 리듬을 즐기지 못했고, 그림자 속에 버려둔 자신의 꿈을 탐구하지 못했으며, 역할에서 영혼으로 나아가지 못했다.

점차 조지는 '쓸모없는 은퇴자'라는 자신의 그림자 캐릭터를 사랑하고 손자들이 글을 배우도록 돕는 데 시간을 할애할

● Feelings of Usefulness to Others, Disability, and Mortality in Older Adult. 2007년 1월 노년학회지 게재.

수 있게 되었다. 그러자 새로운 유용성의 길이 열렸다. 한번은 그가 어린 시절에 할머니와 함께 박물관에 가 처음으로 명화를 보았던 경험을 떠올렸다. 그는 그 그림을 보면서 느꼈던 경이로운 감정을 떠올렸다.

즉흥적으로 그는 수채화 수업에 등록했고, 놀랍게도 그 매력에 푹 빠졌다. 뒤이어 시간제로 일하기로 결정했고, 회사에서의 역할은 고문직으로 변경했다. 부사장이 그를 대체할 수 있다는 확신이 들자, 그는 은퇴했다. 그리고 '쓸모없는 은퇴자'의 그림자가 사라졌다.

"전에 몰랐던 자유를 느꼈어요. 그림을 그릴 때는 내가 항상 하고 싶었던 일을 한다는 기분이 들어요. 그런데 할머니와의 기억을 되찾기 전까지는 그 사실조차 몰랐죠." 그는 어두운 그림자 속에서 황금을 발견한 것이다.

조지는 자신의 역할을 서서히 내려놓으면서 해방감을 느꼈다. 길을 잃었다고 느끼기보다는 자신의 전이 시간을 관리했다. 그러자 창작에 대한 새로운 열정과 화가로서 놀라운 기쁨을 발견했다.

이처럼 은퇴는 우리가 문턱을 넘어설 수 있게 인도하는 신성한 전령이 될 수도 있고, 부정당할 수도 있다. 은퇴는 중년기의 여정을 끝내고 새로운 인생의 단계를 시작하라는 외침이 될 수도 있고, 아니면 무시될 수도 있다. '은퇴(retire)'라는 단어의 어원이 '뒤로 물러나기'라는 것을 알았을 때, 나는 '요가(yoga)'의 어원이 '근원으로 돌아가기'라는 것을 알았을 때와의 유사성에 놀랐다. 어쩌면 은퇴를 근원, 즉 순수한 인식으로 돌아가는 시간으로 볼 수도 있을 것이다.

외면에서 내면으로 찾아오는 은퇴

포브스 잡지에 실린 한 기사에서 조셉 코울린 MIT 에이지랩 연구소장은 태어나서부터 대학 졸업까지 약 8천 일이 걸리며, 대학 졸업에서 중년의 위기까지 8천 일이 있고, 중년의 위기에서 은퇴까지 8천 일이 있다고 말했다. 그리고 우리가 계획을 잘 한다면, 은퇴 후 또 8천 일의 시간이 생긴다.

노화처럼 은퇴도 큰 맥락에서 일어난다. 정규직으로 일하고 난 후의 삶의 특징과 타이밍은 경제력, 인종, 성별, 결혼 여부에 따라 다르다. 이렇게 은퇴는 사회적으로 구성된다. 다시 말해, 은퇴를 다르게 상상해 볼 수 있다.

베이비붐 세대가 지난 10년간 은퇴할 나이에 도달하면서, 인구 통계학적으로 매일 만 명의 베이비붐 세대가 은퇴할 것으로 예상되었다. 그러나 이 같은 예상은 두 가지의 새로운 현실에 봉착했다. 첫 번째 현실은 많은 잠재적 은퇴자들이 일을 관두고 싶어 하지 않는다는 점이다. 이들은 일을 통해 의미와 목적과 체계를 찾는다. 두 번째 현실은 은퇴를 할 수 있는 선택권이 없는 사람들이 있다는 사실이다. 이들은 은퇴할 여유가 없다. 재정 통계(2016년 3월 모틀리 풀에서 T. 캠벨 취합)는 충격적인 이야기를 들려준다.

- 베이비붐 세대의 59%는 사회 보장 제도에 크게 의존하지만, 이 제도는 우리 세대의 규모로 인해 안전한 발판이 되지 못한다.
- 베이비붐 세대의 45%는 은퇴를 위한 저축금이 없는 상태다. 동시에 의료 비용은 계속 상승하고 있다.
- 30%는 은퇴 계획을 미루었고, 많은 이들은 70세 이후까지 은퇴를 기대하지 않는다.
- 44%는 많은 빚을 지고 있다.

이처럼 끔찍한 재정 상황에 놓인 사람들에게 은퇴할지 말지는 올바른 질문이 아닐 것이다.

우리가 어떻게 은퇴하느냐, 그리고 은퇴를 어떻게 상상하느냐는 은퇴 시기보다 더 중요할지 모른다. 그림자 속에 숨겨진 부정적인 생각과 이미지들은 우리가 나이 들수록 건강에 영향을 미친다. 앞장에서 살펴본 연구를 진행했던 예일대 심리학자 베카 레비는 나이의 고정 관념과 편견이 뇌와 마음과 신체에 내재화되어, 내면의 연령주의자와 같은 자아상으로 이어진다는 것을 보여준다. 그녀는 은퇴로의 전환에 대한 이 생각을 시험했다. 23년 동안 천 명 이상의 노인을 관찰한 연구에서 그녀는 은퇴 이후 신체 건강에 대해 긍정적인 이미지를 가진 사람은 그렇지 않은 사람들보다 4.5년 더 오래 살았다는 사실을 알아냈다. 은퇴 이후 정신건강에 대해 긍정적인 이미지를 가진 사람들은 2.5년 더 장수했다.

캘리포니아 베벌리힐스에 위치한 템플 엠마뉴엘의 랍비 로라 겔러는 여성과 소녀를 위한 유대교 의식을 창시한 선구자로, 토라(Torah)●의 전통을 (그녀의 표현에 따르면) 우리 삶의 토라로 확장했다. 노년기에 접어든 그녀는 최근 이 작업을 로스앤젤레스 지역 노인들을 위한 것으로 연장하고 있다. 로라는 이곳에서 '지혜의 집단(Wisdom Circles)'을 운영하며 지역 주민들 수백 명과 함께 노년기, 연령 차별, 은퇴에 대한 감정을 알아보고 있다.

나와의 인터뷰에서 그녀는 종교 집단들이 가정을 위해 훌륭한 일을 하고 있다고 말했다. 그러나 가족 이후(post-family)나 경력 이후(post-career)처럼 명명되지 않은 인생의 후반기에 속한 사람들은 잘 대우받지 못하고 있으며, 그 결과 교회와 유대교 회당을 떠나고 있다. 종교 공동체가 이러한 과도기를 기리는 의식을 만듦으로써 인생에서 이 시기를 더욱 의미 있게 만드는 데 도움을 줄 수 있다고 그녀는 말했다.

"무슨 일이 일어나고 있는지 알아차리고 의식하는 것부터 시작하죠. 지금 어떤 전환기에 있나요? 자녀들이 독립한 빈 둥지, 가정의 축소, 조부모 되기, 가족의 죽음, 실직, 운전면허증

● '율법'을 가리키는 히브리어. '(길을) 인도하다', '가르치다'라는 뜻의 동사 '야라'에서 유래한 말로 종종 '사람의 가르침'을 뜻하기도 한다.

반납과 같은 것이 있어요."

나는 은퇴를 제안했다. 겔러는 재빨리 대답했다. "우선, 그 전환기를 기념하고 기리는 의식을 생각해보죠. 우리는 어떤 가치를 전달하고 싶을까요? 사적인 의식을 원할까요, 아니면 공개적인 의식을 원할까요? 어떤 상징을 사용할 수 있을까요? 우리의 종교적 전통 중에 전환기를 규정하는 데 도움이 될 이야기나 신화 같은 게 있을까요?"

겔러는 자신에게 전환기는 신적인 것을 경험하고 성스러운 것으로 다가가는 초대라고 나에게 말했다. 그러나 우리가 걸음을 멈추고 관심을 쏟지 않는다면, 의식적으로 끝과 새로운 시작을 부여하는 의식을 만들지 않는다면, 우리는 그 초대가 가진 영적 잠재력을 놓치게 된다.

노화의 내면 작업의 언어로 표현하자면, 은퇴와 관련된 문제를 포함해 노화에 대한 우리 자신의 연령주의와 불안을 해결하기 위해서는 그림자 작업이 필요하다. 예를 들어, 의식에는 은퇴자 모임이 친구를 축복하고 사무실을 정리하면서 경력의 소품을 치우는 과정이 포함될 수 있다. 그 후에 함께 대화를 나누며 미지의 세계로 나아가는 두려움을 표현하는 친구를 응원할지도 모른다. 마지막으로 그들은 인생의 새로운 단계에 접어든 것을 축하하면서 상징적인 문턱을 넘은 친구를 환영할 것이다.

은퇴라는 외형적인 전환기가 시작되기 전부터 그림자 작업은 우리가 정서적으로 준비하는 데 도움이 된다. 예를 들어,

인생의 절반 이상을 일하면서 보낸 후 노년기에 접어들면 우리는 곧 은퇴할 계획이 있든 없든 간에 일에 대한 원망, 부담, 체념으로 갈등을 느낄 수 있다. 만약 이러한 감정 뒤에 숨어 있는 그림자 캐릭터를 발견하는 법을 배운다면, 우리는 이들을 인식의 빛으로 끌어내어 함께 노력할 수 있다. 명상을 통해 그림자를 목격하는 법을 배움으로써 그림자가 지배력을 잃게 할 수 있다. 어쩌면 자아가 **행동가**와 동일시하는 것을 멈추고, 투지 넘치게 밀어붙이는 것이 아닌 다른 일하는 감각, 즉 몰입상태를 경험할지도 모른다.

우리 중 많은 사람들은 자의든 타의든 65세 이후에도 계속 일할 것이다. 그러나 앞서 논의했듯이, 의식적으로 나이가 들 수 있는 능력은 무엇을 하느냐가 아니라 어떻게 하느냐에 달려있다. 우리가 바꿀 수 없는 것에 저항하거나 원망하기보다는 있는 그대로의 모습에 더 집중하는 법을 배운다면, 고립을 방지하는 커뮤니티, 돈 이외의 의미, 우리를 더 큰 무언가에 연결해주는 공헌 등 계속 일하는 것의 숨겨진 선물을 발견할 수 있을 것이다. 외적인 일과 내면 작업을 연결함으로써 우리는 놀랍도록 새로운 경험, 즉 역할에서 외부 환경에 의존하지 않는 영혼으로의 내적 전환이 시작되는 경험을 할 수 있다.

자산이 있는 사람들은 일의 끝을 여가를 즐기거나, 가족과 함께 시간을 보내거나, 여행을 하거나, 봉사할 시간으로 생각하며 기대하고 환영할지 모른다. 그러나 자산이 없는 사람에게 상황은 더 복잡하다. 나리 리가 작성한 2013년 전미퇴직연금협회(NIRS) 보고서에 따르면, 유색인종은 고용주가 지원하는 은퇴 계획을 보유할 확률이 낮은 것으로 나타났다. 실제로 흑인 가정 네 가구 중 세 가구와 라틴 가정 다섯 가구 중 네 가구의 퇴직 저축액은 1만 달러가 되지 않는다. 다이앤 오클리의 2016년 보고서에 따르면, 여성은 남성보다 은퇴 후 빈곤에 직면할 확률이 80%나 높은 것으로 나타났다. 여성은 남성보다 75~80% 적게 벌고, 시간제로 일하며, 돌봄 노동을 더 많이 하고, 더 오래 살 가능성이 높은 탓에 사회보장, 연금, 저축에 의존하기 어렵다. 재정적 불안으로 인해 내면 작업이 사치처럼 느껴질 수 있지만, 재정적 불안이 내면 작업을 불가능하게 해서는 안 된다. 여기에서 제시하는 수련법들은 인생의 여정에서 가장 힘들고 어려운 일들에 맞서기 위한 휴식과 활력을 제시할 수 있다.

마지막으로 은퇴 후 삶의 특징과 시기는 우리의 체질이나 타고난 성향에 따라 달라진다. 인터뷰에서 나는 보다 외향적인 사람들은 더 활동적인 사회 활동과 봉사지향적인 활동을 원한다는 사실을 발견했다. 그들은 다른 사람과의 교류를 통해서 활력을 얻었다. 그리고 내성적인 사람들은 고독과 명상과 독서와 내면 작업을 위해 생각하는 시간을 더 많이 갖고 싶어 하는 경향이 있었다. 따라서 우리가 이러한 통과 의례를 직면하고, 그에 따라 내면 작업과 외적 작업을 설계하기 시작할 때 우리 자신의 이런 특성을 아는 것이 유용할 것이다.

재창조의 기회, 은퇴
제2의 경력

많은 사람에게 은퇴는 경력을 쌓고 가정을 꾸린 후, 노년기에 찾아올 수 있는 허약함을 앞두고 새로운 인생의 막을 열어준다. 많은 사람에게 은퇴는 청사진이 없는 재창조의 시기이며, 탄력 근무, 파트 타임, 자원봉사, 평생 학습 또는 간병으로 전환해야 하는 시기이다.

일부 대기업은 고령 근로자가 가진 재능, 지식, 커뮤니케이션 기술과 회복탄력성에 주목하고 있다. CVS 헬스의 '인재는 나이와 상관없다' 프로그램은 고령의 근로자를 채용하기 위해 민관 파트너십을 구축했다. 거대 보험사 하트포드는 고령 직원을 찾기 위해 노인센터를 방문하기도 한다. AT&T는 고령 직원을 최대한 오랫동안 고용할 계획이라고 밝혔다.

그러나 이처럼 일과 행동을 강조하는 분위기에는 어두운 면이 있다. 생산성을 통해 목적이 달성된다는 점을 강조하면서 봉사 지향적인 행동이나 명상과 영적 발전은 포함하지 않는다. 그랬기에 나는 스탠퍼드 교육대학원의 앤 콜비와 윌리엄 데이먼이 Encore.org와 함께 공동으로 진행한 연구 결과를 보고 고무되었다. 상당수의 노인은 우선순위 목록에서 "자기를 넘어선 목적"을 매우 높게 평가했고, 이를 달성하기 위해 행동하는 것으로 나타났다. 실제로 다수의 응답자가 소득 수준, 교육 수준, 인종, 성별, 건강 상태의 차이에 관계없이 이러한 욕구를 표현했다. (스탠포드대 출판물인 『*Cardinal at Work*』에서 케이티 레밍턴과 맷 벤딕이 그 연구를 발표했다.)

설문 응답자들은 목적을 찾는 데 개인의 성장을 희생할 필요가 없다고 답변했다. "인생의 후반기는 개인적 성장을 위한 시기"라는 표현에 노년기에 대한 자신들의 생각이 반영되어 있는지 묻는 질문에 응답자의 67%가 이 표현이 정확하다고 대답했다.

이 결과는 고령 근로자의 지속적인 추세를 설명하는 데 도움이 된다. 즉, 외면에서 내면으로의 개인적인 변화를 표현하는 것으로 볼 수 있다. 고령 근로자의 거의 절반이 50세가 된 이후 직업을 바꾼 것으로 나타나, 은퇴할 때까지 같은 직업이나 직종에서 일하는 경향이 있었던 지난 100년 동안의 문화적 패턴이 바뀌고 있다. 그리고 더 많은 사람이 변화를 바라지만 주저하는 것으로 추정된다. 어떤 사람들은 아이디어를 실행에 옮길 수 있는 올바른 직책이나 비전을 찾는 동안, 그들의 목적지를 향해 나아가거나, 강의를 듣거나, 인증을 받거나, 생활비를 충당하기 위해 '중간 소득'이 필요할 수 있다. 연령 차별, 실패, 건강 문제, 기술 또는 다른 활동을 위한 시간 손실에 대한 두려움 등 그림자 속에 숨어 있는 내면의 장애물들을 발견해야 하는 사람들도 있을 수 있다.

하지만 오늘날 많은 노인들이 주도적으로 창업을 하고 있다. 예를 들어, 뉴욕에서는 청바지를 입은 젊은 20대 스타트업 창업자에 대한 고정 관념을 타파하는 50세 이상의 기업가 수가 증가하고 있다. 2016년에 50세 이상 창업가는 2000년에 비해 63% 증가했다. 일간지 뉴욕타임스의 위니 후 기자가 보도한 것에 따르면, 동 기간 같은 연령대의 총 거주민 수는 28% 증가세에 그쳤다.

현안들에 대한 세대를 뛰어넘는 해결책을 만드는 국제 커뮤니티인 Encore.org에 따르면, 1,200만 명 이상의 노인들이 자신의 경험을 공익을 위해 활용하기를 원하는 '앙코르 기업가'로 활동하고 있다. 이들 중 다수는 지역 사회의 요청에 부응해 소규모 지역 벤처를 계획하고 있다. 거대 첨단 기술 회사인 인텔(Intel)은 Encore.org와 제휴하여 은퇴 대상 직원들에게 앙코르 펠로우십(Encore Fellowship)을 제공한다. 이들은 25,000달러의 급여를 받고 성과가 우수한 비영리 단체에 배치되어 새로운 직업에 자신의 기술을 재배치할 수 있는 디딤돌을 마련한다.

연구에 따르면 나이가 기업가에게 유리할 수도 있다. 한 연구에 따르면 성공한 창업자 중 50세 이상은 25세 미만보다 두 배, 60세 이상은 20세 미만보다 두 배 더 많은 것으로 나타났다. 레이 크록은 50대에 맥도날드를 창립했고, KFC를 시작할 당시 샌더스 대령은 60대였다. 스티브 잡스는 애플에서 두 번째 근무할 때도 처음으로 재직할 때 못지않게 창의적이었다. (자세한 내용은 이코노미스트지의 "기업가가 된 노인들"이라는 2012년 블로그 게시물을 참조하자)

동료인 헤더는 고등학교 영어 교사, 교감, 교장 등 교육 분야에서 여러 직책을 역임했다. 그 후 알래스카로 이주하여 대학 교육 프로그램에서 교사를 가르치는 일을 했다. 또한 노인 간병인을 교육하는 컨퍼런스를 운영하기도 했다. 어머니가 중병에 걸려 함께 살게 되기 전까지 헤더는 교육자로서 다양한 역할을 맡았다. 그 후 헤더는 어머니의 간병인이 되어 파트타임 근무로 전환했다.

헤더는 간병인으로서 그녀의 표현에 따르면 어머니에게 '어머니 역할'을 하면서 인생의 목적을 찾았다. 헤더는 그 역할을 자신과 더욱 깊이 동일시했다. "저에게는 하루하루가 어머니의 날이죠."라고 나에게 말했다.

그러던 중 헤더의 어머니가 101세를 일기로 세상을 떠났다. 그리고 헤더의 목적도 함께 사라졌다. 그녀는 휴직을 하고 슬픔에 잠긴 채 휴대폰으로 모바일 코칭을 하며 서부 해안을 오갔다. 머지않아 헤더는 자신이 인생의 다음 단계를 찾고 있다는 것을 깨닫고 직장을 그만두었다.

"나에게 권력을 주던 모든 역할을 벗어던졌어요. 교장, 교사, 간병인의 역할까지도요. 정말 겸손해지게 되더군요." 그녀는 이러한 역할에서 온 정체성을 내려놓고 형태가 없는 전이 공간으로 이동했다.

한동안 정처 없이 표류하던 그녀는 열흘간의 명상 프로그램에 참여했고, 자신이 노년의 정체성 위기를 겪고 있다는 것을 깨달았다. 그녀는 더 이상 어머니도 교육자도 아니었다. 전문직이라는 직위도, 정해진 역할도 없었다.

그녀는 노화에 관한 책을 읽었고, 동료 상담에 자원했고,

요가를 수련하면서 기다렸다. 그녀가 전이 공간에서 지낸 지 3
년이 흘렀다. 하나의 정체성에서 또 다른 정체성으로 이동하기
전 전환기의 시간이었다. 그런 후, 그녀는 경력에서 경력 이후
의 시기로, 영웅에서 **원로**로 자신과 같이 이러한 전환기를 경
험하는 사람들과 함께 일하고 싶다는 사실을 깨달았다.

헤더는 줄리아 캐머런의 책『새로운 시작을 위한 아티스
트 웨이(*It's Never Too Late to Begin Again*)』*를 중심으로 **원로** 그
룹을 조직하기 시작했다. 그녀는 동료 **원로**들과 함께 탐구하면
서 더 이상 교육자가 아니었다. 그녀는 전문가의 역할에서 은
퇴했다. "직급이 없고 훨씬 더 평등한 분위기였죠. 전문가가 아
니고, 다른 사람들과 함께 내면 작업을 한다는 것은 겸손한 경
험이었죠." 81세의 여성이 그녀에게 모임 덕분에 자신의 삶이
변했다고 말하자, 헤더는 깊은 감사함을 느꼈다.

"예전에 일은 제 보호막이었어요. 이제는 일이 아닌 제 본
질을 통해 자신감을 찾고 있어요. 그리고 그게 우리가 그룹에
서 함께 하는 일이에요."

또 다른 이야기는 하버드 경영대학원(칸터 외 보고)에서 왔
다. 2008년 트레이더 조(Trader Joe's)의 사장이던 56세의 더그
로치는 불안감을 느꼈고 회사를 떠나기로 했다. 일 년 동안 방
황한 후, 그는 하버드에서 '고급 리더십 이니셔티브'를 발견했

●   정영수 옮김, 청미, 2020.

다. 자신의 기술을 사회 분야로 옮기고 싶어 하는 기업가들을 돕는 프로그램이었다. 그는 펠로우가 되어 자신이 열정을 가지고 있던 문제를 탐구하기 시작했다. (2019년 미국 농무부 보고서에 따르면) 3,500만 명이 넘는 미국인이 기아나 식량 부족 문제로 고통을 겪고 있다. 하지만 많은 노동 계층 미국인들은 건강한 음식을 구매할 형편이 못 되고, 저영양 고칼로리의 패스트푸드를 섭취하는 탓에 비만인 상태이다.

로치에게는 비전이 있었다. 저소득 지역에 비영리 가게 체인을 내서 저렴한 가격에 채소와 조리된 음식을 파는 것이었다. 남아서 버려질 상황인 음식과 유통 기한에 가까운 상품들을 회수하면 가격을 낮출 수 있고, 음식물 쓰레기도 줄어든다. 2015년 비영리 단체인 '데일리 테이블(Daily Table)'의 첫 매장이 매사추세츠에 문을 열었다. 그리고 2021년에는 세 번째 매장을 개장했다.

로치는 식품 산업에 대한 지식과 경영 능력과 자신의 열정을 지역사회의 필요에 맞는 서비스로 탈바꿈시킬 수 있었다. 이것은 그의 영혼의 미션이 되었다.

어디에나 재취업과 자영업이라는 새로운 선택지가 있다. 어떤 역할은 자신의 새로운 면을 탐색하고, 그림자 속에 묻혀 있던 지금까지 살아보지 못한 자질과 비전을 실현하는 기회를 제공하기도 한다. 한 내성적인 어머니는 여성의 행진(Women's March)에 가입해 주지사 선거에 출마하여 당선되었다. 여성의 건강 문제를 위해 앞장서겠다는 자신의 목소리를 발견한 것이다. 은퇴한 작은 마을 의사는 국경없는의사회에 가입해 아시아에 거주함으로써, 가난한 지역사회를 위해 봉사하고 다른 문화권에 살고 싶다는 자신의 꿈을 이뤘다. 자연재해로 파괴된 지역 공동체의 재건을 항상 꿈꿔왔던 한 건축가는 자신의 목표를 쫓아 가족과 함께 대지진이 일어난 에콰도르로 이주했다.

그러나 조심하자. 바깥에서부터 재탄생한 새로운 역할은 겉모습만 달랐지, 이전과 같은 역할일지도 모른다. 과거와 같은 인물(페르소나)을 붙든 채 똑같이 감정과 창의력을 희생하는 것일지 모른다. 이런 경우에는 새로운 역할이 노년기의 발달 과제, 그리고 영혼과 교감할 기회를 빼앗아갈 수 있다.

은퇴를 위한 그림자 작업
내면에서 외면으로

은퇴 이후의 정체성 문제를 탐구하기 위해 75세 이상을 대상으로 진행한 최근의 한 설문조사에서 자신의 정체성이 이전의 경력이나 부모의 역할에 있다고 응답한 사람은 9%에 불과했다. 반면 은퇴 후, 그들은 자신의 현재 활동과 관심사에서 정체성을 찾았다. (〈타임〉에서 다니엘 카들레츠 보도) 의사, 변호사, 기업 임원과 같은 고성과자들조차도 자신의 삶을 재설계하면서 성공은 빠르게 의미를 잃고 사라진다고 말했다.

은퇴 이후에 대부분은 일이 아닌 제2의 경력, 봉사활동, 취미생활, 창의활동이나 여가활동에서 정체성을 찾았다. 2016년 〈에이지 웨이브〉의 설문에서 은퇴자 90%는 원하는 것을 할 수 있는 자유가 커졌다고 응답했으며, 2/3는 새로운 도전을 하며 시간을 보내는 것을 선호한다고 응답했다.

은퇴자 10명 중 9명은 틀에 박히지 않은 삶을 즐기며 자주 행복감을 느낀다고 응답했다. 이 설문조사는 노인들이 세계여행에 4조 6천억 달러를 쓴다고 보고했으며, 많은 사람이 은퇴의 환상인 모험을 실제로 실천하고 있는 것을 보여주었다.

따라서 일의 정체성을 내려놓은 사람들 대부분이 은퇴 후의 삶을 정말 즐긴다면, 왜 우리는 은퇴를 두려워할까? 우리의 내적 장애물(젊음, 성공, 활동에서 얻는 정체성)은 우리가 은퇴의 문턱을 건너지 못하게 막는 파수꾼이다. 깊은 내면으로 방향을 전환하게 하는 그림자 작업은 이러한 과거의 정체성을 내려놓고 영혼과 조화를 이루는 데 도움이 된다.

내 친구 스티브 울프는 그림자 캐릭터들이 우리의 보호자로 시작해 결국 방해꾼으로 끝난다는 점을 강조했다. 이것의 의미를 살펴보자. 노화를 거부하는 우리의 일부인 내면의 연령주의자는 자신을 젊음과 동일시하며 가능성을 즐기는 우리 내면의 젊고 걱정 없는 영혼이다. 내면의 연령주의자는 우리가 준비될 때까지 죽음의 인식에서 우리를 보호하려 할 수도 있다.

우리가 성숙해지고 노화에 적응해야 하지만 무의식적으로 내면의 연령주의자와 동일시할 때, 우리는 부정의 굴레에 갇히게 된다. 그리고 이것은 우리를 방해한다. 이렇게 되면 노년기의 우리는 자신을 포용하고 돌보지 못하고, 자아실현을 할 수 없다. 현실이 아닌 꿈과 가능성 속에서만 살며 영원한 젊음을 추구하는 '피터팬 증후군(puer aeternus)'에 우리를 가두는 것이다.

내 고객 지나의 가족은 성공한 변호사인 아버지, 심각한 우울증으로 대부분의 시간을 집에서 보내는 어머니와 장애를 가진 자매로 이루어졌다. 지나만이 아버지의 뒤를 이을 수 있는 가족의 유일한 희망이었다. 그녀는 UC 버클리에서 박사 학위를 취득했고, 곧바로 로스쿨을 다니기 시작했다. 장시간 근무와 완벽주의, 자기 돌봄의 부족으로 번아웃에 빠진 그녀는 공부와 일이 아닌 다른 것을 상상할 수 없었다. 타인과 친밀한 관계를 맺어본 적이 없었고, 스스로의 감정과 동떨어져서 살았으며, 병에 걸릴지도 모른다는 걱정으로 지쳐 있었다.

십 년간 일해 지나는 로펌의 파트너 변호사가 되어 성공적인 경력을 쌓았다. 다음 십 년은 자동 주행 상태로 흘러갔다. 그녀는 법조계에서 자신이 행복하지 않다는 사실을 깨달았다. 당시에는 이것만이 자신의 꿈이라고 생각했는데, 이제 돌아보니 스스로의 선택에 의문이 들었다. 지나는 다른 길을 상상하기 시작했다. 우리가 만나게 된 게 바로 이 시점으로, 그녀에겐 지지와 인도가 필요했다.

우리가 그림자 작업을 시작하자, 지나는 어머니와 자신의 자매처럼 되지 않도록 자신을 보호하던 내면의 그림자 캐릭터를 발견했다. "나는 똑똑하고 능력이 있어. 그들과 달라."라고 그림자가 단언했다. 그 그림자 캐릭터는 지나가 존경하지 않았던 어머니와 자신이 다르다는 자신감과 정체성을 주었다. 그래서 그녀는 엄마와는 다르다는 것을 입증하고, 일을 그만두었을 때 느낄 공허함을 피하기 위해, 그리고 엄마의 무서운 우울증을 피하기 위해 끊임없이 노력했다.

상담 치료를 진행하면서, 지나는 이 그림자 캐릭터에게 **야심가**(Driver)라는 이름을 붙였다. 그녀는 서서히 이 그림자가 어떻게 자신을 방해하는지 깨닫게 되었다. **야심가**의 호된 비난에 여유를 가질 수 없었고, 정신없이 바쁘도록 채찍질하는 탓에 쉴 수 없었다. 심지어 제대로 먹지도 못했는데, **야심가**가 시간 낭비라고 생각했기 때문이다. 50대가 되니 그녀 자신이 곧 **야심가**가 되어 있었다. 그것만이 그녀가 알아 온 유일한 정체성이었다. **야심가**는 절대로 내려놓는 것을 용납하지 않을 터였다.

내 권유를 따라 지나는 요가를 시작했다. 속도를 늦추고, 심호흡하면서, 마음을 가라앉히고, 자신의 몸과 교감한 순간 그녀는 흐느꼈다. 평생 차곡차곡 숨겨져 있던 고립감, 슬픔, 두려움이 다시 드러나기 시작했다. 그리고 지나는 꽃처럼 개화하기 시작했다.

우리가 함께 명상하면서, 지나는 자기 생각을 관찰하는 법과 **야심가**를 알아차리는 법, 그리고 **야심가**의 목소리에 복종하면 어떤 결과가 생기는지를 배우게 되었다. 그녀는 먹는 대신 일을 했다. 그녀는 잠자는 대신 일을 했다. 그녀는 감정을 느끼는 대신 일을 했다.

그러고 나서 한 남자가 그녀의 인생에 찾아왔다. 달콤한 사랑이 시작되었다. 그녀는 마음을 열고 자신이 원하는 것을 표현하는 법을 배웠고, 심지어는 그와 함께 시간을 보내기 위해 여유를 갖는 법도 배웠다. 그녀는 그와 함께 시간을 보내고 싶었고, 그를 사랑하고 그의 사랑을 받고 싶었다. 그렇게 **야심가**는 점점 사라지기 시작했다.

이것은 감정 문제에 대한 로맨틱한 해결책이 아니다. 이것은 내면에서 그림자 캐릭터가 변화하며 자연스럽게 생기는 일이다. 내면에 공간이 생겼기 때문에 새로운 것이 나타난 것이다.

연인과의 사랑이 깊어지면서 지나는 어머니를 따라 거부해왔던 여성성을 찾기 시작했다. 마침내, 지나는 자신의 신체, 감각, 직감, 감정과의 교감을 되찾을 수 있었다. 처음으로 그녀는 어머니에게 연민을 느꼈고 어머니의 삶이 그녀를 스쳐 간 방식에 슬퍼할 수 있었다.

그리고 그 문제가 등장했다. 은퇴할 것인가, 하지 않을 것인가? 지나에게 정답은 일을 그만두는 게 아니라 **야심가**를 은퇴시키는 것이었다. 그녀는 자신을 돌보면서 동시에 도움이 필요한 지역 사회를 위해 봉사할 수 있는 다른 법 분야로 자리를 옮겼다. 내면에 속도 제한을 정해두고 일했고, 자신과 인간관계를 소중히 생각하면서 남을 위한 봉사에 더 큰 목적의식을 갖게 되었다.

우리의 일 중독 문화에서 **야심가** 그림자 캐릭터는 전염병처럼 퍼져나가고 있다. 사실 많은 업무 환경에서 이것을 장려하고 요구하기까지 한다. 어린 시절 우리의 생존을 담보하던 이러한 습관적인 내적 동기가, 무의식중에 수십 년 동안 우리 안에 남아 일을 멈추지 못하도록 막는다. 우리는 **야심가**가 우리를 멈추지 못하게 막고 있다는 사실조차 인지하지 못한다. 멈춘다고 해도, **야심가**는 무의식중에 우리가 동일시하는 그림자 속에 남아 영혼으로 정체성을 변화시키지 못하도록 방해한다.

자신의 꿈을 되찾은 사람들에게 이 그림자 캐릭터는 잠자는 동안 나타날 수 있다. 릭 무디는 「인생의 후반기를 위한 꿈(*Dreams for the Second Half of Life*)」이라는 미출간된 글에서 '낯선 이와의 만남'이라고 표현한 그가 꾼 은퇴의 꿈을 나에게 들려주었다.

AARP(릭의 전 회사)에서 나는 높은 고층 건물로 다시 돌아간 꿈을 꾸었어요. 사람들은 회사에 사장이 없어서 내가 임원 회의를 주재해야 한다고 말했죠. 더는 그 회사에서 일하지 않는다고 항변했지만, 곧 나는 회의로 달려가는 동료들 틈에 있었어요. 건물 내부를 이동하면서, 빈 쇼핑 카트를 밀고 있었어요. 그러다 갑자기 식당에 줄을 선 남자를 발견했죠. 그 사람은 나를 알아보며 인사를 했어요. 하지만 나는 그가 누군지 몰라서 당황해하며 이동했죠. 우리는 다시 만났지만, 여전히 누구인지 생각나지 않았어요. 그래서 내가 사과하면서 손목에 시계 차는 걸 도와달라고 그 낯선 사람에게 요청했어요. 그러자 그가 내 쪽으로 몸을 숙였고 나는 그의 이름표를 볼 수 있었어요. 자세히 들여다보니 그 남자의 이름표는 뒤집혀 있었어요. 그리고 나는 그의 이름표 뒤에 적힌 내 이름을 봤어요.

잠에서 깬 릭은 돈을 벌기 위해 종일 일하던 생활이 끝났고 자신이 '거물'이 되는 것을 포기했다고 생각했지만, 그의 내면의 정체성은 그림자 속 거물과 여전히 동일시하고 있었다는 사실을 깨달았다. 내적으로 그는 여전히 그곳에 있었고, 자신은 중요하고, 인기 있고, 필요한 사람이라고 느꼈다. 그와 낯선 사람의 만남은 그림자와의 전형적인 만남이다. 그는 그 만남을 피하려 했지만 피할 수 없었다. 남자의 이름을 보려 했지만, 자신의 이름을 보게 되었다.

"그가 나예요. 하지만 그는 내가 아니죠. 그는 낯선 사람이에요."라고 릭은 말했다. 그리고 바로 그 점이 노년기의 정체성 위기의 딜레마이다.

각각의 원형은 시대마다 장소마다 다양한 이미지로 표현된다. 우리는 내면의 연령주의자의 원형이 어떻게 '가방 멘 여인'으로 표현될 수 있는지를 살펴보았다. 일 중독자의 원형은 '야심가'로 나타날 수 있다. 또 다른 고객은 자신의 일 중독 그림자 캐릭터를 치킨 리틀(Chicken Little)●이라 불렀다. 그 그림자 캐릭터는 그녀가 일을 관두면 하늘이 무너질 거라고 믿었기 때문이다.

빌 플롯킨은 자신의 책 『소울크래프트(*Soulcraft*)』에서 그림자 캐릭터의 원형에 **충직한 군인**(Loyal Soldier)이라는 또 다른 이름을 붙였다. 그는 세계 2차대전 당시 배의 침몰과 비행기 추락에서 살아남아 극단적인 상황 속에서 태평양 섬에 갇힌 수백 명의 일본 군인들의 이야기를 들려주었다. 수십 년이 지나서야 발견된 그들은 자신의 사명에 대한 병적인 충성심을 표출했고 전쟁이 끝났다는 사실을 모른 채 다시 전장으로 돌아갈 준비가 되어 있었다. 그들은 충직한 군인을 연기한 것이 아니라 그들이 바로 **충직한 군인** 그 자체였다.

일본의 시민 지도자들은 그 군인들이 사회에 재편입해 시민으로 돌아갈 준비가 되지 않았다는 사실을 깨달았다. 그래서 공동체 의식을 계획했다. 전체 지역사회가 그들에게 감사의 마음을 전하고 계속해서 그들을 칭찬하는 것이었다. 한 노인은 일어서서 외쳤다. "전쟁은 끝났습니다. 이 사회는 이제 여러분이 전쟁은 잊고 시민으로 돌아오길 원합니다. **충직한 군인**에서 퇴역하길 원합니다." 이러한 집단의식을 통해 그 참전병들은 군인의 정체성을 내려놓을 수 있게 되었다. 일부는 자연스럽게

● 동명의 디즈니 영화(2005)에 등장하는 캐릭터. 하늘에서 떨어진 조각을 보고 하늘이 무너질 것이라고 호들갑을 떤다.

195

전이 공간으로 넘어가 한동안 삶의 방향을 잃었다. 그리고 과거의 정체성을 내려놓고 새로운 정체성으로 이동하면서 문턱을 건넌 사람도 있었다.

베트남전, 이라크전, 아프가니스탄전을 겪은 사람들은 우리의 참전용사들이 그 같은 감사와 환영의 의식을 받지 못했다는 걸 안다. 많은 이들은 내면의 **충직한 군인**을 내려놓고 건강하고 나약한 인간으로 돌아가려고 부단히 애쓴다. 그러나 통과의례가 없는 재진입은 고통스럽고 힘들 수 있다.

비유하자면 어떤 이에게 일터는 전쟁터와 같다. 일의 탈출구는 마치 수십 년간 명령에 순종하고 권력 다툼에 참여하고 쉼 없이 일하며 꿈을 희생하다가 안정감, 권력, 중요성, 필요성과 안전함을 느끼려고 전쟁에서 귀환하는 것과 같다. **충직한 군인**은 우리가 은퇴시켜야 하는 우리 내면의 일부분이다. 노년기에 **충직한 군인**은 우리를 더 이상 지켜주지 않는다. 오히려 그 **충직한 군인**이 우리가 내면을 향해 역할에서 영혼으로 돌아가는 것을 방해한다.

만일 우리가 **야심가**나 **충직한 군인**을 은퇴시키지 않는다면, 그러니까 이들을 그림자 캐릭터로 사랑하는 법을 배우고 동일시하는 생각을 깨지 않는다면, 우리는 나이가 들면서 더욱 엄격해지고, 완고해지고 오만해지는 생존자 모드로 계속 살게 될 것이다. 비극적이게도 나약함, 슬픔, 분노, 실망과 같은 다양한 숨겨진 감정에 계속해서 맞설 것이며, 그 결과 감정적으로 해결되지 않은 일들을 끝내지 못하게 방해할 것이다.

이 길을 따라가면, 우리는 정서적, 인지적, 영적 재능을 더욱 배양하고, 마음을 부드럽게 열며, 봉사의 부름에 부응하고, 순수한 의식을 길러야 하는 노년기의 발달 과업에 실패하게 될 것이다.

야심가와 **충직한 군인**에 어울리지 않아서 우리가 그림자 속으로 내쫓아버린 비판적 사고, 취약성, 창의력, 장난스러운 즉흥성과 같은 특성과 재능을 되찾아야 한다. 이것이 은퇴에 대한 두려움의 어둠 속에 놓여있는 열쇠이다. 이것이 어두운 면에 놓인 황금이다.

임상 전문가로서의 은퇴
남을 돕는 전문의였던 나의 이야기

나는 치료사로 활동하면서 매주 고객들과 정서적 친밀감을 느꼈고 다른 사람들은 무서워서 다가가지 못한 그림자에게 그들을 인도했다. 나는 그들의 멘토가 되어 굳어진 패턴을 변화시키고 더욱 풍요로운 삶을 사는 모습을 지켜보는 것이 영광스러웠다.

나는 그들을 깊이 사랑했다. 그들의 개방성, 연약성, 정직함이 내 마음을 가득 채웠다. 내 마음은 그들의 고통에 대한 연민으로도 가득 찼다. 나는 그들의 삶의 이야기를 즐겼고, 그림자 작업을 통해 깊숙한 무의식의 세계로 파고드는 방법을 배우려는 그들의 열망이 좋았고, 더 많은 깨달음을 원하는 그들 영혼 속의 탐구자가 좋았다. 내 일상은 깊이와 친밀감으로 가득 찼고, 나는 감사함을 느꼈다.

그러나 68세가 되던 해에 나는 초조함을 느꼈다. 이것은 생애의 한 주기가 끝나고 새로운 주기가 시작될 때마다 몇 번이고 느꼈던 불안감이었다. 종일 명상을 가르치던 일을 그만두고 새로운 직업에 대한 목표가 없어 마치 절벽에서 떨어진 듯한 감정을 느끼던 때, 저널리즘 일을 관두었지만 새로운 부름을 받지는 못해 미지의 어둠 속으로 걸어 들어가던 때, 치료사가 되고자 출판사를 떠나 대학원에 진학하기로 했지만 경제·감정적인 지원이 없던 때. 내 영혼이 속삭일 때마다 나는 매번 이전의 자신을 버리고 앞에 무엇이 있을지 모른 채 전이 공간으로 들어서곤 했다. 그때마다 길과 조력자, 인도자들이 나타났고, 마침내는 만족스러운 목적지가 나타났다.

그리고 지금, 비록 내 주위의 누구도 은퇴의 '은'자조차 꺼내지 않았지만 나는 또다시 하나의 문턱에 가까워졌음을 인식했다. 여러 해 동안 나 자신에게 귀를 기울인 끝에, 나는 내면의 상반된 목소리들을 들었다.

"나에게 남은 시간으로 나는 무엇을 더 할 수 있을까?" 그리고 "어떤 일을 그만둬야 할지 모르겠네."

"일을 더 많이 해야 해." 그러다가 "일을 줄여야 해."

"여행하고 싶지 않아." 그러다가 더 많은 여행을 예약한다.

"여유를 가져야 해." 그러다가 내 일정은 꽉 차버린다.

이처럼 내면의 상반된 생각들을 반추하면서, 고객들이 제대로 된 마무리 인사 없이 사라져도 나는 더 이상 신경을 쓰지 않는다는 사실을 깨달았다. 이전에는 고객이 소통을 끊으면, 나만 그 인간관계를 붙들면서 버림받은 것처럼 느꼈다. 그러나 이제 나는 이것을 내려놓을 수 있다. 이전에는 산타모니카 산에서 시내에 있는 사무실로 가는 길을 기대했다. 이제 나는 그렇게 드라이브하고 싶지 않았다. 이전에 나는 다른 사람의 내면세계로 여행하는 것이 좋았다. 그러나 이제는 나의 내면세계를 탐구할 시간을 더 원한다.

그렇다고 해서 내가 고객들에게 신경을 덜 쓴다는 말은 아니었다. 단지 관심사가 일에서 멀어지고 있었고, 마음은 다른 방식으로 열리고 있었다. 그렇다면 내 마음은 어디를 향한 것일까? 나는 틀에 박힌 삶을 벗어나, 흘러가는 삶으로 새롭게 방향을 정해야 한다는 신성한 전령의 외침을 듣고 있었다. 의무에서 조금은 벗어나 선택지가 더 많은 책임감으로의 새로운 방향. 일대일 상담에서 큰 그룹을 가르치는 봉사활동이라는 새로운 방향 말이다.

그러자 가장 근본적인 질문이 떠올랐다. 내가 '코니 선생님'이 아니라면, 치료사가 아니라면, 그림자 전문가가 아니라면, 나는 누구인가? 내 역할과 내 브랜드를 내려놓는다는 것은 무엇을 의미할까? 그 역할을 유지하기 위해 나는 무엇을 희생했는가? 내가 더 이상 **행동가**가 아니라면 나는 누구인가? 이 전환기에서 내려놓지 않으려는 저항을 어떻게 극복할까?

199

우선, 나는 새로운 고객을 받지 않기로 했다. 그들이 이메일을 보내면, 나는 심호흡을 하고 그들의 행복을 기원하면서 다른 치료사를 소개해주었다.

그런 다음에는 기존 고객들과 내가 일을 그만두는 것을 이야기하기 시작했다. 우리는 그들의 다양한 감정들을 살펴보았고, 천천히 각자 다른 방식으로 종결지었다.

몇 달 후, 사무실을 정리할 기회가 찾아왔다. 나는 그 기회를 잡았고, 미지의 세계로 들어갔다.

자유를 얻는 대신 잃는 것도 있으리라 생각했다. 한동안 나는 나의 필요성과 중요성이 줄어들었다고 느낄 것이다. 불안감과 불확실성을 느낄 것이다. 치료로 벌어들이던 소득이 사라지면서 독립성이 떨어진다고 느낄 것이다. 여전히 일하고 있는 남편과의 파트너십이 변할 것이며, 우리가 서로를 돌보는 방식에도 변화가 있을 것이다. 앞으로의 길은 아직 가려져 있기에 목적의식과 방향감을 약간 상실했다고 느낄지 모른다.

어쩌면 그중에서 가장 어려운 부분은 내가 내면 작업으로 배운 모든 것들과 지적인 발전, 영적인 성장을 다른 이들에게 전달하는 귀중한 수단이었던 상담 치료 관계를 잃는 것이었다. 이 관계는 기꺼이 받아들이고자 하는 이들에게 나의 성취를 나눌 귀중한 그릇이었다.

물론 나는 고객들을 그들 자체로 귀중히 여기지만, 내게 있어 그들이 가진 의미 역시 소중하다. 남편과 손주들을 제외하고 내가 누구를 이토록 열렬히 사랑할 수 있을까? 누구에게 나의 일관되게 긍정적인 관심과 헌신을 쏟을 것인가? 그들을 잃는 것은 끔찍한 상실이 될 것이다. 그러나 내가 가족과 친구들, 그리고 나 자신에게 이 애정 가득한 시선을 돌리기만 한다면 잠재적인 이득이 될 수 있다.

내 고객들 역시 좋은 부모의 모습을 투영해 나를 사랑하기도 한다. 어떤 고객들에게 나는 그들의 하나뿐인 좋은 엄마이기도 했다. 다른 이들에게 나는 상냥한 자매, 현명한 할머니, 영적 스승이었다. 몇 년간 이렇게 긍정적인 투사를 유지하면서 지내자 나는 내 개인적인 이야기를 나누기보다 이 이미지를 가운처럼 두르고 그들을 위한 일종의 원형으로 서는 데 익숙해졌다. 그 투사가 가진 힘과 지위를 포기하는 상실은 곧 더 동등하고 서로에게 도움이 되는 인간관계를 만들어가는 계기가 될 것이다. 그림자 전문가라는 '브랜드'를 내려놓는 것은 손실인 동시에 노년기의 완전히 새로운 영역으로 확장해가는 득이 될 것이다.

마지막으로, 나는 심리치료 분야가 걸어온 방향에 대해 슬픔을 느낀다는 사실을 인정해야 했다. 수백 년 전, 무의식의 발견과 탐구가 치료의 중심에 있었다. 프로이트와 융과 그들의 동료들은 마치 달에 착륙한 최초의 인간들처럼 미지의 세계를 여행했다. 심층심리학이 그들의 연구를 포함하고 초월하기 시작하면서, 무의식의 세계는 여전히 심리치료사의 선택적 영역이었다. 이것은 '정신(psyche)'으로 불리게 되었고, 그리스어로 '영혼'을 의미한다. 나는 운 좋게도 1990년대에 여전히 심층심리학을 가르치던 대학원을 찾았고, 그곳에서 무의식에 방향을 맞추고 영혼의 삶을 존중하는 방법을 배웠다.

　미국 심리학협회의 학교인증시스템으로 인해 자아초월심리학과 심층심리학 중심의 대학원들은 의료 모델을 받아들일지 문을 닫을지를 결정해야만 했다. 그리고 제약회사들. 오늘날 심리학은 예술이 아닌 과학이다. 모든 것은 뇌와 관련되어 있다. TMS(경두개 자기자극법), 뉴로피드백, EMDR(안구 운동 민감소실 및 재처리 요법), 약물, 약물, 더 많은 약물. 따라서 이 분야의 최고 전문가인 정신과 전문의는 의약 처방만 하고 더는 치료를 수행하지 않는다. 그리고 인간에게 영혼은 존재하지 않고, 증상을 완화하기 위해 생각만 바꾸면 되며, 치료사와의 관계는 치유와 관련이 없다고 가정하는 인지행동치료는 행동에 관한 것이다. 결국 심리치료는 더 이상 '너 자신을 알라(know thyself)'는 교훈에 따라 이뤄지는 영적인 여정이 아니게 되었다.

　문턱에 다가가며 남편 닐과 나눈 수많은 대화에서 나는 심리치료사로서의 활동이 어떻게 나에게 영적인 길이 되었는지를 깨달았다. 명상, 그림자 작업, 중요한 관계는 내가 성장하는 데 핵심적인 심리적, 영적 수련법이었다. 그러나 이제 360도의 시각으로 닐과 나는 심리치료가 어떻게 내 마음을 열고, 편견을 없애고, 내 개인적인 그림자 문제 일부를 해결했고, 매 순간 내가 현존할 수 있게 했는지를 알 수 있었다. 그리고 내가 무의식에 방향을 맞추고 다른 사람들의 숨겨진 두려움과 표현되지 않은 꿈에 공감하도록 가르쳤다. 심리치료는 여정에서 내가 그들 각자의 영혼을 인도하게 가르쳤다.

첫 단계에서 나는 심리치료사와 고객의 관계를 주체와 객체의 관계로 생각했다. 나는 고객을 평가하고 진단하고 치료하는 전문가였다. 그러다 보니 부모-자식 관계가 되살아날 수 있는 우월-열등의 역학관계가 생겨났다. 이것이 심리치료사가 훈련받은 방식으로, 지식을 뽐내고 존경받고 특별하다고 느끼길 원하는 자아의 욕구를 강화한다. 이것이 남을 '돕는' 일을 하는 모든 사람의 그림자의 한 측면이다. 도움을 받는 사람들은 계속해서 열등한 위치에 놓일 위험에 처하는 것이다. 반대되는 것들을 자아-타인으로 나누어버려서 더욱 통합된 경험을 방해한다.

두 번째 단계에서는 고객과 나를 더 큰 시스템의 일부로 바라보았다. 서로를 돌보고 사랑하고 존중하는 상호 주관적인 경험의 공통적인 과정 말이다. 무의식의 세계에서 우리를 붙드는 거대한 무언가가 있음을 나 또한 고객으로부터 배웠다는 사실을 깨달았다. 시인 로버트 블라이는 두 사람 사이에 나타나는 이것을 '제삼의 몸(Third Body)'이라고 불렀다. 마치 한 공간에 다른 강력한 존재가 있는 듯, 우리와 함께하면서도 동시에 우리보다 거대한 에너지를 말한다. 더욱 상호적인 이 역동성은 이전 단계를 포함하면서 초월한다. 즉, 나는 내게 투사된 부모의 이미지를 인지하되 그것을 따라 행동하지 않는다. 분리감은 덜하지만, 아직 영적인 교감이 이루어진 상태는 아니다.

세 번째 단계에서 나는 심리 치료가 더욱 거대한 무언가에 연결되어 있음을 깨달았다. 방 안에 있는 것이 방 밖에 있는 것과 연결된다. 우리의 의식과 무의식을 붙들고 있는 제삼의 몸은 세계 전반의 집단적 무의식이 반영된 것이다. 다시 말해, 나만 고객을 치료하는 것이 아니라 고객도 나를 치료한다. 문화 전체가 우리의 내면과 사이, 방 안에 존재하며 우리가 변화함에 따라 동시에 서로를 형성하고 영향을 끼친다. 우리의 내면 작업, 영혼의 진화는 모든 생명체의 변화에 영향을 준다. 이 작업은 방 안에서 일어나는 동시에 방 밖에서도 일어난다. 모든 것은 하나의 통합된 흐름 속에 연결되어 있기 때문이다. 이것이 분리의 끝이자 통일의 시작이다.

이 단계에 도달했을 때 나는 이성으로 움직이고 있지 않았다. 내 말은 즉흥적이고 직접적인 직관의 표현이었다. 집단적 과정의 부분처럼 고객이 내게 필요한 것을 가져오고, 나는 고객이 필요로 하는 것을 가져다주었다. 때로는 찾아오는 고객들마다 같은 문제를 갖고 있었고, 반복적으로 동시성이 나타났다. 이 집단적인 단계는 이전 단계를 초월하며 포함한다. 즉 나는 투사와 통일을 동시에 유지하며 진단을 내렸다. 우리는 인류를 자아와 그림자를 가진 분리된 두 사람이 아니라, 다른 종과 함께 인류 진화의 필수적인 부분으로 묘사하는 이야기를 작업하고 있었다.

그런 만큼 실무에서 은퇴한다는 것은 단순히 사무실을 떠나는 것만을 의미하지 않았다. 이것은 자기 인식의 폭과 깊이를 넓히기 위한 영적인 길에서 물러나는 것을 의미했다. 타인을 돕고, 답을 얻고, 감사받으려 하는 욕구를 내려놓는 것이다. 익히 알던 삶을 떠나 미지의 전이 시간을 직면하는 것이다. 나를 인간 영혼의 깊이와 인류의 여정에 연결해 주었던 사랑의 실천을 그만두는 것이다. 이 모두가 영광스러운 일이었다.

나의 은퇴 의식: 노년기의 의식

어느 날 저녁 나는 친구들과 동료들을 불러서 임상 치료에서 은퇴하는 의식을 거행했다. 통과 의식을 기획해본 적은 없었지만, 내 마음의 눈으로 늘 보던 것이 있었다.

나는 촛불을 켜고 조명을 어둡게 했다. 몇 분간 이 장의 서문을 읽어서 참관한 사람들이 나와 같은 기본 틀을 따르게 했다. 그런 다음, 네 장의 흰 카드를 한 번에 한 장씩 들어 올렸다. 거기에는 내 직업들이 적혀있었다. 명상 지도자, 언론인, 편집자, 심리치료사. 그런 다음 세상에 보낸 내 선물들인 다섯 권의 책을 들어 올렸다.

내 명상 수업을 들은 학생들과 심리치료 고객들처럼 알려진 영향력과, 내가 쓴 책의 독자들이나 내가 편집한 수백 권의 책의 독자들처럼 알려지지 않은 영향력을 비롯해 누가 나의 일의 영향을 받았는지를 잠시 말했다. 그리고 이렇게 공헌한 나 자신을 인정했고, 일하면서 보낸 세월의 가치를 깊이 느꼈다.

나는 내 일과 역할과 책임의 상징을 들어 올려 세상에 바쳤다. "이제 나는 네가 너의 길을 찾길 축복하고 허락하노라." 그렇게 내 마음을 내려놓고 물건들을 내려놓았다.

그런 다음 나는 각 참석자에게 축복을 빌어달라고 부탁했다. 나는 잠시 일어서서 빈손으로 바닥의 은색 테이프로 된 경계를 지나 열린 공간으로 건너갔다.

이제 나는 아침에 깨어나면 깊이 숨을 쉬며 경이로움에 주위를 둘러본다. 나는 과거를 은퇴시키고 있다. 나는 미래를 은퇴시키고 있다. 나는 현존을 수련한다. 여기에만 있는 것이다. 호흡마다 나이가 들어간다. 나는 영혼으로 살기로 했다.

영적 수련법으로서의 은퇴
역할에서 영혼으로

앞서 말했듯이 인생의 전환기는 우리에게 역할이나 외부활동 이상의 변화를 요구한다. 인생의 전환기는 우리가 내면에서부터 변할 것을 요구한다. 성인이 되거나, 직업을 바꾸거나, 결혼하거나 이혼하거나, 자녀를 출산하거나, 중병에 걸렸을 때, 우리는 자신의 원형을 바꾸게 된다. 새로운 인생의 패턴으로 걸어 들어가는 것이다. 우리 사회는 성인에게 통과 의례를 제공하지 않기에, 이것은 대부분의 사람들에게 의식적인 과정이 아니다.

그러나 은퇴하면서 명백한 역할과 의무가 사라지고, 우리 일과의 틀이 무너지고, 내 팀과 업무상 가족이었던 사람들이 내가 없어도 업무를 진행할 때 우리에게 역할에서 영혼으로 원형의 변화는 더욱 의식적으로 다가온다. 한층 더 깊은 수준에서 **행동가**라는 자아의 평생의 정체성은 산산이 부서지고, 의미

206

와 목적의 주된 원천이 사라질 수 있다. 노년기의 정체성의 위기가 촉발되며, 다음 단계를 위한 내면의 목소리를 듣기까지 시간이 걸린다.

지금까지 살펴보았듯이 우리 중 일부는 시간과 내면의 공허함을 다른 활동으로 서둘러 채울 것이다. 우리는 새로운 역할을 만들고 싶어 한다. 계속해서 쓸모가 있고, 소중하며, 필요한 사람이라고 느끼길 원한다. 다른 사람들은 내면 작업에 더욱 집중할 것이다. 내가 인터뷰한 사람 중에서 일부는 젊은 시절 명상을 시작했다가 중년에 자녀를 양육하고 경력을 쌓느라 중단했다. 노년기에 다시 명상을 시작하자, 그들은 마치 집에 돌아온 것 같은 내면의 고요함을 발견했다.

그렇다고 해서 행동하고 만들고 창조하고 성취하던 삶, 행위에서 자신의 존재 가치를 찾던 삶을 살다가 내면으로 관심을 돌리는 것이 쉽다고 말하는 것은 아니다. 그러나 내면적으로 **행동가**(또는 **야심가**, **지배자**, **경쟁자**, **부양자**, 또는 여러분이 부르고 싶은 무엇이든)를 은퇴시킬 수 있는 우리의 능력은 우리가 매일 순수한 의식을 경험하고 그림자 캐릭터들을 사랑할 때 크게 향상된다. 고요한 마음은 고정 관념들, 예컨대 타인의 존경을 갈구하고, 통제하길 원하는 등 더 이상 우리에게 도움이 안 되는 모든 특징을 버리는 데 도움이 된다.

이렇게 우리는 은퇴를 위해 영적 수련을 하고 역할에서 영혼으로 문턱을 넘어선다. 내면의 삶에서 새로운 의미와 목적의 원천을 발견한다.

노화를 주제로 30권의 책을 집필한 다작가 캐럴 오스본을 인터뷰했을 때, 당시 70세였던 그녀는 해야 할 업무 목록을 사용하지 않게 되면서 자신의 굳건한 '자아', 마케터이자 작가라는 성공적인 정체성도 함께 은퇴시켰다고 말했다. "더 이상 그 역할들은 저를 지속시키지 않았죠. 쓸모 있거나 성공한 사람이 되려고 제 자신을 전부 파괴해야 했어요. 이제는 성과의 뚜껑을 열고 나라는 적나라한 내용물을 보고자 하는 경험과 신뢰가 쌓일 만큼 충분히 나이가 들었죠. 저는 고통스러울 만큼 살아 있고, 기쁘도록 살아 있어요."

그녀는 성공과 실패라는 개념도 은퇴시켰다. 그녀는 어떻게 자신의 성공을 이용해 나약함과 진정성을 숨기고 그림자 속으로 밀어놓았는지 설명했다. "다음 책을 팔면 일 년은 괜찮을 거야."라고 그녀는 자신에게 말하곤 했었다. 이제 그녀는 이런 보호막은 내려놓고 자신의 껍질을 벗고 서서히 다른 존재로 변하고 있다.

"과거에는 잠에서 깨면 온종일 글을 쓰거나 마케팅 일을 했어요. 항상 무엇인가를 성취하려고 했어요. 그런데 이제는 운동 삼아 노인센터까지 호수를 따라 1.6km를 걸어요. 그러면 놀라움이 가득한 세계가 열리죠. 머리도 길게 땋았어요. 그리고 나를 이해 못 하는 친구들은 내려놓았어요. 이제 그 자아의 장소로 돌아가기보단 혼자 있는 게 좋아요."

우리들 대부분이 그렇듯 캐럴도 외향적인 사람이 되도록 훈련받은 내성적인 사람이다. 그녀는 더 이상 대중의 말에 휩쓸리거나, 그녀가 '용기 있게 진실을 말하는 사람'이 될 수 없는 대화에 참여하지 않는다. 그녀는 수십 년 전에 배웠던 명상 수련법으로 돌아갔고, 일상에 요가와 태극권을 추가했다.

안타깝게도 우리는 성과와 소비만 추구하고 명상 수련과 영적 발전을 무시하는 문화 속에 살고 있다. 노년기조차도 그렇다. 그러나 이러한 내면의 가치는 기독교 수사와 같은 전통, 불교, 힌두교와 같은 다른 문화의 사회적 구조 속에 짜여있다.

힌두교 전통에서 인생의 단계는 '아쉬라마(ashrama)'로 알려져 있으며, 인간의 여정은 각 단계의 발달 과업을 달성하는 것을 목표로 한다. 첫 번째 단계는 학생기로 교육과 규율에 집중하며, 두 번째 단계인 가주기(stage of householder)를 위해 준비시킨다. 가주기는 결혼, 가족, 일에 집중하는 시기이다. 이러한 단계의 과업들을 완수하지 않으면, 그 사람은 미성숙한 채로 남아 그 시기의 역할과 책임을 통해 개발해야 하는 중요한 자질들을 놓치게 된다.

세 번째 단계는 조부모와 은퇴의 단계로, 일과 가정의 책임, 과거의 역할과 정체성을 내려놓고, 물질적 가치에서 영적 가치로 전환하는 시기이다. 이 시기는 또한 스트레스를 유발하고 노년기에는 더 이상 맞지 않는 기존의 생각 패턴과 감정을 내려놓는 과정을 포함한다. 대다수가 이 시기에 손자를 돌보고, 어린 동료나 어린이들에게 멘토링을 하고 가르친다. 이런 문화에서 은퇴는 보편적이며 중요한 육체적, 정서적, 영적 전환기로 인식된다.

아쉬라마의 마지막 단계는 포기의 시기로, 세속적인 삶과 자아의 걱정을 내려놓고 죽음을 준비하는 영적 수련에 집중한다.

나는 20대에 내 첫 명상 스승으로부터 아쉬라마에 대해 배웠다. 그 당시에도 오늘날과 마찬가지로 많은 사람이 젊은 나이에 명상을 공부하고 영적 수련을 위해 내면으로 눈을 돌린다는 사실이 인상적이었다. 영성을 마지막이 아닌 처음부터 수련함으로써 우리는 전통적인 발달의 단계를 뒤집고 있었다. 물질적인 삶의 토대를 만들기 전에 영적 가치를 육성한 것이다.

나는 서양에서는 이러한 단계들이 순차적이지 않고, 전 생애에 걸쳐 우리 안에 잠재되어 있는 원형이라는 것을 깨닫기 시작했다. 전통적으로 이들은 특정한 순서를 따라 실현된다. 그러나 우리는 언제라도 학생이 될 수 있고, 가족을 꾸리거나 퇴직자가 될 수 있으며, 구도자나 영적 수련자가 될 수 있다.

게다가 우리는 **원로**가 되면서 이 모든 에너지를 동시에 얻을 수 있다. 계속해서 호기심과 열린 마음을 갖고 배울 수 있다. 신혼이든 오래된 결혼 생활에서든 사랑과 가족을 다시 생각해볼 수 있다. 평범한 휴가지에서도 고독한 자기 성찰의 '숲'에 들어갈 수 있다. 그리고 우리는 의미와 초월을 향한 마지막 과제가 주어졌을 때 영적인 수련에 집중하며 내면에서부터 내려놓을 수 있다.

전통적인 불교에서 신성한 전령을 가르칠 때 은퇴는 보통 포함되지 않는다. 하지만 오늘날 우리 세계에서 은퇴는 분명 신성한 전령 중 하나이다. 길어진 수명과 함께, 은퇴의 부름은 우리가 외적으로 활동적이건 그렇지 않건 관계없이 내면으로 눈을 돌리라는 요청이다. 핵심적인 영적 질문을 다시 떠올리라는 요구이다. "나는 누구인가?"

그림자 작업 연습

- 우리가 멈추지 못하게 막는 내면의 그림자 캐릭터는 누구인가? 우리의 행동가, 야심가, 충직한 군인은 누구인가?
- 우리 내면의 연령주의자는 어떻게 작용하는가?
- 우리가 행동가가 아닐 때 '충분치 않'다고 느끼는 그림자 캐릭터는 누구인가?
- 우리의 죽음에 대한 두려움은 어떻게 작용하는가?
- 행동가는 과거에 당신을 어떻게 보호했는가? 행동가는 현재 당신을 어떻게 파괴하는가?
- 행동가를 은퇴시킬 수 있는 의식을 만들 수 있는가?
- 일을 그만둘 수 없는 형편이라면, 일에 대한 내면의 경험을 어떻게 바꿀 수 있을까? 당신의 일에 다른 인식과 존재감, 새로운 의미를 부여할 수 있는가? 당신의 개인적인 기여가 삶 전체에 대한 더 큰 기여로 연결된다는 것을 알고 있는가?

영적 훈련

이같은 명상 수련법은 개인의 관심을 역할에서 영혼으로 계속 전환한다. 우리가 그림자 캐릭터에게 붙잡혀 있다는 것을 깨달았을 때, 크게 외치는 연습을 하자. ("나를 다시 원기 왕성히 활동하게 만들려는 **행동가**, 네가 보여." "**충직한 군인**, 회사에 계속 남아서 못 떠나게 하려는 네 의도가 느껴져.") 그리고 나서 더 깊은 정체성을 내면화하고, 그 정체성을 생각하고, 느끼고, 구현하는 수련을 하자. 일기장에 이 경험에 대해 기록하고 관심을 기울이며 무엇이 떠오르는지 살펴보자.

자신의 역할을 써보자. 나는 CEO이다. 나는 가장이다. 나는 영업사원이다. 나는 변호사이다. 나는 작가이다. 나는 교사이다. 나는 간병인이다. 만일 이러한 역할이 아니라면, 여러분은 누구인가?

자신에게 이렇게 말하는 연습을 하자. "나는 행동가가 아니다. 나는 순수한 의식이다." 혹은, 원한다면 "나는 행동가가 아니다. 나는 만물을 통해 살고 숨 쉬는 존재이다."라고 말하는 연습을 하자.

5장

인생을 바꾼 질환으로 나타난 신성한 전령

우화

테이레시아스 이야기 (그리스 신화)

테이레시아스는 숲속을 걷다가 우연히 목욕 중인 여신 아테네의 벗은 몸을 보게 된다. 분노한 아테네는 그의 눈을 멀게 만들었다.

다른 신과 여신들은 아테네에게 그는 선한 사람이니 저주를 풀어달라고 간청했다.

그러나 아테네는 테이레시아스의 시력을 회복시켜주지 않았다. 대신 내적인 통찰력, 연기와 불을 통해 미래를 보고, 새들의 말을 알아듣고, 죽은 자와 소통할 수 있는 능력을 주었다. 이러한 능력은 나이가 들수록 더욱 강력해졌고, 그는 현명한 예언가로 알려지게 되었다.

이렇게 그는 시력을 잃었지만, 새로운 능력을 얻어 인간과 신 사이의 전이 공간에서 살게 되었다.

몸과 영혼의 질병과 고통은 인생을 변화시킬 수 있다. 인간의 상태에 대한 가장 근본적인 충돌을 드러낼 잠재력을 지닌다. 즉, 우리의 끝없는 원대한 꿈과 욕망, 그리고 제한적이고 연약하며 쇠약해져 가는 신체 사이의 긴장감을 드러낼 수 있다. 아무리 상을 많이 받아도 그림자 속의 이러한 내적 모순을 잠재울 수는 없다. 항노화 제품을 아무리 많이 발라도 이와 같은 존재의 역설을 해결할 수 없다. 아무리 긍정적인 사고를 많이 해도 이러한 의구심을 깨트릴 수 없다. 이것은 우리에게 완전한 진실의 한 부분으로 주어졌다.

테이레시아스의 이야기를 대수롭지 않게 생각할 수도 있다. 하지만 그 속에는 노년기에 잃는 게 있으면 얻는 게 있고, 끝이 있으면 시작 또한 있다는 교훈이 담겨 있다. 한 남자의 끔찍한 상처는 신성한 상처가 되어, 그로 하여금 내면의 세계에 눈을 뜨고 **원로**의 단계로 올라서게 한다. 테이레시아스의 이야기는 내게 인상주의 화가 클로드 모네를 떠올리게 한다. 그는 80대에 백내장으로 시력을 거의 잃었지만, '수련' 연작을 그릴 만큼 자신의 화법을 바꿀 수 있었다. 또한 유명한 화가 앙리 마티스도 생각난다. 83세에 그는 휠체어에 앉아 생활했으며 관절염으로 손에 장애가 생겼다. 종이를 자르기 위해 가위를 사용한 결과 마티스는 새로운 형태의 미술을 탄생시켰다.

질병도 신성한 전령이 될 수 있다. 질병은 우리를 그림자의 의식, 순수한 의식, 죽음의 의식으로 인도할 수 있다. 죽음, 초월성, 존재성으로 가는 관문을 열 수 있다. 신체의 정체성에서 영혼의 정체성으로 넘어가는 문턱을 건너도록 우리를 이끌 수도 있다.

나는 한 남성이 이렇게 말하는 것을 들었다. "암이 모든 것을 바꾸었어요. 저를 다른 길 위로 올려놓았죠."

한 여성은 나에게 이렇게 말했다. "저는 암에 걸렸었어요. 종양을 제거했고, 바뀐 건 없어요."

첫 번째 사례에서, 자신이 항상 해오던 일을 지속할 활력을 잃게 된 톰은 인생의 방향을 잃고 방황하다가 결국 속도를 늦추고 내면으로 눈을 돌릴 수밖에 없었다. 그는 침묵 속에서 휴식을 위한 명상 수련에 파고들었고, 불안감에서 조금은 벗어날 수 있었다. 그는 암의 원인이 되었을 수 있는 정서적 문제들을 알아내기 위해 그림자 작업을 연습하기 시작했다. 그 결과 그는 지나치게 상대방을 기쁘게 하려는 행동을 그만두고, 뿌리 깊은 패턴을 없앴다. 자신이 원하는 것을 표현하고, 주어진 상황을 받아들이는 법을 배웠다.

톰은 암 발병에 기여했을 생활 방식의 문제를 살펴보았고, 평생의 설탕 중독에서 벗어나 영양 섭취에 관한 매우 다른 선택을 하기 시작했다. 그는 후회 없이 죽기로, 즉 가족과의 관계를 바로잡는 정서적 회복을 위해 노력하겠다고 결심했다. 톰은 자신의 현재를 직시하면서 죽음을 인식하게 되었고 인생의 우선순위를 대대적으로 조정했다.

진지하게 자기 성찰을 하면서, 톰의 질병은 그에게 인생의 통과 의례가 되었다. 영웅적인 과거의 그는 죽고, 결과를 모른

채 치료를 위해 불편한 전이 기간을 보낸 뒤 서서히 회복되어 인생의 더 의식적인 단계로 나아갔다.

"나는 문을 통과했어요. 돌아가는 길은 없죠. 다시 돌아가지 않아요. 암은 나의 길이 되었고, 상상했던 것보다 훨씬 큰 인생을 향한 문을 열어주었죠."

두 번째 사례에서 셸리는 전령의 부름을 듣지 않았다. 수술을 받았지만, 그녀의 정신과 마음과 영혼은 변하지 않았다. 예전과 똑같이 스트레스가 과중한 일과 정서적 관계로 돌아갔다. 낮에는 카페인과 당분으로 깨어있다가 밤에는 술을 마시고 잠드는 자기 파괴적인 생활로 되돌아갔다. 그녀는 자신이 항상 하던 일을 계속했다. 많은 이들과 같은 내적 장애물에 사로잡혀있었기 때문이다. 질병을 부정했고, 그로 인해 자신을 돌보고 인식하기 위한 관심을 쏟지 못했다. 통과 의례에 실패한 것이다.

붓다는 아버지의 궁전을 떠나 질병과 노화와 죽음을 목격했고, 인식의 눈을 뜨게 되었다. 질병으로 고통받을 때, 특히 그것이 목숨을 위협하는 것일 때 우리는 동시에 여러 가지를 선택해야 하는 상황에 직면한다. 어쩌면 그중 가장 눈에 띄지 않는 선택은, 이 위기가 우리의 영혼에 도움을 주고 의식을 깰 기회가 될지에 관한 것인지도 모른다.

끔찍한 상처에서 신성한 상처로

전 세계에서 발견되는 이 같은 고난의 신화적인 버전은 죽음과 부활의 모티브로 특징지을 수 있다. 영웅(자아)은 다시 태어나기 위해 반드시 죽음을 겪어야 한다. 부활하기 전에 인간은 고통을 겪고 자신의 지난 삶을 희생해야만 한다. 우리가 이런 고통을 극복한다면 새로운 힘과 통찰력을 얻고, 인생의 방향을 재설정해 또 다른 인식의 단계에 도달하게 된다.

예수의 십자가 수난, 욥의 피부병, 페르세포네의 강간, 이난나의 고문, 오르페우스의 사지 절단, 그리고 성배의 비밀을 쥐고 있으나 자신의 상처는 치유하지 못했던 피셔 킹* 이야기가 말해주듯 이것이 바로 인생을 변화시키는 질병의 숨겨진 힘, 끔찍한 상처를 신성한 상처로 바꾸는 연금술의 마법이다. 이들 각각은 자아의 습관적 패턴과 인식으로 항상 막혀있던 더 큰 영적 현실의 문을 열었다. 그 상처는 자아를 줄이고 신과 만나는 촉매제가 됐다.

우리 시대에는 몸을 떠났으나 의식을 유지한 채 다시 세상으로 돌아온, 임사 체험(near-death experience)을 겪고 죽음의 본질과 사후의 삶에 관한 새로운 이야기를 들려주는 이들이 같은 이야기를 한다. 강간, 친족 성폭행, 학대, 전쟁, 고문을 당하고

● 〈The Fisher King〉 로빈 윌리엄스 주연의 1991년 영화.

218

세상에 돌아온 생존자들은 인간의 어두운 본성을 만난 일이 어떻게 그들이 다른 생존자들을 향한 온정과 봉사에 마음을 여는 계기가 되었는지에 관한 새로운 이야기를 들려준다. 오늘날 상처는 이렇게 신성한 상처가 된다.

레너드 코헨이 노래했듯, "모든 것에는 틈이 있다. 그 틈을 통해 빛이 들어온다."[•]

이 틈, 이 상처가 바로 우리가 약하고 아플 때, 병에 걸렸을 때를 자신의 영혼을 성찰할 시기로 선택한 이유이다. 시인이자 소설가인 디나 메츠거가 쓴 수필 「암이 답이다(*Cancer Is the Answer*)」에 따르면, "우리의 삶이 우리의 통제력을 벗어나는 그 순간, 우리에게 남은 삶이 얼마나 짧은지 깨달을 때, 우리는 자신의 삶을 성찰하고 진실을 위해 편안함을 희생하며 모든 것을 재평가하게 된다. 이와 같은 결정적인 순간에 우리는 인생은 오직 진정으로 살았을 때 가치가 있으며, 시간이 아닌 이해로 삶을 측정할 수 있다는 사실을 깨닫게 된다."

삶의 가치는 수명이 아닌 자기 인식, 용서, 감사함으로 측정된다는 말을 덧붙일 수 있다. 치료가 아닌 미지의 세계로 내려놓고, 문턱이 나타날 때마다 그 문턱을 지나 새롭게 태어나는 것으로. 내면에서부터 병을 체험하는 우리의 능력으로.

이것은 아주 높은 이상향이나 충격적인 진단에 따르는 끔

•   There is a crack in everything. That's how the light gets in. 1992년 발매된 레너드 코헨의 노래 〈Anthem〉의 가사.

찍한 괴로움, 극심한 통증, 장애로 이어지는 신체적 퇴행을 낭만적으로 그리는 것처럼 들릴 수 있다. 여기에서 나는 '성공한' 건강과 '실패한' 건강을 구분하려는 것이 아니다. 이것은 '성공한' 노화에 대한 선입견과 같은 것으로, 자아의 이상향을 만들고 자신을 비난하며 사회적 기준에 부응하지 못했다는 수치심을 느끼게 한다. 그러나 우리는 질병을 모든 복잡성과 신비로움을 가진 영혼의 여정이라는 맥락에서 보려고 한다. 노화와 마찬가지로 나는 질병의 어두운 면과 밝은 면, 고통으로의 하락과 새로운 의미와 또 다른 인식의 수준으로의 잠재적인 상승을 탐구하길 바란다. 이 세계에서 우리가 성공과 실패를 말할 때는 영혼의 진화를 말하는 것이다.

한 고객은 나에게 이런 말을 했다. "제 병의 5년 내 생존률은 50%에요. 제가 죽을 수 있다는 걸 항상 인식하죠. 마치 쌍안경이 완전히 또렷이 보일 때까지 초점을 맞추는 것과 같아요. 암이 없었다면 제 삶을 살펴보려 하지 않았을 거예요."

몸과 마음의 분열 끝내기

유대-기독교 전통에서 인간의 육체와 그에 따르는 동물적 충동, 성적 욕망과 필연적 부패는 그림자 속으로 추방되고, '더 높은' 영적·심적 세계와 이성적 사고만을 중시하던 사제들에 의해 금기시되었다. 이러한 분열은 강바닥처럼 우리의 집단적 지형 깊숙이 자리잡아 육신과 정신, 죄악과 순수, 동물과 신성함이라는 잘못된 반대 개념을 만들어냈다.

과학의 시대가 도래하며 신체는 화학물질들을 담는 포대에 불과하며 영혼이 없는 기계인 것으로 확인되었다. 그리고 몸과 마음의 분열은 우리가 더 이상 볼 수 없는 문화적 사각지대에 깊이 뿌리내렸다.

자아는 몸과 마음의 분열을 당연한 것으로 받아들이지만, 영혼은 그렇지 않다. 이러한 관점에서 뇌와 마음과 몸은 서로서로 연결된 영혼의 기관들이다.

오늘날 우리의 그림자(부정된, 살아보지 못한, 갇혀있는 재료)가 머릿속 한구석에 고립되어 있지 않다는 사실이 점점 더 분명해지고 있다. 우리는 뇌와 마음과 몸이 펩타이드와 호르몬에 의해 매개되는 상호 관계의 그물망이며, 우리의 그림자가 불가피하게 흡수한 몸과 마음의 물질은 질병의 증상으로 나타날 수 있다는 것을 안다.

물론 이러한 증상은 부정할 수 있고 사라질 수 있다. 우리는 반복되는 두통, 가쁜 숨, 혈압이나 혈당의 변화, 뻣뻣한 등과 방광염 및 다른 문제에 직면하면 고개를 돌린다. 우리는 이것을 부정하고 불길한 예감을 무시한다.

62세의 트루디는 나에게 이렇게 말했다. "심장 마비가 왔어요. 저는 건강하고 튼튼하고 젊다고 생각했었죠. 신혼이었고 사교 댄스와 스노클링을 배우고 있었죠. 물론 제 혈당은 높았어요. 그리고 가끔 담배를 피웠죠. 제가 하는 일은 앉아서 하는 일이었지만 일주일에 한 번씩 운동했어요. 제 건강은 나쁘지 않았어요. 저는 노화를 부정했죠. 심장 재활 기간에도 저 자신에게 이렇게 말했어요. 이건 우연히 일어난 일이야. 다시는 이런 일이 없을 거야."

그게 2년 전이었다. "제 인생의 가장 중요한 곳으로 들어가는 관문을 통과하지 않겠다고 거부했었다는 것을 이제는 알아요. 아무런 대가 없이 늙어가는 몸과 정신을 계속 끌고 갈 수 있는 것처럼 살았어요. 하지만 무의식 깊은 곳에서 제 심장은 부서지고 있었죠."

70세의 심장전문의 제프는 병원에서 장시간 일했고 전문가로서의 역할과 자신을 깊이 동일시했다. 그가 심하게 넘어졌을 때, 그는 수치스러웠고 자신에게 장애가 있다고 사람들이 생각할까 봐 지팡이 사용을 거부했다. 그는 다시 넘어졌고 보행 보조기가 필요했다. 그러나 그는 계속 보조기 사용을 거부하고 자신의 집에 보조기를 둘 장소를 만들지 않으려 했다. 그는 가정 요양 보호사의 도움을 거부했다.

제프는 독립성의 상실과 도움의 필요성을 부정하는 무의식의 부분인 의존적인 그림자 캐릭터와 싸우고 있었다. "저는 의사예요. 남을 돕는 일을 하죠. 남이 저를 돕는 게 아니고요." 역할과 자신을 동일시하는 행위는 계속해서 그를 파괴했고, 새로운 현실을 받아들이고 가족의 도움을 받는 것을 막았다.

그렇지만 기동성의 상실이나 만성 질환은 무척 보편적이며 특히 노년층에서 더욱 그렇다. 2018년 미국 질병통제센터

(CDC)는 65세 이상 미국인 다섯 명 중 두 명이 거동에 장애를 겪고 있으며, 다섯 명 중 한 명은 당뇨를 앓고, 40%는 비만이며 절반 이상이 고혈압 약을 복용 중이라고 밝혔다. 남성의 70%는 칠십 대를 전후하여 전립선 비대증으로 고생하게 된다. 여성 여덟 명 중 한 명은 침윤성 유방암에 걸린다. 게다가 일반적으로 여성이 더 오래 살기 때문에, 때로는 회복하거나 의료비를 지불하기 더 어려운 노년기에 생명을 위협하는 질병을 앓게 될 확률이 더 높다.

노인들의 사회적 고립은 전염병과도 같다. 건강에도 나쁘다. 앤지 리로이와 동료 연구자들은 200명 이상의 건강한 사람들을 대상으로 얼마나 외로움을 느끼는지 설문 조사를 했다. 그런 다음, 그들에게 일반적인 감기 바이러스를 투여한 뒤 격리된 호텔 방에서 지내게 하면서 아픈 동안의 감정을 기록하도록 한 결과를 〈건강심리학〉지에 발표했다. "아플 때 외로운 사람들은 덜 외로운 사람들보다 더 기분이 나빠졌다."

몸과 마음의 연결을 보여주는 대표적인 예시로, 만성적인 외로움은 신체에 영향을 미친다. 스트레스 반응을 유발하고, 혈압을 높여 불면증과 소화 불량으로 이어진다. 면역 반응을 저하시키고, 만성 염증을 일으켜 심장 질환, 암, 뇌 장애를 촉발시킨다. (외로움의 유전학은 아직 연구 중인 상태지만, 연구자들은 외로움의 영향과 싸우기 위해 항염증 식단을 섭취하고 다른 이들과 공통적인 사명을 찾아야 한다고 제안한다.)

첨단 의학과 심리학은 분명 몸과 마음의 분열을 줄이는 방향으로 나아가고 있다. 그러나 2천 년에 걸친 오래된 사고 습관은 발전 중인 모든 과학 분야에 깊이 뿌리박혀 있다.

몸의 질환
대답으로서의 암

우리는 건강을 긍정적으로 생각하라는 말을 들었고, 내면의 이상주의자는 우리가 이 말에 순종하길 바란다. 그러나 특히나 노년기에는 자신과 남의 질병을 생각하게 하는 요소들이 우리를 둘러싸고 있다. 그렇다면 우리는 긍정적인 시각과 죽음의 인식이라는 상반된 상황을 어떻게 받아들여야 할까?

병을 진단받은 뒤 몇몇 사람에게는 내면의 이상주의자와 신체적 **현실** 사이의 긴장감이 생긴다. 낙관주의와 부정 사이의 가는 선이 생겨나는 것이다. 내 지인은 암 선고를 받아들이기 힘들어했는데, '기적'을 주장했기 때문이다. 나는 이해할 수 있었다. 그녀의 자매도 같은 암에 걸렸지만 생존했고, 그녀의 어머니는 100세까지 장수하셨기 때문이다. 그래서 그녀는 진행성 퇴행을 인정하지 않았고, 자신이 끝내지 못한 일을 마무리하거나 인생의 끝을 계획하지 않으려 했다. 그녀는 분노하고 애통해하면서 세상을 떠났다.

오늘날 건강의 개념은 우리가 자신을 잘 돌보고, 바르게 먹고, 바르게 운동하기만 하면 끝없는 웰빙을 약속한다. 그러나 이것은 자연의 계획이 아니다. 자신의 몸과 건강과 병을 얼마나 잘 돌보든 상관없이 생과 사는 자연의 유기적 생명의 순환에서 불가분의 관계로 연결되어 있다.

　유행병처럼 만연한 암은 누구도 질병으로부터 자유롭지 않다는 사실을 우리에게 끊임없이 상기시킨다. 매년 127만 명이 암 진단을 받으며, 76만 명이 사망한다. 따라서 우리가 "암입니다."라는 말을 들었을 때 느낄 충격과 혼란은 충분히 이해 가능한 것이다.

　노화가 그렇듯 보통 암은 남성과 여성, 부유한 사람과 가난한 사람, 의료 혜택을 받는 사람과 그렇지 못한 사람처럼 각자의 상황에 따라 다르게 발생한다. 집단적인 경험이 아니기에, 모든 암 환자가 같은 고통을 겪거나 같은 자원을 누릴 수 있는 것이 아니며, 결과도 다르다. 암은 노화만큼이나 개인적이고 고유한 경험이다.

　그러나 암에 사용되는 비유법은 집단적이다. 흔히들 사령관(의사)과 전투병(환자)이 화학, 생화학, 방사능 무기를 들고 적의 침략에 맞서 '암과의 전쟁'을 벌인다고 말한다. 이러한 힘과 침략의 이미지는 몇몇 의료진과 환자들에겐 동기부여가 될 수도 있다. 하지만 이것은 가부장적이고 폭력적이며 타인의 권력을 뺏을 수도 있다. 승리와 패배라는 이분법적 결과, 그리고 어떻게든 계속해서 싸우는 환자는 '승자'이며 충분히 열심히 싸우지 않은 환자는 '패자'라는 의미를 암시한다.

　게다가 이러한 은유법은 암이라는 경험이 가진 다른 측면

225

들을 환자의 그림자 속으로 밀어낸다. 개인의 삶에서 정서적, 사회적, 존재적, 영적 측면을 무시하고, 몸을 전쟁터로 바꾸는 것이다. 따라서 일부 환자에게 일반적인 암의 용어는 고통을 더할 수 있다. 자신은 '용감해야' 한다고 생각하면서 두려움, 취약함, 불안감, 슬픔, 무력감을 부정하게 될 수도 있다. '적극적'이어야 한다는 말은 타인의 도움을 받거나 의지해야 한다는 필요성을 부정하며, 심지어 휴식이 필요하다는 사실도 부정한다는 것을 의미한다. 이들이 '순응'해야 한다는 말은 권위에 의문을 제기하거나 자기만의 길을 찾아야 한다는 필요성을 부정하는 것을 의미할 수 있다.

이것이 '암 페르소나'를 창조한다. '**전사**'라는 자아의 이상향을 지키려는 거짓된 자아를 만들게 된다. 한 암 환자는 자신의 **전사** 캐릭터가 끔찍한 부작용에도 상관없이 새로운 치료법을 계속 시도하게 했다고 말했다. **전사**는 그녀의 고통에도 상관없이 항상 살기 위해 싸울 것이다.

"왜 그렇죠?" 내가 물었다.

"제가 암과 싸우기를 그만두면 저를 사랑하는 사람들이 정말 실망할 거예요." 그녀가 대답했다.

우리는 내면에서부터 병을 살펴보았고, 그녀는 더 이상 치료적 방안이 없는데도 포기하고 인생의 마지막 단계로 이동하는 걸 받아들일 수 없었음을 깨달았다. 그녀는 **전사**를 은퇴시킬 수 없었다. **포기자**는 곧 실패자이며, 그녀에게는 수치심을, 다른 사람에게는 절망감을 안겨주고, 그녀가 죽음을 직면할 수

밖에 없도록 할 것이기 때문이다.

병의 종류와 치료 방안, 예상되는 결과와 상관없이 질병의 내면 작업은 계속 우리에게 질문을 던지게 한다. 내가 건강하지 않다면 나는 누구인가? 내가 회복된다면 나는 누구인가? 또는 내가 회복되지 않는다면 나는 누구인가? 고통스럽지만 계속 치료를 받을 것인가? 이유는 무엇인가? 여기서 나는 어떤 감정과 두려움을 피해서 그림자 속에 숨으려 하는가? 내가 특정한 결정을 내리지 못하게 막는 것은 무엇인가?

암과 싸우는 **전사** 페르소나가 자아를 추켜세우고, 깊은 변화를 막는 장애물이 되어, 우리가 잠시라도 속도를 줄여 가지고 있는 모든 선택지를 되돌아보지 못하게 막는다.

여기에는 또 다른 위험도 있다. 환자는 **전사**를 또 다른 새로운 역할로 바뀌어 그 역할과 깊이 동일시한다. 내 환자인 셰일라는 70세에 유방암으로 고통을 겪다가 마침내 일시적 완화 상태에 도달했다. 전이 공간에 들어선 그녀는 방향감을 상실하고 더 이상 자신이 누구인지 알지 못했다. 그녀의 업무적 역할도, 목표도 사라졌다. 6개월 뒤 암이 재발했을 때, 그녀는 안도감을 느꼈다고 고백했다. "나에게 목표가 다시 생겼죠. 사람들은 애정을 갖고 찾아올 거예요."

그녀는 주저하다가 질문했다. "나는 아프길 원하는 걸까?" 그녀는 한동안 이 질문에 대해 생각했다.

그런 후 말을 이어갔다. "암을 갖고 사는 게 지금은 익숙해요. 지난 6개월 동안은 불확실성으로 방향을 잃고 두려움에 떨었어요. 그런데 암 환자가 되면 자신이 누구인지 알고 무엇을 해야 할지 아는 것 같아요."

'암과의 전쟁'이라는 표현은 대체 의학에 주로 의존해온 사람들에게는 정체성의 위기로 이어질 수 있다. "나는 환경주의자이자 채식주의자이고, 명상 수련을 해. 그런데 지금은 방사선 치료가 필요해! 이건 내가 아니야. 내 가치관과 맞지 않아. 어떡하면 좋아?"라고 폐암을 앓는 친구가 나에게 말했다. 그녀는 불안감과 무력감에 휩싸여 나를 쳐다보았다.

암을 비유하는 또 다른 흔한 방법은 그것을 여정과 비슷하게 보는 것이다. 이 비유는 같은 길 위를 걷는 사람들과 함께 한 곳에서 다른 곳으로 이동하는 움직임을 암시한다. 치유의 환경에 도움이 되는 영적 수련, 스스로 돌보는 부드러운 방법, 지역사회의 사랑이 담긴 지지를 포함하기 위해 자신이 여행 중이라고 생각하는 것이 더 쉬울 수 있다. 무엇보다도, 이 같은 긍정적인 은유법을 사용하면 통과 의례의 단계들을 통과하기가 더 쉬울지 모른다. 과거의 정체성과 습관을 버리고, 미지의 세계로 떠나, 다른 사람으로 재탄생하는 것이다.

앞서 언급한 수필 「암이 답이다」에서 디나 메츠거는 암이 통제를 벗어난 성장이라고 지적했다. 무엇이든지 집어삼키는 암의 성질은 닿는 모든 곳으로 퍼지고 지배하려 하며, 무엇도 돌려주지 않는다. 디나 메츠거는 암의 제국주의적인 행동과 인류의 지배적인 정치 방식을 비교했다. 군부대가 사람들이 굶주리고 어쩔 수 없이 난민이 될 때까지 거주민을 학살하고 자원을 집어삼키면서 영토를 침략하고 점령하는 것처럼, 암세포도 해롭고 살 수 없는 환경을 만들면서 영토를 침략하고 점령한다.

"이러한 질병은 지배적인 정치 방식과 활동의 거울이죠. 이들은 인체를 배경으로 벌어지는 사회·정치적 대사건의 축소판이에요."라고 디나는 내게 말했다.

디나가 암에 걸렸을 때, 그녀는 '내면의 국방부'를 살펴보았다고 말했다. "나는 어떤 적을 대상으로 어떤 무기를 만드는가? 나는 어떤 목소리를 잠재우는가? 나를 아프게 하는 시스템에 반대했다는 이유로 어떤 내적 자아를 가뒀나?" 이것은 분명 그녀와 세상을 대신하는 그림자 작업의 질문들이다.

수십 년 전 투병을 거친 이후로 디나는 치유의 길에 있는 사람들과 함께함으로써 자신의 아픈 상처를 신성한 상처로 바꾸어갔다. 에세이에서 그녀는 거의 모두가 예외 없이 질병과 죽음에 맞서 싸우던 때를 인생에서 가장 중요한 순간으로 인식하고 있음을 발견했다고 적었다. 다른 방식으로는 이러한 발견이 불가능하므로 기존의 환경을 바꾸지 않았을 것이라고 사람들은 말했다. 치유와 죽음의 과정은 그들이 다른 무엇보다도 높이 평가하는 깨어남의 과정이었다. 각각의 경우에 사람들은 자아를 넘어선 무언가를 자각하게 되었고, 따라서 자아는 영혼과 비교해 상대적으로 작아지고 덜 중요해졌다.

디나의 표현에 따르면, 신성한 전령의 역할을 종종 수행한다는 면에서 암은 '답'일 수 있다. 암은 죽음이 임박해 오는 순간까지 우리를 무너뜨려 마음의 전체주의적인 습관, 자신과 남과 자연 세계를 지배하고 통제하려는 우리 자아의 노력에 의문을 제기하도록 만든다. 개인이든 지구든 오직 사형 선고만이 우리가 경로를 바꾸고 탐욕, 폭식, 자가당착, 공격, 우리의 행동에 숨어 있는 완전한 단절에 눈을 뜨게 강요할지 모른다. 우리는 우리의 상호 연결성을 부정하는 세계적인 문화 속에 살고 있으며, 생명력과도 분리되었다. 그것은 모든 인간과 동식물과 생명체가 누려야 할 온정을 부정한다. 자아와 집단적 그림자에 대한 이 같은 깊이 있는 성찰만이 우리를 살게 할 것이다.

나는 많은 고객이 디나와 비슷한 이야기를 하는 것을 들었다. 카렌은 암이 자신은 특별한 존재라는 생각을 치유했다고 말했다. 암에 걸릴 수 있다면, 명상 수련과 유기농 식단에도 불구하고 자신 역시 다른 모든 사람과 똑같다는 것이다. 암이 그녀 자아의 균형을 잡아주었고, 그래서 이전보다 모든 사람과 깊은 유대감을 느꼈다고 말했다.

스테파니는 항암치료가 인지 기능에 영향을 미쳐 운전면허증을 반납해야만 했고, 독립성의 상실로 노년기의 정체성 위기를 겪었다. 타인의 도움을 구하면서 남에게 의존해야 한다는 불편한 감정이 생겨났지만, 돌봄의 네트워크는 넓어졌다. 독립성의 상실은 스테파니에게 정신적 외상을 입혔지만, 점차 이전에는 경험하지 못한 사랑과 보살핌을 받는다는 감정을 느끼게 되었다.

내 친구인 앤디는 오직 암이 자신을 무릎 꿇게 했다고 말했다. 암을 겪으면서, 그는 마침내 자신과 사랑하는 사람을 완벽하게 만들기 위해 모든 것을 고치려던 평생의 습관을 내려놓을 수 있었다. "나는 그걸 바꿀 수 없어. 큰 존재 앞에서 나는 힘이 없어. 이제 중단하고, 방향을 바꿔서 다르게 살아야 해."라고 외치며 팔을 내저었다. 그는 무력감에 인생에서 처음으로 자신의 자아보다 큰 것을 찾을 수밖에 없었고, 이렇게 그의 영적 탐구가 시작되었다.

내 동료 크리스틴은 항암치료를 거부하고 "몸이 스스로 치유되길" 원했다고 내게 말했다. 그녀는 연구에 파묻혔고, 식품에 들어 있는 유전자 변형 농산물(GMO), 샴푸와 화장품에 있는 발암물질에 대해 알게 되었다. 그리고 이후에 그녀의 멘토가 된 힐러(치유사)를 찾았고, 그 치유사는 허브 치료와 식단 치료 및 정서 치료로 그녀를 인도했다. 크리스틴은 일시적으로 완화 상태에 이르러 '상처 입은 치유사'가 되었다. 자신의 상처를 신성한 상처로 탈바꿈시키는 지혜를 전파하면서 그녀의 본능은 빛을 발했고, 그녀는 어느덧 **원로**가 되어 있었다.

병과 함께 찾아오는 모든 상실감에 그에 상응하는 보상이 따르는 것은 아니다. 그러나 이들 중에서 그 누구도 '정상으로 돌아가'지 못했다. 그들은 정서적·영적 작업을 계속하면서, 암이 자신을 바꾸도록 했고, 내려놓는 과정과 전이성(모호성)을 통과했다. 일부 사람들은 신체와 자신을 동일시하던 모습을 내려놓고 그들의 관심을 영혼으로 옮길 수 있었다.

융 학파 심리분석가인 스티븐 J. 프랭크는 「죽음의 그림자

계곡(*In the Valley of the Shadow of Death*)」이라는 글에서 골수의 형질 세포에 생기는 암인 다발성 골수종으로 인한 자신의 고통을 기술했다. 끔찍한 부작용을 동반한 항암 치료와 줄기세포 이식을 한 그는 마침내 관해에 도달했다. 그리고 그는 그 고난을 통과할 수 있게 응원해준 내적 힘의 원천을 떠올리기 시작했다. 그의 자아보다 더 큰 힘을 경험한 것이다.

그는 서핑을 통해 바다의 힘을 직면했고, 언제 그 힘과 함께 흘러갈지, 언제 밀어낼지, 언제 힘을 빼고 거대한 힘에 몸을 맡길지를 배웠다고 기록했다.

초월적 명상을 하면서 순수한 인식의 세계에 앉아 있는 동안, 스티븐은 자신의 몸과 마음의 경계가 사라지고, 주변의 모든 것에 개방되고 연결되는 경험을 했다. 마치 한계란 없는 것 같았다. "명상 경험을 통해, 나는 자아가 얼마나 작은지 느꼈고, 그보다 더 큰 힘의 존재를 느꼈을 뿐 아니라, 집중력과 긴장 완화와 주의집중력을 향상시키는 기술도 배웠어요. 이 시기에 저 자신에게 귀를 기울이고 치료의 영향에 집착하지 않으려 할 때 한없이 도움이 된 기술이었죠."

마지막으로 스티븐은 꿈과 그림자 문제를 다루는 융 학파 분석을 통해 시련을 겪으면서 떠오른 생각과 감정을 관찰할 능력을 키웠다고 말했다.

물론 스티븐은 이 모든 것에서 완벽하진 않았다. 그는 자신의 죽음과, 그 죽음이 가족에게 어떤 영향을 미칠지 걱정했다. '왜 이런 일이 나에게 생겼을까?' 그는 곰곰이 생각했다. 그는 하나님에게 물었다. "이제 당신을 섬기는 저의 역할은 끝난 건가요?"

어느 날 밤, 그는 꿈속 이미지처럼 자신의 병을 은유적으로 생각했다. '병이 내게서 원하는 게 무얼까?'

그 대답은 이랬다. "암은 내 골수, 내 중심에서 나를 붙잡았어. 나의 근본적인 중심에는 무엇이 있을까? 하나님과 자아가 있지. 당신(하나님)께서는 더 이상 무엇을 원하십니까?"

"나는 더 위대한 봉사와 헌신, 훨씬 더 큰 관심을 원한다."

그는 자기 비난에 빠졌다. 그가 얼마나 완벽했어야 병에 걸리지 않았을까?

심각한 병에 걸리면 우리는 내면의 무언가를 방임했었다는 사실을 깨닫는 경우가 흔하다고 스티븐이 말했다. 그러나 우리가 무언가를 방임하지 않았다고 병에 안 걸리는 것은 아니다. 중요한 사실은 병이 우리에게 자신의 내면을 돌아보게 만든다는 점이다. 모든 자기 비난은 우리가 모든 것을 완벽히 했다면 아프지 않았으리라는 자아의 상상이다. "우리가 자연을 통제하지 못하는 것처럼 우리 건강의 모든 면을 통제할 수 없다."

물론, 이는 신체 이미지나 우리가 선택한 연인, 직업적 성공, 건강, 무엇이든 현실을 상상의 기준과 비교하는 그림자 캐릭터인 **비판가**로부터 비롯된 것이다.

스티븐은 그 그림자 캐릭터 주위를 빛과 현존으로 가득 채우고 시각화하는 훈련법을 개발했다. 훈련을 통해서 그의 불안감은 줄어들었다. "결국 명상은 빛을 받아들이는 것에서 빛이 내게서 빠져나가 근원으로 돌아가는 것을 보는 것으로 바뀌었어요. 내 온 마음과 모든 영혼과 온 힘을 다해 사랑하려면 단순히 받기만 할 수는 없으며 나도 되돌려주어야 한다는 것을 깨달았어요. 들숨에 내 안으로 빛이 들어오는 것을 느끼고, 날숨에 빛이 빠져나가는 것을 느끼는 것은 열림과 평화로움의 경험이었어요. 더는 나와 내 병이 문제가 아니었죠. 나는 더 큰 무언가와 더 연결된 것을 느낄 수 있었어요."

마침내, 스티븐은 몸의 암과 동일시할 필요가 없다는 것을 알게 되었고, 암을 내면세계의 중심에서 내려놓을 수 있었다. 그림자 인식과 순수한 인식을 훈련하면서('나는 이 암이 아니다… 심장 문제도 아니다… 또는 관절염에 걸린 무릎도 아니다… 나는 순수한 인식이다.') 우리도 그와 같은 경험을 할 수 있다.

분명하게 말하지만 스티븐은 질병을 부인하지 않았다. 그는 내면세계에서 암을 상대화했고, 그림자 인식과 순수한 인식을 통해 더 큰 무엇인가에 마음을 열었다. 이렇게 암은 그를 자아에 관한 관심에서 벗어나 더 높은 의미로, 역할에서 영혼으로 인도했다.

그러므로 암은 하나의 답이었다.

과거에 사망으로 이어지던 일부 질병은 이제는 단순한 만성 질환이 되었다. 우리는 장기 이식, 우회 수술, 약물치료 덕분에 사망을 여러 번 늦출 수 있게 되었다. 그러나 죽음의 그림자를 만난 이후의 삶은 어떤 모습일까? 이전과 같은 가치와 일상과 우선순위를 유지할까? 우리는 무엇을 해야 할까? 무엇을 그만두어야 할까?

노년기에 생명을 위협하는 질병과의 만남은 지금까지 말하지 않았던 것을 이야기하게 하고, 끝내지 못했던 일을 완수하게 할 수 있다. 현존으로의 관문이자, 후손에게 물려줄 유산을 계획하고, **원로**가 되기 위한 관문이 될 수 있다. 질병은 우리에게 깊은 영적 경험을 할 수 있는 문을 열어줄 수 있다.

그러나 통과 의례로서의 건강상 위기에 대한 제도적, 사회적 지원은 없다. 의사와 가족, 친구들 대부분은 우리가 알던 기존의 삶으로 돌아가 계속해서 예전처럼 살라고 촉구할 것이다. 우리의 그림자 캐릭터가 주도권을 가지면서 무의식적으로 이러한 충고와 결탁할지 모른다. 그래서 우리의 삶을 대대적으로 바꾸라는 신성한 전령의 외침을 듣지 못하게 막는다.

우리가 하던 일을 그만두게 내버려 두지 않는 **야심가** 캐릭터는 다시 일로 돌아가 지금까지 항상 하던 일을 계속하라고 우리를 밀어붙일지 모른다. **충직한 군인**은 의사와 같은 권위자의 명령에 복종할 것이다. **의무감이 강한 딸**은 의사를 부모로 생각하고 의사에게 의문을 갖거나 다른 사람의 의견을 구할 만큼 개성을 갖지 못할 것이다. **중독자**는 소비나 생활 방식의 작은 변화도 거부할지 모른다. 어쩔 줄 몰라 하고 무서워하는 **내면의 어린이**는 부모의 관심을 붙들고 정서적으로 퇴행하고 무력감을 느껴 환자가 자율성을 잃고 수동적으로 어린이처럼 행동하게 만들 수 있다.

따라서 통과 의례에 걸림돌이 되는 그림자 캐릭터들을 파악하는 것이 중요하다. 그리고 순수한 인식을 수련해 그림자 캐릭터를 목격하는 법을 배워서 우리의 질병과 간병인들과 의사와 사랑하는 이에게 진심으로 의식적으로 대하는 것이 중요하다.

질환을 위한 그림자 작업
내면에서 외면으로

몸과 뇌와 마음의 병은 내면세계로 방향을 전환할 것을 요구한다. 병은 다양한 방법으로 그림자를 불러내며, 각각의 방법마다 그림자 캐릭터가 우리를 사로잡기 위해 등장한다. 운명의 불확실성은 어린 시절의 두려움을 재창조할 수 있다는 불안감을 불러일으킨다. 우리는 마음속 깊은 곳에서 안전하지 않다고 느낀다. 누구를 믿어야 할지 모른다. 너무 겁에 질려 결정을 못내린다. 우리는 사랑을 받아야 하지만 주어진 대로 받아들이지 못한다. 이해할 수 없는 사람들 사이에서 우리는 외로움을 느낀다. 활력이 없고 일을 할 수 없어 스스로 쓸모없다고 생각한다. 무력감을 느끼며, 상황을 바꿀 수도 없고, 있는 그대로를 받아들일 수도 없다. 우리는 죽음의 낙인이 찍힌 '환자'로만 여겨질까 두려워한다. 우리는 살기 위해 싸우고 싶어 한다. 우리는 그냥 쉬고 싶고 포기하고 싶다. 그렇지만 죽음은 두렵다.

73세의 고객 메리는 극심한 복통으로 응급실에 실려 왔다. 다음 날 아침에 깨어난 메리는 마음의 준비를 할 새도 없이

236

암 말기이며 곧바로 수술해야 한다는 말을 들었다. 곧바로 항암치료가 시작되었고 그녀가 알던 삶은 끝났다.

"이런 상황을 원한 적 없어요. 저는 혼자예요. 남편도 아이도 손자도 없어요. 제가 누구를 의지할 수 있겠어요? 저는 항상 독립적이었어요. 누구에게도 의지해 본 적이 없죠."

"누군가에게 의지한다면 당신은 어떤 사람이 되나요?" 내가 물었다.

"도움을 받아야 하다니… 으!"

그녀의 반감을 본 순간 나는 그림자 캐릭터를 알아보았다. 부정하고 거절당했던 그녀의 일부분이었다. "너무 아파서 도움이 필요한 지금 자신에게 무슨 말을 하나요?"

"오, 세상에! 배고픈데 요리할 수 없어. 이런, 너무 피곤해서 운전할 수 없어. 누군가가 필요해. 너무 수치스러워." 메리는 고개를 떨구었다.

"이러한 생각과 함께 어떤 감정이 드나요?"

"갇히고 목소리를 빼앗긴 것 같아요. 필요한 걸 부탁할 수 없어요. 저 자신이 역겨워요. 저는 늙고 병들었어요. 숨고 싶어요. 그냥 사라지면 좋겠어요."

우리는 이 그림자 캐릭터를 '**궁핍이**(Needy)'라고 부르기로 했다. "어릴 때 **궁핍이**에 대한 가장 오래된 기억은 어떤 것인가요?" 내가 물었다.

"저는 아무것도 요구할 수 없었죠. 엄마가 원하는 걸 해야 했어요. 모든 것이 엄마 중심이었죠. 저라는 존재는 원치 않았어요. 저는 그냥 엄마 기분이 좋도록 엄마를 위해 존재할 뿐이었어요."

그래서 메리는 원하는 게 있어서도 안 되고 누구에게 기대서도 안 된다는 것을 배웠다. 이런 식으로 **궁핍이**는 어린 시절의 자신을 보호했다. 그러나 이제 노년의 독신 여성인 **궁핍이**가 그녀를 파괴하고, 간병을 해 주려는 이들에게 의지하지 못하게 했다.

수십 년 전에 메리는 스와미●로부터 명상을 배웠고, 수년간 계속 명상과 챈트를 했다. 암 진단을 받은 이후로 그녀는 수련하지 않았다. 내가 그녀에게 명상 수련을 하면 인식 속에 떠오르는 **궁핍이**를 목격하는데 도움이 되니 그림자 작업을 위해 내면의 공간을 충분히 확보할 수 있을 거라고 말하자, 그녀는 다시 명상 수련을 시작했다.

수십 년 간 가꿔온 관계의 산물인 친구들 한 무리가 그녀 주변을 에워쌌다. 집 근처에 살던 한 친구는 그녀가 부탁할 때마다 장을 봐주었다. 또 다른 친구는 그녀의 머리카락이 빠지자 찾아와서 머리를 잘라 주고, 그녀가 좋아하는 모자를 고를 수 있게 도와주었다. 다른 친구들은 그녀가 병원 진료에 갈 수 있게 차를 태워주었다. 또 다른 친구들은 잠옷, 영화, 책과 같은 선물을 주었다. 한 여성은 그녀의 정원을 돌봐 주었고, 그 덕분

● Swami. 힌두교에서 무소유의 길을 선택했거나 바이슈나바(비슈누) 교단에 입문한 사람에게 주어지는 호칭.

에 메리는 야외 꽃밭에 앉아 있을 수 있었다.

비록 메리는 배우자를 만날 수는 없었지만, 많은 사람과 끈 끈한 유대관계를 형성했다. 그러나 그녀는 사랑하는 사람들이 완벽하길 원했다. 물론 그들은 실수도 하고 그녀를 힘들게 했다. 너무 거리감이 있거나, 지나치게 간섭하거나, 너무 긍정적이거나, 너무 어둡거나, 말이 너무 많거나, 말수가 너무 적었다.

궁핍이를 목격하고 사랑하는 법을 배우고 명상을 더 많이 하게 되면서, 그녀는 의식적으로 남에게 의지하는 것을 견딜 방법을 탐구하기 시작했다. 메리는 자신이 일정을 통제하고 다른 이들과 함께 하는 시간을 관리한다면, 집안일을 남에게 맡기고 소통의 한계선을 명확히 정할 수 있다면 사람들에게 기댈 수 있었다. 그녀는 사랑받고 있음을 느끼기 시작했고, 가장 깊숙한 욕망을 충족했다. 그림자 캐릭터는 사라지기 시작했다.

그러다 메리의 가장 친한 친구인 니나로 인해 **궁핍이**가 다시 나타났고, 메리는 그녀와의 연락을 끊었다. 무슨 일이 일어났는지 이해하기 위해 몇 주 동안 일기를 쓰고 나와 대화를 나누어야 했다. 메리의 내면은 무의식중에 니나가 어머니와 비슷한 면이 있다고 받아들인 듯했다. 니나는 메리가 다정하길 원했고, 특정한 음식을 먹길 원했고, 특정 치료를 받길 원했으며, 무엇보다도 자신을 염려해주길 바랐다. 니나에게 어머니를 투사한 메리는 혐오감이 들었고 그 감정을 견딜 수가 없었다.

그녀는 니나가 상처받았고 환영과 인정을 받지 못한다고 느꼈음을 알았다. 하지만 **궁핍이**가 불러온 감정을 상대할 신체적·정서적 기력이 부족해 니나에게 연락할 수 없었다. 병에 걸린 뒤로 메리는 남에게 의지하는 법을 배워왔지만, 부정적인 어머니의 그림자가 나타나자 그녀는 어린 **궁핍이**로 퇴보했다. 목소리를 내지 못하고, 가까운 친구로부터 그저 거리를 두고 싶어 했다.

한 달이 지나고, 두 여성은 상황을 파악하기 위해 만났다. 메리는 집착하는 어머니를 무의식중에 니나에게 투사해 왔음을 설명했다. 그 일이 벌어졌을 때 메리는 어린아이처럼 느껴졌지만, 동시에 그때는 감히 가질 수 없었던 분노와 원망도 느껴서 니나를 밀어냈다. 그녀는 니나에게 자신의 그림자가 투사된 것을 알게 되었고, 상처를 주어서 미안하다고 깊이 사과했다. 그렇지만 두 사람의 관계가 바뀌길 원했다. 메리는 성인으로서 자신의 필요를 표현했다.

니나는 이 기회를 통해 메리에 대한 자신의 정서적 애착과 그 기저에 깔린 무의식적인 욕구를 알아보기로 했다. 그녀는 친구에 대한 걱정을 통해 메리를 잃을지도 모른다는 두려움에 뿌리를 둔, 인생을 통제하려는 자아의 모습을 보았다. 그리고 이러한 통찰을 얻게 된 것에 감사하며, **원로**로서 자신의 걱정을 내려놓고자 노력하기로 했다.

이후에 니나가 질문했다. "이제 너를 어떻게 사랑하면 좋을까? 이 어려운 시기에 너와 함께 할 방법을 알려줘." 그녀는 메리에게 더 집중하고, 편견 없이 메리의 말에 귀 기울이고, 요청받았을 때만 충고하며, 자신의 경계선을 벗어나지 않는 법을 배웠다. 자신의 도움이 받아들여졌을 때 그녀는 무척 기뻐했다.

메리는 관계를 개선하려는 노력을 통해 무의식의 그림자 캐릭터를 발견한 일이 남에게 의존하는 것에 대한 두려움을 치유했다고 내게 말했다. "**궁핍이**는 이제 부정적인 말이 아니에요." 이 경험은 그녀에게 상냥하게 의식적으로 사랑과 지혜를 교환하는 **원로**의 우정을 알려주었다. "니나와 저는 강둑에 앉은 현명한 두 노인처럼 아주 오랜 인생을 살아왔어요. 내면 작업을 마쳤고, 이 순간을 위해 연습해왔죠. 우리는 이제 여기에 있어요. 함께이면서 혼자서요."

수십 년간 잠잠했지만 죽음의 인식으로 살아난 열정처럼 병은 어둠에서 황금을 찾기도 한다. 노인학자 진 코헨은 그의 훌륭한 저서 『창의적인 나이(*The Creative Age*)』에서 병의 그림자를 만난 개인의 이야기를 들려주었다. 쥐가 난 왼쪽 종아리 근육이 오른쪽 종아리 근육보다 커 보였다. 의사인 그는 걱정이 돼서 검사를 받으러 갔다. 두 달 뒤에 그는 근위축성 측색경화증, 즉 루게릭병 진단을 받았다. 그가 몸에 대한 통제력을 잃게 되고 앞으로 3~5년 안에 사망한다는 뜻이었다.

그에게 커다란 암흑이 내려앉았다. 공포가 그의 세계를 덮쳤다. 그의 마음은 분주했다. '이제 어떡해야 하지? 가족들에게 뭐라고 말하지? 일을 그만둬야 할까? 장기간 여행을 갈까?'

그러자 부정하고 싶은 생각이 들었다. '병원이 틀렸을지도 몰라.'

그다음 화가 났다. '왜 나야? 왜 지금이냐고?'

그 후 협상이 시작됐다. '어쩌면 내가 이런저런 걸 하면 생존할 수 있을 거야.'

어느 화창한 날 아침, 그는 다른 질문을 했다. "내가 항상 하고 싶었는데 안 한 일이 있을까?" 그러니까 그의 질문은 이 것이었다. "지금 내가 할 수 있는, 그림자 속의 살아보지 못한 꿈은 무엇이 있을까?"

그는 이 질문을 계기로 인생을 돌아보게 되었다. 코헨은 항상 세대 간 학습 게임을 만들고 싶었지만, 의사로 살게 되면서 그 꿈을 접었다. 이 꿈을 다시 떠올리자 흥분되고 몸속에 에너지가 샘솟았다. 그래서 복잡한 게임을 구상하기 시작했다.

그러다 그는 우연히 게임을 완성하는 데 필요한 기술을 가진 옛 지인을 만나게 되었다. 그들은 열심히 게임을 만들었고 게임 대회에 참가해 우승했다. 코헨은 이렇게 글을 썼다. "나는 노화를 통해 처음으로 무엇인가를 얻는 중요한 개인적인 경험을 했다는 사실을 깨달았다. 내 건강과 미래에 대한 희망을 잃었지만, 상실을 넘어 창의성을 가장 생생하게 경험한 계기가 되었다."

건강 상태를 바꿀 수 없었기에 그는 자신이 **할 수 있는** 일에 집중했고, 그림자 속에서 평생의 꿈을 되찾아 열심히 실현했다.

인생이 그렇듯 근위축성 측색경화증 진단은 사실이 아니었다. 이 소식을 들은 코헨의 우울한 기분은 사라지기 시작했다. 그가 겪은 고난이 고통스러웠던 만큼 그는 이렇게 글을 썼다. "내 자신과 내 능력을 이해한 인생에 대한 새로운 관점을 얻을 수 있는 일이었다. 그 끔찍한 예측을 극복할 뿐만 아니라, 창의적 과정을 통해 그 예측을 정서적으로 뛰어넘을 수 있었다. 경험자로서 나는 심각한 상황에 놓인 사람을 도울 수 있을 것 같다."

코헨은 세대 간 창의성을 확대하기 위한 새로운 길을 찾겠다는 사명을 가지고 조지워싱턴대학에 '노화, 건강, 인류를 위한 학제간 연구 센터'를 설립했고, 그만의 게임회사 젠코 (GENCO)를 만들었다.

내면 보살피기

간병인이 되거나 간병인이 필요한 사람이 되는 것은 또 다른 전환기로, 서서히 또는 갑자기 다가올 수 있다. 언제든 그런 일이 생기면, 우리는 즉시 뿌리뽑혀 낯선 환경으로 옮겨진다. 이전의 나의 적성과 강점은 더 이상 중요하지 않다. 숨겨진 과거의 약점들이 수면 위로 떠 오를 수 있다. 인간의 수명이 길어짐에 따라, 우리는 언젠가 타인을 간호하거나 병간호를 받게 될 것이다. 람 다스의 말에 따르면, 우리는 모두 "어떻게 도와드릴까요?"라는 질문에서 "저를 어떻게 도와주실 수 있으세요?"라는 질문으로 바뀐다.

이처럼 인생의 중요한 변화는 많은 그림자 문제를 촉발한다. 간병인은 자유의 상실에 억울해하고, 다른 사람의 까다로운 요구를 참아야 하며, 꿈을 잃어버린 데 대한 상실감이 생긴다. "남편이 병에 걸리고 우리 부부는 미래를 잃었어요." "형이 병 진단을 받자, 제 삶은 오직 형을 중심으로만 돌아가게 됐어요. 감당이 안 돼요." "그 사람을 돌봐야 해서 제가 건강했던 걸까요?" 그리고 어떤 남편은 나에게 이런 말을 했다. "아내를 사랑해요. 하지만 제게는 이런 류의 인내심이 없어요."

기존의 그림자 캐릭터와 그들의 대응기제가 우리를 지배할 수 있다. **구원자**는 사랑하는 사람을 치료하려 할 것이다. **피해자**는 속수무책으로 혼란스러워하며 혼자라고 느낄 것이다. **연구자**는 가능성을 찾는 데 집착할 것이다. **거부자**는 '현실'을 직시하지 못하고 못 본 척할 것이다.

병간호를 받는 사람의 경우, 이러한 변화는 정체성, 목적, 의미를 상실하고 불확실한 끝을 맞이하는 전이 지대의 어두운 밤을 초래할 것이다. 한 암 환자는 나에게 이렇게 말했다. "제게 상태가 어떠냐고 묻지 마세요. 저는 암 환자가 아니에요. 이 모습은 제가 아니에요."

또한 이 상황은 부정을 초래하거나 **전사**나 **반항아**, 또는 **순종적인 환자** 캐릭터를 촉발할지도 모른다. 그러한 그림자 캐릭터의 이면에는 남에게 의지해야 한다는 수치심과 자율성의 상실과 죽음에 대한 공포가 있다. 한 남성은 이렇게 말했다. "저는 정말 능력이 넘쳤죠. 그런데 이제는 운전조차 할 수 없어요."

어떤 아내는 이런 말을 했다. "어떤 것도 남편에게 의지해야 했던 적이 없어요. 그런데 이제 저는 어디에 갇힌 것 같은 기분이 들고 수치스러워요."

병간호를 하는 사람이든 받는 사람이든, 그림자 작업은 우리가 의식적인 병간호를 하도록 도울 수 있다. 외부 지향적인 역할(간병인과 환자)에서 벗어나 치유의 여정을 걷는 내면 지향적인 두 영혼으로 넘어가는 것이다.

간병이란 그림자의 인식을 통해 자신을 알아가는 관문이 될 수 있다. 순수한 인식을 연습하고 신체와 자신을 동일시하는 것을 그만두면 침묵으로 가는 관문이 될 수 있다. 이런 식으로 우리는 고통을 더욱 열린 자세로 직시할 수 있게 된다. 그리고 이것이 죽음을 인식하게 하는 전령이 될 수 있다.

예를 들어, 내 동료 애나는 일 년 내내 암에 걸린 친구를 간호했다고 말했다. 병원을 데려가고, 음식을 사주고, 그녀의 문제를 들어주었다. 그녀가 관해에 들어서자, 애나는 너무 지쳤고 화가 났다. "그녀는 단 한 번도 내가 한 일에 고마워한 적이 없어. 진심으로 고마워하지 않았다고."

친구의 병간호를 하는 동안 부모님의 인정을 못 받고 투명인간 취급을 당했던 애나의 어린 시절의 상처가 건드려진 것이다. 자신의 그림자 속에서 그녀는 가족으로부터 인정받지 못하고 소중히 여겨지지 않았던 상처를 친구에게서 보상받으려 열심히 노력했다. 그 과정에서 자신도 모르게 지나치게 베풀며 스스로를 돌보지 않았고, 그러한 행동의 보상으로 친구에게 인정받고 가치있게 여겨지고 싶어 했다.

자신의 행동을 성찰해 보니, 애나는 자신의 자아에 비밀스러운 목적이 있었다는 것을 깨달았다. 그리고 그녀는 자신의 일부분(내면의 **구원자**)이 친구가 관해에 도달하기까지의 공로를 인정받길 원했다는 사실을 받아들였다. 친구가 애나의 조언을 받아들였을 때 그들은 사이좋게 지냈다. 그러나 친구가 다른 선택을 하면, 애나의 자아는 불쾌함을 느꼈다.

애나는 자신의 그림자에 숨겨진 의도를 살펴보고, 자신의 행동을 더 잘 파악할 수 있게 되면서 친구에게 다시 마음을 열었다. 그녀는 간병인과 자신을 동일시하지 않으면서 더 유연하게 간병에 임하는 법을 배웠고, 이전과는 다른 식으로 도움을 줄 방법을 배웠다. 그리고 그녀가 고칠 수 있는 누군가가 아닌 고통을 겪는 한 영혼으로 친구를 바라볼 수 있게 되었다.

배우자의 병간호를 하다 보면 언젠가는 그림자 캐릭터가 등장할 가능성이 크다. 내 고객 폴라는 남편을 돌보던 때, 진단이 내려지지 않은 남편의 지병이 만성질환이 되었다는 사실이 분명해지자 갑갑함을 느끼기 시작했다. "석 달이면 충분해요. 마치 3년 동안 요리하고, 청소하고, 집안일 하고, 남편을 병원에 데려간 것 같았죠. 그런데 내 삶은요?"

상황이 더 나빠지면서 폴라는 쌓여가는 감정을 이야기해야만 했다. 그렇지 않으면 그림자 속으로 그 감정들을 밀어 둘 것 같았다. 그녀는 남편에게 그 짐을 지울 수 없다는 것을 알았다. 그래서 그 감정들을 나에게 가져왔다. 나는 간병인들이 자신만을 돌볼 수 있는 안전한 장소를 갖고, 그 감정들을 발산하면서 그림자 작업을 하는 것이 중요하다고 설명했다. 방향을 다시 찾고 다시 자신에게 집중을 할 수 있게 되자, 폴라는 힘든 감정을 표현했다.

"자유를 잃고 미래도 사라진 지금 저는 누구죠? 남편은 제 기둥이자 피난처였어요. 이제 남편의 상태는 나빠지기만 하고, 저는 그를 돌보려 사방으로 뛰어다녀요. 어떻게 해야 할지 모르겠어요. 완전히 방향을 잃었어요."

폴라의 분노는 갈수록 커졌고, 앞으로 계속 이런 삶을 살아야 한다면 우울하고 화만 가득한 사람이 될까 봐 걱정했다.

"저번엔 짐이 아무것도 할 수 없다는 생각에 화가 나서 견딜 수가 없었어요. 그래서 소리를 지르고 밖으로 뛰어나가 버렸어요. 지금 생각하면 너무 부끄러워요. 남편은 잘못한 게 없는데."

우리는 화와 분노가 수면 위로 떠오르기 전에 먼저 알아챌 방법이 있을지 살펴보았다. 그럴 때면 그녀의 몸에 열이 올랐고 숨이 턱 막히는 것 같았다. 마치 폭발할 것 같은 느낌이 들었다. 그녀는 이것을 '분노의 그림자'라고 이름 붙이고, 화가 터지기 전에 잠시 시간이 필요하다고 남편에게 말하고 심호흡을 하며 이런 반응의 속도를 늦춤으로써 이 그림자를 사랑하는 법을 배웠다. 그런 다음 그녀는 산책하러 나가 몸에서 그 에너지를 방출했다.

또 폴라는 자신이 무력하고 쓸모없다고 느꼈다. 우리가 이런 감정들을 거슬러 올라가자 그녀의 어린 시절에 도달했다. 폴라는 알코올 중독인 아버지를 보며 무력감을 느꼈던 기억을 떠올렸다. 이것이 그녀가 가족 내에서 스스로 도맡은 '**도우미**(Helper)' 역할을 만들었다. 이것이 이제 수면 위로 떠올라 강렬한 어린 시절의 감정을 불러일으킨 것이다.

"어머니에게는 아버지가 필요했고, 제가 그 역할을 대신해야 했어요. 그런데 저한테는 누가 있었죠? 세상에. 지금 또 그렇잖아요. 남을 도우면서 인정받지도 못하고, 투명 인간이 된 것 같아요."

우리 대부분에게 성인이 되어서 겪는 어릴 적 역학관계의 재현은 현재 맡은 책임에 부어지는 감정적인 연료가 될 수 있다. 폴라는 남편이 원하는 것은 **도우미**라는 자신의 일부가 아니라는 사실을 깨달았다. 그녀는 남편을 고치려 하거나 사랑을 얻으려 하지 않았다. 폴라는 자신의 감정이나 남편의 감정을 감당할 수 없어 영웅적으로 상황을 바로잡으려 할 때 **도우미**가 나타나는 것을 보았다. 그녀는 중년에 그랬던 것처럼 성공적인 **행동가**가 되길 원했다.

그러나 남편은 대개 그녀의 영웅적인 행동이 아니라, 그녀라는 애정 어린 존재 자체가 필요했다. 조언이나 해결책도, 응원도 필요하지 않았다. 그녀는 사랑을 주고 싶었다. 그러니까 사실, 두 사람이 역할 이면의 마음속 깊은 곳에서 원했던 것이 서로 맞아떨어진 것이다.

폴라는 전문가를 고용해 일주일 중 이틀은 남편의 병간호를 맡기기로 했다. 이렇게 그녀는 자신의 활동에 한계를 정했고, 자기만의 창의적인 프로젝트에 집중할 수 있었다. 결혼 생활은 역할에서 영혼으로 방향을 전환하기 시작했다. 그녀와 다른 환경에 있는 사람이라면 간병인 지원 그룹에 참여하거나, 임시로 병간호를 해줄 수 있는 친구나 가족을 찾거나, 지역 사회복지 기관에서 도움을 구할 수 있다.

이러한 자기 돌봄은 폴라의 간병에 열정, 공감, 관용, 인내, 편견 없는 인식과 같은 더 고차원의 감정들이 자리할 공간을 만들었다. 그녀는 편협한 새 역할에 얽매이기보다는 전이 공간에서 벗어나 새로운 현실에서 공간을 찾기 시작했다. 그녀는 남편의 느린 속도에도 인내심을 찾았고, 이제는 인내심이 자신의 영적 수련이라는 것을 깨달았다. 폴라는 한 호흡씩 영적 수련에 마음을 열었다.

마침내 폴라는 때때로 서로 다른 방향으로 자신을 끌어당기는 것 같은 간병의 상반된 개념이 많다는 것을 알게 되었다. 행동과 존재, 의무와 선택, 제한과 허용, 의존과 독립, 특히 자신과 타인. 결국, 폴라는 한 방향으로 이동하다 그 방향과 자신을 동일시하게 되는 상황을 깨닫는 법을 배웠다. 서서히 폴라는 이처럼 상반된 개념 간의 긴장감을 유지하고, 넓은 관점에서 관찰하는 능력을 길렀다.

내면에서부터의 더 큰 통합을 향해 나아가는 길인 돌봄은 신성한 봉사 또는 '카르마 요가(karma yoga)'의 일부가 될 수 있다. 이를 통해 그림자 문제로 우리가 봉사하지 못하도록 능력을 제한하는 통상적인 꼬리표와 역할(남편, 아내, 환자, 도우미, 아버지, 어머니, 아들 혹은 딸 등)에서 벗어날 수 있다. 이 돌봄은 우리를 영혼의 세계로 이동시켜 준다. 깊은 연결의 순간에 이런 가면 뒤의 서로를 만나게 되면, 우리가 느끼는 단절감은 사라진다. 이제 우리 자아의 장벽은 무너지고, 다른 이가 필요로 하는 것을 대개 직관적으로 이해할 수 있게 된다.

위와 같은 변화와 관련해, 람 다스와 폴 고먼의 『무엇을 도와드릴까요?(How Can I Help?)』라는 책에 수록된 익명의 사연을 소개한다.

아버지의 암 투병 초기에 저는 어떻게 해야 아버지에게 가장 큰 도움이 될지 몰랐죠. … 그러다 투병 말기쯤에 갑자기 병원으로 오라는 연락을 받았어요. … 병실에 들어섰을 때, 내가 실수했다고 생각했어요. 거기엔 창백하고, 머리카락은 없고, 앙상한 모습에 힘겹게 숨을 쉬며 깊이 잠든 정말, 정말 늙은 사람이 있었어요. 그래서 아버지가 계신 병실을 찾으려고 몸을 돌렸죠. 그러고는 몸이 굳었어요. '세상에, 저 사람이 우리 아버지잖아.' 내 아버지를 못 알아보다니! 그때가 제 인생에서 가장 충격적인 순간이었어요. 제가 할 수 있는 거라곤 옆에 앉아서 아버지가 잠에서 깨어나기 전에 그 충격적인 모습을 애써 지우려고 하는 것뿐이었어요. 저는 아버지의 믿기 힘든 외모 이면의 무언가를 꿰뚫어 봐야 했어요. 아버지가 잠에서 깨어날 즘엔 어느 정도 그러던 중이었죠. 그래도 우리는 여전히 서로가 어색했어요.

나중에 아버지의 병실에 들어갔다가 잠드신 모습을 다시 봤어요. 그래서 저는 자리에 앉아 아버지를 더 지켜보았죠. 갑자기 자신이 돌보던 나병 환자들을 '가장 고통스러운 탈을 쓴 예수님'이라고 불렀던 테레사 수녀가 생각났어요. … 저에게 찾아온 생각은 아버지가 … 하나님의 자녀라는 거였죠. 그게 '고통스러운 가면' 뒤에 있는 진짜 아버지였어요. 그리고 그게 진짜 저이기도 했어요. 저는 아버지에게 거대한 유대감을 느꼈어요. 지금까지 부녀로서 느껴온 유대감과는 달랐어요. …

마지막 몇 달간 아버지와 저는 완전한 평화를 누렸고 함께 있는 것이 편안했어요. 더는 서로 눈치 볼 일이 없었어요. 끝내지 못한 일도 없었죠. 저는 그냥 아버지가 무엇을 필요로 하는지 알았어요. 식사를 챙겨드리고, 면도해드리고, 목욕을 시켜드리고, 편하게 베개를 정리하실 수 있게 아버지를 붙잡아드리는 것처럼 이전에는 힘들었던 친밀한 일들을 할 수 있었죠.

이것이 아버지가 저에게 주신 일종의 마지막 선물이었죠. 저의 아버지라는 정체성을 넘어선 존재로 그 사람을 만날 기회요. 우리가 공유한 공통된 영혼의 정체성을 볼 수 있는 기회였고, 사랑과 위로가 얼마나 많은 것을 가능하게 하는지 확인할 수 있는 기회였죠. 저는 이제 다른 누구와도 그런 기회를 가질 수 있다고 느껴요.

이 이야기가 우리에게 보여주듯이, 역할에서 영혼으로의
인식 전환은 실제로 내면에서부터의 돌봄이라는 유산이 될 수
있다.

마음의 질환
우울증 또는 환멸

질 이든 외 연구진이 편집한 미국 의학한림원 2012년 보고서
는 560만 명에서 800만 명의 노인 다섯 명 중 한 명이 하나 이
상의 정신건강 이상 및 약물 남용 문제를 가진 것으로 보고했
다. 이는 그들의 행동에 영향을 미칠 정도로 심각하며 장애 가
능성이 커지고, 삶의 질이 떨어지며, 높아지는 사망률로 이어
질 수 있다. 예를 들어 가장 흔한 질병인 우울증을 앓는 노인의
사망률은 엉덩이뼈 골절, 심장발작, 뇌졸중으로 인한 사망률
다음으로 높았다.

여성의 자살률은 보통 나이가 들수록 감소세를 보이지만,
남성의 경우는 반대였다. 그 이유가 되는 위험 요소로는 (이미
많이 알려졌듯) 만성질환과 통증, 특정 약물 복용, 정서적 상실감,
경제적 불안감, 사회적 고립감, 남에게 짐이 된다는 두려움 등
이 있다.

노인의 우울증 진단은 여러 처방 약의 부작용과 알코올 남용, 정서적으로 미완결된 일(예를 들어 해결되지 않은 트라우마와 성격장애)과 슬픔과 신경학적 상태(종양, 뇌졸중, 기억력 상실 등)로 인해 더욱 복잡해진다. 오늘날, 심리학자들은 우울증을 정서적이고 잠재적으로 상징적인 여정이 아닌 뇌 질환이라는 의학적 모델을 통해 생각하도록 교육을 받는다. (내 책 『그림자와 연애하기(Romancing the Shadow)』에서 나는 상징적인 여정으로서 중년의 우울증을 깊이 탐구했다.)

그러나 노년기에 능력을 상실하고 사랑하는 이를 잃게 되면서 금지된 분노와 무력감이 불쑥 찾아올 수 있다. 꿈과 이상을 상실하면서 뜻하지 않게 숨겨둔 공포와 환상이 나타날지도 모른다. 그리고 뒤틀린 시간관과 해답을 찾지 못했던 의미와 목적에 관한 질문들이 은밀히 다가와 우리를 괴롭힌다. 그림자는 우리가 살지 않았던 삶과 우리가 내린 선택의 한계를 억지로 바라보게 한다. 어떤 사람들에게 이 같은 그림자와의 만남은 정서적·영적 불안정을 초래한다.

릭 무디는 우울증이 환멸과는 다르다고 지적했고, 어느 정도의 환멸은 나이가 들면서 불가피하다. 자신과 타인과 제도에 대한 높은 기대는 부분적으로나마 충족되지 않을 수 있고, 이는 가슴 아픈 일이 될 수 있다. 『베이비붐 세대: 위대한 유산에서 의미의 위기로(Baby Boomers: From Great Expectations to a Crisis of Meaning)』라는 책에서 무디는 환멸을 일반적인 실망감이나 후회와 구별한다. "우리 삶의 토대가 되는 제도와 그 제도들의 가치, 원칙, 적용에 대한 깊은 신뢰가 사라진 것이다." 이는 개인적인 꿈이나 사회에 대한 꿈이 사라진 데서 유래했을 수 있다. 대부분 사람은 자신과 세상에 대해 큰 꿈을 가지고 있다.

또한 환멸은 우리 자신이나 사랑하는 사람, 정치인이나 멘토, 성직자나 영적 지도자의 내면의 그림자와의 만남에서 생겨날 수 있다. 우리가 믿었던 사람에 대한 신뢰의 상실은 충격적일 수 있다.

무디는 2016년 도널드 트럼프의 대통령 당선이 노년층 투표자들이 깊은 환멸을 느끼고 희망을 잃었다는 신호라고 말했다. 많은 유권자들은 세상이 위험해졌다고 응답했다. 그들은 이민, 범죄, 테러, 세계화를 두려워했고, 상황은 더욱 나빠질 것이라고 예상했다.

"현재 환멸이라는 이름의 전염병은 전 세계적으로 확산하고 있다. 이것은 한편으로는 수명의 증가와 인구 고령화, 다른 한편으로는 살면서 개인들이 더 큰 위험에 처하게 만드는 구조적인 요소들 사이의 불일치를 반영한다." 다시 말해, 세계 인구는 과거보다 수명이 늘어났지만, 세계의 제도들은 우리를 방해한다. 이 불확실성은 우리 사이에서 의미의 위기를 만들며, 잘못 이해할 때 우울증으로 진단받을 수 있다.

분명히 밝히지만, 우울증은 뇌 속 신경전달물질의 변화로 볼 수 있다. 이것이 SSRI(선택적 세로토닌 재흡수 억제제) 같은 약물이 도움이 될 수 있는 이유이다. 슬픔이든 황홀감이든 모든 정신적 사건에는 화학적 상관관계가 있다. 그런데 이러한 신경화학 물질의 변화는 과연 원인일까 결과일까? 이 변화는 치료받지 못한 어린 시절 가족과 관련한 트라우마, 가족의 생물학, 또는 노년기의 환경에 뿌리를 두고 있을까? 분명 나이가 들수록 슬픔과 애통함과 환멸을 느낄 타당한 이유가 생겨난다. 그러나 은퇴와 질병처럼, 우울증 역시 신성한 전령일지도 모른다. 상징적인 길과 통과 의례를 향한 부름 말이다.

왜 어떤 사람들은 쇠락을 직면하고 상실에 슬퍼하고 새로운 단계의 문턱을 넘을 수 있는 반면 어떤 사람들은 그러지 못하는 걸까? 후자의 사람들은 과거의 정체성과 역할, 고정된 생각과 분노에 갇혀있다. 그들은 하나의 공중그네에서 뛰어내려 다음 그네를 잡기 전까지 찾아오는 순간의 공허함(전이 공간)을 견딜 수 없다.

한 일본계 미국인 고객은 80세에 암 진단을 받은 이후 우울감과 무력감이 커졌다. 그러나 항상 하던 일을 계속했고, 자신의 문화에서 기대하는 일들을 했다. 그녀는 어떤 상황에서도 요리, 청소, 남편과 손자 돌보기라는 자신의 역할을 내려놓을 수 없었다. 그리고 그녀의 가족은 상황이 변했음에도 그녀에 대한 전통적인 기대감을 계속 가지고 있었다. 따라서 그녀는 내려놓기 힘든 문화적, 그리고 가족 내의 역할에 대한 기대감에 직면했다.

그러나 서서히 도움을 받아 그녀는 이 순간은 자신을 위한 시간으로, 여유를 가지고 자신의 욕구에 귀를 기울이고, 필요할 때 휴식하고, 사랑하는 이에게도 거절을 표할 수 있어야 하는 시기라는 사실을 깨닫기 시작했다. 살면서 처음으로 다른 사람들을 위한 봉사의 한계를 설정하고 거절하기 시작하자, 우울증은 사라졌다. 그녀는 극심한 죽음의 인식 속에서도, 자신을 몰아붙이기를 멈추고 일상에 몰입하기 시작했다.

영혼에 도달하는 의식의 여정으로 우울증을 경험하는 것에 찬성하는 사람은 거의 없다. 그러나 살아보지 않은 삶은 인지되고 인식의 불빛 아래로 초대되길 기다리고 있다. 우리가 관심을 가지고 존중한다면, 노년기의 우울증이나 환멸은 신성한 전령의 부름이 될 수도 있다.

뇌 질환
전염병과 같은 기억력 상실

우리의 뇌 속에 있는 수천억 개의 뉴런의 질-뉴런이 어떻게 불이 붙고, 길을 형성하며, 연결하고, 노화하는지-이 우리의 순간적인 경험의 질-사랑하고, 학습하고, 혁신하고, 조직하고, 즐거움을 느끼고, 의미를 찾고, 고통을 느끼며, 자신을 반성하는 방식-을 결정한다. 뇌/정신/몸의 신비한 교차와 의식은 물질주의자와 신비주의자 할 것 없이 영겁의 세월(eons)에 대한 의문을 제기하게 만들었다.

그런데 이제 이것은 시급한 문제가 되었다. 미국 질병통제센터의 추산에 따르면, 2019년 미국에는 65세 이상 인구 중 약

560만 명이 알츠하이머병 및 관련 치매를 앓고 있다. 수명이 길어지면서, 치매의 위험성은 커졌다. 세계보건기구에 따르면 전 세계적으로 이미 5천만 명의 사람들이 치매로 고통받고 있으며, 치매 환자의 수는 2050년까지 1억 5천 2백만 명으로 증가할 것으로 예측된다.

신화학자 마이클 미드는 이것을 **원로**들 사이의 '대망각(the great forgetting)'이라 부른다. 가장 중요한 것을 기억해야 하는 사람들, 가족과 문화의 이야기를 전승하고 지혜의 수호자가 돼야 하는 사람들에게 기억력 상실이라는 전염병은 무엇일까?

대망각은 수많은 사람들이 길을 잃고 안개 속에서 방황하다 결국 자신의 이야기가 끝나기 전에 홀로 남겨지는 신화와 같다. 마치 므네모시네(그리스 신화 속 기억의 여신)가 우리를 버리고 떠난 탓에 수백만 개의 이야기가 지워진 것처럼 느껴진다.

나는 무시무시한 영화 〈신체 강탈자의 침입(*Invasion of the Body Snatchers*)〉을 떠올렸다. 영화가 개봉됐을 당시에 나는 무척 어렸다. 그 영화에서 사람들은 사랑하는 이들이 무감정한 가짜로 바뀐 것을 알고 충격받는다. 오늘날 누구, 혹은 무엇이 우리가 사랑하는 이들의 기억을 강탈하는가? 해로운 환경? 해결되지 못한 정서적 트라우마? 고탄수 저영양 식단? 늘 앉아서 지내는 생활? 왜 이런 일이 수백만 명의 사람들에게 일어나는가?

노화와 질병처럼 기억력 상실은 사회적 맥락에서 발생한다. 2017년 알츠하이머 협회 국제컨퍼런스의 언론 보도문에 따르면, 아프리카계 미국인은 백인이나 아시아인이나 남미인보다 알츠하이머 발병률이 50% 높다. 연구자들은 불우한 환경(식량 부족, 운동 부족, 대기 오염, 빈곤, 폭력, 그로 인한 높은 스트레스)에 사는 사람들일수록 인지적 쇠퇴의 위험성이 더 높다고 추측했다. 몇몇 연구에서는 이와 같은 사실을 뒷받침했다. 또한, 미국심리학협회는 인종 차별로 인한 스트레스가 뇌에 영향을 미친다고 주목했다.

앞에서 인용한 나이에 대한 부정적 고정 관념에 관한 연구를 진행한 예일대학교 심리학자 베카 레비는 부정적인 고정 관념들이 뇌의 변화에 어떻게 영향을 미치는지도 연구했다. 「문화와 뇌의 연결고리(A Culture-Brain Link)」라는 제목의 논문에서 레비와 동료 연구진은 젊어서부터 노화에 대한 부정적인 고정 관념을 가졌던 참가자들은 노년기에 더 큰 해마 부피 손실을 보이며, 알츠하이머의 바이오마커인 신경섬유매듭과 아밀로이드반이 뇌에 축적되었다고 보고했다. 이 결과는 노화에 관한 우리의 무의식적인 생각과 이미지(내면의 연령주의)가 일생 동안 지속되면서 뇌의 노화와 잠재적인 기억 상실에 생물학적인 영향을 미친다는 것을 시사한다.

기억 상실을 겪고 있는 사람들을 어떻게 돌볼지에 관한 광범위한 논의가 진행되고 있다. 내가 전문 간병인 엘리자베스를 인터뷰했을 당시 그녀는 호스피스 병동에서 102세의 치매 환자인 플로라를 돌보고 있었다. 담당의들은 플로라의 죽음이 임박했다고 판단했다. 플로라는 호전적이고, 불안하고 우울한 상태였다. 그러나 엘리자베스는 환자를 진정시키고 존중하는 법을 알았다. 그녀는 눈에 보이는 플로라의 상태 너머로 매력적이고 유쾌하며 지성적인 여성의 모습을 볼 수 있었다. "저는 그녀의 아름다움과 지혜를 봤어요."

엘리자베스는 플로라가 이성적으로 행동하도록 강요해서는 안 된다는 것을 배웠다. 그녀는 치매 환자와 싸우기보단 단순히 플로라의 말에 동의하며 맞춰 주었다. "**원로**는 경청 받고 싶어 해요. 내가 플로라의 말을 들어 주면, 그녀는 존중받는다고 느껴요."

"그리고 치매 환자들은 돌봄을 받기만 하고 줄 수는 없는 것처럼 무시되죠. 플로라는 저에게 많은 것을 주었어요. 그녀 덕분에 저는 어머니로부터 생긴 애정 결핍을 치유했어요."

플로라와 엘리자베스 사이에는 유대감이 생기기 시작했다. 몇 달 뒤, 호스피스 병동에서 퇴원했을 때, 플로라가 말했다. "공식적으로 말할게. 우리는 너를 가족으로 입양하기로 했어."

그 후 2년간 그들은 서로의 몸과 영혼을 돌보았다.

간병인으로서 엘리자베스의 경험은 내 경험과 닮아 있다. 아버지가 알츠하이머 진단을 받았을 때 나는 다음과 같은 글을 썼다.

한때는 말이 많던, 내 앞에 있는 이 과묵한 남자는 누구인가? 한때는 자신의 의견으로 가득했는데, 지금은 부처님처

럼 비어 있고 공허한 이 남자는 누구인가? 얼마 전까지만
해도, 치킨과 피자를 맛있게 먹다가 이제는 자신이 먹은 것
도 기억할 수 없는 그는 누구인가? 몇 달 전만 해도 60년 지
기 절친과 점심을 먹으러 차를 몰고 나가 그날에 있었던 일
을 토론했던 그는 누구인가? 불과 1년 전에 집과 재산을 잃
고, 65년을 함께 한 아내를 잃은 지 2년밖에 지나지 않았건
만 그 모든 일을 기억하지 못하는 그는 누구인가?

나는 그의 맞은편에 붉은색 천을 씌운 의자에 앉아 그의
손을 잡았다. 커다란 결혼반지를 끼고 반점이 있고 울퉁불
퉁한 손가락이 나에게 너무나 익숙하다. 그러나 그 외에는
비슷한 점을 찾을 수 없었다.

작고 힘없던 나와 성난 황소처럼 나에게 공격적으로 쏘아
대던 이 남자를 떠올린다. 주먹으로 탁자를 내리치면서 베
트남 전쟁이 옳다고, 공산주의자들은 사라져야 한다고 주
장하던 모습이 기억난다. 그리고 이 남자는 내 손을 잡고
1960년대 스윙 음악에 맞춰 나를 빙글빙글 돌렸다.

그런데 지금 내 아버지는 누구인가?

내가 아버지의 담갈색의 눈을 바라보려 하자, 아버지는
다른 곳으로 시선을 돌렸다. 다른 곳을 보는 것이 아니라
초점을 잃었다. 그는 어디로 가는 것인가? 최근까지는 기
억 속으로 돌아갔다. … 자아와 정신이 떠나면 기억은 어
디로 가는가? 아니면 그가 농담할 때 … 자아와 정신이 사
라지면 유머는 어디로 가는가? 또는 사랑에 관해 이야기

하면 … 그의 자아와 정신이 사라지면 사랑은 어디로 가는가?

그는 누구인가? 권위적이고, 지적이고, 사랑이 넘치고, 충직하며, 자유롭고, 먹는 걸 좋아하고, 인내심은 없고, 비판적이고, 인심이 후하며, 가정을 책임지던 그런 특징들이 어느 날 그냥 사라져버리면 그는 누구일까?

아니면 이런 특징이 그가 진짜 누구인지를 가리는 걸까? 우리는 이런 특징이 그 사람이라고, 진짜라고 오해하는 걸까? 그 특징이 사라지면 그는 자연스럽게 드러날까? 그렇지 않다면 진실, 그의 영혼을 찾기 위해 우리는 무언가를 해야 하고 밝혀내야 하는 것일까?

알츠하이머로 인해 자아와 정신이 망각으로 사라지면 이런 질문이 대두된다. 무엇이 사라졌을까? 관찰 중인 물리학자의 눈앞에서 사라지는 광자처럼, 자아에도 고유한 생명이 있었을까? 잠시 나타났다가 사라진 그것에 실체가 있었을까?

정신이 느리게 사라져갈 때, 아버지는 마치 내면으로 가라앉은 듯했다. 거대한 협곡처럼 열린 그의 내면에서 이전까지 그림자 속에 숨어있던 감정의 깊이가 드러났다. 80년간 자아의 지배에 덮여 있던 그 감정은 내가 평생 들어온 요란한 정치적 열정과 사회적 부정의를 향한 도덕적 분노가 아니라, 내 존재를 향한 감사, 다른 이들에 대한 공감, 심지어 영화 속 낭만적인 순간에 눈물을 흘리던 조용하고 부드러운 감정이었다. 비록 지성과 장·단기 기억, 아내와 친구들, 그가 알던 삶이 사라졌지만, 아버지는 자신의 연약함을 통해 타인의 연약함을 가슴 깊은 곳에서부터 받아들일 수 있게 되었다.

알츠하이머병에 걸린 아버지와 간병인으로서 나와 여동생의 여정은 거대한 망각의 여러 단계에서 몇몇 사람들이 거치는 경험을 조명한다. 그렇다. 아버지는 해결하지 못한 과거의 정서적 불의에서 유래한 것이 분명한 분노를 터트릴 때가 있었다. 하지만 나는 아버지의 일부 기능이 쇠퇴하면서 다른 것이 등장하는 것을 보았다. 아버지가 새로운 인지적 학습을 위한 능력을 잃어버린 것에 슬퍼하던 나는 음악이 아버지 내면의 거대한 감정을 불러일으키는 것을 발견했다. 우리는 뮤지컬 노래를 부르고 아버지 청년 시절의 보사노바를 들었다. 그러면 아버지의 얼굴은 즐거움으로 환하게 빛났다.

휠체어 생활을 하게 되면서 아버지는 우리를 내려보기보단 올려봐야 했다. 이 같은 신체적 위치의 변화는 평생 우리 사이에 있었던 힘의 역학 관계를 바꾸었다. 나의 현실을 강요하지 않고 그 순간 아버지의 현실에 맞출수록 아버지는 기분이 좋아졌다. 우리는 딱딱한 부녀관계에 갇혀 있었을 때는 결코 없었던 현존의 영역, 새로운 심리적 공간에서 만났다.

과거 자아의 드라마를 꿰뚫어 본 통찰의 순간, 아버지는 고개를 저으며 어리둥절한 채 내게 물었다. "방금 그게 다 뭐지?"

그 순간에 나는 아버지가 스쳐 지나가는 꿈같은 인생의 본질을 직접 인식했다는 것을 알았다. 아버지는 새로운 관점에서 자신의 중요성과 노력, 절박함을 볼 수 있었다. 기억의 상실은 구조와 드라마를 넘어 삶의 본질을 보여주는 관문이었다.

아버지는 언어를 잃거나 우리를 알아보지 못하는 알츠하이머의 마지막 단계까지 가지는 못하셨고, 나는 그 점에 감사한다. 그러나 아버지의 여정은 내게 모든 것의 덧없는 현실과 자기반성적 의식이나 영혼처럼 자아/마음 너머에 존재하는 무언가의 실체를 다시금 일깨워주었다.

수십 년 전 내게 처음 명상을 가르쳐준 스승님은 명상하기 전까지 우리의 경험은 콘크리트에 새겨진 선처럼 기억에 남아 있다고 말하곤 했다. 우리가 명상을 이어나갈수록, 그 선은 모래 위에 그어진 것이 되었다가, 물에 새겨진 것이 되었다. 마침내는 허공에 그려진 선이 되었다.

그래서 순수했던 20대의 나는 이러한 영적 목표를 상상했다. 언젠가 내 경험의 흔적들은 뇌와 의식에 어떤 잔재도 남기지 않을 것이라고. 오십여 년이 지난 지금의 나는 정신을 잃어가는 것은 정신을 초월하는 것과 같지 않음을 이해한다.

이제 나는 역설적이게도 내 경험의 흔적을 유지하되 그것들에 대한 정서적 애착을 줄이는 것을 목표로 삼고 있다. 즉 잃는 것이 아니라 목격하고자 한다. 나는 근본적으로 구성된 내 마음의 본질을 꿰뚫어 보려고 노력한다. 모든 마음의 본질을. 그리고 그것이 내가 아니라는 것을 기억하려 한다.

사회의 대다수가 이성적인 정신과 개인적인 기억을 자신

과 깊이 동일시한다. 몇몇은 그것들이 자신의 신념이나 역사라고 믿는다. 타인의 기억 안에서 계속해서 살아가리라고 많은 이들이 내게 말한다. 그러한 관점에서 기억력 상실은 상당한 불안을 야기한다.

지난 수세대 동안 책은 역사와 과학, 철학, 문학의 집단적 기억을 전달했다. 그러나 이제 서점들은 사라지고 있다. 인쇄기 발명 이전, 지식을 암기하고 천재성은 아퀴나스나 탈무드 학자같이 기억력이 뛰어난 이들에게만 결부되던 시대를 상상하기란 어렵다. 오늘날 우리는 무엇도 암기할 필요가 없는 미래를 상상해야 한다.

이제 개인의 기억력은 우리를 대신해 모든 것을 담는 광대한 기술로 대체되고 있다. 이 무한한 외장 하드는 인류를 모든 걸 기억해야 하는 시대에서 무엇도 기억할 필요가 없는 시대로 이끌었다. 클라우드 서버가 개인과 집단의 기억을 담는 거대한 매체가 되어감에 따라, 상상력은 어떻게 되는 걸까? 우리의 손자들과 증손자들은 온라인 저장소를 손끝으로 터치하며 이야기를 읽고, 쓰고, 말하는 법을 배우게 될까? 그들은 어떤 **원로**가 될까?

기억력 상실을 늦추고 뇌 가소성 높이기

뇌의 가소성(변화, 상실, 위험에 반응하는 신경 회로를 적응시키는 능력)은 놀라움과 혁신의 지속적인 원천이다. 새롭게 발견된 사실에 따르면 생활 방식과 행동의 변화만으로 인지장애를 예방하거나 지연시킬 수 있다. 지중해식 식단 (생선, 채소, 과일, 올리브 오일), 에어로빅과 근력운동, 인지 훈련(특히, 처리 속도)과 콜레스테롤과 혈압과 혈당 관리는 기억력 상실을 방지한다고 연구 결과가 증명한다.

밀라 키비페토와 크리스타 하칸손은 대중과학잡지 『사이언티픽 아메리칸(Scientific American)』을 통해 핀란드의 연구 결과를 보고했다. 그 연구에 따르면, 위 프로그램을 따른 사람들의 전반적인 인지 능력이 대조군에 비해 25% 더 향상된 것으로 나타났다. 높은 알츠하이머 위험성과 연관된 ApoE4 유전자를 가진 사람들까지도 프로그램의 도움으로 세포 노화 속도가 느려지는 것을 보여주었다.

생활 습관의 변화를 통해 기억력 상실을 회복하는 데일 브레드슨의 연구는 인상적인 결과를 보여주었다. 『알츠하이머의 종말(The End of Alzheimer's)』•의 저자와 그의 팀은 각 환자의 뇌에서 신호를 보내는 데 영향을 미칠 수 있는 것이 무엇인지 판단하기 위해 광범위한 검사를 바탕으로 기억력 상실 정도가 다양한 환자들을 위한 치료 접근법을 개인 맞춤화했다. 브레드슨은 자신의 책에서 그 방법들을 설명했다.

• 박준형 옮김, 토네이도, 2018.

예를 들어, 집으로 돌아가는 길을 찾기 힘들어하는 스트레스가 높은 일을 하는 한 환자를 위한 프로그램은 다음 사항을 포함했다.

- 모든 단당류 섭취를 중단해 체중을 9 *kg* 감량한다.
- 글루텐과 가공식품을 없앴고, 채소와 과일과 자연산 생선 섭취를 늘린다.
- 요가로 스트레스를 낮춘다.
- 매일 20분씩 두 번 명상한다.
- 밤마다 멜라토닌을 섭취한다.
- 매일 밤 7~8시간으로 수면 시간을 늘린다.
- 비타민 B12 과 D3, 어유, CoQ10을 매일 섭취한다.
- 구강 세정기와 전동 칫솔로 구강위생을 최적화해 뇌까지 이동하는 박테리아 감염을 피한다.
- 주치의와 상의하에 호르몬 대체 요법을 다시 시작한다.
- 저녁 식사와 아침 식사 사이 최소한 12시간 동안 공복을 유지하며, 저녁 식사부터 잠들기 전까지 최소한 3시간 동안 공복을 유지한다.
- 매주 4~6일 동안 최소한 30분씩 운동을 한다.

10명의 환자 중 9명의 결과는 이 치료 프로그램을 통해 기억력을 회복하고 악화를 막을 수 있다는 것을 보여준다. 이 시험연구 이후, 기억력 상실을 앓는 수백 명의 사람에게 그 프로토콜은 성공적인 것으로 입증되었다. 그리고 수백 명의 의료진은 미국 전역에서 브레데슨 프로토콜을 교육받았다.

(여기서 나는 아버지가 알츠하이머 진단을 받은 이후 브레드슨의 책에서 알려준 대로 나도 비슷한 식이요법을 진행했다는 사실을 덧붙인다. 호르몬 대체 치료 외에는 프로토콜을 그대로 따랐지만, 뇌를 위해 영양제와 누트로픽*을 추가했다. 그래서 내 사례로 브레드슨의 결과를 확인하기는 어렵다. 그러나 나는 놀라운 경험을 했다.)

뇌 가소성은 침묵으로 향상될 수도 있다. 듀크대학교의 생물학자 임케 키르스테의 2013년 연구에서 쥐를 다양한 종류의 소음에 노출해 소음이 뇌에 미치는 영향을 관찰했다. 연구자들은 대조군으로 무음을 사용했다. 그러나 「이것이 침묵한 당신의 두뇌(*This Is Your Brain on Silence*)」라는 기사에서 다니엘 그로스가 보고한 것처럼 그들은 예상하지 못한 사실을 발견했다. 쥐들이 하루에 2시간씩 무음 환경에 노출되면, 기억력과 학습에 관련된 뇌의 해마에 새로운 세포가 발달했다. 오늘날의 시끄럽고 혼잡한 세상을 생각해보면 침묵은 특히나 중요한 요소일 수 있다.

소음은 기억력 형성과 관련된 뇌 부분인 편도체를 활성화하며, 스트레스 호르몬을 높이고, 그 결과 혈당과 심장박동이 높아진다. 독서, 기억, 문제해결의 인지 능력이 감소한다.

● 인지 능력, 기억력, 주의력을 향상하는 뇌 기능 증진제

고요함에는 이와 반대되는 효과가 있는 것으로 보인다. 뇌와 몸의 긴장을 해소하고, 음악을 들을 때보다 더 혈당을 낮춰주며, 스트레스 호르몬인 코르티솔을 감소시킨다. 명상으로도 같은 효과를 얻을 수 있다.

〈하버드 가제트(*Harvard Gazette*)〉에 실린 수 맥그리비의 연구 결과에 따르면 매사추세츠 종합 병원의 8주 마음챙김 명상 프로그램에 참여한 참가자들은 기억력을 관장하는 부분을 포함한 뇌의 여러 영역에서 회백질이 증가한 것으로 나타났다. 이는 뇌에 변화가 없었던 프로그램 미참여자들의 상태와 대조적이었다.

LA 캘리포니아대의 해리스 A. 에어와 그의 연구진이 진행한 또 다른 연구에 의하면, 쿤달리니 요가 수련은 경미한 인지 장애를 가진 피험자에게 장단기적 개선 효과를 보여주었다.

'집중력 회복' 이론에 따르면, 수면만으로 뇌를 복원하기는 어렵다. 과도한 정보와 주의 산만에서 비롯된 피로를 해소하기 위해서는 조용한 자연 그대로의 환경에서 보내는 시간이 필요하다. 고목이 울창한 숲이나 오래된 산, 반짝이는 호수에서 고요와 완벽함을 만끽하는 것이다.

인지 건강과 목적의식 사이의 연관성도 있다. 2012년 발표된 연구에서, 시카고 러시대학 알츠하이머병 센터의 패트리샤 보일과 연구진은 목적의식이 높은 사람, 자신의 경험에서 의미를 찾는 사람은 경미한 인지 장애와 알츠하이머병으로부터 자유로울 가능성이 2.4배 높다는 사실을 발견했다. 다시 말해, 노년기의 목적을 찾고 지키는 것은 모든 종류의 파급 효과를 가져온다.

유전자 시험을 하던 사람들은 불편한 사실을 밝혀냈다. 그들에게 알츠하이머병과 연관된 ApoE4 유전자가 한두 개 있었던 것이다. 과학자들이 조기 진단을 위한 혈액검사를 개발하기 위해 노력하고 있지만, 이러한 사람들은 알츠하이머병 전 단계의 질환을 발견하지 못한 채 살고 있을 수 있다. 그러나 그들은 환자들의 대변인이 되고, 과학자들과 함께 정보를 수집하고 연구 결과와 생활 습관이 변화한 결과를 공유하는 온라인 커뮤니티(ApoE4.info)를 만들며 삶의 목적을 찾고 있다. 이렇게 알츠하이머병으로 낙인찍히거나 그 위험성을 홀로 끌어안고 살기를 거부함으로써 그들은 자신의 상처를 신성한 상처로 바꿔가고, 질병에 대해 더 많이 알고 자신감을 얻고 있다.

불교 심리학자 릭 핸슨과의 인터뷰

릭 핸슨은 1974년, 많은 사람에게 문을 열어 준 인간 잠재력 운동이 진행되던 시절에 명상법을 배웠다. 그는 탐구와 실험의 시간을 거친 후, 대학원에 들어가 심리학자가 되었다. 20년 전, 신경과학자들이 뇌의 상태를 지도로 그리기 시작했을 때, 릭의 세계에서 임상심리학과 뇌 과학과 불교가 하나로 합쳐졌다. 그리고 그는 영혼의 목적을 발견했다. 바로 웰빙, 성장, 명상 수련에 관한 글을 쓰고 가르치는 일이었다. 릭은『붓다 브레인(*Buddha Brain*)』[•]과『뉴로다르마(*Neurodharma*)』[••]를 집필했다.

나는 당시 67세인 릭을 인터뷰했고, 노년기에 인지 능력 감퇴를 예방하고 뇌 가소성을 높이는 방법에 대해 질문했다.

"뇌의 기억 중추(해마)에서 이뤄지는 새 신경세포(뉴런)의 성장은 두 단계를 거칩니다. 우선 줄기세포가 뉴런으로 바뀐 다음, 다른 뉴런들과 연결되죠. 이 과정에서 뉴런들을 보호해야 합니다. 우리는 이제 어떻게 이것이 가능한지 알지요. 대화하거나 팟캐스트를 들으면서 걷는 것처럼 복잡한 자극을 통해서입니다."

"이 과정은 저절로 이뤄지나요?" 나는 물었다.

"아니요. 순간의 경험을 지속적인 변화로 바꾸려면 의도적으로 노력해야 합니다. 저는 이것을 초능력이라고 불러요. 스스로 지식을 습득하고, 의도적인 노력으로 자신의 역량을 활용해 지속적인 변화의 능동적인 주체가 되는 것이죠."

그렇다면 이 과정을 방해하는 것은 무엇일까?

"스트레스는 신경 섬유의 보호막을 감소시키고, 뇌의 특정 영역을 퇴화하게 만드는 코르티솔을 생성하죠. 그래

• 장현갑·장주영 옮김, 불광출판사, 2010.
•• 김윤종 옮김, 불광출판사, 2021.

서 우리 신경계의 스트레스를 줄이기 위해 명상과 같은 정신 훈련이 필요합니다."

릭은 명상을 '우리가 되고 싶은 대상과 그 대상이 되는 방법에 젖어 드는 것'이라고 불렀다.

나는 그가 현재 어떤 수련을 하는지 물었다.

"아침마다 저는 제 활동의 근본적인 의도를 재정립합니다. 저에게 개인적으로 의미 있는 것, 신성함으로 피신하죠. 이것은 점점 덜 지원적으로 느껴지는 우리 사회 구조에서 특히나 중요합니다."

"내 욕구가 충족된 느낌에 머물면서 제3의 고귀한 진리(the Third Noble Truth), 더 이상 갈망하지 않는 상태로 살아가려 합니다. 부처님은 욕구란 결핍, 즉 무엇인가 빠진 데서 생겨난다고 가르치셨지요. 그래서 저는 저의 욕구를 충족시키기 위한 자원을 구축하고 그 욕구가 충족되었다는 느낌을 의식화합니다. 그러면 저는 몇 분간 평화롭게 만족감을 느끼며 사랑 안에서 머물며 휴식할 수 있습니다."

나는 이것이 그가 말한 '뉴로다르마(neurodharma)'냐고 물었다.

"뉴로다르마는 침착한 정신, 따뜻한 마음, 충만함 속에서의 휴식, 마음 전체로 들어와, '지금'을 받아들이고, 모든 것에 마음을 열며, 영원함을 찾는 것을 의미합니다."

순수한 인식에서 휴식하며 현존을 연습한다는 이 말은 나에게 울림이 있었다.

마지막으로, 나는 죽음의 인식이 릭에게 영향을 미쳤는지 궁금했다.

"슬픔과 학대받은 경험이 있긴 하지만 제 인생은 운이 좋았어요. 하지만 단세포 유기체에서 인간의 몸과 정신으로 진화한 기적을 분명히 인식하고 있습니다. 생각해 보세요. 우리 몸은 별의 먼지로 만들어졌고, 그 속의 원자들은 수십억 년 전의 것이에요. 저는 이 사실에 매일 경이로움과 감사함을 느낍니다."

~~~~~~

영적 수련으로서의 질환
역할에서 영혼으로

목숨을 위협하는 병의 일부 단계들은 우리를 전이 공간으로 끌어들인다. 우리는 마치 세상과 세상 사이, 정체성과 정체성 사이에 있는 것처럼, 즉 더 이상 이도 저도 아닌 것처럼 느낀다. 예컨대, 병을 진단받고 치료를 받기까지 기다리는 시간은 끝없이 느껴지고, 과거의 자신과 미래의 자신에 대한 불확실성이 가득한 것 같다. 항암 치료 기간에 우리 자아의 지지대는 무너지고, 머리카락은 뭉텅이로 빠지고, 음식은 금속 맛이 나고, 근육은 사라지며, 예전의 인생은 죽었으나 새로운 인생은 아직 태어나지 않았다. 완화나 회복 단계에 있을 때 우리는 세계와 세계 사이의 일종의 중유(中有)*에 살면서 희망과 두려움, 생과 사를 오간다. 각각은 잠시 거쳐 가는 정거장으로, 마치 번데기에서 나비로 변태하는 과정과 비슷하다.

일부 병들의 경우 기존의 역할이 사라져 가고, 신체적·정신적 회복이 더뎌짐에 따라 정체성 사이의 전이 기간이 오래 지속될 수도 있다. 내 친구 코리는 무척 사랑받은 교수이자 심리학자 겸 작가로, 만성피로증후군으로 인해 68세에 은퇴할 수밖에 없었다. 이전에 그는 도시로의 출퇴근과 소음, 자신의 직업과 업무 환경에서 비롯된 스트레스를 벗어나길 원했다. 하지만 그러기엔 너무 깊이 뿌리박혀 있다고 생각했다. 그러다 병으로 어쩔 수 없는 상황이 찾아왔다. 그는 기존의 삶에서 벗어나, 일을 관두고, 집을 팔아서 아내와 함께 아는 사람이 아무도 없는 작은 섬으로 이사를 했다.

그가 내게 말했다. "중요한 사람에서 아무것도 아닌 사람이 됐어. 밖은 봄이지만 나는 황혼기에 살고 있지. 내 옛날 자아는 되살릴 수 있는 좀비처럼 느껴져. 하지만 그러고 싶지 않아. '코리 박사 쇼'는 끝났어. 이제 내려놓았다네."

몇 년 동안, 그는 나에게 말하곤 했다. "내가 회복하면 … 나에게 에너지가 있으면 … 다시 생산적이게 된다면…." 그는 이 정체 상태 이후의 미래를 상상했다. 그러다 코리는 자신이

●   Bardo, 불교에서 죽음과 환생의 중간 단계를 가리키는 말

273

영웅적인 모드의 자아가 주도한 활동을 상상하고 있으며, 그것이 더는 맞지 않다는 사실을 깨달았다. 그는 더 이상 똑똑하게 보일 필요가 없었고, 화려한 지식으로 사람들에게 깊은 인상을 남길 필요가 없었다. 더 이상 물건을 쌓아두기 위해 돈을 벌 필요가 없었다. 그가 일평생 헌신한 모든 것, 한때는 너무나도 현실적이고 중요해 보였던 모든 것이 사라졌다.

코리는 일직선적인 시간(linear time)에 살 필요조차 없었다. "더 느린 파동 주파수에서 살 수밖에 없었어. 이제 문화가 아닌 자연의 속도로 움직이고 있다네."

그는 저항을 멈추고 새로운 삶으로 들어가 더는 마음속에서 살거나 외부의 확신을 얻으려 하지 않았다. 대신 현존, 창밖의 아름다운 바다와 그 위로 솟아오르는 독수리의 모습, 아침식사를 만들고, 쉬고 싶을 때 쉼을 갖는 것을 즐기기 시작하자 무언가가 변화하기 시작했다.

코리는 이전까지 자신을 돌보거나 사랑하는 일에 집중한 적이 한 번도 없었다. 그리고 영웅적인 행동을 하지 않거나 다른 사람을 부양하지 않으면서 사랑받아본 적이 없었다. 그러나 그의 직함이 없어도, 그의 역할에 수반되는 지위가 없어도, 소득이 없어도, 아내는 예전과 똑같이 그를 사랑했다. 체리 파이의 맛, 바닷바람, 그가 사랑하는 노래와 같이 그는 작은 것에서 계속해서 샘솟는 에너지원을 발견했다. 그에게 활력의 순간들과 함께 유머 감각이 솟아나기 시작했다. 그는 성인기를 지나 **원로**의 역할을 향한 길 위에 있었다.

수년간 그가 내면 깊숙이 품고 있던 이야기의 조각들은 소설의 도입부가 되었다.

"운명의 손길이 나를 휩쓸어 무인도로 데려다 놓았다. 만성 피로가 아니었다면, 나는 계속해서 출퇴근하면서 뼈가 닳도록 일하고 있었겠지."

람 다스는 저서 『성찰(*Still Here*)』에서 뇌졸중으로 그의 몸이 마비되기 전과 후의 삶에 관한 글을 썼다. 항상 우리 세대의 정찰병으로 우리보다 먼저 길을 걸어간 사람으로서, 그는 80대가 되어서도 질병을 영적 지식과 경험의 수단이라고 가르쳤다.

뇌졸중 이후, "나는 더 이상 차를 운전할 수 없습니다. 이제 내 간병인이 차를 운전하며, 나는 옆좌석에 앉습니다. 그래서 어디를 가려고 차에 탈 때마다, 나는 이제는 운전할 수 없는 '과거의 운전자'가 되어 고통스러워할 수도 있고, 아니면 '이것 참, 남이 몰아주는 차를 타다니'라고 말할 수도 있습니다. 하나의 생각은 고통을 유발하지만 다른 하나의 생각은 즐거움을 선사하지요. 우체국으로 가는 길에 내 마음이 투영된 것입니다."

질병은 새로운 신(새로운 원형과 정체성)들을 불러오며 옛 신들은 내보낸다. 그리고 우리의 초점을 망가진 것을 고치는 것에서 망가지지 않은 영혼과의 연결로 옮길 수 있다.

그림자 작업 훈련

여러분 안의 어떠한 그림자 캐릭터가 환자 또는 병의 피해자인가? 이 그림자 캐릭터의 내면의 말, 감정, 감각은 무엇인가? 여러분은 이러한 캐릭터를 목격하고 순수한 인식으로 돌아갈 수 있는가?

어떤 그림자 캐릭터가 의존적인가? 부디 다음의 시각화 훈련을 하길 바란다. 눈을 감고 앉아 현존하면서 느리게 호흡하자. 자신의 병이나 자신의 한계, 그리고 이로 인한 의존성을 보고 느끼자. 시야를 바깥으로 팽창시켜 주변 자원에 대한 여러분 가정의 의존성, 더 큰 자연 세계에 대한 여러분 정원의 의존성, 주변 환경에 대한 여러분 지역사회의 의존성을 포함하자. 모든 생명체의 상호의존성, 각각의 생명체는 모두 다른 생명체 못지않게 소중하다는 완전한 진실을 느끼자. 그리고 잠깐이라도, 여러분의 의존성은 부끄럽거나 부자연스러운 것이 아니라고 생각해 보자. 그것은 단지 완전한 진실의 한 부분일 뿐이다.

영적 수련

계속해서 변화하는 제한적인 현상에 자신을 동일시하는 것을 멈추고, 영혼으로 이동하자.

- 얼굴이 변해서 힘든 시기를 겪는다면 숨을 들이쉬는 연습을 하고, 얼굴로 관심을 돌려 반복해서 말하자. "나는 이 얼굴이 아니다. 나는 순수한 인식이다."

- 여러분이 아프거나 신체적 능력을 잃는다면 숨을 들이쉬는 연습을 하고, 여러분의 몸으로 관심을 돌려 반복해서 말하자. "나는 이 몸이 아니다. 나는 순수한 인식이다."
- 두려움, 슬픔, 절망의 감정으로 힘들다면 숨을 들이쉬는 연습을 하고, 마음으로 관심을 돌려 반복해 말하자. "나는 이 기분이 아니다. 나는 순수한 인식이다."
- 여러분이 기억력 상실로 힘들다면 숨을 들이마시는 연습을 하고, 머리로 관심을 돌려 반복해서 말하자. "나는 이 정신이 아니다. 나는 순수한 인식이다."

"나는 누구인가?"라는 질문을 직면하게 되는 일에 대해 나는 여러 번 글을 썼다. 여러분은 다음과 같은 질문을 생각하면서 이 질문을 질병에 적용할 수 있다.

- 이 병을 앓기 전에 나는 누구였나?
- 이 병을 앓는 지금 나는 누구인가?
- 이 병을 앓은 이후에 나는 누구일까?

만일 여러분이 간병인이 되어 갑갑하고 외롭고 무력하다고 느낀다면, 이러한 감정들이 어린 시절의 어디서 유래했는지 알아보자. 그림자 캐릭터는 누구인가? 그 그림자 캐릭터의 메시지는 무엇인가? 그것을 인지하면, 대신 다음의 영적인 진실을 기억하자. 여러분은 자유롭고, 서로 연결되어 있으며, 강인하다. 이 진실에서 비롯된 내면의 메시지나 주문을 상상해 보자.

"나는 갇힌 것이 아니다. 나는 이 사람을 사랑하기로 선택하고 있다. 한 번에 한 숨씩. 이것은 나에게 주어진 상황이다. 돌봄은 숭고한 일이다. 나는 남을 돌볼 수 있고, 동시에 자신을 돌볼 수 있다."

여러분이 돌보는 사람을 봤을 때, 누가 보이는가? 고통받는 몸인가? 고통받는 정신인가? 그 사람을 보거나, 듣거나, 만질 때 여러분은 무엇을 놓치고 있는가? 우리는 영혼을 보기 위해 어떻게 더 가까이 다가갈 수 있을까?

2부

인생의 회고와
회복

2부는 노년의 내면 작업을 위한 두 가지 도구인 인생의 회고와 인생의 회복을 살펴본다. 이 내용은 특히 심리치료를 여러 번 받아본 분들에겐 익숙할지 모른다. 인생의 회고는 우리 삶의 중요한 사건들과 그 사건들을 어떻게 경험했는지 돌이켜보는 집중적인 성찰 또는 정서적 목록 정리이다. 이를 통해 인생을 회복할 때 어디에 관심을 쏟아야 할지 더욱 분명히 알 수 있다. 인생의 회복은 우리를 배신하거나 실망시키고, 상처를 준 사람과 화해하거나 심지어는 용서하고자 하는 욕구에 기반한다. 또 수치스럽거나 후회하게 한 말과 행동과 관련해 우리 자신을 용서하려는 노력이기도 하다.

여기에서는 노년의 내면 작업의 두 가지 측면을 깊이 살펴볼 것이다. 바로 영웅적인 여정의 무의식적인 측면과 그로 인한 상처를 알아내기 위한 그림자 작업, 그리고 피해자 또는 가해자 같은 과거의 자아상과 정체성에서 벗어나 현재를 더욱 온전히 살면서, 역할에서 영혼으로 가는 길로 들어서는 영적인 작업이다.

6장

당신이 살아본 삶과
살아보지 않은 삶에 대한 회고

우화

텐트 제작자 파티마 (수피 이야기)

실 잣는 집안의 딸인 파티마는 아버지와 함께 잘생기고 부유한 남편감을 찾아 중동의 여러 섬을 향하는 여행길에 올랐다. 크레타로 가는 길에 강력한 폭풍을 만났고, 아버지의 배는 부서져 파티마만 살아남았다. 빈털터리에 혼자가 된 파티마는 알렉산드리아에서 천을 짜는 가족과 친구가 되었다. 그들은 파티마에게 천 짜는 기술을 가르쳐주었다.

몇 년 뒤, 파티마는 시장에서 노예 상인들에게 붙잡혀 배의 돛대를 만드는 남자에게 팔렸다. 그녀의 세계는 다시 무너졌다. 그러나 파티마는 돛대 장인과의 삶에 적응했다.

또다시 삶이 무너졌고, 그녀는 울부짖었다. "내가 뭘

281

좀 하려고 할 때마다 슬픈 일이 생기다니! 어째서? 왜 나에게는 불행한 일들이 끊임없이 생기는 거지?"

그러나 파티마는 희망을 잃지 않았다. 중국으로 간 파티마는 황제가 텐트를 만들어 줄 전설 속의 이방인 여성을 찾는다는 소문을 들었다. 그간 파티마는 실을 잣고, 천을 짜며, 돛대를 만드는 일을 해 왔다. 그러나 각각의 일들, 그녀의 삶을 파괴한 사건들, 매번 슬픔을 안겨 준 일들이 자신의 마지막 역할을 위한 준비였다는 사실은 알지 못했다. 황제의 텐트 제작자가 되고, 끝내는 황제의 아내가 되리라는 사실을.

- 이드리스 샤, 『파티마: 실 잣는 여자와 텐트(*Fatima, the Spinner and the Tent*)』중 발췌 각색

이야기 속의 파티마처럼 우리 대부분은 생존 욕구, 정서적 욕구, 사랑하는 사람들의 욕구를 충족시키기 위해 에너지와 주의를 기울여야 하는 세부적인 순간 속에서 변화하는 상황에 반응하며 삶을 살아간다. 마치 뒤집어서 완성된 무늬를 보기 전까지 태피스트리가 여러 색의 실들에 불과한 것처럼, 우리는 각각이 단절된 하나의 독립된 개체인 것처럼 그 순간에 빠져든다.

유명한 실존주의 철학자 쇠렌 키르케고르가 이야기했듯 "인생은 과거를 돌이켜봐야 이해할 수 있지만, 앞을 향해 살아야만 한다."

인생을 이해하고, 고치면서, 그 속에서 의미를 찾는 노력은 노년기의 자연스러운 발달과업이다. 자아의 목적을 상실한 채, 우리는 방향성을 잃을 수 있다. 그럴 때 인생의 회고는 영혼의 사명으로 방향을 설정할 수 있게 도우며 노년기의 깊은 목적을 찾게 한다.

그러나 사려 깊게 체계적으로 방법을 가르쳐주는 사람은 아무도 없다. 우리가 살아온 인생을 곱씹어서 얻어낸 교훈을 지혜로 바꾸는 방법을 알려주는 사람도 없다. 그래서 우리는 노인들이 다급하게 자신의 이야기를 들려주려 하거나 과거에 머문 것처럼 회상하는 모습을 보게 된다.

50년 전에 노화 분야의 전문가들은 이러한 회상이 노망의 징조라고 생각해 연령주의적인 고정 관념을 한층 강화했다. 그러나 1960년대에 저명한 노인학자인 로버트 버틀러는 많은 노인이 과거에 자신에게 벌어진 모든 일을 받아들이려는 깊은 내적 노력을 경험하는 것 같다는 사실을 발견했다. 그는 이 현상에 '인생의 회고'라는 용어를 붙였고, 이런 현상은 노년기에 필요한 정상적인 과업이며 병적인 현상이 아니라고 결론지었다.

버틀러는 입으로 말하든 글로 쓰든 인생 회고의 목적은 해결하지 못한 분쟁을 기억하고 더 큰 그림을 보거나 사건들의 재구성을 통해 화해하는 것이라고 말했다. 이처럼 사이가 멀어진 사랑하는 사람과 화해하고, 보상하며, 그들을 용서하거나, 자신을 용서하게 할 수 있다. 최상의 경우, 부정이나 비난을 중단하고 자신이 살아온 인생을 책임지게 된다.

삶을 돌아보라는 부름은 청년이나 중년의 눈이 아닌 장기적인 시각에서 바라보라고 부드럽게 설득한다. 우리는 주어진 삶에서 우리가 무엇을 만들었는지, 만약 인생이 다르게 흘러갔다면 어떻게 되었을지 알고 싶어 한다. 우리는 선택의 패턴, 행동의 결과, 뜻밖의 만남처럼 보이는 우연의 일치, 충족되지 못한 욕망의 잔여물을 찾아 태피스트리의 전체 모습과 이미지를 보려 한다.

때로는 죽음의 인식으로 받은 충격이 인생을 돌아보고 성취를 평가하고, 가능하다면 새로운 방향을 찾을 욕구를 촉발한다. 아니면 은퇴라는 현실이 과거의 자신을 성찰하고 미래를 생각하는 출발점이 될 수 있다. 조부모가 되는 사건은 종종 우리의 이야기를 들려주고, 가족들의 기억이나 실제 글이나 영상 문서로 기록해 후손들을 위한 유산을 남기고자 하는 욕망을 불러일으킨다. 또 다른 경우에는 사라지지 않는 죄책감이나 부끄러움이 정서적 회복의 필요성을 촉구한다. 우리가 상처 입거나 다른 사람에게 상처를 주었을 때를 되돌아보고 탐색하는 것이다.

그보다는 덜 의도적인 방식으로, 노인들은 마음에 걸린 것을 소화하거나 미완성된 일을 완성하려는 듯 꿈처럼 아련한 향수에 젖어 똑같은 과거의 일을 반복적으로 이야기할 수 있다. 그 일이 일어났거나 일어나지 않았다면 자신이 살았을 삶, 즉 살아보지 못한 인생을 상상할지도 모른다. 그들의 마음은 현실과 상상, 가진 것과 갖지 못한 것, 선택했던 것과 고르지 못한 선택지, 붙잡은 기회와 놓친 기회, 이룬 사랑과 잃은 사랑 사이를 떠돈다. 그리고 잃어버린 가능성에 비통해하고, 포기했던 재능을 후회하며, 이상적인 연인을 갈망하고 이루지 못한 꿈을 애도하는 내면의 그림자 캐릭터에 사로잡힌다.

노년기에 이러한 그림자 캐릭터들은 우리 안에 자리 잡아 인생의 재설계를 막는다. 내면의 장애물을 만들어 과거에 대한 부정과 미래에 대한 두려움에 우리를 가둔다. 그 결과 우리는 짧은 시간 단위로 살며 역할에서 영혼으로의 변화를 이루지 못한다.

그러나 인생의 회고를 통해 우리는 더 높고 넓은 관점에서 전체적인 인생의 풍경을 볼 수 있다. 삶의 중요한 순간들이 어떻게 서로 연결되어 영혼의 진화라는 숨겨진 목적으로 향하는 신성한 길이 되었는지 알게 된다.

내 고객인 앨런은 수십 년 전에 자신의 프러포즈를 거절한 여성에게 적개심을 품고 있었다. 그는 분노에서 벗어나지 못했다. 그러나 우리가 이 장에서 살펴볼 방법(앞과 뒤, 위와 아래에서 살펴보기)으로 인생 전체를 조망하자 그는 한 사람의 고통스러운 거절이 그의 남은 인생과 분리되지 않았다는 사실을 깨달았다. 거절의 고통은 어린 시절 감정의 양상과 함께 계속 남아 있었다. 이러한 깨달음을 얻은 그는 치료를 받으려 했고, 훨씬 더 보람 있는 인간관계를 갖는 법을 배웠다. 마침내 앨런은 실패를 새로운 방향으로 나아갈 전환점으로, 끝을 시작으로, 상실을 인식과 성숙의 획득으로 재구성할 수 있었다.

이렇게 깊고 넓은 관점에서 바라보면 과거를 내려놓고 온전히 현재의 순간을 살 수 있게 되며, 가족의 사랑, 창의성의 충동, 자연 세계의 아름다움으로 마음이 열린다. 인생의 회고는 현존으로의 관문이 될 수 있다. 또한 우리가 인생의 완성을 향해 나아가면서 두려움, 죄책감, 분노, 후회의 감정을 줄이고 죽음을 준비하는 데 도움이 될 수 있다.

이제는 고인이 된 신경학자이자 다작가인 올리버 색스는 자신이 암 말기라는 사실을 알게 되고, 사망하기 6개월 전에 이런 글을 썼다.

"지난 며칠 동안 마치 높은 곳에서 풍경을 내려다보듯 내 인생을 돌아볼 수 있었다. 그리고 세상의 모든 것과 연결되어 있음을 깊이 느꼈다. … 무섭지 않은 척 가장할 수는 없다. 그러나 내가 느끼는 가장 지배적인 감정은 감사함이다. 따지고 보면 나는 이 아름다운 행성에서 지각 있는 존재이자, 생각하는 동물로 살아왔고, 이는 그 자체로 엄청난 특권이자 모험이었다."
- "나 자신의 인생(*My Own Life*)", 뉴욕타임스, 2015년 2월 19일

과학자 색스는 물리적인 렌즈를 통해 인생을 보았다. 다른 사람들은 더 철학적이고 영적인 렌즈를 통해 노년기의 존재 의미와 영적 의미에 관한 질문의 해답을 찾으려 했다. 우리가 다른 선택을 할 수 있었다면 우리의 인생이 이런 식으로 전개되

었을까? 우연이나 동시성의 의미는 무엇일까? 카르마나 운명일까? 우리의 작은 이야기 뒤에 숨겨진 거대한 태피스트리는 무엇인가? 그리고 누가 그것을 만드는가?

인생의 형태를 보려면, 벽에 걸린 태피스트리를 볼 때처럼 뒤로 물러나 깊게 생각해야 한다. 단 하나밖에 없는 우리만의 이야기 속에서 질서와 아름다움을 보려면 시선을 부드럽게 하며, 그 순간에서 벗어나, 사건들의 무작위성을 내려놓아야 한다.

우리는 질문할지 모른다. 이제 우리는 더 깊이 자신을 받아들일 수 있을까? 우리가 잃어버린 것과 한계를 받아들일 수 있을까? 우리를 계속 실망하게 하는 인간관계를 내려놓아야 하는 걸까, 아니면 남은 시간을 써서 회복해야 할까? 우리는 이루지 못한 목표와 살아보지 못한 꿈을 받아들일 수 있을까? 아니면 우리가 인생의 완성을 향해 나아가면서도, 회고록을 쓰기, 기타나 미술을 배우기, 이국적인 곳으로의 여행과 같은 꿈들을 되찾는 데 이 시간을 써야 할까?

여러분 중에는 이 글을 읽고 즉각적으로 저항하는 사람이 있을 것이다. '과거는 신경 쓰지 않아', '돌이켜보는 건 너무 고통스러워', '지금 그 일을 어떻게 할 수 없잖아', '그 일을 할 시간이나 힘이 없어.'

내면 작업에 대한 이 같은 부정이나 저항은 큰 실망과 환멸을 느끼고 싶지 않은 그림자 캐릭터의 목소리일지 모른다. 어쩌면 트라우마나 배신의 기억이 너무나 아프고 오랫동안 그림자 속에 감춰져 있었을 것이다. 어쩌면 **비평가** 그림자 캐릭터가 거짓말이나 속임수처럼 '죄가 되는' 행동으로 우리를 판단하기에, 거부당하는 자신의 모습을 마주하고 싶지 않을 것이다. 또는 **비평가**는 우리가 얻지 못한 눈에 보이지 않은 성공의 잣대로 우리를 비교하며, 자신을 불신하고 후회하게 할 것이다.

우리 '내면의 연령주의자'는 인생의 회고를 저항하며, 이렇게 속삭일지도 모른다. "향수와 회상이라니, 그런 건 엄청나게 늙은 사람들이나 하는 거야. 나랑은 상관없어."

그러나 이런 기회를 부정하는 것은 과거를 회복하고, 자신을 용서하며, 우리가 배운 것을 후손에게 물려줄 기회를 빼앗는 것이기도 하다. 그리고 이 같은 부정은 과거를 우울해하거나 과거에 지나치게 집착할 위험 속으로 우리를 밀어 넣는다. 자아 성찰이 부족하면 우리는 **원로**가 되는데 필요한 통찰력을 얻지 못한다. 마치 평생 선물을 모아 놓고 하나도 열어 보지 않으려는 것과 같다.

60대 때 나는 단 한 번도 인생을 회고해야겠다고 생각한 적이 없다. 나는 인생의 대부분 미래지향적인 사람이었고, 과거를 돌아보는 일에는 조금도 관심이 없었다. 그러나 무엇인가 내 인생의 패턴을 곰곰이 생각해보고, 내가 배운 모든 것을 곱씹어 볼 것을 촉구했다. 나에게 이런 외침은 1960년대와 1970년대 음악을 통해서 찾아왔다. 밥 딜런, 그레이트풀 데드, 더 밴드, 롤링 스톤스… 내 뇌는 기쁨에 불이 켜졌고 몸을 일으켜 움직이게 했다. 내 청춘의 록 음악은 그 시절로 나를 연결했다. 그

가사들은 마치 파묻힌 경전처럼 내 기억 속에서 되살아났다. 이제 나는 과거를 돌아볼 준비가 되었다.

우리가 의식적으로 인생의 회고를 하지 않는다면, 죽음의 문턱을 다녀온 사람들이 말하듯이, 눈앞에서 인생이 '주마등처럼 스쳐 지나갈 때' 자연스럽게 일어날 수 있다. 또한 잠을 자면서 무의식적으로 펼쳐질 수도 있다. 융 학파 분석가인 제임스 홀리스는 65세 이상의 노인 고객들이 종종 과거에 온전히 이해하지 못한, 이제 받아들여야 하는 일들에 대한 꿈을 꾼다고 나에게 말했다. "단지 과거가 그리워서가 아니에요. 마음이 인생 이야기의 의미를 파악하는 방법이죠."

예를 들어, 홀리스에게는 번아웃을 느끼고 자신의 미래를 두려워하는 의사 고객이 몇 명 있었다. 꿈을 통해 그들은 잘못된 이유(부모의 꿈이나 문화적 기대감)로 의사가 되었다는 사실을 알게 되었다. "그들은 잘못한 일이 되어버린 바른 일을 한데서 고통을 겪었다. 그러나 그들은 그 사실을 몰랐다. 그들이 자신의 꿈에 관심을 두지 않았다면, 자아의 이야기 뒤에서 실제로 무슨 일이 벌어지는지 몰랐을 것이다."

홀리스는 무의식, 그림자와의 이런 연결이 우리가 죽음의 인식을 포함해 많은 상실과 쇠퇴에 대응할 수 있게 한다고 말했다. 우리의 꿈을 통해 우리는 자아보다 더 큰 무언가, 깊은 의미가 있는 것과 계속 대화한다는 것을 느꼈다.

릭 무디는 인터뷰에서 인생의 회고가 꿈속에서 저절로 일어날 수도 있다고 말했다. 이는 찰스 디킨스의 유명한 소설『크리스마스 캐럴(*A Christmas Carol*)』에서 잘 묘사되었다. 소설의 주인공 에비니저 스크루지는 일평생 인색하고 불친절했다. 이제 노인이 된 그는 크리스마스를 싫어하며 음식이 필요한 사람들에게 기부하지 않겠다고 거절한다. 크리스마스 전날 밤 스크루지는 순수하고 외로운 어린이였던 과거의 크리스마스 유령, 넉넉하고 즐거운 분위기 속에서 크리스마스를 즐기는 가족이 있지만 다른 한편에서는 어린이들이 굶주리는 현재의 크리스마스 유령, 조문객이 한 명도 없는 스크루지의 장례식을 보여주는 미래의 크리스마스 유령을 보게 된다.

자신의 인생과 죽음을 암울하게 회고하자 고통스러운 질문이 떠오른다. "내가 너무 늦은 것일까?" 잠에서 깨어난 스크루지는 다른 사람이 된다. 그는 마음이 넉넉한 사람으로 다시 태어나 가족과 시간을 보내며, 직원들의 임금을 인상하고, 가난한 가족에게 칠면조를 보낸다.

스크루지처럼 우리는 대개 노년기에 자신의 어두운 면을 만나고 다른 방향을 찾겠다고 결심한다. 디킨슨의 소설에 등장하는 캐릭터처럼 극단적인 변화는 아닐지 모른다. 그러나 인생을 회고하면서 우리는 해로운 습관이나 자신을 제약하는 습관을 버리고 더 큰 인생의 품으로 향한다.

새로운 시선으로 자신의 인생을 바라보다

레이첼 나오미 레멘은 '암 환자 복리 증진 프로그램'의 공동창
설자이자 베스트셀러 『식탁의 지혜(*Kitchen Table Wisdom*)』와 『할
아버지의 기도(*My Grandfather's Blessings*)』*의 저자이다. 『노에
틱 사이언스 연구소 리뷰(*Institute of Noetic Sciences Review*)』에 게
재된 "새로운 눈으로 보기(*Seeing with New Eyes*)"라는 제목의 기
고문에서 레이첼은 자신의 인생을 '새로운 눈으로 보게' 한 전
환점들에 대해 글을 썼다. 새로운 인식의 단계에 도달하기 때
문에 그녀는 이러한 순간을 '시작(initiations)'이라고 불렀다.

의사 집안에서 태어난 레이첼의 목표는 최초의 여성 소아
과 과장이 되는 것이었다. 그러다 인간 잠재력 운동과 전인의
학(Holistic Health) 분야가 등장했고, 레이첼은 캘리포니아 빅서
의 에솔렌 인스티튜트 연구팀으로부터 합류 제안을 받았다. 초
대를 수락한 그녀는 그곳에서 발견한 정신/마음의 연결과 보
완의학 분야에 충격받고 평생의 목표에 의문을 갖게 되었다.
"항복해야만 한다는 사실을 알았더라면 가지 않았을 거예요."

몇 개월이 지나, 혼란스럽고 의사로서의 목표는 방향을 잃
은 채 레이첼은 여러 차례의 공황 발작을 겪고 에솔렌을 떠나
안전하고 익숙한 과학의 세계로 돌아가길 원했다. 한 동료의

● 류해욱 옮김, 문예출판사, 2005.

제안으로 그녀는 압력을 받아 원래의 모양에서 벗어나 납작해진 마시멜로를 떠올리는 이미지 트레이닝을 시도했다. 그러자 수수께끼의 실체가 서서히 드러났다. "마시멜로에게 가장 익숙한 모양은 그것의 진정한 모습이 아니었어요. 하지만 그 안에 있는 무언가가 자신의 본래 상태를 기억하고 부풀어 올라, 다시 원본을 되찾고 있었죠."

이것이 그녀의 인생 이야기라는 사실을 깨닫고 레이첼은 울음을 터트렸다. 과학자들로 이루어진 그녀의 가족은 논리와 진실을 숭배하고 다른 형태의 학습을 경멸했다. 그녀의 동료들도 이러한 견해를 강화시켰다. 레이첼은 평생 자신을 납작하게 짓누르고 순응하게 만드는 압력을 받아왔다. 그러나 천성적으로 그녀는 직관적이고 신비주의적이기까지 한 사람이었다. 에솔렌에서 레이첼은 처음으로 자신과 생각이 같은 사람들을 만났다.

"그전까지 저는 죽어가는 것만 같았어요. 실은 이전까지 살아본 적 없던, 제게 딱 맞는 삶의 방식을 향해 가고 있었던 거예요. 집으로 가는 거죠."

에솔렌을 떠나 스탠포드 대학에서 교직을 맡은 레이첼은 교수로 승진해 통상적인 직업적 목표를 달성했다. 그러나 기쁘기보다 갑갑하고 숨이 막혔다. 그러다 동시성이 어떤 기억을 불러왔다.

"저는 문을 통해 다른 현실로 들어섰고, 제 안의 모든 이상한 부분과 조각들이 서로를 향해 방향을 틀었어요. 처음으로 그것들이 완벽하게 맞아떨어졌죠. 항상 이방인처럼, 잘못된 사람처럼 느꼈는데 그때 기억이 났어요. 제가 소속되어 있다는 걸."

교수직을 그만둔 레이첼은 (그녀의 표현을 따르면) 언제나 망가진 세상을 고치려던 사람에서 거룩한 세상에 봉사할 특혜를 받았다고 느끼는 사람으로 바뀌었다.

"하지만 그게 한 번의 사건으로 이뤄진 일은 아니에요. 시간이 흐르면서 여러 사건을 통해 서서히 일어났죠. 모든 것이 지나간 후에 뒤돌아봐야만 알 수 있었어요."

레이첼은 이러한 시작의 순간들은 우리 각자에게 가장 진실하고 고유한 것으로 돌아가는 자연스러운 삶의 일부라고 말했다.

"영혼이 항상 알고 있던 것을 우리 인격이 깨닫는 순간이 그때인 것 같아요. 그 순간 익숙한 것을 잃는 대신 더 큰 가치를 발견하게 돼요. 진정한 삶이 주어지는 거죠. 우리의 더 심오한 가치에 더욱 투명한 삶이요."

인생의 궤도에서 이러한 영혼으로의 전환은 한 번이 아니라 여러 번 일어난다. "각각의 시작마다 우리는 인격에서 벗어나 영혼이 되는 최후의 시작인 죽음에 도달하기 전까지 더 영혼에 가까워지고, 더 쉽게 전환하게 돼요."

레이첼은 의사가 되기에 충분한 지적 능력과 절제력이 있었지만, 그러기 위해선 직관적이고 신비주의적인 본성을 그림자에 묻어야 했다. 가업을 잇는 많은 사람들처럼 스스로를 몰아

붙여 뛰어난 의사가 될 수도 있었다. 하지만 전인의학 운동 초기에 그녀는 선천적인 체질적 구조나 성격(또는 특성이나 사명)을 희생하기에는 치러야 할 대가가 너무 크다는 사실을 깨달았다.

시간이 흐른 뒤에야 그녀는 새로운 시각, 즉 현자의 눈으로 인생의 밀물과 썰물을 볼 수 있게 되었다.

자아의 인생 회고: 표현된 것들

우리가 살아온 인생이라는 태피스트리에서 실들을 찾으려면, 가만히 앉아 몇 차례 심호흡하고 현존에 빠질 것을 제안한다. 마음을 진정시키고 각성한 상태에서 한 장의 종이를 가로로 놓고 출생에서부터 100세까지 시간의 수평선을 그려보자. 그리고 그 수평선 위에 10년 단위로 수직선을 그어보자. 그 기간들마다 있었던 중요한 사건과 중요한 사람들을 떠올리자. 수평선, 즉 의식적인 인식의 세계 위에 그것들을 적어보자. 기억을 떠올리기 위해 태어난 해부터 연도를 적어두면 도움이 된다.

예를 들어, 생애 첫 10년 동안 일어난, 여러분이 알고 있는 중요한 사건, 전환기, 얻은 것, 잃은 것은 무엇인가? 여러분의 이야기에서 주된 인물들, 가족, 연인, 멘토는 누구였나? 이들은 우리에게 어떻게 영향을 미쳤는가?

우리를 만든 힘들에 대해 최대한 기억을 많이 떠올리면서 계속해서 10년 주기로 작성해보자. 10년마다 우리가 겪은 중요한 전환기는 무엇이었나? 전환기에서 나왔을 때 어떤 통찰력을 얻었는가? 우리는 어떻게 성장하고, 마음을 열고, 새로운 의식을 발전시켰나?

주요한 사건은 시작이나 끝, 득이나 실, 성공이나 실패, 생이나 사, 통과 의례, 선물이나 트라우마, 또는 훌륭한 사람과의 만남이 될지 모른다. 내 남편의 독특하고 유복한 삶을 생각해 보면, 그에게 중요한 사건은 이민이었다는 말을 들었을 때 나는 놀랐다. 출생국가, 가족, 친구, 경제적 지원을 등지고 미국으로 온 것이다. 그는 이민의 트라우마가 그의 회복력, 결단력, 가지 않은 길을 뒤돌아보지 않고 내려놓을 수 있는 능력, 자녀를 위한 탄탄한 토대를 만들고자 변화를 받아들이는 그의 특성들을 형성했다고 생각했다.

전통적인 인생의 회고에는 여러 다양한 차원이 있다. 예를 들어, 우리는 신체의 관점에서 10년씩 살펴볼 수 있다. 청춘의 활기와 아름다움의 계절, 중년의 강인함, 스트레스에 대한 대응, 노년기의 느림, 회복력, 한계, 병처럼 그 자체에도 인생의 이야기가 있다.

내 고객인 사라는 나에게 그녀를 출산하던 당시 어머니가 고생한 이야기와 그녀가 어린 시절 앓은 병에 대해 들려주었다. 그 병은 사라의 걸음걸이에 영향을 미쳤다. 사라는 크면서 튼튼하고 건강해졌지만, 자신의 몸에 대한 의식은 청소년기까지도 계속 이어졌다. 이것은 그녀의 초창기 연애에 영향을 미쳤다. 그녀는 초경의 통증, 첫 경험의 어색함, 춤을 잘 추려 했지만 실패한 일, 그녀의 목에 명예의 훈장같은 흉터를 남긴 수술에 관해 이야기했다. 65세에 사라는 유방암을 앓았지만 생존했고, 그 일을 계기로 인생을 회고하게 되었다. 사라는 자기 몸의 이야기를 돌아보니 이제 비록 흉터가 남고 처지긴 했지만, 신체의 아름다움과 강인함에 놀랐다고 말했다.

"이 여정에서 제 몸의 이야기를 돌이켜보기 전에는 제 몸을 높이 평가하거나 감사하게 생각한 적이 없어요."

또는 그만의 이야기가 있는 마음의 관점에서 10년씩을 회고할 수도 있다. 희망과 실망의 계절, 온정의 계절, 가슴 아픈 계절, 공감의 계절, 관대함의 계절.

초등학생일 때, 내 친구 진은 고모가 종교적 삶을 따르기 위해 수녀원으로 들어간 것을 지켜보았다. 19세 때 진은 그 길을 따랐다. 그녀는 젊은 여성의 모든 사랑과 갈망을 다 해 신에게 마음을 열고 서약했다. 그녀는 11년 뒤에 세상살이에 대한 아무런 지식도 없이 그곳을 떠났다. 결혼했고, 뱅크오브아메리카에서 27년간 근무했다.

그 시간 동안, 진은 성격 유형에 따른 융의 연구를 바탕으로 한 성격검사인 MBTI(마이어스-브릭스 유형 지표)를 발견했다. 놀랍게도 그녀는 자신이 직관적 감정형인데 가정과 수녀원에서 감각적 사고형으로 자라났다는 사실을 알게 되었다. 그녀의 감정은 먼 옛날에 그림자 속으로 사라졌고, 거짓 자아의 삶을 살아온 것이다.

단시간에 진의 남편은 결혼 생활을 떠났고, 부모님은 요양원에 들어갔으며, 일자리는 사라졌다. "그러자 진정한 그림자 작업이 시작됐어요." 수녀원에서 강화된 그녀의 완벽주의는 두려움과 불안감이라는 은밀한 감정을 숨겼다. 그녀의 '착한 소녀' 페르소나는 자유와 자기표현이라는 은밀한 갈망을 숨겼다.

그녀와 예수님의 유일한 차이점은 예수님은 자신이 신이라는 사실을 깨달았다는 점이라고 예전의 신부님이 그녀에게 말했다. 그 순간, 진은 그녀가 살아온 신화에 눈을 뜨고, 신비주의에 관한 책을 많이 읽었고, 자아초월 심리학(Transpersonal Psychology) 석사 학위를 마쳤다. 또한 연애에 다시 불을 붙였고, 처음으로 의식적인 파트너 관계로 이어졌다. "이제 제가 반응을 보일 때는 그게 저라는 것을 알아요. 이것이 모든 것을 바꾸었죠."

그녀의 파트너도 자신의 감정을 그림자 속으로 밀어두었다. "그래서 이제 우리는 함께 감정을 배우고 있어요." 다시 말해, 진은 노년기에 오랫동안 그림자에게 빼앗긴 감정을 되찾고 있다.

자아·마음에도 이야기가 있다. 유동적인 호기심과 배움에 대한 사랑의 계절을 거치고 나면 흑백론적 사고의 신념에 대한 집착의 계절, 그리고 포용적인 사고의 계절에 이어 폐쇄적 사고의 계절이 있다.

내 동료이자 전 성직자인 밥은 무의식적으로 자신의 종교적 신념과 동일시했고, 자신과 타인에게 옳고 그름의 도덕적 잣대를 댔다. 어느 날, 그의 영적 지도자는 신은 교회의 교리와는 똑같지 않다고 지적했다. 이에 충격받은 밥은 서서히 자신이 내재화하고 당연하게 받아들였던 생각과 신념을 관통해서 보기 시작했고, 점차 독립적인 사고를 회복하면서 신과의 더 직접적인 연결고리를 발견했다.

"저는 한동안 환멸을 느꼈어요. 저는 더 이상 진정한 신앙인이 아니지만, 다른 전통에 더욱 관심이 생겼고 종교 간 대화에 더 개방적인 태도를 보이게 되었죠." 결국에 그는 사람들의 독단적 신념이 아닌 종교적 호기심을 키우고자 영적 지도자가 되었다. 다시 말해, 밥은 자아의 오만함과 자가당착을 형성한 무의식적 사고의 양상과 자신을 동일시하던 틀을 깼고, 비판적 사고를 되찾아, 다른 길에 대해 마음의 문을 열었다. 동시에 그는 엄격한 규칙을 버리고 자기 내면의 본능적인 지시를 따르게 되면서 더욱 도덕적으로 발전했다.

우리의 경력에도 서사가 있다. 우리의 창조적인 인생도 마찬가지이다. 그것들은 우리의 이야기에서 어떻게 서로 교차하는가? 어떻게 둘은 서로에게 피해를 주거나 서로를 지원했을까?

우리는 자신의 인생을 연인의 렌즈를 통해 볼지도 모른다. 우리의 연애 패턴은 무엇을 말해주는가? 우리의 파트너는 부모님과 어떻게 닮았는가? 그들은 우리의 부모님에게 어떤 반응을 보였는가? 여러분은 계속해서 비슷한 파트너를 선택했는가? 아니면 매우 다른 사람들을 선택했는가?

내 고객인 수는 이혼하면서 자신의 인간관계를 살펴보았

다. 그녀는 어린 나이에 첫 남편 존과 결혼해서 여러 명의 자녀를 두었고, 그 자녀들도 결혼해서 자녀를 낳았다. 존은 중독자였고, 결국 그들은 이혼했다. 전통적인 렌즈로 자신을 바라본 그녀는 존과 계속 같이 살지 않고 그의 중독을 참지 않았다고 후회했다. 그러나 이혼한 뒤, 그녀는 또 다른 남자를 만나 결혼했고, 그는 가정에 정서적, 재정적 안정감을 제공했다.

그 후 수는 가정에 있으면 숨이 막힐 것 같아서 학교로 돌아갔고, 그곳에서 또 다른 남성에게 매력을 느껴 마음속으로 그를 사랑하게 되자 충격을 받았다. 죄책감을 느낀 그녀는 그 관계를 끊어버렸다. 그러나 그녀의 연애에 대한 갈망은 그녀를 신성한 갈망에 눈을 뜨게 했고 영적인 길로 인도했다. 결국, 두 번째 남편이 이혼을 요구했을 때 그녀는 이혼에 동의했다. 몇 년 후, 그녀는 향심기도를 수련하는 구도자를 만났고, 그들은 지금까지 경험한 것보다 더 의식적인 유대감을 형성했다.

"저는 이혼한 것과 정서적 불륜을 저지른 것을 후회해요. 인생을 회고하는 관점에서 보면, 당시의 제가 어떤 사람인지를 볼 수 있고 젊은 자아에 연민을 느낄 수 있어요. 하지만 이제 저는 진정한 사랑을 살고 있어요. 그리고 예전에 다르게 선택했다면 지금 그 결과는 달라졌을 거예요. 저의 자아는 죄책감을 느끼지만, 저의 영혼은 더 큰 어떤 일이 일어났다는 것을 알아요."

결혼한 적 없고 자녀도 없는 또 다른 고객은 60대가 되어서야 이 진실을 알 수 있었다고 나에게 말했다. 그녀의 아버지는 자신의 필요로 그녀를 묶어두었다. 아버지가 돌아가시고 몇 년이 지나고 나서야 그녀는 아버지가 어떻게 다른 남성과 그녀가 유대감을 갖지 못하게 막았는지 알 수 있었다.

"아버지는 제게 최면을 걸었어요. 믿을 수 있는 유일한 사람은 아버지뿐이라고 저는 생각했죠. 다른 남자는 믿을 수 없었어요. 아버지만이 항상 저에게 필요한 것을 제공할 수 있다고 생각했으니까요. 아버지만이 저를 제대로 알고 사랑한다고 생각했어요." 마침내 그녀에게는 관계를 찾을지 아니면 그녀 삶의 현실, 절대 일어나지 않을 삶을 받아들일지 결정할 자유가 생겼다.

우리의 모든 개인적인 이야기들은 우리 인생의 이야기로 눈에 보이지 않게 짜인 더 큰 이야기의 부분들이다. 우리 인생의 중요한 사건들이 어떻게 우리 세대의 주요한 사건(전쟁, 과학적 발견, 정치충돌, 법적 승리, 환경위기, 영웅적인 지도자, 심지어 히트곡)들과 교차하는지 살펴볼 수도 있다. 이러한 사건들과 문화적으로 중요한 다른 사건들은 해당하는 10년 동안 우리에게 개인적으로 중요한 사건들이 벌어진 환경이 된다.

국가적 인생의 회고

지금 미국 역사를 사회적, 정치적으로 해석하는 집단적 인생의 회고를 요구하는 목소리를 내고 있는 사람들이 많다. 우리는 조상들의 역사와 우리 모두가 이 땅에 오게 된 여러 방식을 살펴볼 수 있다. 우리는 미국을 만든 축복과 죄에서 우리의 문화적 역사와 우리 가족의 역할을 살펴볼 수 있다. 우리의 이름으로 자행된 인종 대학살, 노예

제도, 강제수용소, 고문, 이민자 정책에 관한 진실을 말하면서 미국의 국가적, 집단적 그림자를 살펴볼 수 있다. 이러한 통과 의례가 없다면 거대한 수치와 슬픔이 우리의 집단적 그림자 속에 묻혀버리게 된다. 이러한 성찰이 없다면, 우리는 특권과 불평등의 뿌리를 이해할 수 없다.

우리가 다 함께 솔직하게 과거를 회상한다면, 어쩌면 애도의 시기는 우리를 성숙하게 할 것이다. 그리고 우리는 미국의 영혼이 진화하는 것을 목격할 수 있다. 이런 식으로 우리는 어떻게 모두 같이 앞으로 나아갈지 결정할 수 있다. 일부 정치인들은 아프리카 노예의 후손들을 본국으로 송환하자고 주장하고 있다. 일부 백인들은 특권이 그들의 삶에 어떤 영향을 미쳤는지 살펴보고 있다. 내가 아는 한 여성은 초창기 원주민의 땅을 훔친 조상의 후손이고, 오늘날 원주민들을 만나 과거를 슬퍼하며 그 일을 바로잡으려 하고 있다. 그녀는 미국 남서부지역에 구매한 땅을 현지 원주민 부족에게 유산으로 물려줄 거라고 내게 말했다.

한편 우리가 뒤로 물러서서 자신의 이야기를 보고 반추할 때, 우리는 신화적인 설화, 즉 전형적인 영웅의 여정을 발견할지 모른다. 이 서사는 신화학자 조셉 캠벨이 대중화시킨 것으로, 영웅인 우리가 평범한 세상에서 놀랍고 무서운 미지의 세계로 모험을 떠나는 보편적인 이야기라는 사실을 발견했다. 우리는 멘토, 동료, 적을 만나고, 시련과 승리와 패배를 경험한다. 그리고 마치 다시 태어난 것처럼 사랑하는 인류에게 줄 선물을 가지고 대단한 모험에서 귀환한다. 많은 시나리오와 소설은 이

설화를 기반으로 한다. 어쩌면 여러분의 인생 이야기도 그럴지 모른다.

시간을 들여 다음의 틀에서 여러분의 인생을 회고해 보자.

- 영웅은 모험을 떠나라는 외침을 듣는다.
- 처음에는 그 외침을 거부한다.
- 그러다가 그 외침을 듣고 평범한 세상을 떠난다.
- 멘토를 만난다.
- 문턱을 넘는다.
- 시험을 받는다. (예: 그림자를 만남)
- 친구와 적을 찾는다.
- 내적인 의심과 두려움을 마주하고 멈춘다. (그림자 캐릭터)
- 시련을 겪는다. (신체적 죽음 또는 상징적/자아의 죽음)
- 보상을 받는다. (물건, 비밀, 통찰력)
- 다시 길을 떠난다.
- (죽음과의 만남 이후) 마지막 부활을 경험한다.
- 성과를 얻어서 돌아온다. (해결책, 새로운 인식, 새로운 시작)

여기에 내 인생 회고의 예가 있다. 어린 시절 푸른 눈의 소년에게 빠져 나는 거룩한 갈망에 동요하고 신을 동경하게 되었다. UC 버클리를 우연히 언급한 아버지의 말에 나는 그 학교를 선택하게 되었다. 나 자신의 인종차별주의에 눈을 떴고, 흑인 해방운동의 열기 속에서 교회를 다니던 순진한 백인의 모습을

잃었다. 엘드리지 클리버*는 내 영웅이 되었다. 나는 급진주의
자가 되어, 아버지가 주시는 대학 등록금을 거절했고, 웨스트
오클랜드 학교에서 자원봉사를 했다.

일 년 뒤, 초월적 명상을 훈련하지 않으면 나와 데이트를
하지 않겠다고 말한 긴 머리 히피와의 우연한 만남을 통해 나
는 영적 여정에 입문했다. 람 다스와 파라마한사 요가난다의
책들은 영적 세계로의 창문을 활짝 열어주었다. 그렇게 나의
우선순위는 행동주의에서 내면 작업으로 변했다. 마하리시 마
헤시 요기를 만나 그의 방대한 과학과 의식의 통합을 들은 이
후, 내 인생의 목적은 영적 각성이 되었다.

10년 뒤, 초월적 명상을 훈련하고 가르친 이후 영적 그림
자와의 고통스러운 만남에 환멸을 느끼며 홀로 그 공동체를
떠났다. 그러나 나는 '새로운 시대'에 대한 최초의 포괄적인 비
전인 『의식혁명(The Aquarian Conspiracy)』**을 읽고 우연히 작
가 매릴린 퍼거슨에게 전화를 걸었다. 그녀는 소식지의 편집장
이 마침 일을 그만두었고 이 사건은 동시성이 틀림없다고 말했
다. 그래서 나는 그 자리로 들어가게 되었다. 그전까지 작가에
게 전화해 본 적은 단 한 번도 없었다. 일자리를 구하려 하지도
않았다. 그러나 우리는 만나게 되었고, 깊은 인식을 느꼈다. 마

---

* Eldridge Cleaver. 1960년대 미국 흑인운동 단체인 블랙팬서(Black Panther)
  의 지도자.
** 정성호 옮김, 민지사, 2011.

303

릴린은 나에게 〈뇌/정신 회보(*Brain/Mind Bulletin*)〉에 기고하는 자리를 제안했다. 그녀는 인생을 바꾼 멘토이자 작문 선생님이 되어 나에게 또 다른 문을 열어주었다.

그 일을 하면서 처음 받은 전화는 스티브 울프에게서 걸려온 전화였다. 그는 프로젝트를 홍보할 사람을 찾고 있었다. 그 이후 15년 동안 우정을 쌓은 우리는 『그림자와 사랑하기』의 공동 저자가 되었고, 40년이 지난 이후에도 가까운 친구로 남아 있다.

마릴린과 함께 한 정신없이 바쁜 세월 동안, 나는 인간 잠재력 운동의 지도자들과 의식탐구의 선구자(신경과학자, 심리학자, 샤먼, 사이키델릭* 연구자)들과 같이 많은 사람을 만날 수 있는 특권을 누렸다. 그러나 마릴린이 중독의 소용돌이에 빠졌을 때, 그녀를 사랑하는 모든 사람에게는 힘든 시련이 되었고, 내 인생의 이 시기는 깊은 마음의 상처와 함께 끝이 났다.

그 기간 중에 나는 그녀의 발행인 제레미 타셔를 만났다. 그의 출판사는 1980년대에 처음으로 대체의학과 의식 있는 기업 관행에 관한 책을 대중화시켰다. 우리는 친구가 되었고, 그는 결국 출판계에서 나의 멘토가 되었다. 나는 10년 동안 편집자로서 나의 첫 두 책을 포함해 백 권의 책을 만들었다.

나는 칼 융의 이론을 진지하게 연구하기 시작했고, 내 꿈 속 그림자들을 알려준 분석가와 같이 일하기 시작했다. 그를

● Psychedelic. 그리스어 '정신(psyche)'과 '발현하다(deloun)'의 합성어로, 환각제를 의미한다

인도자로 삼은 나는 심충심리학 대학원으로 돌아가 다른 사람들에게 자신의 그림자 작업을 가르치는 방법을 배우기로 했다.

한편 이때 나는 깨어진 약혼을 몇 년째 슬퍼하고 있었다. 어느 날 저녁 우연히 지인과의 저녁 식사에 초대받았다. 검은 머리의 남자가 하얀 티셔츠를 입고 방에 들어왔고, 내 인생은 다시 뒤집혔다. 5년 뒤 나는 닐과 결혼했고, 새엄마가 되었고, 이제는 할머니이다. 이 의식은 진정으로 나를 새로운 의식적인 관계의 삶으로 이끌었다. 약혼이 깨어지지 않아 일찍 결혼했더라면, 나는 결코 닐과 함께 하는 이 여정에 정서적으로 준비되지 않았을 것이다.

닐과 나는 힌두교, 불교, 수피의 신비주의적 관습을 공부했고, 인도자들이 계속해서 사람의 형태로, 꿈속에서, 책을 통해서 나타났다. 우리는 매번 고차원으로 진화한 놀라운 사람들을 만났다. 그때마다 그들의 그림자가 나타났다. 극도로 높은 인식의 단계에 도달한 한 남자는 돈의 그림자에 휘둘렸다. 또 다른 인도의 스와미는 훌륭한 성취를 이뤘지만, 성차별주의자에 마음이 편협했다.

일흔에 가까워진 최근에는 **원로**가 될 가능성이 궁금해졌다. 이 문턱을 넘어서기 위해 무엇을 배우고 무엇을 희생해야 할지 궁금했다. 분명히 나는 더 이상 선생님이나 영적 인도자를 원하지 않았다. 나는 내가 원하던 **원로**가 되고 있었다.

오늘 내 인생의 회고를 마치고 나니, 내 인생에서 시작의 순간들은 비범한 남성들과 여성들(또는 그들의 책)과의 만남을 통해서 일어났다는 것을 알 수 있다. 나는 그 길에서 나를 인도한 분들이 내 앞에 나타난 것은 믿기 어려울 정도로 큰 축복이라고 생각한다. 그들은 나에게 애정 어린 지지와 지혜를 너그럽게 전수해 주었다. 그러나 나는 매번 외침에 귀 기울이고, 시험을 치르고, 선물을 얻어야 했다. 그리고 내가 받은 선물을 더 큰 세상에 돌려주어야 했다.

나는 랍비 잘만 새크터-샬로미가 '가혹한 선생들'이라 부른 사람들에게 감사함을 느낀다. 그들의 그림자가 행동해 끔찍한 고통을 초래하고 우리의 신뢰를 저버린 데 감사하다. 이처럼 '부정적인' 경험들이 어떻게 어린 시절의 순수함을 끝내고, 내 자아가 겸손하게 성숙을 향해 움직이도록 하면서, 나를 그림자에게 인도한 '가르침의 경험'이 되었는지를 이제는 알 수 있다. 내가 영적 그림자를 만났던 시기에 나는 다음과 같은 꿈을 꾸었다. 한 남자가 산 위에서 하늘로 부메랑을 던지면, 항상 그 부메랑이 그에게 되돌아오는 장면을 바라보는 꿈이다. 내 모든 배신감이나 실망감은 권력이나 선물을 나눠 준 나 자신의 책임으로 나에게 부메랑이 되어 돌아온 것을 알 수 있다. 나는 연금술의 과정에서 고통스럽게 투사를 회복함으로써 나 자신의 일부를 반복해서 되찾았다. 이런 식으로 모든 손실은 이득이 되었다. 모든 실패는 승리가 되었다. 가혹한 선생님들이 없었다면 나는 뛰어난 심리치료사가 될 수 없었을 것이다. 그림자 작업의 전문가가 되지 못했을 것이다.

인생의 회고를 통해 이제 나는 인생에서 자아의 목적과 영혼의 목적의 차이점을 이해한다. 명상 지도자, 저널리스트, 편집장이자 저자, 치료사라는 뚜렷한 네 개의 경력을 돌이켜봤지만, 외적으로 뚜렷한 공통점은 없었다. 그러나 영혼의 단계에서 그들은 의식에 대한 정보를 전파한다는 사명을 공유한다. 내 인생의 기저에서 이런 모티브를 발견했다는 사실에 나는 깊은 만족감을 느꼈다.

나는 일종의 맹세처럼 이 사명을 실천했고, 나 자신보다 더 큰 대상, 인류 전체로 향하게 했다. 이제 이 책을 통해 나의 유산은 노년기의 의식에 관한 정보를 전달하는 일로 확장되었다.

한 걸음 뒤로 물러나서 보면, 내 인생은 관련 없는 사건들의 연속이 아니었고, 무작위한 변화나 불필요한 고통의 연속도 아니었다. 오히려 내 안에서 나를 넘어선 더 큰 무엇인가가 작용하고 있었다. 운명, 목적, 사명, 다르마, 도(道), 우리가 그것에 어떤 이름을 붙이든 간에 지금까지 나도 모르게 그것을 계속해서 따라왔다. 내가 그것에 귀 기울이고 순종하면, 그것은 나를 붙잡고 문턱을 넘고 또 넘어갔다.

다른 말로 표현하자면, 믹 재거의 노랫말처럼, "우리가 원하는 것을 모두 가질 수는 없다. 하지만 가끔 시도해보면, 필요한 것을 얻게 될지도 모르지."•

• You can't always get what you want. But if you try sometimes, well, you just might find you get what you need. 롤링스톤스의 1969년 노래 〈You Can't Always Get What You Want〉의 가사.

그림자의 인생 회고
억눌린 것들

자아의 이야기, 영웅의 여정은 자신에게 말하는 의식적인 이야기이다. 그러나 프로이트와 융으로부터 배운 것처럼, 자아가 발달하면서 많은 것이 그림자에 묻힌다. 표현되지 않은 것들은 억눌리게 된다. 그래서 우리가 인생을 살아가는 동안 의식의 경계 아래에서 진행되는 다른 이야기가 있다. 융은 이것을 '살아보지 않은 인생(unlived life)'이라고 불렀다. 노년기에 인생의 과업은 성과와 성취로 자아를 강화하는 것이 아니라 다른 큰 것과 연결하는 것이기 때문에, 우리는 인생 회고를 통해 은밀하게 이야기를 쓰면서 역할에서 영혼으로 전환하지 못하게 방해하는 '살아보지 않은 그림자 캐릭터'를 발견해야 한다.

더욱 넓고 깊은 인생의 회고는 우리의 의식적인 생활의 이야기를 의식적인 인식의 아래에 흐르는 이야기(우리가 표현하지 못한 감정들, 탐구하지 못한 재능, 원형의 형태를 비롯해 우리가 살아보지 못한 그림자 캐릭터)와 연결한다. 이것은 전통적인 인생의 회고에 완전히 새로운 차원을 더한다. 우리는 자아의 인식의 경계선의 앞과 뒤뿐만 아니라 위와 아래도 보면서, 우리 인생을 360도 파노라마 뷰로 볼 수 있다.

360도 뷰를 통해 우리는 갇힌 곳, 우리의 발달이 멈추고 통과 의례가 실패한 곳을 발견할 수 있다. 과거에 갇혀 역할을 제한하는 무의식적인 동일시가 드러날 수도 있다. 그리고 우리의 필수적인 부분을 그림자에 잃어버린 희생을 보여줄지 모른다. 이런 종류의 인생 회고는 깊이와 현존으로 가는 관문이 될 수 있다.

그런 다음, 우리가 원한다면, 이 단계를 풍요롭게 만들기 위해 그림자에서 지금 표현하고 싶은 새로운 정체성, 신화적 패턴, 창의적 재능과 같은 특정한 재료를 되찾아 올 수 있다. 아니면 우리 자신과 화해하고 '있는 그대로'를 받아들이려 할 수도 있다.

그래서 나는 여러분이 10년 단위로 작성한 수평선 타임라인을 적은 용지로 돌아가 보기 바란다. 인생의 첫 10년부터 시작해보자. 의식적인 인식의 수준을 나타내는 선 위에 기록한 사건들을 살펴보자. 그리고 자신에게 물어보자. 그 사건들이 실행되기 위해 무엇을 억제해야 했는가? 그런 다음 그렇게 억제된 특징이나 감정이나 행동을 선 아래(그림자)에 적어보자. 그리고 각각의 주요한 사건에 이 질문을 던져보자.

간단히 말해보자. 자아와 그림자는 일반적으로 반대되는 특징을 발달시킨다. 그래서 예컨대 학업 성적과 똑똑하다는 정체성처럼 한 가지 특징이나 성향을 발달시키면, 그와 반대되는 특징인 무지하고 바보 같아 보일지도 모른다는 두려움은 그림자 속으로 사라질 것이다. 가정에서 독립심을 높이 평가한다면, 의존성은 금지될 수도 있다. 친절이나 예절을 요구한다면, 분노는 처벌받거나 어둠 속으로 사라질지 모른다. 행복을 높이 평가한다면, 슬픔은 금기시할 것이다. 예술적 재능은 받아들이지만, 운동 재능은 받아들여지지 않는다면, 운동 재능은 그림자 속으로 사라지게 될 것이다.

내 인생의 예를 계속 사용해보자. 주로 명상을 수련하고 가르치던 20대 시절에, 두 가지 종류의 발달이 그림자로 들어갔다. 첫째, 나는 경력을 쌓는 데 집중하지 않았고, 그래서 세상에서 나의 자리를 찾기 위한 기술을 발전시키지 않았다. 그리고 나는 돈을 그림자 속으로 사라지게 했다. 경력 쌓기에 동반되는 욕망(권력, 지위, 돈, 영향력을 향한 열망)과 능력은 표현되지 않아서 억눌려졌다.

둘째, 나는 인간관계 기술을 구축하는 데 집중하지 않았다. 대인 관계에 집중하지 않았기 때문에 나는 정서적 발달을 이룰 수 없었고, 내 감정을 살펴보고 그 감정들을 파트너와 나누는 방법을 배우지 못했다. 물론 나에게도 친구는 있었다. 그러나 내가 필요한 것을 표현하는 법, 깊이 경청하는 법, 취약성을 표현하는 법, 감정을 책임지는 법과 같이 안전하고 믿을 수 있고 가깝고 오래가는 인간관계를 구축하는 데 필요한 수단을 배우지 않았다. 이러한 능력은 억압을 받았다.

나처럼 영성을 우선시하고 경력과 가족을 등한시한 사람이라면 비슷한 그림자 문제가 있을 것이다. 켄 윌버는 이것을 '영혼의 우회로'라고 불렀다. 우리는 그들을 '초월해' 넘어설 수 있다고 믿으면서 성장의 단계를 건너뛰었다. 그러나 이 방식으로 우리는 발달의 궤도에서 탈선했다.

이제 특정한 10년에 집중해서 그 기간 동안의 자아의 이야기를 그림자의 이야기와 연결할 수 있는지 살펴보자. 무엇이 표현되었는가? 무엇이 억눌렸는가?

우리가 그 연결성을 알 수 있다면, 이름과 이미지가 있는 그림자 캐릭터로 볼 수 있는가? 예를 들어, 나는 전형적인 여성성을 거부하며 영적 구도자로 살았고, 그러자 **여자친구·아내·엄마**는 내 그림자 속으로 사라졌다. 나는 계몽의 길을 살았고, 영적 각성만을 추구했다.

오늘날 아내이자 새엄마, 그리고 할머니인 나는 살아보지 않았던 것을 초대해 나를 위한 역할과 특징을 되찾고 재설계할 수 있다.

일찍이 가정을 꾸렸다면, 그 사실이 무엇이 표현되고 무엇이 억눌릴지 결정했는가? 강력한 커리어를 가졌다면, 그 점이 무엇이 표현되고 무엇이 억눌릴지 결정했는가? 과거에 거부한 것을 이제는 받아들일 수 있을까? 그리고 이런 방식으로 우리의 노년기를 내면에서부터 바꿀 수 있을까?

만일 여러분이 원형들과 공명한다면, 전개되는 이야기에서 신비한 부분을 감지할 수 있는지 알아보자. 나의 어린 시절로 인해 나는 무력해 보이는 어머니와 동일시하는 대신 아버지의 딸이 되었고 결국 아버지의 머릿속에서 태어난 맹렬하고 독립적인 전사인 그리스 여신 아테네의 이야기처럼 살았다.

그리스의 원형에 익숙하지 않다면, **영웅, 간병인, 피해자, 연인, 어머니, 독재자, 내면의 어린이**와 같은 다른 용어를 사용하자. 만일 여러분이 **간병인**으로 수십 년을 산다면, 무엇이 억눌렸나? **희생자**의 설화를 살았다면, 무엇이 억눌렸나?

이제 10년 단위로 천천히 부드럽게 기억을 떠올려보자. 살아온 삶과 살지 않은 삶 전체의 이야기에 그 시간이 어떻게 이바지했는지 살펴보자. 마치 황혼기에 서서 인생의 열매를 모으는 것과 같다.

우리가 살았던 삶과 살지 않았던 삶을 완전히 회고하는 시간을 가질 때, 이번 생의 우리의 영혼의 사명, 고차원의 목적이나 '다르마'인 실 전체를 감지할 수 있는지 살펴보자. 이것은 자아의 중년기 목적을 노년기의 더욱 깊이 있는 목적으로 방향을 전환하는 데 도움이 될 수 있다. 자신의 이야기와 동일시해 자신을 잃어버리는 것이 아닌 높은 곳에서 자신의 이야기를 목격하는 데 도움이 될 수 있다.

이야기의 실들이 연결되고 태피스트리가 공개되면, 우리는 인생을 위와 아래, 앞과 뒤에서 360도로 볼 수 있다. 일부 사람들은 그들의 여정이 전개되는 방식에서 확실한 필연성을 느낀다. 다른 방식으로 전개될 수 없다는 느낌 말이다. 우리가 발달의 과업을 완수한다면, 우리의 중요한 과도기는 신성한 길이 될 것이다. 중요한 사람들은 우리에게 선물을 남기고 우리는 그 선물들을 받아들여서, 그림자와의 가슴 아픈 만남은 영혼을 향한 여정의 시작이 된다. 그러면 우리는 존재의 목적을 달성하게 된다.

결국, 영혼의 단계에서 우리는 우리의 이야기가 아니다.

이러한 이야기를 끊임없이 말하고 무의식적으로 그 이야기와 동일시하는 서술적 자아는 현재 우리의 영적 본질이 아니다. 우리가 명상하고 머릿속의 이야기를 들을 때, 과거나 미래에 관한 이야기, 우리가 누구인지 또는 누가 아닌지를 들을 때, 우리는 그림자 캐릭터와 그들의 목적을 감지할 수 있다. 우리는 더 광대한 침묵, 순수한 인식으로부터 듣는 법을 배울 수 있다.

오랫동안 소음을 목격했을 때, 우리는 서사적 자아의 이야기나 영웅의 설화, 연인의 설화, 피해자의 설화나 간병인의 설화를 살았던 그림자 캐릭터의 이야기와 동일시하는 것을 깨기 시작할 수 있다. 그리고 우리는 자아에서 더욱 영적인 정체성으로 이동하면서 순수한 인식과 동일시할 수 있다. 이런 식으로, 인생의 회고는 우리가 자아의 이야기를 완성하고 그것을 넘어설 수 있게 돕는다. 자아의 이야기를 포용하고 초월하는 것이다. 이처럼 인생의 회고는 영혼으로 가는 관문이 될 수 있다.

향심기도의 창시자, 토마스 키팅 신부와의 인터뷰

콜로라도주 스노매스의 성 베네딕트 수도원에서 95세의 토마스 키팅 신부를 인터뷰했을 때, 그는 신과의 관계 변화와 (그의 말에 따르면) '신비와의 관계에 대한 의식의 성장'이라는 맥락에서 자신의 인생을 돌이켜 보았다. 그것이 태피스트리에서 주요한 실이었기에 비록 그렇게 이름 붙이진 않았지만, 이 대화는 영적인 삶의 회고였다.

5살 때 토마스는 중병을 앓았고 죽을 수도 있다는 의사의 말을 들었었다. 그래서 그는 신에게 거래를 제안했다. "제가 21살까지 살게 해 주시면, 신부가 될게요."

병에서 회복하자 그는 부모님이 잠에서 깨기 전 아침 일찍 집 밖으로 몰래 나가 미사에 참석했다. 그는 이런 비밀스러운 방문을 좋아했고, 수도사들이 '신에게 말하는' 것을 즐겁게 지켜보았다. 점차 세속적인 걱정에서 멀어지면서, 그 또한 수도사가 되고 싶어졌다. 그는 신과 한 약속을 지키고 싶었다.

아들이 변호사가 되어 가족에게 경제적 안정을 제공해주길 바랐던 부모님은 당황했다. 토마스는 자신의 소명을 지지받지 못한다고 느꼈기 때문에, 수년간 가족 사이의 분열이 생겨났다.

예일대 재학 시절에 그는 가톨릭교회에 대한 논란의 여지가 있는 톨스토이의 글을 읽은 뒤 교회가 진정한 복음을 전파하지 않는다는 사실을 깨닫고 환멸을 느꼈다. 그는 신비주의, 마더 테레사, 십자가의 요한, 사막 교부들을 탐구했고, 종교개혁 이후 사라진 듯했던 고대 기독교의 명상 수련법을 찾아냈다. 이 발견이 그에게 길을 열어주었다.

첫 영적 경험에서, 토마스는 '강력한 사랑에 둘러싸이고 그것에 관통되었다'고 느꼈다. 그는 자신의 땅에서 건초, 나무, 열기가 현실을 뚫고 나오는 것을 보았다. 그것만이 중요했다. 그것의 인식만이 중요했다. 다른 모든 것은 의미를 잃었다.

토마스는 초월적 명상을 배우고 순수한 인식, 고요의 맛을 발견했다. "고요는 신의 첫 번째 언어입니다. 계속 침묵을 유지하며 이것을 찾으세요."

서서히 그는 더 엄격해졌고, 결국 부모님과 외부의 접촉을 포기하고 트라피스트* 수사의 길을 택했다. 토마스는 부모님의 고뇌를 느꼈지만, 자신의 소명을 따라야 했다고 내게 말했다.

그가 수도원장으로 지낸 성 요셉 대수도원에서 토마스는 많은 사람이 발달 단계를 놓치고 발생하는 영적 에너지를 통합할 수 없었기 때문에 정서적으로나 지적으로 성숙하지 못하는 것을 발견했다.

"발달의 어떤 단계에서라도 우리는 신비로운 경험을 할 수 있습니다. 하지만 초기에 입은 정서적 상처를 치료하기 위한 지도나 수련 없이는 경험의 에너지를 소화할 수 없어요. 높은 은총과 신비한 결합이 있어도 다른 발달 정도가 미흡하다면, 영성을 향해 가는 중에도 그림자가 나타날 겁니다."

토마스는 이렇게 말했다. "신께서는 무의식적인 트라우마의 상처를 정화함으로써 우리를 내면으로 부르십니

---

* 성 베네딕트의 규율을 따르는 가톨릭교회 관상 수도회. 기도·침묵·정진·노동을 엄격히 강조한다.

다."내가 보기에 그는 정서적 고통이 치료와 자기 성찰, 영적 수련으로 우리를 이끌 수 있다고 단언하고 있었다.

그에게 이러한 인식은 아버지와 화해해야 한다는 것을 의미했다. 결국 그의 아버지는 아들이 선택한 인생을 받아들였고, 수도원에 재정적인 후원을 약속했다.

"그때 나는 아버지의 새로운 면을 봤어요. 그리고 아버지를 용서하지 못하고 심지어 걱정조차 하지 않는 제 모습을 보았죠. 나는 아버지가 바뀌길 원했어요. 하지만 아버지와의 화해를 통해 용서가 기독교의 중심인 이유를 깨달았어요."

내가 토마스에게 긴 인생의 목적에 대해 질문하자, 그는 이렇게 대답했다.

"(길어진 수명은) 우리에게 더 깊은 정직성과 투명성으로 자신을 볼 수 있는 기회, 거짓 자아를 꿰뚫어 볼 기회를 주었죠. 원로의 나이가 40세이던 6세기의 성 베네딕트 시대와는 다르죠. 90년의 인생으로 우리는 정화를 할 수 있고 합일의 상태를 발견할 수 있어요. 관상기도를 위해 우리가 자아를 포기하도록 노년기를 이용할 수 있고, 신의 뜻에 따라 우리 자신을 포기할 수 있어요.

영혼은 우리가 그것을 방해하는 장애물을 내려놓을 때 우리 안에서 작용합니다. 신의 사랑을 얻는 문제가 아니에요. 내면에서 신의 존재를 찾고 신의 사랑이 우리 안에 흐르게 하는 거죠. 그건 파편들 아래 숨겨져 있을 뿐 항상 존재합니다. 그저 이미지나 개념이 아니에요. 생각에서 해방되어 모든 것이 되는 겁니다. 영웅의 성공 이야기의 반대에요."

이런 맥락에서 나는 우리가 포기하는 것이나 할 수 있는 일들은 중요하지 않다고 생각했다. 우리의 개인사는 중요하지 않다.

"신을 경험하면 여러분의 능력을 흡수하죠. 내용이 없는 인식은 집이에요. 그리고 별개의 자아를 만드는 것은 인류의 급진적인 문제입니다."

1984년, 두 명의 트라피스트 수사들과 함께 토마스 신부는 고대 기독교 수련법을 바탕으로 종파를 초월해 향심기도를 수련하는 사람들의 공동체인 '명상 아웃리치(Contemplative Outreach)'를 창설했다. 그곳에서 개인은 단어나 상징을 선택해 '우리의 의지를 신에게 향하게 하고 그 존재 안에서 안식한다.'

토마스는 우리가 방법을 넘어 신과의 관계로 넘어갈 것을 촉구한다.

"그것은 기도와 명상에서 시작합니다. 그것은 스스로 활동과 엮어서, 결국 우리는 모든 것에서 그것을 볼 수 있습니다. 그다음, 마치 신이 우리를 감싸 안고 있는 것처럼 우리는 생동감 속에서 깨어있음을 느낍니다."

또한 그는 세계 종교 대화에 참여함으로써 '교회의 벽을 초월'했다.

"저는 가톨릭 교리를 사용해 전 세계적으로 말하고 싶었습니다. 저는 자연을 요한계시록으로 보았습니다. 극도로 작고 거대하죠. 신은 항상 우리와 함께 있고 우리 안에 있으므로 영적 여정을 위해 어디로도 갈 필요가 없습니다."

수년 뒤, 그는 수도원장이 아닌 토마스로 자유롭게 명상하고 글을 쓰고 가르쳤고, **영적 원로**가 되었다. 그는 포용적이고 독단적이지 않은, 신비로운 기독교의 길의 본보기가 되었다.

"오래 사는 것의 선물은 인간 발달의 단계들을 거쳐서 하나의 의식이라는 고차원에 도달하는 것이죠. 이 선물이 우리에게 주어졌어요. 그것뿐이죠. 우리는 이 현실과 관계를 맺을 수 있어요. 유일한 조건은 여러분의 동의입니다. 그러니 예스라고 말하세요."

토마스 신부는 그가 서약한 대로 살았다. 신성한 현실과 밀접한 관계를 맺은 것이다. 그는 내가 이 책을 쓰는 동안 세상을 떠났다. 많은 지도자와 수련자들이 향심기도를 가르치는 그의 일을 계속 이어가고 있다.

우리는 전통적인 인생의 회고를 훨씬 넘어서까지 이동 했다. 우리의 의식적인 이야기를 말하는 것에서 새로운 시선으로 그 이야기의 틀을 바꾸는 것으로 옮겨왔다. 우리의 무의식적인 이야기를 감지하는 것에서 노년기에 그 이야기들을 다시 회복하는 것으로 옮겨왔다. 과거의 이야기와 자신의 상처, 과거의 역할과 자신의 한계를 동일시하던 곳에서 영혼과 동일시하는 곳으로 옮겨왔다.

가장 깊은 곳에서 우리는 우리의 이야기가 아니다. 우리는 우리가 하는 행동이나 우리에게 행해진 행동이 아니다. 그러나 이야기에서 영혼으로의 정체성 변화는 급진적인 것이다. 우리의 이야기를 내려놓는 행동은 문화적 결을 거스른다. 오늘날 모든 곳에서 **원로**들은 회고록을 쓰고 비디오를 녹화하고 있다. 그리고 그들이 "나는 사람들의 기억 속에서 살 거야."라고 말할 때, 그 말은 그들의 이야기가 계속해서 살아있다는 것을 뜻한다.

따라서 이런 변화는 희망 사항일지도 모른다. 그러나 다음 장에서는 어떻게 이 변화를 분명하게 만들지 그 방법을 살펴보자.

물론 인생을 회고하면서 우리 중 일부는 승리와 패배의 이야기, 득과 실의 이야기, 고통과 안녕의 이야기, 의미와 무의미의 이야기 아래 감춰진 그 실을 찾지 못할지도 모른다. 계속해서 우리의 인생이 전개된 방식에 슬퍼하거나 후회할지도 모른다. 우리는 완전하게 살지 못했다고 비통해할지 모른다.

따라서 그림자 속으로 사라진 것을 되찾기 위해 인생을 회복하고, 자신의 선택에 책임을 지고, 우리의 진실을 말하고, 우리 자신과 남을 용서하고, 우리의 가치를 재정렬하고, 인생에서 이 시기의 의미를 찾는 일을 계속해보자.

그림자 작업 훈련

자아의 인생 회고

- 여러분의 노년기를 형성한 어릴 적 경험은 무엇인가?
- 여러분만의 독특한 여정과 필연적으로 연결된 덜 분명하고 숨겨진 사건은 무엇인가?
- 여러분의 몸의 이야기는 어떻게 펼쳐졌는가?
- 여러분 정신은 시간이 흐르면서 어떻게 발달하고 변화했는가?
- 여러분의 마음은 시간이 흐르면서 어떻게 열리고 닫혔는가?
- 어떻게 고통이 여러분의 선생님이 되었나?

그림자의 인생 회고

- 여러분 안의 어떤 그림자 캐릭터가 과거를 되돌아보길 회피하는가? 그 그림자 캐릭터는 여러분에게 어떤 말을 하는가?
- 어떤 그림자 캐릭터가 지혜를 얻지 않고 과거를 되새기는가?
- 과거를 후회하거나 '만일 이랬다면'이라고 가정하는 비판적 목소리는 누구인가?
- 현재의 인격이 형성되기 위해 여러분의 어떤 중요한 부분이 억압되어야만 했는가?
- 지금 여러분의 이야기를 다시 쓴다면 그림자에서 어떤 것을 되찾아오고 싶은가?

영적 수련

영적 인생의 회고

- 여러분의 인생의 신화는 무엇인가?
- 지난 시간 동안 여러분에게 중요한 영적 경험은 무엇이었나?
- 여러분 영혼의 사명이나 여러분이 살아온 서약은 무엇인가?
- 인생 회고를 한 뒤, 새로운 눈으로 여러분 영혼의 진화를 볼 수 있는 가?

정서와 창의력을 회복해
과거를 내려놓고 현재를 살기

금 간 물 항아리 (인도 이야기)

인도의 물 긷는 사람에게는 커다란 항아리 두 개가 있었다. 두 항아리는 장대 양 끝에 하나씩 매달려 있었고, 그는 그 장대를 목 뒤에 올려서 운반했다. 물 항아리 하나는 완벽했고 개울에서 오랜 시간 걸어서 주인집에 도착한 후에도 안에 물이 가득 차 있었다. 다른 항아리는 금이 가 있었고 물이 새었다. 그래서 주인집에 도착할 때쯤이면 물이 반밖에 차 있지 않았다. 그는 2년 동안 한결같이 주인에게 물을 한 병 반씩 배달했다. 당연히 완벽한 항아리는 스스로 우쭐했다. 금 간 항아리는 완벽하지 않은 자신이 부끄러웠고, 물을 절반밖에 담지 못한다는 사실에 괴로워했다.

어느 날 금 간 항아리는 개울가에서 물을 긷는 사내

322

에게 말을 걸었다.

"너에게 사과하고 싶어."

"왜?"

"내 옆구리에 금이 가서 절반밖에 물을 못 나르잖아. 내 결함 때문에 네가 일을 해도 노력한 것 절반의 가치밖에 못 얻게 되잖아."

그 사내가 대답했다. "주인집으로 돌아가는 길에, 길가에 피어난 아름다운 꽃들을 봤어. 네가 지나가는 쪽에만 꽃들이 핀 거 봤어? 네가 결함이 있다는 걸 알아서 내가 그 점을 활용했지. 그래서 그쪽 길가에 꽃씨를 심었어. 네가 그 꽃씨에 매일 물을 준 거야. 그러고 나서 내가 그 꽃들을 꺾어 주인님 탁자 위를 장식했어. 네가 지금의 네 모습이 아니었다면, 이렇게 아름다운 꽃들이 주인님의 집을 멋있게 만들어주지 못했을 거야."

- 주디스 헬번, 강의 <죽음과 죽어가는 것과의 평화(*Making Peace with Death and Dying*)>에서 인용한 민담을 각색

이야기 속의 금 간 항아리처럼 우리 모두에겐 결함과 흠, 그림자가 있다. 우리는 불완전하고, 상처와 후회를 가진 그릇이다.

부상과 상처로 우리는 길을 잃고 헤매며, 의미를 잃어버린 듯 느낄 수도 있다. 그러나 이 상처들은 우리의 갈망을 불러일

으키고, 치유와 자아 성찰로 이끌기도 한다. 이러한 고통과 결함으로 인해 우리는 자신보다 더 큰 존재를 찾고, 영적인 수련을 시작한다. 즉, 상처는 우리를 인식의 길에 들어서게 한다.

상처는 타인 앞에 우리를 취약하게 만드는 구멍이다. 동시에 우리가 타인에게 공감하고, 함께 걸어갈 수 있도록 해준다. 우리의 상처는 그림자를 인식하게 하며, 자신을 더 깊이 이해하고 영혼으로 나아가는 관문이 된다.

인생을 회고하고 전방위적인 시야를 갖게 되면, 우리를 배신하고 마음에 상처를 준 '가혹한 선생님', 실망감을 안겨주고 희망을 앗아간 사건들이 어떻게 우리가 자신에게 반복적으로 말하는 이야기를 형성했는지 서서히 깨닫게 된다. 상처를 준 사람이 부모님이든, 배우자이든, 자식이든, 친구이든, 멘토든, 그 상처는 우리 내면에 그림자 캐릭터를 만들어 오랫동안 흉터를 붙들고 있으며 계속해서 우리를 과거에 가둘 수도 있다.

"저는 아버지의 분노의 피해자였어요." "어머니가 일하러 가시면 저는 방치됐죠." "형이 저를 괴롭혔어요." "결혼한 뒤로 남편이 변했어요." "제일 친한 친구에게 배신당했어요." "제가 아플 때 신은 저를 버렸어요." "아들이 제 마음에 상처를 주었어요." "목사님이 저희 모두에게 거짓말을 했어요." "스승님은 위선자였어요."

우리 대부분에게 이러한 상처는 아물지 않고 계속해 남는다. 몇 년이 지나서도 상처받았던 일을 자신과 동일시하며, 잘못을 저지른 사람들에게 분개한다. 우리를 학대한 사람들에게

격분한 채로 지낸다. 우리는 계속해서 남을 판단하고 비난한다. 이러한 감정은 해결되지 못한 채 계속 그림자 속으로 밀려나면서 우리의 기운을 빼앗는다. 인간관계는 파괴된다. 창의적인 충동은 차단된다. 상처 입은 마음은 치유되지 않는다.

한편 우리는 다른 사람을 실망하게 했거나, 부모님이나 배우자, 자녀를 대한 방식, 또는 스스로의 내적인 기준에 도달하지 못하고 자신에게 실망한 것에 대한 죄책감과 후회를 그림자 안에 품고 있을지도 모른다.

그러나 아무도 우리에게 이러한 감정들을 풀어내고 자신과 남을 용서해 종결로 나아갈 방법을 알려주지 않는다. 누구도 어떻게 삶을 되돌아보며 이야기의 틀을 다시 짜고, **피해자** 그림자 캐릭터와 동일시하는 고리를 끊고, **가해자**에게 투사하는 일을 그만두고, 회복을 향해 나아갈지 알려주지 않는다.

이제 노년기에 들어서서, 죽음의 인식은 인생의 회복을 향해 나아가라고 재촉한다. 우리는 우리에게 상처를 입었다고 느끼거나, 분노하거나, 화내는 사람들에게 의지하게 되는 것을 두려워한다. 감정을 온전히 표현하고 이해받으려 노력하지 못한 채 죽음을 맞이할까 두려워한다. 사랑하는 이들을 용서하거나 그들에게 용서받는 것을 시도해보지 못하고 죽음을 맞이할까 두려워한다. 우리는 마음에 상처를 품은 채 죽음을 맞이할까 두려워한다.

이러한 노년기의 정서적 회복에 대한 욕망은 보편적이라는 사실이 연구로 입증되었다. 스탠퍼드대 장수연구센터의 로라 카스텐슨은 미래에 대한 우리의 인식과 목표를 달성하고자 하는 동기 사이의 연관성을 조사했다. 연구 결과, 시간이 무한하다고 생각할 때 우리는 학습하고 새로운 것을 경험하고자 한다. 그러나 시간이 제한적이라고 생각할 때는 정서적 관계를 심화시키고 회복하는 데 우선순위를 둔다. (로라 카스텐슨의 2006년 〈사이언스(Science)〉지 기사를 참조하자.)

정서적 회복은 인생을 돌아보는 과정에 자연적으로 수반된다. 이를 통해 우리는 그림자 속에 숨어 계속해서 우리를 과거에 가두는 실망감과 상처, 수치심, 분노가 어디에서 생겼는지 알 수 있다. 삶을 회복하며 우리는 가족, 친구, 성직자, 스승과의 관계에서 곪은 상처를 치유하고 용서는 물론 해결책까지도 찾을 수 있다. 과거를 내려놓을 때, 우리는 속박에서 벗어나 지금 살아가는 현재를 더욱 풍요롭고 성실하게 살게 된다. **원로**가 될 자유를 얻는 것이다.

물론 이러한 과제를 마주하면 몇몇 이들에겐 부정하는 마음이 생길 것이다. '그 일은 절대 말할 수 없어.' 아니면 '옛날에 벌어진 일을 누가 신경 쓰겠어?' 또는 '이제 그 여자는 죽었으니까 상관없어.' 이것은 또 다른 내면의 장애물이다. 후회하거나 자신을 과거의 희생자로 여기는 탓에, 용서를 주고받아 자유로워질 기회를 놓치게 된다.

우리는 이 같은 부정에서 벗어나 자신과 남을 위해 어느 정도 연민 어린 마무리를 지을 가능성을 볼 수 있다. 상황을 360도 전망으로 볼 수 있을 때 우리는 '부정적인' 사건을 재구성할 수 있다. 어떻게 상실이 우리를 다른 방향으로 인도하고, 거절이나 실망이 다른 문을 열어주는지, 심지어는 배신이 어떻게 우리를 새로운 인식의 단계로 이끌었는지도 알 수 있게 된다.

운이 좋다면 상처의 선물을 알아보고 자신이 가진 균열, 심지어는 남의 결함에서도 아름다움을 볼 수 있는 눈이 생길 수도 있다. 우리는 상처가 개인만의 고유함을 만들고, 상처의 틈새로 빛이 새어든다는 것을 알게 된다.

후손을 위해 상처의 패턴을 깨야 한다는 절박함을 느낄 수도 있다. 예컨대 어린 시절에 이해받지 못했던 상처를 인식했다면, 지금 자녀와 손자를 과거의 우리가 원했던 것처럼 깊이 이해해 보려고 노력할 수 있다. 어릴 때 방치되었던 상처를 인식했다면, 이제 우리는 약속을 귀하게 여기며 사랑하는 사람들에게 우리가 곁에 있다는 사실을 상기시켜줄 수 있다. 십 대 시절 경계선을 침범당했던 상처를 인식한다면, 지금은 다른 사람의 선을 존중할 수 있다. 배우자가 내 말을 듣지 않았던 상처를 인식한다면, 이제는 후손들의 말을 깊이 경청하고 우리가 그들의 말을 듣고 있다는 사실을 말해줌으로써 가족 내에서 이어지던 악습의 고리를 끊을 수 있다. 수십 년 동안 내면 작업을 이어나가다 보면 우리 중 일부는 자신의 상처를 신성한 것으로 바꿀 수 있다.

모든 사람과 모든 문제를 완벽히 해결할 수는 없을지 모른다. 그러나 인생 회복의 가능성과 한계를 모두 인정하는 방향으로 나아갈 수는 있을 것이다.

인생 회복이라는 발달상의 숙제는 우리를 **원로**가 되는 문턱으로 나아가게 한다. 우리가 노년기까지 끌고 온, 그림자가 든 가방을 조명해 지금 이곳에서 온전히 살 수 있는 자유를 선사하는 것이다. 이 숙제는 상처, **피해자** 그림자와의 동일시를 끊고 우리를 영혼으로 나아가게 할 가능성을 쥐고 있다.

정서적 회복
역할에서 영혼으로 관계를 재창조하기

오래전, 그림자 작업을 깊이 탐구하기 전에 나는 원형 심리학자 제임스 힐만의 놀랍고 충격적인 에세이를 읽었다. 「배신(*Betrayal*)」이라는 제목의 그 에세이(『노인의 원형과 소년 원형』* 수록)는 너무나 인상적이어서 지금까지도 기억에 남아 있다. 그 책에서 힐만은 갈수록 높아지는 계단에서 뛰어내릴 때마다 받아주겠다고 아들에게 약속하면서 용기를 가르치던 한 아버지의 이야기를 들려준다. 소년은 계단에서 뛰어내렸고, 아버지는 아래에서 소년을 받았다. 소년은 또 뛰어내렸고, 아버지는 또다시 소년을 받았다. 그다음에 소년은 매우 높은 계단에서 뛰어

● Senex and Puer, 김성민 옮김, 달을긷는우물, 2020.

328

내렸지만, 아버지는 뒤로 물러섰고, 소년은 바닥에 떨어졌다. 어린 아들이 울며 피 나는 몸을 일으키자, 아버지는 이렇게 말한다. "이제 너는 절대로 남을 믿지 말라는 교훈을 얻었을 거다. … 네 아버지라고 해도."

감정의 상처를 탐색하기 위해 힐만은 이러한 질문을 던진다. 왜 소년은 남을, 자신의 아버지조차도 믿지 말아야 한다는 가르침을 받아야만 하는가? 아버지나 우리와 가까운 사람에게 배신을 당한다는 것은 무엇을 의미할까? 반대로, 자신을 믿는 누군가를 배신한다는 것은 개인에게 어떤 의미를 가질까?

무척 그답게도 힐만은 우리의 일반적인 가정을 완전히 뒤집었다. 그의 말에 따르면, 배신당하기 전까지 우리는 무의식적인 원초적 신뢰(땅이 꺼질 리 없고, 하늘은 무너지지 않으며, 태양은 다시 떠오를 것이다) 속에 살아간다. 아이에게 아버지의 이미지는 신과 같이 안정적이고 신뢰할 수 있으며, 안전하다. 힐만에게 발달의 이 순수한 단계는 영원한 젊음, 또는 피터 팬의 원형인 '영원한 아이(Puer Aeternus)'이다.

힐만은 그러나 "우리는 원초적 신뢰가 가능한, 아주 가까운 바로 그 관계에서 배신을 당한다. 원수나 모르는 사람이 아니라 형제와 연인과 아내와 남편처럼, 진정으로 배신당한다는 것은 진정으로 신뢰하고 있을 때만 가능한 일이다. 사랑이 클수록 배신감도 커진다. 신뢰는 그 안에 배신의 씨앗을 품고 있다."라고 썼다.

배신을 당한 후(약속이 깨어질 때, 폭력이 발생할 때, 비밀이 폭로되었을 때, **배신자**가 밝혀졌을 때), 우리는 그림자 속으로 들어간다. "아버지는 일부러 약속을 지키려는 자아를 저버리고 … 고의적으로 어두운 면이 자신 안에서, 자신을 통해 드러나게 한다." 그래서 소년은 신뢰의 정원에서 쫓겨났다. 순수함은 상실되고, 그의 믿음은 배신당했다. 순진한 어린이는 죽고, 그림자의 인식을 가진 청년이 태어난다.

힐만은 배신을 당한 뒤에 우리가 가학적인 순간들을 잊어버리려 부정의 상태로 후퇴하거나, 복수를 찾아 **피해자**가 **가해자**를 비난하고 쫓거나, 사랑에 기반한 유대관계에 대한 모든 이상과 희망을 버리고 냉소주의로 대피할지도 모른다고 경고한다. 더 심하게는 편집증에 빠져 엄격한 도덕주의자가 되거나, 충성서약을 요구하면서 타인을 통제해 그들의 결점을 억제하려고 할 수도 있다.

반대로, 똑같이 잔인한 방식으로 행동함으로써 자신을 배신하는 우리 내면의 **배신자**에게 주도권을 빼앗길지도 모른다. 다시 말해, 스스로 **피해자**의 무력감이 아닌 **가해자**의 힘과 동일시해 타인을 가학적으로 대하며 같은 양상을 반복하는 것이다.

힐만은 원초적 신뢰에서 배신을 거쳐 용서에 이르는 인간의 발달에 의식의 변화가 관여한다고 말했다. 우리는 무의식적 순수함에서 영원한 젊음의 죽음으로, 그림자의 성숙한 통합으로 고통스럽게 자라난다.

대다수는 이런 배신의 순간을 인식 밖의 금고에 수십 년 동안 가둬둔다. 노년기에 인생을 회고하거나 회복함으로써 여기에 빛을 비추고, 인생이라는 맥락에서 360도 관점으로 볼 수 있다. 이것이 우리가 인생의 완성을 향한 길에서 내딛게 되는 다음 발걸음이다.

그러니 이제, 늘 그렇듯 호흡하며 자신의 내면으로 들어가 보자. 마음이 잔잔하고 깨어있는 상태가 되면, 성인이 되어 '가혹한 선생님'이나 **가해자**(부모, 배우자, 친구, 자녀, 멘토, 영적 지도자)에 의해 고통을 겪었던 상처를 골라 여러분이 항상 말하던 방식, 즉 **피해자**의 관점에서 그 이야기를 써보자.

그 사건에 대한 **피해자**의 관점은 명확하다. 나는 죄가 없고, 다른 사람이 내게 상처를 주고, 실망시키고, 어떤 방식으로든 해를 끼쳤다. 나에겐 그런 대우를 받을 이유가 없었다. 그리고 그것을 막을 힘이 없었다. 그래서 남을 비난하고, 원한을 품고, 독선에 빠진다. **피해자**의 그림자 캐릭터는 피해를 고치지 못한 채 같은 이야기를 반복적으로 말한다.

다음으로 여러분의 인생 회고로 되돌아가 그 고통스러운 순간을 이러한 맥락에서 바라보자. 그 사건으로 인생의 방향이 어떻게 바뀌었나? 어떤 문이 열리고, 어떤 문이 닫혔는가? 어떤 사람들이 나타나고 어떤 사람들이 사라졌나? 여러분 자신이나 다른 사람에 관해서 무엇을 배웠나? 그 사건이 여러분을 어떻게 바꿨나?

수잔은 60세의 나이에 62세의 댄과 6개월간 연애를 한 후 결혼했다. 두 사람은 한 번도 크게 다툰 적이 없었고, 항해를 좋아했고, 손자들을 사랑했다. 그녀는 이전에 힘든 이혼을 겪은 적이 있지만, 댄과 함께 있으면 안전하고 편안하게 느껴졌다. 서로 가치관이 맞는다고 했다.

그러다 하루는 그녀가 댄의 예상보다 한 시간 늦게 돌아왔다. 수잔이 집에 들어서자 댄이 소리쳤다. "당신은 자기밖에 모르지. 내 저녁 식사는 신경도 안 써. 항상 자기 맘대로 해야 해. 내가 당신이랑 계속 살 수 있을지 모르겠어."

수잔은 충격을 받았다. 그녀는 배신감을 느꼈다. 이런 모습은 연애할 때 댄이 보여준 모습이 아니었다. 공포에 질린 그녀는 자신이 **피해자**처럼 느껴졌다.

며칠이 지난 후, 그는 침착해졌고, 그의 분노가 지난번 결혼 생활을 망쳤다고 실토했다. 수잔은 또다시 배신감을 느꼈다. 댄이 그녀에게 이 사실을 숨겼기 때문이다. 그녀는 같이 치료를 받자고 주장했다.

댄은 과거에 버림받았던 상처가 분노를 유발했다는 사실을 인지하지 못했다. 그는 배우자가 자신의 이야기를 듣게 하고 자신을 무시하지 않게 하려고 때로는 아이처럼 화를 낸다는 사실은 알았다. 댄은 어른이 된 후로 자신의 욕구를 표현하는 방법을 배운 적이 없었기 때문에, 자신의 강렬한 감정에 대해 수잔을 비난하고 탓했다. 그의 분노 이면에는 수치심이 감춰져 있었다.

그러면 어린 시절 분노한 아버지 때문에 생긴 상처의 트라우마로 수잔은 얼어붙고, 점차 냉담해지다가 마음의 문을 닫았다. 수잔은 다시 **피해자**의 그림자로 던져졌고, 자신이 다시 무력감을 느꼈다는 사실에 무의식적인 수치심을 느꼈다.

수잔의 반응은 사소히 여겨졌다는 좌절감을 이해해주길 바랐던 댄의 기대와는 반대였다. 그래서 댄도 **피해자**처럼 느껴졌다. 둘 다 배신감을 느꼈고, 안전하다고 생각했던 상대방에게서 **배신자**의 모습을 보고 충격을 받았다.

그들은 부부 상담 치료를 받고 서로 소통하는 도구를 배우기 위해 적어도 6개월 동안은 함께 지내기로 했다. 둘은 추가로 6개월을 더 살기로 약속했고, 그 후 또 6개월을 더 함께 지내기로 약속했다. 서서히 몇 년의 시간이 흐르면서 댄은 (과거 그의 어머니와는 달리 자신을 잘 돌보아줄 의무가 있는) **좋은 어머니**를 아내에게 투영하는 대신, 내면의 아이 작업과 명상을 통해 상처받은 **방치된 어린이**를 진정시키는 법을 배웠다. 그 결과 그는 서서히 그 관계에서 벗어나 자율성과 열정과 우정을 키우는 길로 들어섰다. 그리고 그가 정서적으로 성인의 길로 들어서면서, 그의 수치심은 줄어들었다. 또한 '나(I) 대화법'을 사용해 수잔에게 자신의 정서적인 요구를 어른답게 말하는 법을 배움으로써 책임 전가를 그만두었다.

수잔은 절대 화내지 않고, 항상 친절하고 인정이 많은 이상적인 남편에 대한 자신의 꿈을 접으면서 인간 본성의 깊이와 복잡성을 알게 되었다. 댄과 자신을 이해하고, 그들의 상처와 그 상처가 가져다준 선물에 대해 더욱 미묘하고 어른스러운 이해심을 얻게 되었다. 댄이 화내는 모습이 아버지와 보낸 어린 시절에 대한 자신의 상처를 되살렸기 때문에 공포에 질렸다는 사실을 이해한 후, 수잔이 현재 느끼는 **피해자**의 감정은 줄어들었다. 그리고 어린 시절 버림받았던 남편의 고통을 느낀 뒤, 그를 향해 마음을 열고 연민을 느낄 수 있었다. 정서 회복의 여정에 깊은 감명을 받은 수잔은 일을 그만두고 대학원에 입학해 심리학을 배워 다른 부부들을 돕기로 했다.

각자의 그림자가 어린 시절의 상처를 되살린 배신의 경험은 많은 부부의 경우처럼 그들의 결혼 생활도 무너뜨릴 수 있었다. 그러나 수잔과 댄은 이 사건을 통해 독립과 성장의 길을 걷게 되었다. 마침내 그들은 서로에게서 **피해자**와 **가해자**를 볼 수 있었고, 그렇게 그림자 투사는 깨졌다. 그들은 자신의 그림자 캐릭터를 책임지는 방법과 성인의 목소리로 소통하는 방법을 배웠다. 이렇게 그들의 관계는 진화의 수단이 되었고, 각자 역할에서 **피해자**로, **피해자**에서 영혼으로 방향을 전환했다.

2년 뒤 그들은 그림자 결혼식을 했고, 상대방과 자신의 모든 모습을 소중하게 여기고 존중하기로 선언했다. 그러나 그림자를 처음 만나지 않았다면, 그들은 오랫동안 피상적이고 역할에 근거한 결혼 생활을 했을지 모른다. 그리고 서로를 용서하려는 노력도 지금처럼 깊은 연민에서 비롯되지 않았을 것이다.

많은 부부에게서 비슷한 역학 관계가 발견된다. 한 명은 계속 비난하고, 다른 한 명은 속인다. 또는 한 명은 일을 많이 하고 다른 한 명은 술을 마신다. 어떤 그림자 캐릭터가 원인이며 결과는 무엇인가? 각자의 상처에는 배우자를 자신과 상대방의 그림자로 이끌어낼 잠재력이 있다. 각각의 상처에는 배우자들을 고정된 관계에서 인식을 계속 성장시키는 유기적인 영혼의 관계로 끌어올릴 잠재력이 있다. 의식적인 인간관계를 통해 금이 간 물 항아리는 새로운 성장에 물을 뿌린다.

완결되지 못한 감정 문제를 매듭지을 기회는 부모님의 병간호를 하면서도 찾아올 수 있다. 52세의 르네는 커리어의 절정기를 달리고 있었다. 그러다 80대인 그녀의 부모님에게 심각한 건강 문제가 생기기 시작했다. 르네는 우울해하며 조언이나 도움을 받으려 하지 않는 어머니와 달리 자신의 제안에 수용적인 아버지의 모습에 놀랐다. 내과 의사인 아버지에게선 항상 거리감과 우월감이 느껴졌다. 게다가 오랫동안 은밀히 불륜을 저질러 가족을 충격에 빠뜨리기도 했었다.

르네는 아버지와 함께 하는 법, 아버지의 속도에 맞춰 움직이고 서서히 각자의 결정을 반추하는 법을 배웠다. 상황을 해결하려 하는 것을, 특히 어머니의 우울증을 고치려는 노력을 그만두었다. 아버지를 병원 진료에 모셔다드리고 가족의 유언장 작성을 도우면서, 그녀는 나에게 지금의 아버지가 과거 어느 때보다도 더 진실하고 진정성이 있다고 말했다. 처음으로 두 사람은 아버지가 가족에게 거짓말을 하고 배신감을 안겼던 일을 이야기할 수 있었다. 아버지는 엄청난 죄책감에 시달렸고, 인생의 끝을 앞두고 큰 부담감을 느꼈다. 자기 죽음을 생각하면서 르네에게 용서를 구했다.

나와의 대화에서 르네는 아버지의 행동이 너무나도 부도

덕했으며, 지나치게 많은 사람의 삶을 뒤흔들어 놓았던 탓에 그녀의 자아는 아버지를 용서할 수 없었다고 인정했다. 그러나 아버지의 연약한 모습에서 친밀감을 느꼈고, 그 속에서 아버지에 대한 연민도 생겼다. 두 사람의 사이가 점차 솔직해지고 아버지의 죽음이 임박한 상태에서 르네는 자신이 아버지가 한 행동의 **피해자**라는 감정이 줄어들었다.

마지막에 르네는 어머니와의 결혼 생활이 아버지에게 외롭고 만족스럽지 못했으리라는 이해에 이르렀다. 그제야 그녀가 가진 이상적인 아버지의 모습이 아닌, 고통받는 인간으로 그를 볼 수 있었다. 가족의 **가해자**만큼이나 또렷한 아버지 내면의 **피해자**를 볼 수 있었다. 아버지가 돌아가시기 전까지 두 사람은 진솔하고 열린 대화를 이어갔다.

〰〰〰〰〰〰〰〰〰

융 학파 정신분석가 제임스 홀리스와의 인터뷰

내가 78세의 정신과 의사이자 융 학파 분석가인 제임스 홀리스를 인터뷰했을 때, 그는 아침 명상, 환자 진료, 강의, 글쓰기로 자신의 일상을 묘사했다. 갓 출간된 열다섯 번째 저서 『나는 이제 나와 이별하기로 했다(*Living an Examined Life*)』에서 제임스는 끝내지 못한 일을 매듭짓는 방법에 관해 탐구했다.● 우리의 상처에 대한 이러한 책임감을 그는

● 이정란 옮김, 빈티지하우스, 2020.

'성장', 즉 우리가 내린 결정과 그 결정들이 우리의 인생을 형성하는 방식에 책임지는 것이라고 표현했다. 그가 내게 노년기의 정서적 회복을 위한 지침이 되는 자신의 원칙들을 요약해주었다.

"이제 관심을 쏟아야 할 때입니다. 여러분의 행동 중 얼마나 많은 부분이 여러분을 과거에 얽매 무력화시키는 낡은 방어기제에 봉사하고 있나요? 이제는 개인의 권위를 회복할 때입니다. 여러분에게 진실은 정말 무엇인가요? 그 진실대로 살기 위해 용기를 찾을 때입니다.

이제 보상해야 할 때입니다. 여러분의 어떤 점이 다른 이들에게 상처를 주었는지 물어보고 그런 행동을 바꾸겠다고 약속하세요.

여러분이 어디에 갇혀 있는지 돌이켜보고, 해결해야 할 문제를 파악하고, 여러분을 좁히는 길이 아닌 넓히는 길을 선택하세요.

여러분이 살아보지 못한 삶, 여러분의 가치를 입증하려는 기대감으로부터 자녀들을 놓아주세요. 여러분이 부모님의 꿈에서 해방되길 원했던 것처럼 자녀들을 풀어주세요.

성숙한 영성을 만드세요. 무엇이 여러분보다 더 큰 것과 여러분을 연결하고 있나요? 진정한 자신이 될 수 있게 허락하세요."

끝으로 제임스는 하루빨리 죽음에 대한 부정을 깨야

함을 언급했다.

"저는 죽음을 인식하면서 완전한 삶을 살고 있습니다. 이건 전혀 음울한 게 아니에요. 단지 우리가 자연에서 분리되었기 때문에 그렇게 느껴질 뿐입니다. 의미는 영원이 아닌 죽음을 통해 가능해집니다. 죽음이 우리의 선택을 중요하게 만들죠."

다시 말해, 죽음의 인식은 인생의 완성을 위한 과정에서 핵심적인 인생 회복의 과업이다.

〜〜〜〜〜〜〜〜〜〜〜〜〜〜〜〜〜〜〜〜〜〜〜〜〜

다른 사람과의 정서적인 회복이 불가능한 경우가 많다. 어쩌면 그 사람은 소통하길 바라지 않거나, 소통할 수 없거나, 이미 사망했을지도 모른다. 남편 그렉이 72세에 심장 마비로 돌연사하자, 패티는 온갖 감정이 극심히 뒤섞인 상태로 나를 찾아왔다. 충격, 슬픔, 두려움, 혼란, 그리고 안도감. 20년의 결혼 생활은 불행했다. 그녀는 남편을 어르고 달래며 비위를 맞춰야 했다. 재정적 안정과 어린 시절에 시작된 **순응자**라는 익숙한 역할을 위해 독립적인 사고와 개인의 결정권을 포기했다.

패티는 두 사람이 서로를 사랑했다고, 단지 슬프게도 그들의 고통스러운 문제를 해결할 정서적 능력이나 방법이 없었을 뿐이었다고 주장했다. 그 결과, 그렉은 자신이 원하는 것을 요구했다. 내가 여행을 할 수 없으니 당신이 포기해. 나는 당신 친구들이 마음에 안 드니까 친구들을 포기해. 가족들이랑 연휴

보내지 말고 나랑 같이 있어. 패티 내면의 **순응자**는 아무 말 없이 그렉의 요구사항을 받아들였다. 거부하려 하면 그렉이 지나치게 비난하거나 반발해서 그녀는 상처만 받고 포기했다.

이제 64세의 패티는 남편의 죽음과 익숙한 결혼 생활의 상실에 충격을 받았다. 그렇다. 그녀가 돌볼 사람이 사라진 것이다. 가정도 잃었다. 그녀가 받은 충격이 가라앉으려면 슬픔에 잠길 시간이 필요할 것이다. 자신의 복잡한 감정에 대한 죄책감을 극복하려면 시간이 걸릴 것이다. 그녀 안에서 메아리치는 그렉의 비난하는 목소리가 사라지기까지 시간이 어느 정도 걸릴 것이다.

그러나 패티는 살아생전 처음으로 이 은밀한 틀을 깨고 성장할 기회를 얻게 되었다. 그녀가 직접 차를 운전해서 멀리 사는 아들을 만나러 갈 계획이라고 나에게 말했을 때, 나는 그 여행을 순간순간 충동을 따라 스스로 선택하고 자신만의 흐름을 찾아가는 영혼의 순례라고 생각할 것을 제안했다. 내 제안이 너무나도 낯설게 느껴진 그녀는 이렇게 말했다. "누군가의 지시를 따르거나 기쁘게 하지도 않으면서, 그 일을 하는 건 상상하기도 힘들어요."

혼자만의 긴 자동차 여행에서 돌아왔을 때, 패티는 이렇게 말했다. "저의 두려움을 직면했어요. 쉽지는 않았죠. 하지만 이제 저는 혼자 있을 수 있어요. 제 내면의 목소리를 들을 수 있어요. 심지어 그렉의 목소리가 제 마음속에서 비난할 때도 말이죠. 이제 그 말을 믿지 않아요. 끔찍하게 슬프지만, 결혼생활에서 잃어버렸던 저의 힘과 독립성을 되찾고 있어요. 이제 저는 **순응자**가 아니에요."

그림자로의 입문

이제는 배신감을 그림자와 만날 기회로 볼 수 있길 바란다. 여러분이 느끼는 상실감은 축소해서는 안 되는 고통스러운 것이다. 그러나 이제 그 속에서 얻는 것이 있다는 것을 볼 수 있을지 모른다. 여러분은 여전히 초라한 패배감에 고통받고 있다. 하지만 이제 승리를 감지할 수 있을지 모른다. 끝을 겪었지만, 이제 돌이켜보면 그 속에서 시작도 생겨났다는 것을 볼 수 있을지 모른다.

여러분은 더 이상 이 이야기 속에서 **피해자**가 아니다. 여러분을 무력한 어린이처럼 붙잡아두던 무의식의 그림자 캐릭터와 동일시하던 생각을 내려놓을 수 있다. 이제 더욱 책임감 있는 어른의 모습으로 나아갈 수 있다. 말하자면, 떠날 수도 있었지만 스스로 남기를 선택했음을 명확히 보는 것이다. 여러분은 도움을 받을 수 있었지만, 혼자 힘으로 하는 것을 선택했다. 더 좋게 한계를 정할 수 있었지만, 자신을 희생하기로 선택했다.

당시엔 몰랐을 수도 있지만, 그 모든 경우마다 여러분은 핵심적인 결정을 내렸다. 각각의 경우에 여러분은 그것이 자신의 선택이라는 사실을 잊고, **피해자** 정서의 뿌리인 자책과 분

340

노에 빠져들었을 것이다.

이제 여러분의 그림자가 다른 사람의 그림자와 충돌한 데에는 자신의 책임이 있음을 볼 수 있을지 모른다. 그리고 이 관점에서 돌이켜보면, **배신자**는 더 이상 **가해자**가 아니다. 이처럼 **피해자**와 **가해자**라는 반대되는 이미지에 매달리지 않고, 여러분이 상대방에게 투사한 그림자를 되찾으면서 비난을 끝낼 수 있다.

나중에 언젠가는 여러분에게 상처를 준 다른 사람의 내면에 있는 **상처받은 어린아이**를 볼 수 있게 될지 모른다. **방관자**, **거짓말쟁이**, **사기꾼**, **중독자**, **비판자**와 같이 동일한 결함을 가진 사람들의 조상 대대로 이어진 상처의 역사를 거슬러 올라갈 수도 있다. 그리고 자신과 상대방의 내면에 있는 결함을 잘 인지해 후손들을 위해 지금, 이 순간 그 연결고리를 끊어버리겠다고 약속할 수 있다.

결국, 상처받았던 사건을 재구성함으로써 여러분이 깨닫게 되는 사실이 있다. 바로 여러분을 배신한 사람이 곧 여러분을 순진함에서 벗어나 그림자, 인간 본질의 복잡함, 반대되는 개념 간의 심오한 연결성을 보게 만든 사람이라는 것이다.

원초적인 신뢰가 배신의 씨앗을 품고 있다고 힐만이 지적했듯, **피해자**의 씨앗은 **가해자** 안에 있다. 그리고 **가해자**의 씨앗은 **피해자** 안에 있다. 우리 중 그림자가 없는 사람은 없다. 그리고 이러한 통찰력은 그림자의 투사를 깨어버린다. 상대방에게 죄가 있을 때, 우리도 더 이상 죄가 없지 않다. 상대방이 나

뻘 때, 우리도 더 이상 착하지 않다. 노년기에 이와 같은 새로운 인식의 단계는 발전적 도약이다.

이 심오한 변화와 함께 또 다른 통찰력이 찾아온다. 즉, 과거는 의식 속에서 구조화되어 있다는 것이다. 우리는 우리의 인식 수준에 의해 색칠된 주관적인 필터를 통해 시간순으로 사건을 바라본다. 과거는 우리가 지나온 곳 어딘가에 박제되어 있는 사물이 아니다. 과거에 대한 우리의 견해와 과거의 관계는 우리 인식의 질(수준)에 따라 유동적이다. 우리가 그림자 작업으로 과거 사건들의 틀을 다시 짠다면, 이러한 통찰력에서 우리는 과거의 사건에 대한 죄책감과 후회와 분노에서 벗어나게 될 수 있다.

이것은 부정적인 정서적 위기에서 긍정적인 결과를 찾을 수 있는 '외상 후 성장'이라는 그림을 선사한다. 즉, 회복력이 향상되고, 공감 능력이 깊어지며, 비난은 끝나고, 상대방의 인간적인 면모를 온전히 볼 수 있게 된다. 또 다른 결과는 우리의 현실 인식이 자신의 마음을 투영한 것임을 볼 수 있는 넓은 시야를 갖게 되는 것이다. 많은 사람이 명상이나 사이키델릭을 사용해 이와 같은 통찰력을 얻었다.

마지막으로 영혼의 여정이라는 관점에서 360도 뷰로 개인의 고통스러운 사건을 보려고 한다. 자아의 관점에서 그 사건은 실제이다. 그러나 영혼의 관점에서 보면 그 사건은 우리의 문제를 해결하기 위한 재료에 불과하다. 영혼은 도덕적으로 옳거나 고통을 없애려고 여기 있는 것이 아니다. 영혼은 오직 배우기 위해, 즉 인식을 얻기 위해 존재한다.

여기에 단서 조항이 있다. 이러한 개념들은 신체적 학대나 정서적 학대를 합리화하거나 용서하려는 것이 아니다. 상처를 준 행동이 잘못되지 않았다거나 잔인한 행동이나 범죄 행동을 다른 틀에 넣자는 말이 아니다. 순진하고 전혀 죄가 없는 어린 시절에 가해진 신체적 학대나 성적 학대에 적용되는 것도 분명히 아니다.

나는 내가 운 좋은 삶을 살았다는 것을 인지하며, 서양에서 백인 여성으로서 내가 누린 특권을 알고 있다. 나도 트라우마와 슬픔을 경험했지만, 너무나도 깊은 피해를 입고 약탈당한 지구상의 많은 사람과는 비교할 수 없다.

다만 이 책을 읽고 있다는 것은 여러분에게 자신의 과거를 회복시키고자 하는 의지와 능력이 있다는 것이다. 여러분에겐 배신의 경험을 그림자 인식과 영혼으로의 관문을 열 가능성으로 볼 수 있는 잠재력이 있다. 자아가 상상하는 것 이상으로 남과 우리 모두에게 마음을 활짝 열 수 있다.

이제, 겨우 지금에서야 우리는 용서의 문턱을 넘어설 준비가 되었다. 비난 속에 갇혀있던 **피해자** 그림자 캐릭터와 동일시하던 상태에서 걸어 나왔다. 우리는 자신이 옳다고 고집하는 자아의 시각에서 벗어났다.

용서는 그림자나 자아에서 나오는 것이 아니다. 용서는 영혼에서 나온다.

우리 마음에 용서가 부족하면 (앙심을 품거나, 분개하거나, 분노의 감정을 놓지 못한다면) 배신자에게 상처를 주는 것 못지않게 우리 자신에게도 상처를 입힌다. 랍비 잘만은 누군가를 용서하길 거부하는 것은 마치 뒤에 서 있는 사람에게 상처를 입히기 위해 자신의 배를 찌르는 것과 같다고 즐겨 말했다. 상상해 보면 끔찍한 모습이지만, 용서가 없다면 **피해자**와 **가해자**가 영원히 함께 엮인다는 사실은 분명하게 전달된다.

용서는 사건을 잊어버리는 것이 아니다. 너그럽게 봐주는 것이 아니다. 수동적인 동의가 아니다. 용서는 적극적으로 내려놓는 것으로, 때로는 수년에 걸쳐 고통과 슬픔을 견디며 영혼의 평화를 향해 조심스럽게 나아가는 것이다. 용서는 영혼의 여정의 한 부분으로 결국 다른 사람의 그림자 일부분 또는 우리 자신의 그림자 일부분을 받아들이는 것을 의미한다.

배신을 시작으로, 용서를 영혼의 이동으로 보면, 우리는 우리의 인생을 움직이는 운명의 손을 볼 수 있다. 우리를 학대하거나 배신한 사람을 용서하건 하지 않건 여정을 시작하는 과정으로 사건과는 화해가 가능하다. 드물지만, 이를 통해 우리는 노년기에 거짓된 희망이나 어린아이의 환상 없이 그리고 무력감이나 절망감 없이 우리 운명을 360도 시야로 바라보고 받아들일 수 있다. 이러한 화해는 일생동안 우리를 이끄는, 바람처럼 눈에 보이지 않는 더 큰 힘과 조화를 이루게 한다.

퀴블러 로스의 '애도의 단계' 다시 상상하기

나이가 들어갈수록 정서적 회복에서 중요한 부분은 깊은 슬픔을 안고 살아가는 법을 배우는 것이다. 이혼이든, 질병이든, 사랑하는 이의 죽음이든, 집이나 경력이나 역할의 상실이든, 상실감이 계속해서 밀려오면, 우리는 슬픔 속에 살기 시작한다. 아니면 슬픔이 우리 안에서 사는 것일까?

의식적으로 애도하지 않거나 사랑하는 이의 죽음, 하지 않은 결정, 받아들이지 않은 초대를 직시하지 않으면, 우리의 슬픔은 그림자 속에 숨어서 지낸다. 그 의미들은 비밀로 남는다. 그리고 우리는 인생의 전부를 보지 못하고, 어른으로 성숙하지 못한다.

일반적인 노화처럼, 슬픔은 개인적이고 주관적인 여정이다. 시작과 끝이 있고, 바른길과 틀린 길이 있는 질서정연한 직선의 길이 아니다. 슬픔은 맥락 속에서 찾아온다. 혼자 있을 때, 가족과 있을 때, 여러분을 지지하는 사람들과 함께 있을 때. 우리가 종교적 또는 영적 믿음이 있든 없든, 우리의 경제적, 사회적, 가족, 또는 문화적 상황과는 아랑곳없이 슬픔이 찾아온다.

다행히도 엘리자베스 퀴블러 로스가 죽음과 죽어감에 관한 연구와, 후속된 슬픔에 관한 연구에서 우리를 위해 지도를 그렸다. 이것은 일련의 단계들이 아니라 단계의 양상으로 우리가 애도의 과정을 통해 자신의 감정을 파악하고 이해하는 데 도움을 줄 수 있다.

1. 부정
2. 분노
3. 협상
4. 우울
5. 수용

어느 날 오후, 나는 내 자신의 슬픔(기후에 대한 슬픔, 민주주의에 대한 슬픔, 개인적인 아픔)과 마주 앉아 슬픔의 틀에 또 다른 측면을 더할 필요가 있다는 것을 깨달았다. 지도를 다시 그리진 않았지만, 그 풍경을 확장하고 깊이를 더하기 위해 그림자의 인식, 순수한 인식, 죽음의 인식의 관문들을 통합시켰다. 마치 노년의 내면 작업을 하기 전에 그렸던 지도처럼, 우리 인생을 360도 뷰에서 바라본 것 같았다.

1. 부정

부정은 이 책을 관통하는 주된 주제였다. 부정은 역할에서 영혼으로 변하지 못하게 막는 모든 내적 장애물 안에 있다. 그러나 부정이라는 심리적 방어기제도 가치가 있다. 부정을 통해 우리는 충격적인 소식, 진단, 상실에 적응할 시간을 얻는다. 약의 용량을 알맞게 조절해 몸을 적응시키듯이, 우리는 부정을 통해 인식을 알맞게 조절한다. 한동안은 완전한 진실을 피한다. 우리는 덜 무거운 일들에 정신을 판다. 우리에게 적당한 양의 정보와 적당한 양의 감정을 허용해 적응하도록 돕는다.

우리의 감정과 내면의 목소리에 익숙해지기 시작할 때, 우리는 그림자로부터 다음과 같은 소리를 듣는다. '아냐, 그건 진실이 아냐. 어쩌면 의사가 틀렸거나 다른 이유가 있을 거야.' '아냐, 그가 지금 나를 떠날 수는 없어. 그가 없으면 나는 누구지?' 그렇게 우리는 부정을 감지한다.

많은 경우 우리가 경험하는 슬픔과 상실 안에는 죽음의 인식 부정이 감춰져 있다. 상실을 통해 우리는 시간이 길지 않다는 사실을 떠올리게 된다. 슬픔은 우리의 죽음을 상기시킨다. '아직 때가 아니야', '나에게 한계는 없어', '우리 어머니는 100세까지 사셨어.'

2. 분노

분노가 차오르면, 그림자는 비난할 대상을 찾는다. '이건 그 여자 탓이야.' '의사 때문이야. 그 사람이 실수한 거야.' '내 상사 탓이야. 그는 연령주의자야.' '나는 신이 싫어. 신은 너무 불공평해.'

그러나 이러한 부차적인 감정의 저변에는 더욱 깊고 연약한 감정들인 두려움, 자포자기, 좌절, 배신감이 도사리고 있다. 무력감과 내 손을 떠난 듯한 상황을 통제할 수 없어 자신이 무능하다는 감정 속에서, 분노가 잠시 힘을 준다. 우리 안에 있는 **전사**가 힘을 얻고 자신이나 다른 사람을 대신해 행동하도록 동기를 부여할 수 있다.

또한 분노는 우리가 죽음의 인식을 못 보게 한다. 아드레

날린이 온몸을 휩쓸 때 우리는 한계와 죽음이라는 취약성과 더 깊은 진실을 느끼지 못한다.

3. 협상

이 단계에서 우리는 의미를 찾기 위해 우리가 잃어버린 것을 이야기한다. 우리는 주어진 결과를 바꾸기 위해 의사나 사랑하는 사람, 신과 협상한다. 그림자는 말한다. '만일 … 하기만 한다면, 내가 … 할 텐데.' 이렇게 조용히 기도하는 듯한 목소리를 감지할 때 우리는 협상의 순간에 있는 것이다.

어떤 사람들의 협상 이면에는 자책이 잠복하고 있다. 무의식적인 죄책감을 갖고 조용히 자신을 비난할 때 우리는 속죄를 위해 협상하는 것이다. 이 경우에 그림자는 협상자를 목표로 삼는다. 이러한 무의식적인 과정에 집중해 자신이 지금의 상황에 어떤 식으로든 책임이 있는지, 아니면 그림자의 오래된 자책 패턴인지 더욱 의식적으로 결정하는 것이 중요하다.

4. 우울

이제 **전사**는 패배를 인정했다. **협상가**는 쉬고 있다. 그러면 우리는 공허하고 의미 없는 절망의 순간에 빠져든다. 절망의 그림자가 말한다. "일을 안 하면 나는 아무런 존재도 아니야." "그녀가 없으면 나는 아무것도 아냐." "이제 내게 미래는 없어. 내게는 희망이 없어."

일부 사람들에게 우울감은 위기나 상실에 대한 적절한 대응이다. 감정에 휩싸이고 의미를 빼앗기게 되면, 우리는 새로운 현실의 중압감과 함께 가라앉게 된다. 그러나 갇혀있지 말고 헤쳐나가면서 서서히 우리를 변화시키게 허용하는 것이 중요하다. (『그림자와 사랑하기』에서 나는 영혼의 하강으로서의 우울증에 대해 방대한 글을 썼다. 단 이것은 하강이 의식적으로 이뤄질 경우의 이야기다.)

5. 수용

나는 이것을 '있는 그대로 현존하는 것'이라고 부른다. 우리는 그것을 바꾸려 하거나 고치려 하지 않는다. 동시에, 이것은 수동적이고 무능력한 반응이 아니다. 오히려 우리의 고통에 보이지 않는 목적과 진화의 방향성이 있다는 깊은 믿음과 함께 새로운 현실에 적극적으로 적응하는 것이다.

나는 슬픔의 단계들이 통과 의례의 과정을 설명한다는 사실을 알게 되었다. 사랑하는 사람, 사랑하는 사물, 사랑하는 믿음에 대한 소중한 집착을 내려놓으려는 힘겨운 과정 말이다. 여기에는 과거의 현실과 우리에게 그것이 의미하는 것을 내려놓는 과정이 필요하다.

우선 우리는 부정을 하고, 그다음 분노를 느낀다. 분노가 사라지면 우리는 협상을 한다. 간청한다. 마침내 애원이 줄어들고, 우리는 한동안 과거의 현실에 매이지 않은 채 표류하는 전이 시간으로 들어간다. 과거와 미래 사이에 있는 이 시간에서 우리의 정체성과 의미는 사라지고, 두렵고 방향을 잃을 수 있다. 우리는 우울해할지 모른다.

결국 우리는 다른 현실로 들어간다. 그 상실감은 실제이다. 우리는 아프고, 이혼했고, 사별했으며, 은퇴했고, 병간호를 한다… '수용'이라는 단어는 이러한 통과 의례의 완전한 결과를 제대로 내포하지 않는다. 차라리 '재생(renewal)'이라는 단어가 변화의 과도기를 겪고 이제는 다른 현실을 살아가는 다른 사람이라는 사실을 받아들였음을 시사한다. 우리는 역할에서 영혼으로 변화하고 있다.

슬픔이 우리를 이 길로 들어오게 하려 할 때, 우리는 순수한 인식을 경험해야 한다. 각각의 상실은 우리를 자아의 통제 너머로 데려간다. 각각의 상실은 우리를 희생을 향해 데려간다. 순수한 인식이라는 경험을 제시하는 수련을 통해 우리는 더욱 쉽게 우리의 슬픔과 방향 상실을 목격할 수 있고, 더욱 쉽게 중심으로 돌아가 우리가 누구인지 기억할 수 있다.

그림자의 인식, 순수한 인식, 죽음의 인식은 슬픔의 '치료제'가 아니라는 사실을 분명히 알아두자. 이들은 슬픔을 통해 우리의 여정의 깊이를 더할 수 있고, 그래서 나이 그 자체처럼, 영혼을 진화할 수 있게 하는 통과 의례가 된다.

작가이자 교사인 제프 포스터의 표현에 따르면, "상실은 이미 당신의 인생을 제단으로 변화시켰다."

정신과 의사 로저 월시와의 인터뷰

내가 자아초월·통합 정신과 의사 로저 월시와 그의 영적 수련법에 관해 이야기를 나누었을 때, 그는 비파사나(마음챙김)에서 선과 티베트의 바즈라야나(Vajrayana, 밀교), 족첸까지 불교의 수련을 거쳤다고 나에게 말했다.

"그 순서가 중요했어요. 제가 족첸을 수련할 수 있게 되기까지 영적 집중훈련을 받는 데 20년이 걸렸어요."

그러나 로저는 인생의 매 순간을 자신의 인간관계와 일과 우정과 글쓰기를 비롯해 각성을 위한 기회로 삼았다고 나에게 말했다.

"관상 훈련과 관상 훈련이 강화하는 자질들−공감 능력, 연민, 명확성, 통찰력−을 함양하는 데 깊은 의지가 있는 사람이라면 누구나 가능한 한 계속해서 수련할 거예요. 이것은 우리의 일상 활동과 일을 자기 수련의 한 부분으로 사용하는 방법을 찾는 것을 의미하죠. 힌두교에서는 이걸 카르마 요가라고 불러요. 살아가는 행위를 끊임없는 요가 수련의 기회로 바꾸고자 하는 거죠."

그는 계속해서 말을 이어갔다. "우리를 진정으로 가르치는 것은 더 많은 이론이나 더 나은 행동가가 되는 것이 아니에요. 우리 자신과 마음, 현실의 본질을 깨우치는 내적 수련이죠."

2019년 그의 아내 프란시스 본이 사망하고, 로저는 슬픔에 방향을 잃었다. 사랑하는 사람을 잃었을 뿐 아니라, 그는 40년의 친밀한 인간관계의 수련을 잃었다. 그는 명상이 슬픔에 대처하는 신의 선물이라고 나에게 말했다.

"경험이 많은 명상 수련자가 아닌 대다수에게는 더욱 활동적인 수련법이 최고일 수 있어요. 하지만 저는 죽음을 계속 생각하면서 앉아 있곤 했어요. 프란시스는 저보다 나이가 많았으니 그 일이 생겼을 때 저는 놀라지 않았어요. 하지만 혼자라는 사실, 다시 싱글이 되었고, 혼자서 결정해야 한다는 사실이 충격적이었어요. 한동안 짙은 구름 속을 헤매는 것 같았어요."

프란시스가 사망한 지 5개월이 지나, 로저는 명상 수련에 들어갔다. 그는 가슴 한가운데에 통증을 느끼며 앉아서, 그 통증으로 들어가 자신의 마음이 그림자 캐릭터로 변하는 것을 지켜보았다. "나는 불쌍해. 이제 혼자라니." 그는 이 목소리와 관련된 생각들이 이차적인 고통을 유발하며, 일차적인 고통보다 더 아프다는 것을 인지했다.

명상하면서 로저는 그의 생각이 이야기하게 두지 않고 그저 고통이 그대로 존재하게 두었다. 부정하고 저항하거나 막으려 하기보단 고통을 인식하고 그냥 두었다.

또한 로저에게는 그를 지원하는 친구들로 이루어진 영적 그룹이 있었다. 로저는 그의 영적 세계관이 계속해서 의미와 목적을 제시했다고 말했다.

그리고 그는 하루의 시작과 끝에 '내 인생에 남아 있는 모든 선물에' 감사하는 마음을 의도적으로 수련하기 시작했다.

잃어버린 창의력을 되찾다
어둠 속의 황금

인생 회고에서 발견하듯이, 우리의 의식적인 인격이 발달하는 동안 우리는 특정한 특성과 감정과 재능을 표현하지만 다른 것은 표현하지 않는다. 이렇게 표현되지 않은 것들이 그림자 속으로 밀려나, '살아보지 않은 인생'을 만들어낸다. 그러나 이것들이 반드시 '부정적'인 것은 아니다. 우리의 금지되고 표현하지 못한 재능과 선물들과 우리의 이루지 못한 꿈과 욕망이 그림자 속에 도사리고 있다.

예컨대, 어떤 가족은 운동 재능을 칭찬하고 장려한다. 다른 가족에게는 사소하고 의미 없는 것이라 가치를 깎아내린다. 어떤 가족은 예술적 재능이나 음악적 재능을 칭찬하고 장려한다. 다른 가족은 그런 재능을 시간 낭비로 생각한다. 어떤 가족은 학업적 성과를 칭찬하고 높게 평가한다. 다른 가족은 공부가 '진짜' 일을 피하는 방식이라고 생각한다. 그래서 자신만의 재능이 가치를 인정받지 못하거나 지지받지 못하는 가정에서 성장하면, 그 재능은 우리 마음의 어두운 벽장 속으로 사라지게 된다.

또한 성인으로서 우리의 재정적, 정서적 욕구가 창의적 표현을 제약할 수도 있다. 결혼과 가족, 일은 상상력을 표현할 표출구가 거의 없는 좁은 역할에 우리를 가두면서 창의력을 막을지 모른다.

그 결과, 항상 혁신적인 방식으로 표출하려 하는 즉흥적인 창의력이 영혼에서 자연스럽게 생겨날 수 없다. 그러나 과도기의 순간에 창의적인 영혼과 연결하지 못하게 막는 장벽이 얇아지고 창의력을 발휘하라는 외침은 점점 커진다. 중년에 우리는 걸음을 멈추고 자신의 여정을 되돌아볼지 모른다. 그 결과 잃어버린 창의적인 충동을 되찾고 새로운 형태의 표현을 탐구하게 된다. 병에 걸리거나 사고를 당하면, 많은 사람은 짧은 시간 안에 자신의 인생을 재평가하고 그림, 사진, 춤 또는 소설 쓰기와 같이 이루지 못한 꿈을 이루려 한다.

내 친구 필은 자신이 작가로서 돈을 벌 수 있어서 운이 좋다고 말했다. 그러나 돈을 벌기 위해 25권의 논픽션 책을 쓴 후, 그의 오랜 꿈인 소설이 그를 불렀다. 필은 70대에도 소설 쓰기가 좋아서 하는 일이 될 것이며, 소설을 쓰지 않는다면 죽음을 앞두고 후회할 유일한 일이 될 것이라는 환상을 계속 품었다.

은퇴와 함께 자아 표현을 위한 영혼의 갈망을 해소할 수도 있다. 많은 사람이 처음으로 그 외침을 듣고 본능을 따라 밤낮으로 꿈꾸던 일에 관심을 쏟고, 살아보지 못한 창조적인 삶을 탐험할 자유를 느낀다. 내가 책에서 이 부분을 쓰고 있을 때, 70세의 한 여성이 나에게 이메일을 보내 자신의 노년기를 묘사했다. "저는 작가이자, 조각가이며, 합창단 두 곳의 단원이에요. 수십 년 동안 리코더를 연주하지 않다가 이제 리코더 연주단에서 연주해요. 지금까지 제가 예술가인지 몰랐죠!"

동료 심리학자인 하워드와 그의 배우자는 하와이 빅 아일랜드에서 은퇴 후 삶을 보낼 수 있으리라 기대하면서 콘도를 구매했다. 그는 LA에서 환자를 보고 섬으로 돌아가는 식으로 십 년간 두 곳을 오갔다. 빅 아일랜드에 완전히 정착한 주에 그와 대화를 나누었다.

"내가 항상 바삐 살았기 때문에 긴장돼. 일을 안하고 살아본 적이 단 한 번도 없어. 그래서 사람들이 '무슨 일을 하세요?'라고 물어보면 뭐라고 대답할지 걱정했어."

그러나 하와이의 문화적 속도는 더 느리고 편하다고 그가 말했다. "그래서 하와이라는 배경이 지금 내 상태를 지지하고 있어. 이제 인생을 바꾸기로 했어. 나를 위해서 조각과 글쓰기 같은 창의적인 활동에 집중할 거야."

하워드는 찰흙으로 작업을 할 때, 그가 어떻게 현실에 오롯이 존재하면서 창의적인 몰입상태에 빠지는지를 설명했다. "그 일을 하는 이유는 결과가 아닌 과정이 너무나 즐겁기 때문이야." 그는 돈을 벌거나 사람을 돕겠다는 자아의 목표를 내려놓고, 조각하거나, 글을 쓰거나, 밥을 먹거나, 산책하거나, 신발끈을 묶을 때 현재에 집중하는 훈련을 어떻게 하는지 배우고 있다. 그는 번잡함을 내려놓고 자신의 속도를 바꾸고 있다. 자신의 몸에 귀를 기울이고, 에너지를 보존하면서, 자신의 영감과 연결한다.

이런 식으로 창의력은 취미 이상이 된다. 수련이 되는 것이다. 손안의 찰흙에 반응하면서, 하워드는 **행동가**가 아니다.

그 일을 하는 것은 그의 창작의 뮤즈이다.

창의력과 노화 사이의 상관관계는 복잡하고 심오하다. 그 연관성은 우리에게 이런 질문을 촉구한다. 노년기에는 무엇이 가능할까? 피할 수 없는 한계 때문에 불가능한 것은 무엇인가 라는 질문이 아니다. 노화에도 불구하고 무엇이 가능하냐는 질문이 아니다. 질문은 '나이로 인해 가능한 것이 무엇인가?'이다.

인생 경험이 길고, 회복력이 있으며, 360도 시야에서 볼 수 있는 우리는 무엇을 창조할 수 있을까? 그림자나 내면의 비평가나 창의성의 장애물과 싸워온 개인의 역사로 인해서 우리가 무엇을 창조할 수 있을까? 무르익고, 자아의 방식에서 벗어날 역량이 있고, 영혼의 시간에 마음을 열 수 있는 우리가 무엇을 창조할 수 있을까?

노년기의 창조적 르네상스에 관한 이야기는 많다. 마조리 포브스는 68세의 나이에 뉴욕시에서 사회복지사로 은퇴했고, 오보에를 배우기 시작했다. 81세에 그녀는 YMCA와 지역 예술 학교의 실내악 합주단에 가입했다. 그녀는 기자인 애비 엘린에게 이렇게 말했다. "제가 항상 하고 싶었던 일을 하려고 저 자신을 재창조했어요." 그녀의 동료 아리 L. 골드만은 뉴욕 레이트 스타터스 현악 합주단에서 활동하고 있으며, 인생 후반부에 악기를 배우는 것에 관한 책을 썼다. (엘린, 뉴욕타임스, 2015년 3월 20일 기사)

연구에 따르면 일생에 걸친 창의적 잠재력의 범위는 과소평가되어 왔다. 연령주의는 우리가 노년기의 창의성을 보지 못하게 막았고, 오늘날 많은 사람이 (노년기에) 방향 상실을 경험하게 된 이유 중 하나가 되었다. 우리 안의 연령주의자는 이러한 문화적 사각지대와 함께 작용해 우리가 혁신적인 것을 추구하거나 내면에서부터 혁신적인 것에 참여하지 못하게 막는다.

어떤 의미에서 창의성의 외침은 그림자 인식을 향한 관문이다. 우리는 이런 말을 들을지 모른다. "지금 그걸 배울 수는 없어." "너무 늦었어." "기억할 수 없거나 집중할 수 없어." "방법을 모르겠어." "내가 잘못하고 있는 거야." "나는 너무 느려."

우리 내면의 연령주의자가 영혼의 창작 욕구를 막는다면, 우리는 그냥 숨을 고르고 그것을 관찰하며 그것이 우리 자신이 아니라는 사실을 기억해야 한다. 그러면 그 말에 순종했을 때 (우리를 다시 멈추게 할 때)의 결과를 보고 다른 선택을 할 수 있다.

연령주의적 통념은 우리에게 창의성은 청년기나 중년기에 정점에 달하므로, 그때까지 획기적인 발견을 하지 않았거나, 소설을 쓰지 않았거나, 걸작을 그리지 않았다면, 이미 끝이라고 말한다. 그러나 완전한 진실은 이렇다. 노년기의 지혜, 향수, 염원, 죽음의 인식은 시인과 소설가와 작곡가와 화가와 조각가와 그 외 창조적인 일을 하는 수많은 사람들에게 달콤한 재료가 된다.

이러한 사람들은 정점을 찍고 쇠퇴한다는 이야기를 거부한다. 베르디와 스트라우스는 80대와 90대에 자신들이 작곡한 오페라 중 최고의 작품들을 작곡했다. 조지아 오키프는 시력을 거의 잃은 90대에 자신의 기억에 의존한 그림을 그릴 수 있도록 도와줄 조수를 채용했다. 모지스 할머니는 78세가 되어서 그림을 그리기 시작했다! 보리스 파스테르나크는 66세에 닥터 지바고를 썼다. I. M. 페이는 66세에 루브르 박물관의 피라미드를 설계했다. 프랭크 로이드 라이트는 73세에 뉴욕 구겐하임 미술관을 설계했다. 마거릿 애트우드는 81세에 『시녀 이야기(The Handmaid's Tale)』의 속편을 발간했다. 레너드 코헨은 82세에 죽기 직전에 마지막 앨범을 발매했다. 그리고 밥 딜런은 80세가 다 되어서도 순회 공연을 계속했다.

이들은 천재로 불릴지 모르지만, 노년기에 창작의 꽃을 피운 것은 이들만이 아니다. 웨일 코넬의대의 노인학자 칼 필레머와 그의 연구진은 70세 이상의 1,500명이 넘는 사람들에게 한 가지 질문을 했다. "여러분의 인생에서 배운 가장 중요한 교훈은 무엇인가요?" 많은 사람은 창조적인 인생의 꿈을 성취했다고 말하거나 65세가 넘어서 새로운 의미 있는 일을 시작했다고 대답했다. 칼 필레머는 『내가 알고 있는 걸 당신도 알게 된다면(30 Lessons for Living)』에서 마침내 그들은 '제대로 해냈다'고 느꼈다고 적었다.● 그들은 **원로**로서 자신의 삶을 창조적으로 변화시킬 비밀을 발견했다. 칼 필레머의 작업은 『인류 유산 프로젝트: 미국의 현자들이 전하는 인생의 교훈들(The Legacy Project: Lessons for Living from the Wisest Americans)』로 계속

●   박여진 옮김, 토네이도, 2022.

된다.

정신과 의사이자 노인학자인 진 코헨은 획기적인 저서 『창조적으로 나이들기(The Creative Age)』에서 인간의 뇌와 면역 체계와 기분의 치료제로써 창의적 자극을 포함한 창의성과 인생의 경험이라는 독특한 조합을 탐구했다.[*] 그는 인간이 나이가 들면서 직면하게 되는 고정된 심리적 양상, 고정 관념, 해결되지 않은 가족 관계라는 창의성의 세 가지 장애물을 살펴보았다. 다시 말해, 그는 억눌린 창의력을 그림자에서 해방하기 위해 정서적, 인지적, 관계적 인생의 회복을 촉구한다. 화, 분노, 실망감에서 벗어나면, 우리는 새로운 형태의 자기표현을 탐구하라는 외침에 귀 기울이게 될지 모른다.

거의 다루어지지 않는 또 다른 차원의 주제가 있다. 바로 영적인 수련으로서의 창의성이다. 수십 년 전 명상을 처음 시작하게 된 나는 앉아서 수련하는 것만으로도 영적인 행위고, 명상만으로 영적인 삶을 구성한다고 믿었다. 나는 성스러운 활동과 세속적인 활동을 명확하게 구분했다.

그러나 나는 가슴 아픈 영적 환멸을 경험했고, 이는 영적 수련으로써의 글쓰기라는 놀라운 발견으로 이어졌다. 1981년, 영적 공동체를 떠난 나는 『물병자리의 음모』의 저자 마릴린 퍼거슨을 만났다. 그녀는 의식 연구 분야의 혁신을 탐구한

● 김성은 옮김, 동연출판사, 2016.

자신의 책을 쓰도록 나를 고용했다. 나는 그 일을 시작한 날을 생생하게 기억한다. 텅 빈 화면을 바라보며 아무런 생각 없이 앉아 있었다. 꼼짝할 수 없었다. 업무를 시작하면서, 최신 연구를 조사하기 시작했고, 신선한 아이디어를 자유롭게 표현하면서, 저널리즘이 내 성격과 잘 맞는다는 것을 알게 되었다. 나는 정보를 수집하고 취합해서 다른 사람들에게 전달하는 일을 사랑했다.

그런 다음 나는 결과물을 마릴린에게 제출했다. 그녀는 빨간 펜을 들고 (그 시절엔 그랬다!) 모든 단어를 삭제하거나 변경했다. 그 글을 받았을 때는 알아볼 수 없을 정도였다. 나는 크게 낙심했다. 그녀는 나의 흔적은 찾을 수 없게 빡빡한 전보 같은 스타일의 글을 요구했다. 객관적인 톤으로 주어가 없는 형태를 원한 것이다.

나는 글을 쓰고, 다시 쓰고… 다시 쓰고… 또 다시 썼다. 마침내, 내 글은 받아들여졌다. 그리고 나는 다시 시작했다.

어느 날 저녁, 모니터를 쳐다보고 있는 내 볼을 타고 눈물이 흘러내렸다. 나는 포기했다. "나는 절대 저널리스트가 못 될 거야. 이 여자를 결코 만족시킬 수 없겠지."

그러나 문장을 빠르게 써 내려갈 딱 맞는 단어를 찾았을 때는 이루 말할 수 없이 기뻤다. 그 순간, 내게 티베트 불교 전통의 한 이야기가 떠올랐다. 밀라레파라는 이름의 한 수도승은 숲속에서 혼자 지내며 밤낮으로 명상 수련을 하고 쐐기풀 죽만 먹었다. 수년 동안 깨달음을 얻으려 노력했지만, 굶고 기도하는 것만으로는 충분하지 않았다. 어느 날 또 다른 남성, 마르파가 숲에서 나타났다. 그들의 눈이 마주쳤고, 밀라레파는 마르파가 그의 스승임을 알아보았다.

마르파는 그에게 숲의 한 모퉁이 '저쪽에' 작은 돌집을 지으라고 말한 뒤 숲으로 사라졌다. 일 년 동안 밀라레파는 돌을 하나씩 모아, 천천히 들어 올려, 집을 지을 장소로 날랐다. 그런 다음, 주의를 집중하며 정성껏 돌을 끼워 맞추어 튼튼한 구조물을 만들었다.

숲에서 나타난 마르파가 돌집을 본 뒤, 다른 방향을 가리켰다. "아냐, 저기야!" 그러고는 사라졌다.

밀라레파는 낙담했지만, 다른 선택지가 없다는 듯 다시 집을 짓기 시작했다. 돌집의 돌을 하나씩 빼서 허문 다음, 하나씩 새로운 장소로 옮겼고, 그곳에서 다시 짜 맞추었다. 일 년이 지나 돌집이 완성되었다.

마르파가 다시 나타나더니, 고개를 흔들고는 또 다른 방향을 가리키며 말했다. "아냐, 저기야!"

또다시, 밀라레파는 그의 말에 복종했다. 돌집을 허물고 다시 지었다. 그러자 마르파가 나타나 말했다. "아냐, 저기야."

이번에 밀라레파가 마지막 돌을 올리자, 그는 깨달음을 얻게 되었다고 이야기는 전한다.

이제 눈물은 말랐고, 나는 미소를 지으며 화면을 쳐다보았다. 앉아 있는 수련만이 영적 수련이라고 믿었다. 그러나 글을 쓰고 다시 쓰고, 제출하고, 잊어버리고, 집중하고, 항복하는

361

일은 일종의 요가였다. 이 작업은 나에게 숨을 들이쉬고 내쉴 때마다 자기 관찰, 집착을 버리는 법, 인생의 덧없음을 가르쳤다.

나는 마치 돌을 얹어 집을 짓듯이 문장에 단어를 얹으며 글을 쓰기 시작했다. 글쓰기의 과정에 대한 나의 인식이 글의 내용보다 더 중요한 것처럼 썼다. 그러자 빨간 첨삭이 줄어들었다!

그런 다음 또 다른 발견이 떠올랐다. 나는 열심히 조사한 후, 한 시간 동안 앉아서 명상하면서, 마음을 비우고, 몸의 긴장을 풀고, 모든 단어와 이미지를 버렸다. 내가 다시 화면으로 돌아오자, 편안히 흐르는 강물처럼 단어의 물결이 나를 관통했다. **행동가**도 아니고, 애써 노력도 하지 않았고, 시간도 걸리지 않았다. 글쓰기 수련, 앉아 있기 수련, 글쓰기 수련, 앉아 있기 수련은 내 삶의 리듬이 되었다.

서서히 나는 이 과정을 믿는 법을 배웠다. 생각을 탐구하고, 순수한 인식 속에 앉고, 마음을 채우고, 마음을 비우고, 그 과정에서 자아를 비웠다. 그러자 빨간 펜의 첨삭이 사라졌다.

멘토링의 과정은 끝났다. 그 후 몇십 년 동안 내 자아가 사라지는 조용한 순간에 뮤즈가 나를 통해, 내게로 왔다. 그리고 나는 뮤즈에게 마음을 열었다. 뮤즈는 나에게 여섯 권의 책을 선사했다. 글의 아이들이 내 몸과 마음에서 생겨나, 내 세포에 들어왔고, 내 영혼과 결합해, 나를 통해 세상으로 나아갔다. 마치 어머니와 같이 나는 그 아이들이 자신의 삶을 살고, 자신의 길을 찾아 그들을 원하는 사람들에게 가도록 놓아주었다. 나는 뮤즈에게 무한한 감사함을 느낀다.

궁극적으로, 내가 말해왔듯이, 우리는 우리의 이야기나 우리의 상처가 아니다. 그리고 우리는 창조적인 노력이 아니다. 우리가 나이 들면서 자아는 이것들과 깊이 동일시하고, 신체의 일시성과 우리를 둘러싼 세상의 유한성을 차단할 하늘 위의 성을 짓고자 하는 유혹에 빠질 수 있다. 우리는 창작 작업이 죽음을 이길 수 있다고 믿고 싶은 유혹을 받을 수도 있다.

내가 이 책의 구상을 시작했을 때, 나는 자신에게 질문을 던졌다. 이 책은 내 자아의 마지막 저항일까? 내 이름과 내 브랜드와 내 역할을 영원히 붙들려는 또 한 번의 시도인가? 노화와 함께 찾아오는 매력과 힘의 상실을 보상하기 위한 것인가? 반드시 내가 써야만 하는, 이 책을 쓰지 않으면 나 자신을 배신할지 모를 영혼의 외침인가?

나는 2년 동안 이 물음을 가지고 앉아 있었고, 결국에는 해답이 떠올랐다. 글을 쓰라는 내 영혼의 외침을 따른 다음, 내려놓는 것이다. 나는 모니터를 마주하고 방석 위에 앉았다. 마음을 채우고, 마음을 비웠다. 그 작업은 내 영혼의 목소리에 마음을 여는 수련이 될 것이다. 오직 나만이 줄 수 있는 선물이 될 것이다.

그러나 나는 내 에너지와 자기 돌봄과 인간관계에 대한 욕구도 관찰할 것이다. 그리고 젊은 싱글이었을 때 가졌던 균형을 잃지 않을 것이다. 나는 **행동가**와 동일시하지 않을 것이며, 그 내면의 캐릭터가 나를 압박하거나 내면에서 영웅의 업적으로 향하게 내버려 두지 않을 것이다. 그보다는 흐름과, 내 영혼의 사명인 의식에 관한 정보를 전파하는 데 마음을 열 것이다.

과거를 내려놓기 위한 미완성된 일의 마무리와 정서적·창의적 회복을 통해 우리는 삶이 전개된 방식에 깊은 감사를 느낄 수 있다. 역할에서 영혼으로의 변화를 시작할 수 있도록 사람과 감정들을 용서하고, 축복하고, 내려놓을 수 있다.

그림자 작업 수련법

이제 시간을 내서 속도를 늦추고, 내면으로 돌아서서, 심호흡하며 다음과 같은 질문들을 곰곰이 생각해보자. 옆에 일기장을 준비하자.

정서적 회복
- 부모님과 끝내지 못한 일이 있는가? 형제자매들과는 어떠한가? 자녀들과는? 배우자나 전 배우자와는? 친구들과는?
- 하지 않으면 후회할 말이나 행동은 무엇인가?
- 남을 용서하지 못하게 막는 그림자 캐릭터는 누구인가? 그림자는 그렇게 버텨서 무엇을 얻는가?
- 자신을 용서하지 못하게 막는 그림자 캐릭터는 누구인가?

자신의 그림자 캐릭터를 사랑하기
호흡하면서 현존으로 이동하자. 자신의 모습 중에서 여전히 어리거나 작거나 아프거나, 수치심이나 거절 속에 사는 부분에 집중하자. 어린아이를 대하듯 그 부분에 귀를 기울이자. 여러분의 몸 어디에 있는지 위치를 찾자. 그것을 느끼고 그 소리를 들어보자. 아주 조용해지면서, 현재의 존재로 이동하자. 그런 다음, 그 어린아이나 화난 십 대나 실망한 청년에게 여러분의 사랑을 쏟아붓자. 변화가 느껴질 때까지 그 또는 그녀를 깊이, 열렬히 사랑하자.

창조적 회복
- 여러분의 가족은 여러분의 창조적 표현을 어떻게 북돋거나 제한했는가? 그림자 속에 어떤 재능이나 꿈이 묻혀있는가?

365

- 성인기의 인간관계가 여러분의 창조적 표현을 어떻게 북돋거나 제한하는가?
- 여러분의 일은 여러분의 창조적 표현을 어떻게 북돋거나 제한하는가?
- 지금 그림자로부터 되찾아오고 싶은, 이루지 못한 창작의 충동은 무엇인가?
- 어떻게 창조성을 영적 수련으로 통합할 수 있을까?
- 여러분만이 남길 수 있는 창조적 유산은 무엇인가?

영적인 회복을 통한
신념의 재정립과 수련 되찾기

신을 갈망하는 영혼 (칼 융의 사례 연구)

칼 융은 자신이 분석하는 환자가 자신에게 영혼, 또
는 빛을 투사한 이야기를 들려주었다. 그는 환자의 환
상을 없애려고 분석하는 대신, 환상에 대해 더 자세하
게 설명해보라고 말했다. 그녀가 자세히 설명하자, 그
이야기는 더욱 환상적으로 바뀌어 그에게는 초인적
인 힘을, 환자에게는 의존성을 부여했다. 그녀는 자신
이 거인인 아버지의 품 안에 있는 작은 아이였던 꿈
을 꾸었다. 그 거인은 밀밭에 서 있었다. 바람이 밀밭
을 휩쓸고 지났고, 품 안의 아이를 살살 흔들면서 그
거인의 몸은 앞뒤로 흔들렸다.

그에 대한 반응으로 융은 환자의 무의식이 "의사의
인격으로 신을 창조하려는 것인지 스스로 질문했다.

신에 대한 갈망이 우리의 가장 어둡고 직감적인 본성
에서 차오르는, 어떠한 외부의 영향에도 흔들리지 않
고, 인간에 대한 사랑보다도 어쩌면 더 깊고 강한 열
정이 될 수 있을까?" 라고 물었다.

- 칼 융, 「개인무의식과 집단무의식(*The Personal and the Collective Unconscious*)」

환자가 분석가에게 부모를 투사하는 것에 대한 프로이트의 통
찰력은 획기적이었지만, 융은 한 단계 더 나아가 원형의 투사
를 말한다. 이러한 무의식의 메커니즘은 환자와 치료사 사이의
연결성을 만든다. 즉, 환자는 신과 같은 치료사가 환자를 살려
내거나 심지어 구원할 수 있다고 상상한다. 이와 똑같은 과정
이 신도와 종교적 지도자나 영적 지도자 사이에 나타난다.

원형의 투사에는 인생에 의미를 부여하는 신이나 자아의
상징인 신성한 이미지가 숨어 있다. 살아 있는 스승이나 분석
가가 투사를 통해 이러한 무의식적인 이상향의 대상이 되면,
둘 사이의 연결성이 만들어진다. 학생/신도는 스승/신과의 결
합을 갈망하지만, 결합할 수 없으므로 고통스러운 분리감이 생
겨서 갈망에 기름을 붓는다.

전통적인 영적 도제 제도에서, 학생은 신의 이미지로 교사
에 대해 명상하고, 자신과 일체화하며, 영적인 권위와 통제력을
넘기도록 권장받는다. 진실을 아는 사람의 존재 안에 있으므로

이러한 과정은 우리의 존재적 불확실성을 해소할 수 있다.

그러나 이러한 역학은 의심스러운 가정으로 이어진다. 즉, 인간은 신적 권위를 가질 수 있고 그러므로 절대 틀리지 않으며, 그림자의 부패로부터 자유롭다는 것이다. 그러므로 교사가 목사이든, 랍비이든, 구루(guru)이든 그의 말과 행동에는 의문을 제기할 수 없다. 치료사나 교사가 정서적, 신체적, 또는 금전적 학대 행위를 저지를 경우 그 결과는 매우 파괴적이다. 환자/신도는 배신감과 환멸을 느끼며, 방향을 상실한다.

우리가 살면서 이와 같은 영적 환멸을 경험했든 아니든, 우리의 길에서 어둠을 만났든 아니든, 영적 회복은 노년기에 풍부한 탐구의 장이다.

영적 환멸을 위한 그림자 작업

내 가장 친한 친구 중 한 명은 최근에 암으로 세상을 떠났다. 신디의 죽음으로 나는 슬픔에 빠져있었지만, 여러분이 생각하는 그런 이유에서가 아니다. 신디는 싯다 요가를 서양에 소개한 스와미 묵타난다의 제자였다. 신디는 스승이 여성 제자들을 유혹했고 그 스캔들을 은폐했다는 사실이 드러나자 크게 상심했다. 이후에 신디는 스와미 비시와난다의 추종자가 되었고, 함께 성적 그림자를 만났다. 그와 함께 수련하면서, 그녀는 높은 단계의 목격 인식과 내면의 행복을 달성했다. 그래서 스와미 비시와난다의 성추행과 거짓말이 드러났을 때, 그녀는 또 한 번 충격을 받았고 남을지 떠날지 갈등했다. 신디가 필사의 존재인 인간에게 빛을 투사하자, 계속해서 영적 그림자를 만나게 되었다. 그로 인한 마음의 상처로 영혼의 어두운 밤이 찾아왔다.

암 진단을 받고 첫 항암 치료를 받는 동안, 평생 영적 수련을 해온 그녀는 목격 인식을 유지할 수 있었다. 그러나 두 번째 치료에서는 독성물질로 가득한 몸과 점차 흐려지는 뇌가 견디지 못했다. 그녀는 목격 인식을 잃고 초기 발달 단계로 돌아가 수면 위로 떠오르는 정서적 문제에 집착했다. 결국 죽음에 가까워졌을 때, 그녀는 자신이 무엇을 믿었고 자신의 수련에 어떤 의미가 있었는지 더는 알지 못했다. 신디는 분노와 신에 대한 배신감을 느끼며 죽음을 마주했다.

나는 그녀가 법적으로 의학적으로 끝내지 못한 일을 마무리할 수 있게 도울 수 있었다. 심지어 정서적인 미완의 과업들도 완수하도록 도울 수 있었다. 그러나 나는 그녀가 스승들의 인간적 불완전성과 그들의 인식의 단계에 수반된 재능들을 받아들이면서 영적으로 완성하지 못한 일을 완성하게 도울 수는 없었다. 나는 그녀가 포기했던 영적 투사를 되찾고 그녀 안의 원으로 빛이 다시 들어오게 도울 수는 없었다. 바로 이것이 내가 슬퍼하는 이유이다. 신디는 평화롭게 죽지 못했다.

초월을 향한 영혼의 갈망은 젊은 날 많은 이들이 영적 공동체와 명상 수련을 찾게 했다. 우리는 탐구하고 실험했고, 일부는 순수한 인식으로 향하는 관문을 열어주는 수련법을 발견했다.

그러나 신디처럼 많은 사람이 종교 지도자나 영적 지도자나 기관으로부터 배신감을 느꼈고, 그 결과 영적 실망으로 이어지면서 우리의 가치체계가 무너졌다. 스승과 공동체로부터 뿌리 뽑힌 우리는 신이나 자아를 넘어선 그 무엇과도 연결성을 전혀 느끼지 못하면서 길을 잃었을지 모른다.

원로로서 오늘날 신에 대해 우리가 믿는 것과 가장 소중하게 생각하는 것, 가장 큰 가치를 부여하는 것이 무엇인지 묵상하는 것이 중요하다. 과거의 믿음을 반성하고, 더는 우리의 발전에 도움이 되지 않는다면 그 믿음을 수정해야 한다. 이렇게 우리는 각자의 여정과 살면서 배워온 교훈에 맞는 노년기의 철학을 만들 수 있다. 그리고 이것을 통해 지금의 삶의 방향을 재정립한다.

우리는 자신보다 더 거대한 무언가와 연결되어 있는가? 그것은 인식 가능한 것인가? 지금 우리는 그것과 연결되고자 적극적으로 노력하고 있는가?

신비주의 시인 카비르가 말했듯, "우리는 누구에게 평생 사랑을 쏟아 왔는가?"

지금 우리가 볼 수 있는 우리 인생에 더욱 깊은 목적이 있는가? 우리는 그 목적에 연결되어 있는가?

정신의 역할은 무엇인가? 마음의 역할은? 몸의 역할은? 우리는 균형 있게 그들을 아끼고 돌보는가?

봉사 활동과 우리의 관계는 무엇인가? 우리는 타인의 고통을 덜어줄 책임을 느끼나?

죽음은 마지막 끝인가 아니면 새로운 순환의 시작인가?

인간의 삶의 끝은 무엇인가? 어떤 끝을 향해 우리는 나아가는가? '끝'이라는 단어에는 이중적인 의미가 있다. 우리의 노력의 끝은 목적이나 의도의 끝이기도 하며, 결론과 시간의 끝 둘 다 의미한다. 우리는 두 가지 의미를 다시 생각하고, 고민하고, 느껴야 한다.

만일 이 과제를 거부한다면, 우리는 역할에서 영혼으로 변화하는 과정에서 중요한 단계를 놓치게 된다. 우리의 종교적 또는 영적 믿음은 우리의 다른 부분들과 함께 발달하지 않고 그림자 속에 감춰진 채 정체된다. 우리가 무의식적으로 과거의 신념과 동일시하고 그것이 의식적인 인식 바깥에 남는다면, 오늘 우리의 인생을 내면에서부터 변하지 못하게 막는 방해물이 될 것이다.

그리고 또 다른 내면의 장애물이 있다. 우리는 계속해서 무의식적으로 과거의 종교적 믿음과 동일시하며 신과의 관계를 회복하지 못한다.

예컨대, 어릴 때 감리교 신자로 자란 내 친구는 "일어나서 좋은 일을 하라"는 가르침을 받았다. 은퇴 후 몇 년이 지나, 그녀는 더는 일어나서 일하고 싶지 않았다. 그녀는 호숫가에 앉아 새들을 보고 싶었다. 그러나 죄책감이 그녀를 괴롭혔다. 이제 그녀는 어린 시절의 종교적 가르침을 인식하고 의식적으로 그 가르침에 순종할지 말지를 결정해야 했다.

크리스천 사이언스를 믿던 한 내담자는 80대인 자신의 부모님이 중병에 걸려 교회 교리에서 금기하는 약을 사용할지 아니면 임박한 죽음을 맞이할지 선택할 수밖에 없는 상황을 지켜보았다. 둘 다 살면서 처음으로 의사를 찾아갔다. 그 결과 교회는 그들을 밀어냈다.

"부모님들이 지지하던 교회가 부모님을 버리는 모습을 지켜보는 건 정말 불쾌했어요. 그 공동체가 부모님을 판단하고 거부하는 상황을 보자, 저의 모든 의심이 쏟아졌어요. 그래서 저는 교회를 떠났죠."

내가 이 책을 쓰던 중에, **원로** 정치인이자 전 대통령인 지미 카터는 94세에 60년간 신앙생활을 해 온 남침례교단에서 탈퇴했다. 그는 더는 교회의 성차별주의와 성경을 통해 여성의 종속을 정당화하는 행위를 참을 수 없다고 공개적으로 말했다. 노년기에 자신의 신념과 가치를 일치시킨 것이다.

많은 사람은 수십 년간 의미와 목적이라는 존재적 질문들을 생각하고 관련 책을 읽었다. 우리는 신비주의, 마음챙김, 가이아, 불교, 요가, 유대교, 비이원성(아드바이타), 기독교, 수피즘, 실존주의, 과학과 같은 종교적 독단이나 비종교적 독단을 발견했거나 그 내용에 깊이 동일시했을지 모른다.

어떤 경우에 우리는 무의식중에 지나치게 깊이 믿음과 자신을 동일시해 그것이 우리 자신이라고 생각했다. 나는 복음주의자야, 나는 무슬림이야, 나는 티베트 불교 신자야, 나는 명상

373

가야. 우리가 경력상의 역할("나는 어부야.")과 동일시하는 것과 같이, 우리의 자아는 우리의 영적 역할과 철학적 사상과 동일시한다. 우리는 자신의 믿음을 꽉 붙들고 그 사실을 모른 채 근본주의적 사상가가 된다.

"채식주의가 너를 치료할 거야." "이게 유일한 계몽의 길이야." "우리 교회가 너를 살릴 수 있어." "나는 내가 보는 것만 믿어." "인생은 엉망이고 이러다 죽을 거야."

이러한 독단적인 신조와의 동일시는 오늘날 세계를 무대로 똑똑히 볼 수 있다. 민주당과 공화당은 양 극단의 신념 속에 살며 각자의 그림자를 너무나 강렬하게 투사하는 탓에 협력은 커녕 대화도 할 수 없을 정도다. 지하드와 자본주의자들이 사람들의 정신을 통제하기 위해 싸우는 것만큼이나, 세계주의자들과 포퓰리스트들이 정부를 통제하기 위해 싸우는 것만큼이나 분명하다. 사람들은 독립적으로 생각하고 해결책을 마련할 자유를 잃었다. 사람들은 독단에 사로잡혔다.

노년기에는 자신의 사고방식이 어떤 식으로든 근본주의적이지는 않았는지 자문할 필요가 있다. 즉, 자신의 믿음이 너무 강해서 다른 견해를 보지 못하고, 자가당착에 눈이 멀어, 우리의 안녕에 중요한 자신의 특정 부분을 그림자에 희생한 것은 아닌지 자문해야 한다.

우리 중 일부는 영적 공동체에서 정확히 이런 일이 벌어지는 걸 경험했다. 그리고 다른 경우에는 우리의 스승, 성직자, 인도자, 또는 기관의 독단이 위선을 보이거나 명백한 남용을 자행해 합의나 도덕성을 위배하면서 그림자를 표출하는 것을 보았다. 그들의 행동으로 우리의 신념과 믿음은 산산조각이 났다.

배신 당한 우리는 스스로 이렇게 말했다. "그는 계몽될 수 없거나 내 돈을 원하지 않을 거야." "그녀는 비밀이 있고 내가 생각했던 사람이 아니야." "저 신부들은 아동 성추행범들이었어." 그 결과, 많은 이들이 신앙을 잃고, 더는 우리에게 소중했던 계명이나 수련법을 믿지 않게 된다.

제임스 힐만의 지적처럼, 우리가 신뢰하는 바로 그곳이 배신에 가장 취약한 지점이다. 우리의 신념이 흔들리면, 영적 회복이 필요하다. 그리고 이러한 상처에서 회복해 지금 우리의 가치를 명확히 하려면, 우리는 어떻게 이런 일이 일어났는지 이해하길 원할 것이다.

우리가 무의식적으로 어두운 그림자를 타인에게 투사하듯이, 우리는 영적 불빛을 무의식적으로 투사하며, 자신도 모르게 다른 사람이 우리를 위해 그 영적 불빛을 운반해주길 부탁한다. 우리는 이렇게 말할지 모른다. "예수님이 그에게 말씀하시니, 나도 그걸 원해." "내가 찾는 빛을 지닌 그녀를 따르면 나도 그 빛을 얻을 수 있을 거야." "그는 자유로워졌지만 나는 아니야."

이런 식으로 우리의 영적 갈망은 인식의 단계가 더 높을 수도 아닐 수도 있는, 그러나 인간적인 결점과 한계, 맹점과 그림자는 분명 가진 사람을 향한다. 이 사람이 우리를 위해 신성한 에너지를 중재해 줄 것을 기대한다. 그러한 노력이 실패하면, 가장 신성한 신념의 결속으로 믿었던 바로 그 사람에게서 그림자를 목격하면, 신에게 배신을 당했다고 느낀다. 궁극적인 상실감을 경험하게 된다. 그 결과, 빛에 대한 우리의 갈망은 반대되는 감정을 불러일으킨다. 영적 어둠을 만나게 되고, 희망과 의미와 신에 대한 예전의 심상이 사라진다. (나는 『영성의 그림자를 만나다』에서 자세하게 이 주제를 살펴보았다.)

가톨릭 신부들 사이에 만연하고 끔찍한 성폭행 스캔들에 대한 보도들을 생각해보자. 이들은 가장 파괴적인 방식으로 자신들의 그림자를 드러내 무고한 신자들이 충격 받고 길을 잃게 했다. 그들은 자신에게 "이자들은 신의 사도가 아니야. 어떻게 교회가 이런 사실을 무시했지? 내가 믿는 신이 정말 존재하기는 하는 거야?"라고 말하고 비통해하며 교회를 떠났다.

영적 배신을 당하기 전까지 우리는 순수하고 믿음이 깊은 신도이다. 우리는 선택을 받았다. 우리는 구원을 받을 것이며, 계몽될 수 있고, 신은 우리의 편이다.

그러나 영적 배신을 당한 후, 우리는 밤바다의 여정, 부정신학 또는 어둠의 길에 들어가게 된다. 상승을 향한 갈망은 갑작스레 거대한 하강으로 변한다. 기독교적 신화에서 이것은 십자가의 시간이다. "하나님, 왜 나를 버리셨나이까?"

처음에 우리는 자신이 본 것을 부인하려 할지 모른다. '내가 그런 이야기를 믿으면, 내 인생 전체를 불신하는 거야.' '낮에 명상하면 할수록, 밤에 술을 더 마셔. 내 스승도 술 마시는 데 공모자야.' '내 목사님이 무슨 행동을 하셨는지 알고 싶지 않아. 보고 싶지 않아.' 이런 노력에서 우리는 인간은 불완전하다는 현실을 부정한다. 우리는 그들의 제도가 불완전하다는 현실을 부정한다.

내면적으로, 부정은 우리의 생각과 감정을 자신의 그림자로 밀어낸다. 즉, 우리를 괴롭히는 의심, 파묻힌 질문, 설명할 수 없는 불편함을 밀어낸다. 그러나 우리 자신의 직관적인 지식이나 감정적·신체적 신호로부터 영원히 단절되어 살 수 있는 사람은 거의 없다. 수동적이고 의존적인 상태로 영원히 살 수 있는 사람은 거의 없다. 한계가 있는 필멸의 존재인 인간에게 투사된 신과의 연결성으로 영원히 살 수 있는 사람은 거의 없다. 과도한 부정에 영혼의 진화는 경로를 이탈한다.

그러다 어느 날, 더는 참을 수 없을 때, 우리 내면의 지식은 인식으로 터져 나온다. 교회의 교리나 구루의 약속을 믿음에도 불구하고, 성실하게 예배하고 봉사하고 명상하고 요가를 수련해왔음에도 여전히 스승과 우리 자신의 어둠과 싸우고 있다는 사실을 인정하게 된다.

만일 우리가 영적 완벽을 추구한다면, 스승과 수련은 필연적으로 우리를 실망하게 한다. 자아의 완벽 추구는 우리를 고립시키고 채울 수 없는 갈망의 덫에 가둔다. 많은 사람에게 이상적인 영적 훈련과 공동체는 잊힌 꿈이자, 바쁜 삶의 소음 속에서 사라진 멜로디이다. 아무도 우리에게 배신에서 회복하는 방법이나 마음속 갈망의 불씨를 다시 살릴 방법을 가르쳐주지 않왔다. 그래서 우리는 교감이나 초월성에 대한 꿈을 그림자로 추방하면서 그냥 외면하고 잊으려 한다.

우리 중에는 공부나 수련을 계속해 다른 스승과 방법을 찾는 사람들도 있다. 그리고 또 다른 사람들은 일상에서 약한 형태의 마음 챙김으로 꿈을 전환했다.

그러나 궁극적으로 어둠을 통과하는 좁은 길을 발견하고 배신을 그림자 속으로 들어가는 시작으로 경험한 운 좋은 소수의 사람이 있다. 우리는 영적 순수함에서 어두운 하강을 통과해 전이 세계로 들어가 문턱을 넘고 새로운 인식의 단계, 즉 영적 성숙을 향해 여행한다. 우리는 **피해자**와 **가해자**에서 진화하며, 어린아이처럼 영적 부모에게 의존하는 데서 벗어나, 그림자를 만나고 그것을 길의 한 부분(부정신학)으로 받아들이는 과정을 통과해 영적 성숙을 향해 진화했다.

이 구불구불한 길에서 현명함과 순수함, 옳고 그름, 계몽과 무지함, 성자와 죄인이라는 우리의 투사는 무너졌다. 우리는 우리 내면과 우리가 사랑하는 성직자와 스승 안에 있는 어둠을 만나는 법을 배우고, 점차 인간의 일부로 그것을 받아들이게 된다. 우리는 타인에게서 우리가 인류에 투사한 베일을 통해 그림자, 지혜, 인간성, 신성을 보았다. 우리는 서서히 사랑하는 스승과 성직자가 우리를 위해 신성을 운반할 책임이 없음을 깨닫게 되었다. 그리고 서서히 우리를 위해 그들이 옮겼던 것(빛, 순수한 이식, 우리의 기본적인 영적 본성)들은 내내 우리 안에 있었음을 인지하게 되었다.

정서적 회복으로 우리의 영적 힘을 넘기고 투사해온 것에 책임을 지면, 우리는 **피해자**와 **가해자**의 역학관계의 정체성을 깨뜨린다. 내면의 반대되는 개념들이 더는 분리되어 있지 않다. 우리는 의식적으로 그것들을 받아들였다. 그 결과 더는 확실성에 매달리지 않고 신비에 빠져든다.

고정된 영적 개념과 이미지를 비우고, 어둠의 계절 동안 휴경지로 방치되었던 우리는 새로운 인생을 위한 비옥한 토양이 되었다. 열려 있지만 순진하지는 않고, 열정이 있지만 조급하지 않으며, 꽃을 피우기 위해 무르익었다. 우리 자신의 상처와 위대함을 짊어지기 시작하면서, 우리는 다른 방식으로 타인이 필요하게 되었다. 우리의 부모 역할을 해 주는 것도 우리를 신과 연결해 주기 위해서도 아닌, 함께 사랑과 자유, 결합과 자율 사이에서 춤을 추기 위해서이다. 이것이 영적 그림자 작업의 약속이다.

종교적 배신이나 영적 학대로 고통받았지만, 아직 상처를 회복하지 못한 노년기의 우리, 죽기 전에 더 큰 무언가와의 직접적인 연결성을 갈망하는 우리는 우선 스승이나 성직자에 투사해 그림자 속으로 보내버린 자질들을 다시 불러올 필요가 있다. 우리는 원래의 의도대로 수련법을 사용해 고요한 거대함이나 순수한 인식으로의 관문을 열고, 우리의 빛을 운반할 수 있다.

빛 되찾기

어쩌면 우리의 영적인 빛, 내적 신성의 본질이 우리 그림자의 어두움보다 더 우리를 무섭게 할지 모른다. 어쩌면 안정감이나 소속감이나 인정받고 싶은 욕구가 더 커지면서 우리의 자연적인 빛이 줄어들었을지 모른다. 그리고 어쩌면 그런 이유로 우리가 존경하는 말과 지위를 가진 신부님이나 스승이나 인도자를 찾을 때, 우리는 너무나도 쉽게 우리의 빛을 넘겨주고 다른 사람이 그 빛을 운반하도록 허락한다. 우리는 이 사람만이 또는 이 기관만이 우리를 위해 신성을 중재할 수 있다고 믿는다. 그러다가 더는 우리 자신의 빛, 우리 자신의 광채, 우리 자신의 영적 권위와의 직접적인 관계의 짐을 지지 않게 된다.

그 결과, 우리는 영적인 인생에서 제자, 구도자, 신도, 추종자, 교구민과 같은 작은 역할을 자신과 동일시하게 된다. 그러나 우리가 순종적인 태도를 보일 때, 우리는 호기심, 야망, 통찰력, 개방성, 창의성과 같은 최고의 자질들의 상당 부분을 억압한다. 우리의 영적 발전은 다른 사람의 신에 대한 잘못된 해석에 국한된다는 이유로 탈선한다. 우리의 빛은 어두워진다.

빛을 되찾으려면 우리가 직접 경험한 순수한 인식이나 내면의 고요한 광야가 필요하다. 믿음만으로는 충분하지 않다. 우리는 믿음을 실천하고 매일 경험해, 스스로 내면의 고요함에 들어가고 광야로 확장되게 두어야 한다.

우리는 이러한 묵상의 시간을 피하거나 저항할지 모른다. 은퇴한 후에도 대부분 사람은 바쁘게 살며, 활동과 가족과 자신을 돌보고 소셜 미디어로 가득한 삶에 정신이 팔려있다. 그래서 활동을 멈추고 앉아서 호흡하기 힘들다.

그러나 우리는 내면 깊숙한 곳에서 더 많은 것을 갈구하는 불안한 영혼을 느낀다. 이것은 모든 신비주의 전통의 가르침이다. 우리는 자아를 넘어선 무엇, 우리를 신과 연결하는 초월적인 인식을 갈망한다. 길은 많지만 결국에는 이 직접적인 내적 경험으로 이어진다. 순수한 인식으로의 개인적인 연결성이 안정되고 인식이 그곳에서 휴식을 더 취할수록, 우리는 빛을 되찾기 시작하며, 다시 넘겨주는 것은 상상도 안 한다.

이것은 현명한 사람들로부터 배움을 중단하는 것을 의미하는 것이 아니다. 단지 자신의 영적 권위를 그들에게 주는 것을 그만두는 것을 의미한다. 우리는 자신의 빛을 그들에게 투사하지 않고도 다른 사람들을 존중하고 존경까지 할 수 있다. 이런 식으로 우리는 내면에서부터 영성을 재발명한다.

우리의 믿음을 되찾기

우리는 모두 때때로 영적 설명이나 방향을 위해 가이드와 멘토링이 필요하다. 그러나 제일 중요한 것은 자신의 생각, 감정, 직관, 이미지와 행동에 대한 인식을 성장시켜서 자기 내면의 지혜와 연결성을 키워야 한다는 점이다. 과거에 교회나 영적 공동체에서 무언가 잘못되었다는 직관적, 신체적 신호를 차단하고 인정과 소속감을 얻기 위해 의심에도 침묵했다면,

우리는 내면의 앎과 외적 권위 사이의 긴장으로 고통받았을 것이다.

우리가 자신의 인생을 정의할 힘을 타인에게 넘기고, 그들이 우리의 시간과 에너지와 돈을 쓰는 법, 그리고 무엇을 믿을지를 제한한다면 질문은 금기시된다. 그들이 무엇이 옳고 그른 사고인지, 누가 신의 편이고 아닌지, 누가 천국에 가고 계몽될지 정의했다면, 우리는 한순간도 스스로 생각할 수 없었을 것이다. 우리는 자신도 모르게 타인의 독단적인 주장과 스스로를 동일시한다.

우리의 무의식에서 **의심하는 사람**(Doubter) 그림자 캐릭터가 우리를 대신해 의문을 가졌을지도 모른다. **반항자**는 종교적이고 영적인 삶의 규율을 깨고 싶었을 수도 있다. 어느 시점이 되면 이러한 내면의 캐릭터들이 그림자 밖으로 분출된다.

"나는 평생을 좋은 가톨릭 신자로 살았어요. 그게 전부 다 거짓말이면 어떡하죠?" "왜 제가 이런 불교 수련을 하는 거죠? 이러한 수련들이 저랑 무슨 상관이죠?" "수피즘의 신앙체계가 진실인가요 아니면 저 스스로 생각할 필요 없게 만드는 목발일 뿐인가요?" "이 스와미/신부/랍비/요가 스승은 정말로 영적으로 다른 사람들보다 발전한 사람인가요?"

젊었을 때 나는 동양의 전통을 따르는 명상 공동체에 속해 있었고, 거기에서는 정서적 애착을 함정이라고 표현했다. 그리고 나는 순종했다. 나는 자유로 향한 유일한 길은 사랑이든 편안함이든 돈이든 아름다움이든 아니면 다른 사람이든 모든 애착을 없애는 것뿐이라고 믿었다.

그러나 어느 날 내 내면의 **반항자**가 목소리를 높였다. 정서적 애착은 가치가 있는 게 틀림없어! 그리고 그런 반항적인 생각은 단단히 닫힌 문을 열었다. 나는 분리(nonattachment)에 대한 나의 애착에 개인적인 뿌리가 깊다는 것을 알 수 있었다. 그것은 친밀감, 실패, 죽음에 대한 나의 두려움을 뒷받침했다. 점차 나는 그 두려움들을 겪으면서 피하지 말고 직면해야 한다고 믿게 되었다. 나는 분리나 목적이 자연스럽게 떠오르는 인식의 단계(각성)에 도달하기 전에 두려움에 대한 심리적 여정(성장)을 거쳐야 했다.

이것은 내가 차별 없이 흡수한 다른 교리들을 선별하게 했다. 예를 들어, 명상만이 문제의 근원인 의식에 도달한다고 믿게 되었을 때, 나는 정치·사회적 행동주의를 중단했다. 이제 나는 내면만을 향하고 사회적 참여가 없는 수련은 자기 몰두에 빠질 위험이 있다는 것을 안다. 그리고 이것은 정의롭지 않은 정치 경제 체제와 공모해 다른 사람들의 고통을 심화시킬 위험성이 있다.

내가 이 책에서 여러 번 말했듯이 명상은 영적 발전에 큰 가치가 있지만, 어떤 전통에서든 명상의 일부 교리는 시대에 맞지 않거나, 수도원 문화에 뿌리를 두었거나, 심지어 정서적, 인지적, 도덕적 발달에 파괴적일 수도 있다. 이러한 구분은 내가 수련을 계속하면서 독립적인 생각을 되찾을 수 있게 해주었다. 내가 배운 바에 따르면, 믿음이나 이론이 아닌 순수한 인식의 직접적인 경험이 보상을 안겨준다.

나는 흑백 논리적 사고를 동반한 내면의 반대되는 개념(신도와 불신도, 성스러움과 세속성, 내재성과 초월성)들을 치유하면서 영적 경험의 긍정적인 부분과 부정적인 부분 둘 모두를 갖기 시작했다. 그리고 그림자를 가진 현자와 같은 역설적 개념의 미학을 볼 수 있었다. 내 과거의 영적 페르소나가 사망하면서, 나는 새로운 영적 성숙의 단계로의 문턱을 건너갔다. 나는 내 **가해자를 해방가**로 볼 수 있었다. 내 인생은 공동체 없이 더욱 외로웠고, 주어진 믿음 체계에 대한 확신 없이 더욱 힘들었다. 그러나 내 영혼의 목소리에 귀 기울이고 나 자신의 인도자가 되는 법을 배우면서 내 인생은 더욱더 모험적이고 신비로워졌다.

우리의 신성에 대한 이미지를 되찾기

그림자 캐릭터의 내면의 목소리를 인식하지 못하고 그 목소리가 우리를 어떻게 파괴하는지 인식하지 못하는 것처럼, 우리는 우리를 인도하고 이제 같은 방식으로 우리를 파괴하려는 내면의 이미지를 인지하지 못할지도 모른다. 우리의 영적인 갈망은 때때로 신, 구루, 천국, 사랑하는 사람, 또는 더 높은 자아의 이미지와 같은 숨겨진 욕망의 대상을 가지고 있다. 그리고 우리의 영혼은 그것을 갈망하며 따라간다.

때때로 우리는 성스러운 이미지의 모습을 언뜻 본다. 성모

마리아는 순수함의 영감을 주고, 판사는 도덕적 적합성의 영감을 주며, 관음보살은 연민의 영감을, 왕은 고귀함의 영감을, 여신은 지구와의 연결성에 영감을, 붓다는 고요의 영감을, 성경은 배움의 영감을 준다.

칼 융은 자신의 환자가 그에게 전이한 것, 즉 그에게 투사한 빛에서 발견한 신의 이미지에 대한 폭넓은 글을 썼다. 그는 영겁의 세월 동안 인류에서 발전한 신의 이미지는 외부 세상에 있는 어떤 것을 지칭하는 것이 아니라 정신에 살아 있다고 생각했다. 그는 우리가 전통적인 종교적 이미지로부터 우리를 해방시키는 진화하는 이미지에 대한 인식을 키움으로써 의식을 얻는다고 주장했다.

종교 심리학에서 연구자들은 신성한 신의 이미지는 개인의 평생 동안 발전할 수 있다는 사실을 발견했다. 무조건적인 어머니에서 보호하는 아버지, **창조자**, 더욱 상징적인 구원자/보호자로 변하는 것이다. 우리는 의식적인 방식과 무의식적인 방식으로 신에게 기도하는 법을 배우며, 그 방법은 우리의 인생 경험에 따라 변화한다.

그러나 많은 경우에 우리의 신의 이미지는 잠든 채 방치되어 인식의 밖에 있는 그림자에서 우리에게 주문을 건다. 아무도 어떻게 그 이미지들을 발견하고 다시 상상할지 방법을 가르쳐주지 않는다. 따라서 신의 이미지는 수십 년 동안 변함없이 남아 있을지 모른다. 우리가 성인이 되어서도 어린 시절의 신에 대한 표상에 얽매여 있다면, 우리의 정신은 우상숭배를 하며, 영혼의 갈망은 잘못된 방향을 향하고 있을 것이다.

이것은 잘 알려지지 않은 노년기를 위한 발달의 과업이다. 우리는 신에 대한 우리의 이미지를 다시 찾고 다시 상상할 필요가 있다. 만일 그들이 우리에게(우리의 인생 단계, 성, 인종, 경험에) 맞지 않는다면 그들은 더는 신성한 인도자가 될 수 없다. 그들은 우리의 의식적인 영적 의도를 파괴하는 그림자 캐릭터로 작용하게 된다.

내가 심층심리학과 종교에 대해 폭넓게 저술한 융 학파 분석가 라이오넬 코벳을 인터뷰했을 때, 그는 이 생각에 확신을 주었다. "노화에는 기능이 있어요. 우리 내면의 신의 이미지를 바꾸죠. 그리고 그것은 우리에게 주어진 집단적 전통보다 더 진실한 일종의 영성이에요."

내 내담자였던 스티브는 65세의 나이에 자신을 불교 신자로 정의하고 마음챙김 수련을 했다. 그러나 그의 그림자에는 아무리 마음을 정화하려 해도 그의 성적 판타지로 인해 그를 지옥으로 보내는 분노한 교황 같은 캐릭터가 있었다.

우리가 무의식적으로라도 화난 아버지, 징벌적인 수녀, 또는 완벽한 깨달음의 기준을 달성할 수 없는 요가 스승과 같이 영적 권위가 있는 사람과의 어릴 적 경험으로 형성된 신을 상상한다면, 이처럼 오랫동안 무시해왔던 이미지는 인생의 끝에서 상당한 영적 고통의 근원이 된다. 나는 수십 년간 충분히 자각하지 못했다는 부끄러움, 그들이 이상향으로 그리는 내적 이미지를 달성하지 못했다는 부끄러움을 안고 그림자 캐릭터와 싸우는 명상가들을 많이 안다.

융은 우리가 신이나 원형을 직접적으로 경험하는 것이 아니라 주관성을 통해 걸러진 이미지를 경험한다고 지적했다. 이 필터를 거친 이미지에 대한 개인적·사회적 영향을 파악하게 되면, 더는 신에 대한 하나의 이미지만으로 자신과 동일시할 수 없다. 그 대신 우리는 우리 자신의 영혼에서 살아 있는 현실로서 신의 이미지를 보게 된다.

밥 딜런의 말처럼, "당신은 누군가에게 봉사해야 한다."● 무의식중에 우리가 영혼의 진화를 격려하지 않는 신의 이미지에 복종해왔다면, 그 이미지를 바꿀 필요가 있다.

그러나 원형의 신의 이미지를 비롯해 이러한 이미지는 순수한 인식이나 대상이 없는 의식이 아니다. 그들은 비이원성이 아니다. 따라서 내가 아는 한, 그의 모든 천재성에도 불구하고, 융은 원형을 넘어선 이 인식의 단계를 설명하지 않았다. 결국, 자각의 목표는 비이원성 인식이다. 즉, 순수한 인식의 통합 속에서 모든 이미지가 사라지는 것이다.

● You're gonna have to serve somebody. 1979년 발매된 밥 딜런의 노래 〈Gotta Serve Somebody〉의 가사.

영적 작업
수련 되찾기

모든 신비주의 전통이나 영원 전통은 우리가 순수한 인식(또는 공, 신, 우리가 어떤 이름으로 부르든지)을 직접 경험해야만 자아를 넘어서, 역할에서 영혼으로 문턱을 진정으로 넘어갈 수 있다고 가르친다. 또한 지금의 노년기는 관심을 내면으로 돌려야 할 때라고 가르친다. 우리는 더는 큰 책임의 짐을 계속해서 질 필요가 없다. 그 대신, 우리는 속도를 늦추고, 자리에 앉아서, 호흡하고, 투쟁하거나 저항하지 않고 마음을 개방적이고 넓고 만족스러운 상태로 머무르게 할 수 있다. 우리의 마음이 어떻게 작동하고 우리가 진정으로 누구인지를 발견할 수 있다.

만일 여러분이 과거의 배신감, 상실감, 환멸을 내려놓으면서 인생을 회고하고 자신의 가혹한 영적 스승을 직면했다면, 만일 여러분이 스승들에게 한 투사에서 빛을 되찾는다면, 만일 여러분이 자신의 믿음을 되찾고, 신의 성스러운 이미지를 다시 생각한다면, 내면으로 주의를 돌리고 자신의 영혼의 성스러운 갈망의 속삭임을 듣자.

지금쯤이면 여러분은 평생 더 많은 것을 갈망하던 내면의 **구도자**를 인식하게 되었을 것이다. 그 속삭임이 작아졌을지라도, 이 영적 불안감은 지금도 계속된다. "더 있어… 너무 늦기 전에 더 많은 걸 원해. 영과 연결해 나를 인도해주길 갈망해. 나는 정신의 소음에서 벗어나길 간절히 바라. 자아의 손아귀에서 벗어나고 싶어. 내 마음을 더 열고 싶어… 그래서 고요해지고, 온전히 존재하면서, 있는 그대로와 온전히 연결되고 싶어. 내 영혼의 목적을 달성하고 싶어."

이 순간, 지금 인생의 이 단계에서 자신의 존재와 지금 여러분이 찾는 것에 맞는 영적 수련법을 찾겠다고 약속하자. 여러분의 영혼에 울림을 주는, 정서적, 문화적, 신체적으로 그리고 모든 다른 면에서 여러분의 상황에 적합한 수련법을 찾자.

내가 사회 속에서 명상하는 마음센터의 창립자인 미라바이 부시와 수련법을 선택하는 방법에 관해 대화를 나누었을 때, 그녀는 이렇게 말했다. "우리의 인생에서 시기에 따라 다른 수련법이 효과가 있어요. 저는 비파사나(마음챙김)를 50년 동안 수련했어요. 하지만 다른 수련법도 필요했어요. 제가 정서적으로 힘들 때, 저는 일본의 무술인 아이키도를 배웠어요. 순간의 몸과 마음의 중심을 잡는 데 탁월했죠. 제 집중력은 확고했고 절대로 흐트러지지 않았죠. 친구들과 함께 있을 때는 챈트, 키르탄을 수련해요. 나이가 들수록 유연성을 유지하려면 하타요가가 더 중요한 것 같아요."

미라바이는 수련법을 바꾸는 것도 괜찮다고 말했다. "하지만 계속 이것저것 비교하기보단, 심화될 수 있도록 인내심을 가지세요."

노년기를 위한 영적 수련법 선택 방법

여러분은 독서와 직관적인 인식을 통해 자신에게 맞는 영적 수련법을 찾을지 모른다. 여러분과 가치관이 같거나 여러분이 함양하고 싶어 하는 자질을 가진 사람을 통해 영적 수련법을 찾을지도 모른다. 동시성에 문을 열고 연결성이 여러분을 이끄는 대로 영적 수련법을 찾을지도 모른다. 꿈을 기록하고 그 안에서 끊임없이 반복되는 메시지를 통해 찾을지도 모른다. 친구의 말을 듣고 그것이 가리키는 길을 찾을지도 모른다. 다른 문화에 여행을 가서 마음속 깊이 편안함을 느끼면서 찾을지도 모른다. 신성한 장소에서, 자연에서, 또는 교회나 절에서 찾을지도 모른다. 여러분은 풍부한 삶의 경험을 가지고 젊은 시절에 하던 수련법으로 되돌아가서 찾을지도 모른다. 여러분이 내면의 인도를 믿고 자신의 본능이나 **내면의 원로**(9장 참조)에 귀를 기울인다면, 내면에서 물어보고 찾아보면서 찾을지도 모른다.

그러나 여러분을 중단시키려 할 수 있는 그림자 캐릭터의 목소리를 들어보자. "나는 집중할 수 없어." "이러기엔 너무 늦었어." "나는 가부좌를 할 수 없어." "전에도 도움이 안 됐어. 그러니까 지금도 도움이 안 될 거야."

순종하지 않으면서 그림자 캐릭터를 관찰하자. 그 대신, 영혼의 조용한 속삭임을 듣자. "이게 끌리는데." "어떨지 궁금해." "이건 익숙한 느낌이 들어." 그리고 이 끌림을 믿자.

어떠한 수련법을 선택하든지 딱 맞는 느낌을 찾아보자. 울림이 있는지, 계통의 익숙함이나 교리의 익숙함이 있는지 찾아보자. 그러나 분별력도 사용하자. 그림자 문제들, 투사, 독단, 집단적 사고, 위계질서의 미묘한 암시, 수치심, 또는 자신의 중요한 부분의 희생을 요구하는지 주의하자.

잠시 쉬었다가, 다음과 같은 질문들을 생각해볼 수 있다.

- 여러분은 영웅의 여정의 절정기에 무엇을 찾고 있었나?
- 인생의 지침으로 살기 위한 믿음, 수련법, 규칙을 제공한 현자, 온정 있는 스승, 구루, 또는 인도자를 원했나?
- 생각이 비슷한 사람들의 공동체를 원했나?
- 정서적 문제를 해결할 종교적·영적 방안(또는 켄 윌버가 '영적 우회'라고 표현한 것)을 찾았나?
- 내세의 천국을 찾았나?
- 고통을 넘어선 인식의 수준을 갈망했나?

여러분은 지금 노년기에 무엇을 찾고 있나? 이전의 영적 욕망이 여전히 유효한가? 그렇다면 새로운 시선과 커진 인식으로 이제 어떻게 그 욕망을 탐구할 수 있을까?

여러분이 노년이 될 때쯤이면, 평생을 바친 영웅의 영적 노력에 깊은 환멸을 느꼈을지도 모른다. 그렇다면 영적 삶의 함정과 그림자 문제들에 대한 강렬한 인식을 유지하면서 오늘날 그 외침에 어떻게 귀 기울일 수 있을까? 어떻게 영웅적인 구도자의 길을 중단하고 **원로**의 구도자가 되어 노화를 각성으로 이끌 수 있을까?

예전의 영적 욕망이 더는 여러분과 관련이 없다면, 이제 여러분이 갈망하는 대상은 무엇인가? 연필을 들고 처음 떠오르는 영적 욕망 열 가지를 빠르게 적어보자. 그중에서 두드러진 세 가지를 선택하자. 노년기의 영적 길을 위해 이러한 의도를 지침으로 사용하자.

영적 수련법은 늙어가는 몸과 마음에 지대한 영향을 끼칠 수 있다. 잠재적 우울증, 불안, 부정적인 생각, 정서적으로 해결하지 못한 문제, 질병, 만성통증, 정서적 상실감이나 기억 상실을 겪을 때, 명상이 도움이 된다는 사실을 광범위한 연구들이 증명한다. 요즘은 다양한 전통의 수련법을 가르쳐 주는 유튜브 영상과, '사트바(Sattva)'나 '헤드스페이스(Headspace)' 같은 어플이 많다.

노화와 죽음을 부정하던 단계를 지나기 위해, 우리는 틱낫한의 저서 『연꽃의 개화』로 시작할 수도 있다. 마음챙김 수련법은 우리가 노화, 질병, 죽음이라는 신성한 전령의 보편적인 진실에 주의를 집중하게 한다.

만일 여러분이 나이듦의 내면 작업을 완수한 후에 행사나 의례에 끌린다면, **원로**가 되는 통과 의례를 직접 설계할 수 있다. 과거의 역할과 정체성을 상징적으로 내려놓고, 영혼이라는 새로운 자기 인식으로 넘어가며 공익에 기여하는 모습을 상상해 보자.

모든 명상 수련법은 순수한 인식을 향한 문을 열고 과거나 미래에서 우리를 영원한 현재로 끌어오는 것을 목표로 한다. 미라바이 부시는 호흡이나 만트라로 일종의 닻을 내리고 기본적인 좌선 수행을 하면 부정적인 생각과 감정을 완화하고 초심자의 마음을 배울 수 있다고 제안한다. 나중에는 고요로 침잠하면서, 순수한 인식과 더욱 발전된 영적 상태에 도달할 수 있다.

켄 윌버는 노년기 명상 수행의 중요성을 강조했는데, 이 시기에 우리가 계속해서 진화하려면 제한된 정체성과 자아상을 내려놓고 거리를 둘 필요가 있기 때문이다. "경험은 계속되지만, 이것을 관찰하고 내려놓고, 저것을 관찰하고 내려놓는 방법을 배운다. 길어진 수명으로 우리는 순수한 인식 속에서 과거의 역할과 정체성을 포용하고 초월할 더 많은 시간을 갖게 되었다. 이를 통해 더 큰 자유와 행복이 있는 더욱 높은 단계의 발전이 가능해졌다."

초심자라면 마음챙김, 심상 수련, 초월 명상, 향심기도, 어느 전통이 되었든 만트라(예를 들면 유대교의 쉐마) 수련을 시도해 볼 수 있다. 이러한 수련들은 부정적인 생각을 줄이고 집중과 자기 통제력을 강화시킨다.

마음을 진정시키는 수련법으로는 염주를 세거나(japa), 디크르(수피·이슬람의 기도), 묵주 기도, 초월 명상, 안전한 공간을 떠올리는 심상 수련이나 호흡 인식 등이 있다. 아니면 성경 구절, 요가 수트라나 다른 경전들을 묵상할 수도 있다.

집중력을 높이고 싶다면 좌선(선 명상), 걷기 명상, 호흡 인식, 시편이나 키르탄 따라 읽기, 촛불이나 얀트라(초자연적 상태를 촉발하기 위한 시각적 이미지)를 집중적으로 응시하는 방법이 있다.

신체의 유연성을 유지하고 내면의 고요를 기르고 싶다면, 하타요가를 활용해 여러분의 신체 능력에 맞게 자세를 적용해 볼 수 있다. 고통은 줄어들고 활력이 늘어날 것이다.

마음을 열고 신을 향한 헌신을 강화하기 위해, 사랑과 즐거움의 감정을 늘리는 키르탄 영창이나 신에게 바치는 기독교의 신앙 기도를 시도해볼 수 있다.

자기애를 높이고 타인에 대한 공감을 높이기 위해 자애(메타) 수련, 달라이 라마의 '나와 똑같다(just like me)' 자비 수련이나 티베트 불교의 통렌 수련을 활용할 수 있다.

연결감을 증진하고 싶다면, 종교 봉사나 카르마 요가를 통해 여러분의 재능을 제공하고 더 넓은 세상과의 상호의존성을 강화할 수 있다.

행복감을 늘리고 싶다면 만트라와 무드라(수인)를 활용하는 '미소 짓는 붓다 명상'이나 틱낫한 스님의 미소 명상 수행법을 시도해 보자. 수도사 데이비드 슈타인들-라스트의 감사 연습을 통해 내게 없는 것이 아닌 지금 있는 것에 집중하자.

이와 같은 모든 수련법은 길을 열 수 있고, 여러분이 순수한 인식으로 나아가 더 높은 단계의 자각을 경험하게 한다.

자신의 길을 빨리 발견하지 못한다면, 계속해서 자신의 영혼의 속삭임을 듣고 진심으로 영적 수련을 위해 생명(Life)이나 영(Spirit)에 질문할 것을 제안한다. 서퍼처럼 바다로 여러분을 데려갈 인생의 파도를 찾자.

우리의 믿음을 통해 보기

기억하자. 우리는 우리의 신념이 아니다. 무의식중에 자신을 마음과 옳고 그름에 대한 마음의 입장과 동일시하지만, 그것은 우리의 본질이 아니다. 멈춰서서 자신의 목소리를 들으면, 충격적일 수 있다. 반대의견, 의문을 품지 않은 가정, 자기를 정당화하는 목소리가 동시에 들린다. 그러나 우리가 더욱 넓은 고요함에서 듣고 오랫동안 그 소음을 관조하는 법을 배우면, 우리는 우리의 신념을 통해 바라볼 수 있다. 우리는 그 신념들이 마음을 구성한다는 사실을 알고 신념들과의 동일시를 끊을 수 있다. 그 대신 순수한 인식과 동일시하기 시작하며, 점차 자아/마음을 넘어서 영적인 정체성으로 나아갈 수 있다. 이렇게 우리는 마음으로 마음을 초월할 수 있다. 우리는 순수한 의식이며 인식의 내용물이 아님을 발견할 수 있다.

10년 전에 나는 명상에서 자신의 내적 경험에 관해 이야기하며 서로를 성찰하고 반영하는 명상 단체의 회원인 나의 사트상(satsang)들과 함께 앉아 있었다. 내가 말을 할 때마다 매번 누군가가 대꾸를 했다. "그것은 생각이죠." 나는 다시 말을 하고, "그것은 생각이죠."라는 말을 들었다. 다른 말을 해보려 하면, "그것은 생각이죠."라는 말이 들려왔다.

이렇게 한동안 진행되다가 어느 순간 마음이 멈추고 바닥으로 비워졌다. 의식의 내용물이 사라진다. 그리고 나는 눈을 뜨고 가벼워진 마음으로 미소를 지었다.

나는 명상하면서 이런 상태를 많이, 아주 많이 경험했지만 다른 사람들과 깨어있는 상태에서 경험한 적은 처음이었다. 이것은 순수한 초월적 인식과 자각의 인식이 더해진 것으로, 득도, 견성 등 여러 가지 이름으로 알려져 있다. 방대하고 자유로우며 해방감이 느껴졌다.

몇 시간이 흐르자 첫 번째 생각이 떠올랐다. '나는 내 마음이 아니다.'

시간이 흐르면서 더 많은 생각들이 돌아왔고, 나는 그 생각들이 겉으로 보이는 만큼 딱딱한 현실이 아니라 얇은 베일인 것처럼 꿰뚫어 볼 수 있었다. 내 자아가 구축한 분리된 자아감을 꿰뚫어 볼 수 있었고, 내가 얼마나 열심히 그 자아상을 만들고, 방어하고, 나에게 유리하게 그것을 사용했는지 볼 수 있었다. 그리고 우리 모두 이런 마음의 건축물을 자신의 상처와 그 아래에 놓인 존재적 두려움을 덮는 데 사용한다는 사실을 깨닫게 되었다.

각성을 경험한 이후, 나는 더는 내 마음속이나 마음을 통해서 살지 않는다. 이 문장을 쓰는 지금도 그것을 충분히 즐기고 있다. 하지만 마음은 더 이상 내 경험의 중심 매개체나 정체성의 주된 원천이 아니다.

영적 회복을 완성하면, 우리는 다음 문턱을 향해 인도되면서 영혼의 인생을 더 깊게 받아들이고, 열리게 된다. 이 과정은 자연스럽게 **원로**가 되는 길로 이어진다.

영적 수련법

이제 시간을 할애해서 속도를 늦추고, 내면을 향하며, 심호흡하면서, 다음과 같은 질문들을 곰곰이 생각해보자. 옆에 일기장을 준비하자.

- 더 큰 존재와 연결하려는 영혼의 갈망이 느껴지는가?
- 이 메시지에 어떻게 귀 기울일 수 있나? 어떤 그림자 캐릭터가 이 메시지를 부정하거나 집중하지 못하게 유혹하나?
- 성직자, 멘토, 구루 또는 신과 끝내지 못한 일이 있나? 그 일을 해결하기 위해 이 책에 나온 도구들을 어떻게 사용할 수 있을까?

빛 되찾기
- 자신의 영적 빛을 다른 사람에게 주었는가?
- 이상적인 부모나 스승에 대한 갈망을 내려놓으려면 무엇이 필요한가?
- 여러분우 어떻게 자신의 투사를 되찾고 빛을 돌려받을 수 있을까?

믿음 되찾기
- 여러분은 다른 사람의 신이나 도덕적 행동에 대한 정의를 받아들이고, 확신을 투사하고 의심을 배제했는가? 그 정의는 여전히 여러분에게 적용되나?
- 그렇지 않다면, 이제 신과 여러분의 연결성에 대해 무엇을 믿고 있는가? 우리 밖에 있는 초월적인 무언가인가, 아니면 우리 안에 내재된 것인가? 모두를 돌보는 어머니인가, 예수님과 같은 개인적인 구원자인가? 아니면 순수한 인식이나 가이아(Gaia)와 같은 비인간적인 상호

연결성인가?

- 신성에 대한 믿음은 여러분이 인생을 사는 방식에 어떻게 영향을 미치나?

신에 대한 이미지 되찾기

- 눈을 감고 '신'이나 '영'을 말하면 무엇이 보이나?
- 이 이미지는 자신만의 인생 경험으로 형성된 영성에 대한 현재 여러분의 생각과 일치하는가? 그렇지 않다면, 현재 신에 대한 이미지를 어떻게 다시 상상해야 할까?

자신의 수련법 되찾기

- 어떤 종류의 영적 수련법이 지금 자신에게 맞나? 그 수련법을 배우지 못하거나 규칙적으로 수련하지 못하게 막는 것은 무엇인가?
- 여러분이 운전하거나, 걷거나, 요리하거나, 타이핑을 하거나, 먹거나, 책을 읽거나, 말을 할 때 어디에 집중력이 있나? 여러분의 영적 수련법을 일상 활동에 어떻게 확장할 수 있을까?

반복해서 수련하자.
"나는 내 영적 이야기의 피해자가 아니다."
"나는 내 영적 믿음이 아니다."
"나는 내 신의 이미지가 아니다."
"나는 영혼(또는 여러분이 영적 정수를 부르는 명칭)이다."

3부

영웅에서
원로로

3부는 중년의 영웅적인 행동에서 노년의 내면의 과업으로 어떻게 전환할
지를 살펴본다. 외면의 역할과 성과를 자기와 무의식적으로 동일시하는 행
동은 새로운 신화가 탄생하지 못하게 방해할 수 있다. 우리는 어떻게 원로
가 되며 내면의 세계로 방향을 전환하는가? 우리는 원로로서 어떻게 살아
가는가? 원로의 지혜는 무엇인가? 우리는 후손에게 지혜를 어떻게 전파하
는가? 우리는 어떻게 영성을 향해 방향을 전환하는가? 우리는 자신보다
더 큰 무엇을 섬기라는 외침을 듣는가?

천의 얼굴을 가진 원로

우화

주인과 집사 (수피 이야기)

한 대가족의 가장이 오랜 기간 해외로 떠나야 했다. 그는 능력 있고 믿을 수 있는 집사에게 자기 일을 대신 맡기기로 했다. 주인이 여러 해가 지난 뒤 집으로 돌아오자, 집사는 그를 알아보지 못했다. 집사는 자신이 그 집의 주인이라고 생각했다.

"내가 주인이야." 집사는 처음에 일을 넘겨받았을 때 이렇게 말했다. "내가 중요하게 생각하는 것들이 있어. 나는 사람들을 휘두를 힘이 있어. 하지만 사람들은 내가 진짜 누구인지 몰라. 그러니까 난 숨겨야 해."

그래서 집사는 너무나도 잘 숨겼고, 애당초 그가 일을 어떻게 해서 맡게 되었는지를 잊었다. 그는 새로운 역할과 자신을 동일시했고, 그의 권력으로 자신의 지위를 유지했고, 자신은 사랑과 존경을 받을 자격이 있다는 것을 증명하려 했다.

사실, 집사는 자신의 역할에 너무나 몰입해 주인이 돌아왔을 때 집안의 통제권을 포기하고 싶지 않을 정도였다. 그래서 주인은 자신의 심복들을 집사에게 보내야 했다. 집사는 그들이 권력을 유지하는 데 장애물- 우울증, 불안감, 질투심, 경쟁심, 다른 사람에 대한 투사로 보였다. 그러다 보니, 집사는 자신이 사기꾼이라는 사실이 들통날까 봐 두려웠고, 가진 것이 부족할까 봐, 혼자 남겨질까 봐 두려웠다. 그는 보이지 않는 적의 공격을 받거나 죽는 꿈을 꾸었다.

결국, 주인의 심복들을 만나고 자신의 고통과 투쟁을 마주한 집사는 겸허해졌고, 주인의 진정한 힘에 굴복할 수밖에 없었다. 그렇게 주인은 가장의 자리로 돌아왔다.

- 이드리스 샤, 『데르비시 이야기(Tales of the Dervishes)』중 일화 각색

이제 우리는 심오한 통과 의례를 치를 준비가 되었다. 우리는 신성한 전령을 만났고 그들의 부름을 들었다. 우리는 그림자의 인식, 순수한 인식, 죽음의 인식으로 향한 세 개의 관문을 열었다. 내면의 연령주의자를 만났고, 내면에서부터 은퇴와 질병을 탐구했다. 우리는 자신의 인생 이야기를 새로운 시선으로 살펴

보았고 인생의 상처를 새로운 도구로 회복했다. 노년의 내면 작업을 통해 영혼의 발달을 볼 수 있다. 그리고 이를 통해 우리는 다음 단계로 도약할 준비를 한다. **원로**가 되고, 숭고함과 나이의 성스러운 힘을 다시 상상할 준비가 되었다.

　개개인은 단순히 늙기만 하는 것이 아니라, 온전하게 성장하며, 의도적으로 문턱을 넘어서서 **원로**가 되면서, 노화가 영적인 길이 될 수 있다는 사실을 발견한다. 모든 영적 전통에서 노년기 발달의 토대는 자아 초월, 즉 집사에서 주인으로, 분리된 자아상에서 초월적이고 보편적인 자아상으로 정체성이 전환되는 것이라고 설명한다.

　우리의 경계가 있고 제한된 정체성은 확장된 정체성으로 '사망하기' 때문에 자아초월은 상징적인 죽음에 자주 비유된다. 예수님의 말씀처럼, "내 의지가 아니라 당신의 뜻대로 이뤄질 것입니다." 수피교도들은 '죽기 전에 사망'하라는 충고를 듣는다. 유대교 카발리스트*는 '죽음의 키스'에 대해 말한다. 선불교에서 깨달음(satori)이나 자아의 사망은 '대죽음'으로 불린다. 칼 융은 (『융합의 신비』에서) 이 점을 분명하게 설명했다. "자기(self)의 경험은 자아(ego)에게는 항상 패배이다."

　의식적 노화 운동은 종종 '노년 초월'로서 내적인 도약을 의미한다. 노년 초월은 스웨덴 노인학자 라스 톤스탐이 만든

●　유대교 신비주의자

용어이다. 그는 노인이 겪는 물질주의적이고 이성적인 세계관에서 더 우주적이고 초월적인 세계관으로의 본질적인 변화를 설명했다. 이러한 진화적 단계는 과거 세대와의 친밀감을 높이고, 피상적인 사회적 교류와 물질에 관한 관심이 줄어들며, 혼자만의 명상 시간을 많이 갖고 싶어 하는 과정을 포함한다.

인생의 초창기에 순수한 인식이나 초월적 자아감과의 연계성은 휴면 상태로, 자아가 우리의 의식적인 삶을 지배한다. 일 잘하는 하인처럼 가정(삶)을 운영하며, 결국에는 주인이 있었다는 사실조차 잊어버린다. 여기에서 자아는 또다시 영혼의 진화를 방해하는 무의식의 내적 장애물을 만든다. 집사/자아는 통제력을 내려놓을 수 없기 때문에 우리는 노년의 내면 작업을 부인하고 저항한다.

자아는 태생적으로 나쁘지 않다. 자아를 없애는 것이 우리의 목적은 아니다. 사실, 자아는 우리의 재능을 계발하고, 사회에 적응하며, 경력을 쌓고, 가족을 꾸리고, 영웅의 인생 여정을 따라가게 한다. 내 생각에 우리는 카르마 또는 영혼의 문제들을 해결하기 위해 자아를 발전시킨다.

수년 전, 젊은 학생들이 신화학자 조셉 캠벨을 찾아가 덕분에 성인기의 고통을 겪을 필요 없이 청년에서 현자로 넘어갈 수 있게 되었다고 말했다. 이 말은 들은 캠벨은 이렇게 대답했다. "그래, 유일하게 잃는 것은 너희의 인생이지."

그러므로 자아는 적이 아니다. 그러나 노년기에 우리는 영웅에서 **원로**로, 자아/역할에서 영혼으로 근위대를 교대하려고 한다. 우리가 작은 이기심에서 큰 공동체와 지구의 안녕으로, 자의식 과잉에서 자기실현으로 무게 중심을 옮기려 할 때, 더는 자아가 최고일 수 없다. 영혼의 외침은 반드시 귀담아들어야 한다. 우리는 반드시 자아를 뒤로 물려 영적 정체성이 더 드러나게 하고, 순수한 인식과 다시 연결되어야 한다.

자아/집사가 물러나려면, **원로**는 그림자의 인식, 순수한 인식, 죽음의 인식이라는 세 가지 관문을 통과하는 여행을 해 근원과 연결되어야 한다. 깊은 고요함에 집중하며 시끄러운 마음을 내려놓아야 한다는 것을 의미한다. 그림자 캐릭터로 나타나 전환하지 못하게 방해하는 이러한 생각들을 목격하는 것을 의미한다.

예를 들어, 우리는 젊음과의 무의식적인 동일시를 내려놓음으로써 내면의 연령주의자를 극복할 수 있다. **원로**가 되는 것을 노화와 연관지으며 지금 우리와 세상에 필요한 변화에 저항하는 것은 바로 우리 내면의 연령주의자이다.

우리는 내면 작업을 통해 이미지와 성공과 통제하려는 욕망과 자신을 동일시하는 것을 극복할 수 있다. 우리는 죽음에 대한 부정을 내려놓고 죽음의 인식이 깊이 파고들게 허락해 우리의 자아를 겸손하게 할 수 있다. 나의 '코니스러움'은 영원하지 않다. 이것은 지속되지 않을 것이다. 내가 어떻게 살든 또는 무엇을 쓰든, 내 이름은 잊혀질 것이다.

우리는 삶을 360도로 바라볼 수 있게 해주는 인생 회고에 뒤따른 슬픔과 감사를 받아들일 수 있다. 인생 회고의 뒤에 찾아오는 자기 탐구와 자기수용을 통해 우리는 남을 위해, 우리의 영혼을 위해, 세상의 영혼을 위해, 더 높은 목적의식을 가질수 있다. 짧은 어린 시절을 지나보냈듯이, 이제 우리는 성인기의 뜨거운 야망을 지나 영혼의 야망을 따른다.

이야기꾼인 마이클 미드는 나와의 인터뷰에서 이렇게 말했다. "원로는 태어나는 것이 아니라 만들어진다."

다시 말해, **원로**는 자동으로 진행되는 전환기가 아니다. **원로**는 옷을 갈아입듯이 다른 역할을 맡는 것이 아니다. 우리가 조금 더 여유롭게 움직이거나 현명해진다고 해서 **원로**가 되지 않는다. **원로**는 역할에서 영혼으로, 영혼에서 고차원의 인식으로 내면이 깊이 변화하는 것이다.

원로란 무엇인가?

영웅의 여정에 관한 조셉 캠벨의 유명한 이야기는 영웅이 부활해 보상과 함께 평범한 세상으로 돌아가는 것으로 끝난다. 이보상이란 다음 세대로 전승되는 **원로**의 깊고 넓은 인식이라고나는 생각한다.

신화와 전설에서 우리는 신데렐라의 요정 대모나 아서왕의 마법사 멀린과 같이 영웅을 돕거나 단련시키는 **원로**, 스승, 또는 멘토를 보게 된다. 이 인물은 신의 지혜와 영적 세계와의 연계로부터 영감을 얻는다. 그리고 이 인물의 도움이나 조언은 의식 있는 힘을 일으킨다. 제임스 본드의 멘토인 Q가 신기술 사용법을 가르치던 방법을 생각해보자. 아니면 〈베스트 키드 (*The Karate Kid*)〉에서 미야기가 다니엘을 훈련한 방법을 생각해 보자. 아니면 오비완 케노비가 루크에게 아버지의 광선검을 어떻게 전달했는지 생각해보자.

원로가 등장하는 동화를 탐구한 『영웅을 넘어서(*Beyond the Hero*)』와 『어른스러움의 진실(*In the Ever After*)』•의 저자인 융 학파 정신과 의사 알랜 치넨과 나는 이 모티브에 관해 대화를 나누었다.

"전 세계 모든 곳의 동화 속에서 원로가 청년과 영적 세계 사이의 가교역할을 하죠. 원로들은 자아 중심에서 벗어나 진정으로 자신이 됩니다. 그들은 내면의 어린이를 되찾고, 새롭게 발견한 자유 속에서 더 재미있게, 때로는 충격적일 정도로 행동하죠. 전통적인 합리성에서 벗어나게 되면 그들은 더욱 자연스럽게 행동해요. '나는 내 행동이다'라는 정체성을 버리면 그들은 역할을 초월하게 됩니다. '나는 이 몸이다'라는 동일시를 내려놓으면, 그들은 영혼과의 동일시를 향해 나아가요. 자신의 죽음을 더 큰 이야기의 일부로 받아들이면, 그들은 평화를 찾을 수도 있어요."

• 김승환 옮김, 현실과미래, 1999.

알랜은 이런 긍정적인 발달의 단계를 잠재적으로 후퇴하는 단계의 위험성과는 구분했다. "만일 원로들이 통념을 버리지 않으면, 그들은 완고함과 신랄함으로 퇴보하죠. 만일 그들이 과거의 사회적 역할을 버리지 않으면, 그들은 슬픔과 우울로 퇴보할 수 있어요. 몸의 정체성을 버리지 않으면, 건강 염려증으로 퇴보할 수 있어요. 끝으로, 자신의 그림자에 맞서서 영혼과 연결하지 않으면, 어린아이와 같아지는 것이 아니라 유치한 상태로 퇴보할 수 있죠."

영웅주의가 모든 문화권에서 청년의 이야기를 지배하는 것처럼, 자아초월은 전 세계 **원로**들의 이야기를 조명한다. 그러나 읽는 법을 알기만 한다면, 우리의 이야기 또한 지침과 경고, 화해의 메시지로 가득하다. 노년기에 인생을 되돌아보면, 우리 대다수는 위기에서 우리를 돕고, 세상 물정과 기술을 알려주고, 지식을 전수하고, 또 다른 마법 같은 현실로 연결해 주었던 멘토와 **원로**들을 발견할 수 있다.

청춘에서 중년으로 향하는 극적인 영웅의 여정을 거치고, 우리는 이제 그 길에서 우리의 스승이 되어 준 현자들처럼 이야기 속으로 다시 들어가 힘겹게 얻은 지식과 선물을 다음 세대로 물려줄 수 있다. 그러기 위해서는 우리를 기다리는 빈자리에 앉아야 한다. 새로운 세대의 구도자와 변화를 일으키는 이들을 환영하고, 광선검을 물려 주고 가치를 전승하며 그들이 자신의 여정을 걸어갈 수 있도록 지원해주어야 한다. 세상에는 노인의 지혜와 재능이 필요하다. 이것들이 의미가 결핍된 세상에 영양을 공급한다.

　우리 중 누군가는 지금, 이 역사적으로 중요한 순간에 우리의 땅을 열렬히 보호하는 **지구의 원로**가 되라는 부름을 들을 것이다. 누군가는 소득 불균형, 기아, 노숙자 문제, 총기 사고, 정경 유착, 대량 투옥, 만연한 성폭력을 종식하기 위해 길 위로 나와 싸우는 청년들과 함께하는 사회·정치적으로 힘 있는 **활동가 원로**가 되라는 부름을 들을 것이다. 이들은 글로리아 스타이넘, 버니 샌더스, 앨 고어, 빌 맥키번, 디나 메츠거, 넬슨 만델라, 조안나 메이시, 코피 아난, 버니 글래스맨 선사, 하원의원 존 루이스, 랍비 아서 바스코프, 낸시 펠로시, 존 소런슨, 마이클 미드의 얼굴을 가졌을 수도 있다. **활동가 원로**들은 여러분의 얼굴을 가졌을지도 모른다.

　우리 중 일부는 디지털로 주의가 산만해진 사람들에게 명상 수련을 가르치는 **영적 원로**가 되라는 부름을 들을 것이다. 순수한 인식에 기반을 둔다면 우리는 앞으로 올 이들을 위해 최고의 인간적 가능성을 위한 공간을 확보할 수 있고, 다음 세대를 위해 존재감을 공고히 할 수 있다. 이런 **영적 원로**는 달라이 라마, 틱낫한, 람 다스, 랍비 잘만 새크터-샬로미, 데스몬드 투투, 선승 조안 할리팩스, 켄 윌버, 페마 초드론, 미라바이 부시, 샤론 샐즈버그, 하미드 알리, 리처드 로어, 조안 치티스터, 토머스 베리, 데이비드 스타인들-라스트, 잭 콘필드, 웬디 에교 쿠 나카오 선사, 매튜 폭스, 루이자 티쉬, 토마스 키팅 신부, 존 카밧진, 진 휴스턴, 에크하르트 톨레, B.K.S. 아헹가의 얼굴을 가졌을 수도 있다. **영적 원로**는 여러분의 얼굴을 하고 있을지도 모른다.

또 누군가는 자신을 통해 시각 예술이나 공연 예술을 표현하고 영감을 줄 수 있는 **창의적 원로**가 되라는 부름을 들을 것이다. 그들은 밥 딜런, 데이비드 호크니, 아이 웨이웨이, 레너드 코헨, 마야 안젤루, 제프 브리지스, 메릴 스트립, 폴 매카트니, 믹 재거, 주디 덴치, 멜 브룩스, 메리 올리버, M.C. 리처즈, 클린트 이스트우드, 윌리 넬슨, 잭슨 브라운, 노만 리어, 닐 영, 헬렌 미렌, 사무엘 L. 잭슨, 요요마의 얼굴을 하고 있을지도 모른다. **창의적 원로**는 여러분의 얼굴을 가졌을 수도 있다.

물론, 이러한 **활동가 원로**, **영적 원로**, **창의적 원로**들에게 개인의 그림자나 정서적 문제, 인지적 한계, 심지어 도덕적 문제까지도 없는 것은 아니다. 그러나 그들은 공인이기 때문에 우리는 그들이 성취한 것들을 함께 알 수 있으며 그들로부터 영감을 얻을 수 있다. 그들은 우리가 내면으로 깊이 들어가고 이바지하도록 촉구하는 본보기가 된다.

그러므로 기억하자. **원로**는 샤먼의 모습이거나, 공장 노동자, 치료사, 정치 지도자, 가수, 이야기꾼, 생태학자, 발명가, CEO, 과학자, 작가, 치료사, 장인, 교육자, 정원사, 할머니, 화가, 전투병 또는 친구의 얼굴을 하고 있을지 모른다. **원로**는 여러분의 얼굴을 하고 있을지 모른다.

조셉 캠벨은 유명한 저서 『천의 얼굴을 가진 영웅(*Hero with a Thousand Faces*)』에서 영웅의 원형은 천 개의 얼굴을 가지고 있다고 지적했다.* 즉, 영웅은 셀 수 없이 많은 이미지로 나타 난다는 것이다. **원로**들의 수만큼이나 **원로**의 얼굴은 많다.

오늘날 인생의 마지막 단계에 도달한 사람들인 우리 자신 이 바로 우리가 오랫동안 찾아 헤맨 **원로**이다. 멘토, 구루, 인 도자가 되어줄 다른 사람을 찾던 탐색은 끝이 났다. 우리가 횃 불을 넘겨야 할 사람들이다. 우리는 축복을 받았고 다른 사람 들을 축복할 사람들이다.

『에이징에서 세이징으로』에서, 랍비 잘만 섀크터-샬로미 는 이렇게 표현했다. "원로는 지구에서 캐낸 인류의 보석으로, 거칠게 깎인 후 석공의 솜씨로 갈고 닦여 영원한 가치와 아름 다움으로 인정받는 귀중한 보석으로 탄생한다. 인내심과 사랑 으로 수십 년의 정제과정을 거쳐 만들어진 보석의 각 면은 우 리의 영혼이 보석이 품은 광채를 자각하게 하는 빛을 반사한 다."

'원로(Elder)'는 명사보다 동사에 더 가깝다. 인간 영혼에 항상 존재하지만 눈에 보이지는 않는, 더 큰 인식이나 자기실 현을 향한 충동을 드러내는 역동적인 과정이다. '원로가 되는 (Eldering)'은 '진화하는(evolving)'과 같은 의미로, 일단 인식되고 방향이 잡히면 목적의식과 기쁨을 느끼는 영혼의 거룩한 갈망 이다. '원로가 되는' 것은 영혼의 목소리를 존중하라는 내면의

● 이윤기 옮김, 민음사, 2018.

요구이다.

내 친구 제이슨은 자신의 변화를 이렇게 묘사했다. "바쁠 때를 돌이켜보면, 이제는 너무나도 다른 관점에서 보게 돼. 대단한 사람에서 아무것도 아닌 사람으로 변했지. 당시에는 이 모든 게 너무나도 중요한 것 같았어. 돈을 더 벌고, 더 인정받고, 더 존경받으려고 바삐 돌아다녔어. 이제는 그냥 사람일 뿐이야. 명상을 많이 하는. 나는 지역에서 청년들의 멘토로 활동하고 있고 수십 년 동안 내 안에서 자라고 있던 그 책을 쓰고 있어. 하지만 이제 이런 일들을 완전히 다른 방식으로 하고 있어. 내 몸을 따르고, 그 순간에 몰입한 걸 느끼고, 나타나는 욕구를 충족시켜. 지금 중요한 것은 자존심뿐이야."

유명한 화가인 데이비드 호크니는 70대 말에 속도가 느려졌고, 청력에 문제가 생겼지만, 자신의 창작 욕구를 계속 따르고 싶었다. 그래서 그는 모델에게 3일 동안 와서 포즈를 취해달라고 부탁해 자신의 환경을 다시 설계했다. 그는 같은 의자에 앉은 사람들의 초상화를 여든 점 그렸고, 각각의 초상화에서 개인의 본질을 뚜렷이 볼 수 있었다. 이런 식으로 그는 끝까지 영혼의 사명을 따랐다.

내 친구 샐리는 세이지가 되기 위한 세이징 인터내셔널(Sage-ing International)의 훈련을 마쳤을 때 겪은 내면의 변화를 설명했다. "과거에는 수백만 달러 규모의 사업을 구축했었어. 목표를 보았고 그 목표를 실현하려고 했지. 이제는 목표를 보고 의도, 연결, 자기돌봄, 사랑의 인식을 가지고 매 순간을 살고 있어. 그리고 그 목표는 실현되지. 원로는 자신의 자아를 통해 급하게 억지로 목표를 달성하지 않고, 자신이 되고 싶어 하는 사람이 됨으로써 목표를 달성해."

생산성에서 창의력으로, 전략에서 직관으로, 미는 것에서 흐름으로의 움직임은 역할에서 영혼으로 더 큰 이행을 반영한다. 이 새로운 방향성을 더 큰 진정성이라 부르든, 커가는 지혜라고 부르든, 새로운 자유라고 부르든 간에, 노화는 우리의 가면을 약화시키면서 우리의 가치와 에너지와 행동의 우선순위를 조정한다.

원로는 우리가 모르는 것을 안다. 우리는 마음을 진정시키고 현재에 머무르는 방법을 알기 때문에 **원로**는 듣는 법을 안다. 우리는 적절한 순간에 적절한 질문을 하는 법을 안다. 그리고 우리는 영웅, 어머니, CEO가 아닌 있는 그대로의 존재가 되는 법을 안다.

원로는 끝이 가깝다는 것을 안다.

360도 전체를 볼 수 있는 시야를 확보한 지금, 우리는 나이의 특권을 실감한다. 이제 우리는 과거에 우리가 얼마나 작았는지, 작은 것에 우리가 어떻게 압도당했고, 사소한 목적에 이용되었는지를 안다.

그리고 우리는 영웅의 자아는 끝났다는 것을 직감적으로 안다. 끝없는 일, 끝없는 노력, 끝없는 성장에 대한 문화의 가르침은 더는 의미가 없다.

이러한 관점으로 자아에 금이 가고, 빛이 물밀듯 쏟아져

413

들어온다. 집사는 힘을 잃고 주인이 돌아온다. 우리는 가장 하찮은 것이 아니다. 우리 안에는 거대한 무언가가 있다. 우리가 그것이다. 그리고 노화는 자아를 넘어서 그것과 연결하라고 우리를 넌지시 떠민다.

인터뷰할 때마다, 사람들은 자신의 인생을 계획하고 조직하려고 했지만 지금 돌이켜보면 그들 인생의 사건에 자체적인 리듬이 있었다는 사실을 이제는 볼 수 있다고 말했다. 그들은 자아의 통제를 받지 않았다. 물론, 상황이 항상 우리의 기대처럼 펼쳐지진 않았지만, 장기적인 관점에서 보면 그건 좋지도 나쁘지도 않았고, 맞지도 틀리지도 않았다. 이 같은 이분법적 개념은 **원로**의 사고방식이 아닌 영웅의 사고방식에서 생겨났다. 그들은 고정된 생각과 결과를 통제하려는 자아의 욕구를 반영한다.

어떤 사람들은 자아가 물러설수록 미래와 과거에 대한 마음의 수다가 점차 약해진다. 서술적 자아, 내면의 이야기꾼의 목소리는 점차 잠잠해진다.

자아를 동반한 억제된 감정들은 느슨해지며 '고차원의 감정들'이 떠오를 수 있다. 점차 이기심을 버리면서, 공감과 연민이 더 커질 수 있다. 우리의 '조급증'이 줄어들면서, 인내심은 커질 수 있다. 우리가 후회를 덜 느끼면서, 감사함이 커질 수 있다. 돈에 대한 집착이 줄어들면서, 이전에는 몰랐던 아량이 생길 수 있다. 우리가 내면의 어린아이와 연결하면서, 더 많이 감탄하고 놀라워할지 모른다. 모든 생명의 상호 연결성을 이해하게 되면서, 모든 살아 있는 것과 무한한 존재에 대한 존경심이 커질 수 있다.

영국의 철학자 버트런드 러셀은 저서『기억의 초상화와 기타 에세이(*Portraits from Memory and Other Essays*)』에서 이렇게 말했다. "조금씩 자아의 벽이 사라지고 당신의 삶이 보편적 삶에 점점 통합될 때까지 관심사를 점점 더 넓히고 비개인적이 되도록 하라. 개별적 인간의 존재는 강과 같아야 한다. 처음에는 강둑 안에 작고 좁게 갇혀 있다가 바위를 지나 폭포에서 열정적으로 빠르게 흘러간다. 점차 강은 넓어지고 강둑은 사라지며, 강물은 잔잔히 흐르다가, 결국에는 눈에 띄는 단절 없이 바다와 합쳐져 고통 없이 개별적인 존재를 상실한다."

원로라는 인생의 단계는 변화된 이중적 경험도 소개한다. 우리는 몸과 마음에 젊음과 늙음, 행동과 존재, 회복성과 나약함, 집착과 내려놓기, 승리와 패배처럼 의식적으로 반대되는 것들을 가지고 있다. 우리는 있는 그대로 완벽하다고 느끼면서 또한 개선이 필요하다고 느낀다. 우리는 죽음을 목전에 두고 생명과 연결되어 있다고 느낀다. 우리는 직접적으로 이익 안에서 손해를, 손해 안에서 이익을 경험하며, 끝에서 시작을, 시작에서 끝을 경험한다.

캐롤 오스본은 2017년 에세이「원더러스 앤 와일드(*Wondrous and Wild*)」에서 이를 아이러니가 가득한 시간이라 불렀다. "우리는 예상하지 못한 열정으로 기뻐하지만, 상황을 꿰뚫어 볼 수 있는 에너지가 없을 때가 많다. 우리는 지식과 능력의 절정을 경험하지만, 결국 더 이상 존재하지 않는 세상에 통달했다는 사실을 깨닫는다. 나이가 든 우리는 인류를 향한 온정의 저수지를 발견하지만, 과거 어느 때보다도 개인에 대한 인내심은 적다. 우리는 소속되길 바라지만 혼자 있기를 갈망한다. 우리는 내일이 마지막일지도 모른다고 두려워하면서 미래의 거대한 요구를 감당할 수 없을 것이라 걱정한다."

또한 우리는 바뀐 시간 감각을 인지한다. 인생 회고에 뒤따라 우리의 360도 시야는 더 큰 역사, 여러 세대에 걸친 가족사, 또는 수 세기에 걸친 국가적 역사 속에 개인의 역사를 배치해 방향을 재정립할 수 있다. 그러나 시간의 길이는 인간이라는 종의 진화에서 인간의 역사와 위치를 포함하기 위해 더욱 늘어날 수 있다. 이처럼 장기적인 시각의 관념은 덧없는 사건과 감정의 인질이 되지 않게 도움을 줄 수 있다.

우리는 나이가 들수록 시간이 더 빠르게 흘러가는 것 같다는 사실을 관찰하기도 한다. 한 달이 하루 같고, 일 년이 한 달 같다. 반면에 어릴 때는 여름방학이 영원할 것 같다. 신비한 인식의 변화이다. 산타바바라에 있는 캘리포니아 대학의 제임스 M. 브로드웨이와 브리티니 산도바는 〈사이언티픽 아메리칸〉지에서 이와 같은 주관적인 경험을 확인한 연구 결과를 발표했다. 노인은 청년보다 시간이 더 빨리 간다고 인식하는 경향이 있다. 그들은 이 현상을 다음과 같이 설명했다. 우리가 새로운 상황에 놓이면, 우리의 뇌는 세세한 기억을 더욱 풍부하게 기록한다. 나이가 들면 우리는 주변 상황에 더 익숙해진다. 우리는 집과 직장의 세세한 환경을 인식하지 않는다. 그러나 어린이에게 세상은 새로운 경험으로 가득한 낯선 공간이다. 그래서 어린이의 뇌는 활발하게 기억한다. 이론에 따르면 이러한 두뇌 활동의 차이로 인해 일상에 갇힌 성인보다 어린이의 시간이 더 천천히 흐른다. 그렇다면 새로운 경험을 통해 두뇌 활동을 활발하게 하고, 현재를 더욱 충실히 살아감으로써 감정이 생겨나고 우리를 통해 움직이도록 하면서 흐르는 시간에 대한 감각을 늦출 수 있을 것이다.

죽음의 인식은 우리의 시간관념에도 영향을 미친다. 죽음의 인식은 지평선을 줄이지만, 몰입상태로 더욱 쉽게 들어갈 수 있게 우리의 인식을 연다. 한 여성은 죽음의 인식이 촉매제처럼 작용해 "내일까지 미뤄." 또는 "…했던 때가 기억나." 또는 "내가 그걸 처리해야 해."와 같이 말하는 내면의 그림자 캐릭터를 인식하게 되었다. 그녀가 죽음의 인식으로 돌아가면, 그녀를 다시 현재의 순간으로 끌어당겼다. '가정'이나 '의무'로 통제하려 하기 보단 인생이라는 강의 흐름을 감지할 수 있게 했다.

우리가 명상을 수련하고 정기적으로 조용한 순수한 인식을 경험하면, 우리는 '곧' 몰입한다. 시계는 멈추고, 달력은 사라진다. 우리는 그 모든 것의 이면에 있는 변함없는 신비 속으로 녹아든다. 우리는 이 진실을 경험한다. 시간과 영원은 공존한다.

'현명한 원로'라는 용어는 너무나도 상투적인 표현이므

로, 우리는 그 의미를 알고 누구를 가리키는지 안다고 가정한다. 그러나 **원로**는 천 개의 얼굴을 가지고 있기 때문에, **원로**를 너무 협소하게 정의하지 않기 위해 조심해야 한다. 그러면 우리는 여러 가지 '의무적인 특징'을 가진 또 다른 정적인 고정관념, 즉 자아 이상향을 만들 위험성이 있다. 그 대신 우리는 **원로**의 특징이 아닌 것들을 정의해 **원로**의 범위를 제한할 수 있다.

원로는 젊어 보이려 애쓰거나 내면의 연령주의자의 부정적인 시선 아래서 고통받으며 노화와 죽음의 인식을 부정하려 거울 속의 얼굴을 거부하지 않는다.

원로는 그림자 인식과의 연결성을 잃어버림으로써 약물이나 디지털 기기를 사용해 감정을 무디게 만들어, 두려움, 고통, 상실을 직시하는 것을 회피하지 않는다.

원로는 변화나 의무를 거부하지 않는다.

원로는 현재의 관문을 부정하면서 후회 가득한 과거나 불안한 미래 사이에서 꼼짝달싹 못 한 채 살지 않는다.

원로는 옳을 필요가 없다.

원로는 수치심을 바탕으로 하지 않는다.

원로는 냉소주의, 억울함, 체념에 굴복하지 않는다.

원로는 더 이상 내적 발전을 촉진하지 못하는 그림자 캐릭터(일중독에 걸린 영웅, 녹초가 된 간병인, 내면의 비평가, 완벽주의자, 잘난 척하는 사람, 또는 '영원히 젊을' 내면의 연령주의자)를 무의식적으로 섬기지 않으며, 그래서 영혼과의 연결성을 부정하지 않는다.

원로는 자신이 피해자이고 다른 사람이 자신이 고통을 겪는 원인이라고 믿으면서 다른 사람에게 그림자 캐릭터를 투사하지 않는다.

원로는 자신에게는 부인하면서 자신의 지혜나 영적 권위를 다른 사람에게 투사하지 않는다.

원로는 유산의 전승을 부인하면서 후손에게 자신의 선물을 주는 것을 거부하지 않는다.

몇 년 전에 나는 **원로**가 아닌 사람을 만났다. 나는 치료사 친구들과 우리 모두에게 영향을 미친 책을 쓴 저명한 정신분석가를 만나러 갔다. 우리는 그의 연민 어린 반응 속에 만나는 자리를 기대했다. 그러나 70세의 그는 자아가 오만하고 경쟁심이 강하고 잘난 척하는 사람이었다. 그는 다른 치료사들을 무시하면서 심리학 분야에 미친 자신의 영향력을 자랑했다. 그는 명백히 인정을 받고 싶어 했고, 자기 생각의 '우수성'을 통해 인정을 받으려 했다.

나는 그의 한쪽으로 치우친 발달을 보고 매우 슬펐다. 그의 인지 능력은 빛을 발했지만, 정서적, 영적 발달은 실패했다. 그는 자신의 자아/정신을 넘어 순수한 인식에 도달할 수 없는 규례나 내뱉는 철학자 왕과 같았다. 그는 자신의 결점을 볼 수 없었기 때문에 그림자 인식에 도달할 수 없었다.

보다 충격적인 **원로**의 경험으로 나는 숨겨진 영적 능력을 갖춘 한 남성과 친밀한 우정을 몇 년간 유지했다. 그의 영적 발달은 매우 앞서있어서 나는 종종 그가 내면세계를 상세히 설명하는 것을 들으면서, 그의 높은 인식의 단계로 이동했다. 나는 갠지스강에 리시와 함께 앉아 있거나, 절에서 유대교 자딕과 함께 앉아 있거나, 보리수나무 아래에서 부처님과 함께 앉아 있는 것처럼 느껴졌다. 구루가 아니라 영적으로 각성한 인도자를 찾던 내 기도에 대한 응답이자 가장 귀중한 선물이었다.

그러나 우리 사이에 그림자 문제가 떠오르자, 그는 거짓말을 했고, 내 마음은 상처를 받았다. 나는 그의 영적 경험의 진정성에 대해서는 아무런 의심이 없다. 그러나 그의 정서적 도덕적 발달은 그가 성취한 수준에 도달하지 못했다. 그는 **영적 원로**였지만, 인간으로서 완전한 **원로**가 되지는 못했다.

다스 베이더와 같이 어둠과 함께하며, 그림자로 하강해, 그곳에서 실종된 타락한 **원로**들에 관한 전설도 많다. 이러한 이야기에서 그들은 루크 스카이워커처럼 영웅들을 위험으로 이끌 수 있다. 오쇼 라즈니쉬에 관한 영화 〈와일드, 와일드 컨트리(*Wild, Wild Country*)〉를 보고, 그가 서서히 도덕적으로 퇴보하는 모습과 그의 추종자들의 만연한 부정을 관찰했을 때, 나는 항상 존재하는 이 가능성을 떠올렸다. 나는 융 학파 정신분석가이자 작가인 로버트 무어의 폭력적이고 비극적인 사망 소식을 듣고 무척 불안했었다. (남성 원형에 큰 영향을 남긴 그의 연구는 왕·원로가 젊은 남성들의 멘토가 되어야 한다고 주장했다.) 그 일은 이 점을 더욱 강화했다. 확실히 오쇼와 무어는 비범한 재능을 가진 스승이었고, 둘 다 무의식의 악마에 지배당했다.

발달의 차이점에 대해 이해시켜 준 켄 윌버에 감사드린

다. 다시 말해, 전 세계적 발달이란 없다. 우리는 인지적, 도덕적, 운동 감각적, 정서적, 대인 관계적, 심미안적, 영적 길을 따라 다른 방식과 다른 속도로 발달한다. 『통합영성(*Integral Spirituality*)』에서 켄 윌버는 이렇게 저술했다. "똑같은 행동을 하면서도 인간은 동시에 한 수준의 인지, 다른 수준의 자의식, 또 다른 수준의 도덕성을 가질 수 있다."

다시 말해, 모든 발달선상에서 완전히 의식적인 인간은 아무도 없다. 윌버의 ILP(통합적인 인생 수련) 책은 모든 발달 상태를 위한 내면 작업을 설계해 이 욕구를 해소하려 한다.

원로 되기
통과 의례

영웅에서 **원로**로 원형의 변화는 자동으로 이뤄지지 않으며, 노인의료보험(Medicare) 자격조건처럼 특정 나이와 연관되지도 않는다. **원로**는 나이가 아닌 단계이다. 액체가 기체가 되는 것과 같은 질적인(qualitative) 변화이다. 즉, 진정성을 가지고 진지하게 영혼의 사명을 수행한 55세의 여성은 **원로**가 될 수 있지만, 자신은 피해자이고 복수를 해야 한다고 생각하는 85세의 남성은 **원로**가 될 수 없다.

이러한 변화는 통과 의례가 필요하다. 앞서 논의했듯이, 모든 통과 의례에는 세 단계가 필요하며, 이 단계를 거쳐서 영혼이 다른 인식의 단계로 나아간다. 전형적인 이행 모델에 더해, 그림자 캐릭터는 우리가 어떠한 단계를 통과하든지 방해할 수 있으므로, 여기에서 소개하기로 한다.

1. 자아의 목적을 내려놓기

바쁘고 힘든 삶, 의무와 갈망과 같은 중년기의 역할과 가치와 자신을 동일시하지 않게 되면 우리는 성인기의 집착을 내려놓을 수 있다. 우리가 자아의 인생 회고와 그림자 인생 회고를 하면, 우리가 어떤 사람이 되었는지, 우리의 강점과 약점, 우리의 기여와 상처를 볼 수 있다. 운이 좋다면, 영혼의 사명이라는 더 큰 호(arc)를 볼 수 있다. 인생을 회복하면, 그림자 속에 숨어 있는 어두운 감정들을 느끼고 슬픔, 적개심, 실망감, 분노를 상징적으로 내려놓기 시작할 수 있다. 이렇게 우리는 과거의 청년·성인기와 단절하고 또 다른 시기에 접어들 준비를 한다.

이 단계에서 그림자 캐릭터는 **원로기**를 향한 부름을 부정하고 과거의 삶에 집착할지도 모른다. 변화와 상실을 인내하기가 너무나 두려워, 우리의 이 부분은 과거를 놓지 못한다.

2. 전이영역이나 중립 지대로 이동

개인의 이득을 위한 익숙한 정체성과 전략을 내려놓을 때,

우리는 막연하거나, 길을 잃었거나, 방향을 잃었거나, 목적을 잃었다고 느낄지 모른다. 마치 무언가를 기다리고 있는 것처럼 말이다. 그런데 무엇을 기다리는 것인가? 이 단계에서 우리는 자신의 두려움과 한계, 자아의 상징적인 죽음에 직면해 외로움을 느낀다.

이 단계는 그림자 작업을 통해 완성된다. 그림자 캐릭터들 (본 장의 도입부에 등장한 우화에 등장한 심복들)은 자아가 겸손해질 수단을 제공한다. 우리는 우리의 신체, 뇌, 정신의 한계가 늘어나는 것을 통제할 수 없다는 점을 관찰하기 시작한다. 더 이상 한계 없이 성과를 내기 위해 노력할 수 없다. 더 이상 자아의 전지전능함에 대한 환상을 믿을 수 없다. 우리가 운이 좋다면, 자아는 비록 마지못해서라도 더 큰 지혜의 가르침에 고개를 숙인다. 그리고 돌아오는 주인을 위해 문을 연다.

이 단계에서 그림자 캐릭터는 질병, 조기 은퇴, 영적 수행의 소강 상태 등 중립 지대의 형태 없는 불확실성에 안주할 수 있다. 게으름을 피우며 새로운 직관이나 환상, 미래에 대한 비전을 부정하고 숲 속에서 길을 잃은 채 기다린다.

3. 새로운 시작

이제 문턱의 반대쪽에서는 자아에서 영혼으로 무게중심이 이동했다. 우리는 자신만의 재능을 정확히 찾아냈고 다른 사람들에게 제공하기로 마음을 먹었다. 그래서 다음 세대에 씨를 뿌린다. 다른 '시작된 원로'들이 목격자가 되어 주면 이 통과 의례를 완성하는 데 도움이 된다.

이 단계에서 그림자 캐릭터는 자기 의심이나 변화에 대한 불신으로 인해 새로운 성장의 새싹을 통합할 수 없고, 대신 더 깊은 변화의 기회를 놓치면서 광적으로 성인기에 매달린다.

만일 그림자 캐릭터나 내적 장애물이 어떠한 단계라도 성공적으로 방해한다면, 통과 의례는 실패하고 영혼의 진화가 멈출 수 있다.

의식적인 원로 되기 센터 창립자 론 페브니와의 인터뷰

나는 이 주제에 대해 『의식적인 삶, 의식적인 노화(*Conscious Living, Conscious Eldering*)』의 저자이자, 의식적 엘더링 센터의 창립자이며 노인들이 **원로**가 되는 야생의 통과 의례를 제시한 당시 69세의 론 페브니와 대화를 해야 한다고 생각했다. 센터에서의 과정을 통해 참석자들은 과거의 자아관, 믿음, 행동을 내려놓고, 전이적이고 형태가 없는 노년기로 들어갈 수 있다. **원로**가 되는 데 필요한 기술과 자원, 영적 연결성을 갖출 힘을 얻는 것이다.

"비록 현대의 문화가 원로를 인정하지는 않지만, 원로기에 대한 내면의 외침은 여전히 있죠. 우리가 중년기에서 인생의 다음 장으로 넘어가기 시작하면서 표현하려는 개개인에게 내재된 원형의 동력이죠.”

우리가 외침을 인지하지 못할 위험성이 있다. “우리가 50세인 것처럼 행동하면서 지나치게 활동적이면, 내면의 원로는 나타날 수 없어요.”라고 그가 말했다.

론은 개인적인 시련을 통해서 이 사실을 깨달았다. 2007년까지 그는 분리된 삶을 살았다. 가족을 위해 재정적인 책임감을 지기 위해 노력하면서 다른 사람들이 **원로**가 되도록 도와야 하는 소명인 영혼의 책임을 지려고 노력했다. 다른 사람들을 인도할 자신의 소명과 믿음에 확신을 줄 경험을 달라고 기도했지만, 어떤 신호도 없었다. 그는 무력해졌고 과거를 내려놓을 수도 없었다.

“제가 두 현실을 모두 지키려고 했기 때문에 스트레스가 엄청났어요. 지금 생각해보면, 대가를 치른 게 당연해요.”

론은 심방세동으로 고통받기 시작했다. 그의 심장은 두 개의 다른 리듬으로 뛰었다. (은유법으로 놀라운 증상이지 않은가!) 엑스레이에서 폐에 종양이 있는 것으로 나타났고, 의사는 그 종양이 부정맥을 유발한다고 생각했다. 그의 인생이 끝난다는 두려움은 론에게 필요했던 내면 작업을 촉발했다. 병을 직면하고 그는 끝내지 못한 일이 있음을 인식했고, 자신의 유산을 전승해야 한다고 느꼈으며, 자신이 받은 축복에 깊이 감사했고 당연시했던 모든 것들을 소중하게 생각했다.

"그 일은 내 소명을 최우선순위로 존중해야 한다는 사실을 가장 강력한 방법으로 보여주었죠."

새로운 관점을 얻은 론은 도약해 과거를 내려놓을 수 있었다. 건강상의 위기는 충돌하는 삶을 살던 그가 영혼의 사명에 모든 것을 헌신하겠다는 결정을 내리게 했다. 그러나 시련은 여기서 끝나지 않았다. 그는 과거의 역할을 내려놓았지만, 깊은 희생이 필요했다.

폐 수술을 한 뒤, 의사는 그의 부정맥이 사라지리라 생각했지만 사라지지 않았다. "무서운 심장박동 속에서 잠을 청하려 했지만, 죽음처럼 느껴지는 검은 그림자를 보았고 나를 질식시키려는 게 느껴지는 의식의 상태에 들어갔어요. 내가 할 수 있는 모든 것을 했고 오직 신만이 지금 나를 도울 수 있다고 말하면서 울부짖었죠. 내가 아직 세상에 공헌할 일이 있다면, 신이 내 인생을 구해줘야 했어요."

이것은 론이 자아의 통제력을 내려놓고 더 큰 무언가에게 항복하는 것이었다. "나보다 더 큰 지혜에 완전히 항복한 순간이었죠. 그 순간 어둠이 내 밖으로 폭발하는 것을 느꼈어요. 나는 어떤 심오한 일이 벌어진 것을 알면서 깨어났어요. 그 순간 부정맥은 끝났고 내적인 삶과 외적인 삶의 새로운 장이 시작되었죠."

그때가 되어서야 과거와 중립 지대에서의 방향 상실

과 불확실성을 끊어내고, 그는 다른 사람들이 **원로**가 되도록 인도하는 의식 있는 **원로**로서 내면에서부터 밖으로 자신을 다시 정의할 수 있었다.

2년 뒤, 멘토와 친구들과 함께 황야로 나와 있던 론은 자신의 통과 의례에서 중요한 무엇인가가 빠졌다는 사실을 깨달았다. 바로 공동체 구성원들로부터의 인정과 지지가 없었다는 것이다. 그는 멘토에게 자신이 인생의 새로운 장으로 통과한 것을 기념하기 위해 강에서 세례식을 해 달라고 요청했다. 다른 사람들이 그의 세례식을 지켜보는 가운데 마침내 그는 인생에서 이 단계에 형태를 부여하게 되었다고 느꼈다.

수백만 명의 사람들이 노년기로 신성한 통과를 거친다면, 빠르게 노화하고 있는 세계의 문화는 '형제 사회(로버트 블라이가 이름붙인, 원로의 감독이 없는 성인들의 문화를 가리키는 적절한 용어)'에서 '원로 사회(elder society)'로 변하게 될 것이다. **원로**들은 영웅들을 돕고, 그러면 영웅들은 **원로**가 되어 마찬가지로 **원로**가 될 더 많은 영웅을 돕게 된다.

이 순환구조는 씨앗을 뿌리는 고목과 같은 것으로 묘목들이 고목의 그늘에서 자라고 튼튼해진다. 그러면 묘목들은 키가 크게 자라고, 다시 씨앗을 뿌려, 새롭게 나무들이 자라기 시작한다.

427

내려놓기
저항하는 영웅을 위한 내면 작업

이 통과 의례의 단계들을 적용하자. 그러면 영웅에서 **원로**로의 전환기에 있는 영혼의 진화를 더 뚜렷하게 볼 수 있다. 우리 대부분은 나이가 들면서 물질적인 것들을 내려놓는 것을 생각한다. 경력의 옷을 벗고, 가족의 집을 팔아서 작은 집으로 옮기는 것을 생각한다. 다른 사람들은 신체적 능력과 정신적 능력을 포기하고 독립성, 신체적 아름다움, 성적 능력, 단기 기억력이 줄어든 채 살아가는 것을 배워야 한다고 생각한다. 또 다른 사람들은 우리를 지나간 인간관계의 습관에 묶어두는 분노와 판단, 지켜지지 않은 약속과 비난을 내려놓는 것을 생각한다. 그리고 물론, 이제는 우리 곁에 없지만, 우리의 내면에 존재하는 사별한 사랑하는 이들을 놓아주는 것을 생각한다. 각각의 경우는 일종의 희생이며, 전이 시간과 새로운 시작의 속삭임으로 이어진다.

그러나 나이로 인해 잃게 되는 것과 줄어드는 것에 관한 책들과 이처럼 외면에서부터 내려놓는 것을 주제로 한 책들은 아주 많다. 반면에 이 책에서는 내면에서부터 영웅적 자아를 축소하고, 그것이 만든 내면의 우상(속도, 명성, 부, 신체적 완벽함, 구원에 대한 욕망, 특별함, 지성, 옳음에 대한 욕구)을 내려놓는 것에 집중하고자 한다. 수십 년에 걸쳐 무의식적으로 이러한 우상과 동일시하면서, 이들은 우리가 생각하는 우리의 존재에 깊이 뿌리

박혔다. 그렇기에, 영웅적인 우상의 제단을 정리하기 시작하면 우리는 그들이 가리고 있던 거대한 공허함과 전이 공간의 거대한 개방성을 느낄지도 모른다.

형태가 없는 공간에서 우리의 그림자 캐릭터가 기지개를 켜고 일어나 **원로**가 되어 영혼과 연결될 길을 막으려 한다. "원로가 되는 건 나이가 들었고 죽을 때가 가깝다는 것을 의미하기 때문에 나는 원로가 되기 무서워." "후회되는 일이 너무 많아." "더는 아무것도 통제할 수 없을 것 같아." "다들 행동보다 존재에 대해 이야기해. 하지만 그게 느림보가 되는 거랑 뭐가 달라?"

때때로 장애물에는 반복해서 나타나는 저항이나 부정의 목소리가 있다. 이것은 내면의 연령주의자일 때도 있고, 어린 시절 충족되지 못한 욕구나 이루지 못한 영웅적인 과업일 때도 있다. 때로는 미지에 대한 두려움이다.

이처럼 각각의 그림자 캐릭터는 **내면의 원로**를 향한 외침을 부정해 우리의 발달을 망친다. 과거의 역할에 집착해 저항하는 영웅이 되어, 마음속의 시끄러운 소리에 귀를 기울이고 딱딱하고 금속 같은 자아의 구조물을 옹호한다. 우리는 지금까지 항상 하던 대로 큰 성과 없이 제자리 뛰기를 하며, 통제와 야망, 순종과 비난, 이기심에 집착한다.

그 결과 우리는 있는 그대로를 받아들이지 않는다. 우리가 붙잡을수록, 있는 그대로의 상태에 더욱 저항할수록, 무의식적으로 두려움이 그림자 속에서 더욱 힘을 얻는다. 두려움이 무의식에 있으면 있을수록, 자아상이든 믿음이든 역할이든 물건이든 우리는 더욱 단단히 움켜쥔다.

그 결과 세 가지 관문은 꽁꽁 닫힌 채 남는다. 순수한 인식을 만나지 못했다는 것은 자아를 넘어선 경험을 하지 못한다는 것을 의미한다. 그림자 인식을 만나지 못한다는 것은 자기 인식이나 인생의 회복, 인생을 완성하기 위한 준비를 못 한다는 것을 의미한다. 죽음의 인식을 만나지 못한다는 것은 부정의 극치이자 지금 인생을 충만히 살고 의식적으로 죽음을 준비할 기회를 상실했음을 의미한다.

반면에 그림자 작업으로 우리는 어수선한 내면을 정리하기 시작한다. 끝이나 시작에 저항하고, 더 많은 것이나 완성을 갈망하는 우리의 모습들을 찾는다. 우리가 이러한 장애물을 제거하면, 우리를 더 큰 삶으로 연결하는 것이 무엇이든 집어들 수 있게 된다.

이 순간 역설적인 선불교의 말이 생각난다. "살짝 붙들고, 단단히 내려놓자."

이제 멈추고 자신에게 질문해보자. 내 내면에 누가 또는 무엇이 영웅에서 **원로**로 문턱을 넘어가지 못하게 막는가? 원로가 되려면 무엇을 희생해야 하는가? 이것은 영혼의 계절로 내려놓는 것이다.

자서전 『꿈을 꾸게 하는 것들(Such Stuff as Dreams are Made On)』에서 융 학파 정신분석가 헬렌 루크는 88세에 이 주제에 대해 자신이 꾸었던 꿈을 설명했다.

내가 살고 있는 집의 다른 방에 다른 사람들이 살고 있는 꿈을 꾸었다. 근처에 불이 났고, 소방관들이 출동했는데 우리 집도 위험해 보였다. 한 소방관과 이야기를 나누던 중 그가 누구 집이냐고 물었다. 나는 그 집이 잠시 빌린 집이 아니라 내 소유라는 사실을 깨달았다. 그 사실을 분명하게 말했지만, 동시에 집이 불타도 나를 제외한 누구도 손해를 보지 않을 것이기에 일종의 평온함과 해방감을 느꼈다.

꿈속에서 집은 꿈을 꾸는 사람의 무의식적 자아나 정체성을 나타내는 상징이다. 불이 난 집은 그 정체성이 불에 타고 있으며, 다른 무언가로 크게 변하는 과정을 겪고 있다는 것을 우리에게 말한다. 헬렌 루크는 오랫동안 자신의 그림자에 익숙해져 있었기 때문에, 자신의 정체성이라고 여겼던 것의 파괴와 상실은 위험이 아니라는 사실을 깨달았다. 그녀는 그 상태를 받아들였기 때문에 어떠한 저항도 하지 않았고 내려놓는 데 대한 두려움도 없었다.

우리 대부분은 이와는 반대로 희생하길 저항한다. 우리는 자신에게 말한다. "신이시여, 왜 저인가요?"

그림자 작업으로 우리는 영웅에서 **원로**로, 거대함에서 단순함으로, 페르소나에서 진정한 자신으로의 변화를 저항하는 그림자 캐릭터를 파악할 수 있다. 우리는 그림자 캐릭터를 의인화하기 위해 반복된 목소리, 반복된 감정, 여기에 수반되는 신체 감각들을 목격할 수 있다. 그림자 캐릭터의 목소리가 크고, 반복적이며, 불편할 때 그림자 캐릭터가 활동하고 있다는 사실을 안다.

63세의 내담자인 조는 지나칠 정도로 오랜 시간 일을 했고 불면증과 편두통에 시달렸다. 그는 자신의 나이는 문제가 아니라고 말했다. "저는 아직 젊어요. 게다가 아직 제가 세운 재정적인 목표에 도달하지 못했어요." 그는 부정의 손아귀에 사로잡혀있었고, 자신의 몸에 귀 기울일 수 없었다. 왜냐하면 그의 나이가 그가 생각하는 '노인'에 부합하지 않았기 때문이며, 돈이 충분하지 않다는 그의 두려움은 어릴 적 빈곤에 깊이 뿌리박혀 있었기 때문이다.

그의 두려움을 파악하기 위해 돈을 얼마나 모았냐고 물어보았다가 대답을 듣고 깜짝 놀랐다. 그는 상당한 돈을 갖고 있었다.

그가 속도를 늦추면 어떤 다른 것을 잃게 되느냐고 묻자, 그는 이렇게 대답했다. "저는 쓸모없어질 거예요. 제 자식들과 손자들은 저를 항상 열심히 일하는 가장이 아니라 쓸모없는 노인이라고 생각할 거예요."

또 다른 것은 무엇이 있을까? "저의 생산성과 지위와 힘을 잃게 될 거예요." 얼떨떨한 표정으로 그가 한숨을 쉬었다. "제 정체성을 모르게 될 것 같아요."

따라서 우리는 자신의 미래에 투사시키는 무의식의 인물인 그림자 캐릭터의 이미지를 가지고 있었다. 내면의 '가방 멘 여인'과 같이 러닝머신에서 내려올 수 없다는 공포심을 느끼게 된다. 그는 그림자 캐릭터에 '겁쟁이'라는 이름을 붙였다.

"지금 이 쓸모없고 힘이 없는 겁쟁이가 당신에게 무슨 말을 하나요?

"넌 그만둘 수 없어, 조. 그러면 모든 걸 다 잃게 될 거야. 넌 별 볼 일 없는 사람이 될 거야. 아무도 너를 존중하지 않을 거야. 아무도 널 사랑하지 않을 거야." 그의 눈에 눈물이 고인 것 같았다.

"조, 그런 말은 어디서 처음 들었어요?"

"어릴 때 아버지가 저에게 말씀하셨죠. '남자는 일을 해. 남자답게 행동하면 존중받게 될 거야. 게으르면 아무것도 못 얻어.'"

조의 정체성, 가치, 힘, 자기 존중은 '일하는 전투병'에 묶여있었다. 그의 자존감은 그의 지위에 묶여있었다. 따라서 이 정체성을 내려놓기란 쉽지 않고 서두를 수도 없다. 이것은 자신의 과거를 기억하고, 애도하고, 거기에 묶인 에너지를 발산하는 과정을 포함한 복잡하고 더딘 과정이 될 것이다. 정체성과 자기 존중의 또 다른 근원이 나타나기 전까지, 깊이 내려놓고, 중립 지대로 들어가, 겁쟁이가 되기 싫다는 두려움을 직시하고 인생을 신뢰하려면 용기가 필요할 것이다.

중립 지대에서 시간을 보내는 동안, 나약함, 슬픔, 분노와 같이 조가 그림자 속으로 보내버렸던 많은 감정이 떠올랐다. 처음에 그 감정들은 견딜 수 없었다. 그래서 그는 다시 어둠 속으로 밀어두려 했다. 그러나 서서히 그는 모든 금지된 감정을 느끼고자 했고, 냉정한 페르소나가 부드러워지기 시작했다. 그는 일하는 전사를 따르고 겁쟁이를 어둠 속으로 쑤셔 넣느라 자신이 희생한 것들을 인식하면서 수많은 치료 시간을 눈물로 보냈다. 그가 잃어버린 감정을 되찾고 자기 인식이 깊어지면서, 조는 자신의 영웅적인 직업윤리는 중년의 자아에는 도움이 되었지만 지금 노년기의 영혼에는 방해된다는 사실을 알게 되었다.

그는 성공에서 중요성으로, 돈에서 의미로 변하면서 조심스럽게 자신의 칼을 내려놓았다. 그는 스스로 질문하기 시작했다. "내 인생에서 이 시간의 진정한 의미는 무엇인가? 나는 어떻게 미완성한 일을 완수할까? 내가 어떻게 공익에 이바지할까?"

조가 솔직하게 자신을 직면하면서 조의 자아는 겸손해졌다. 그의 두려움이 사라지면서, 그의 내면에서 감사하는 마음이 생겨났다.

"이렇게 내려놓고 미지의 세계로 들어간다는 것은 마치 물 위에 누워있는 것과 같죠. 무섭지만 곧 물 위에 뜨잖아요." 나는 조에게 이렇게 말했다.

변하지 못하게 우리를 막는 또 다른 흔한 그림자 캐릭터는 전염병같이 확산하는 심리학적 문제에서 나타난다. 노년기는 우리의 영혼의 본질적 가치를 보지 않고 사랑과 인정을 얻기 위해 애쓰게 한 부모로부터 제외당하고, 투명 인간 취급을 받고, 중요하지 않은 사람 취급을 받고, 무시당한 어린 시절의 감정, 즉 자기애의 상처를 다시 벌어지게 하는 장치이다. 나이와 동반되는 투명 인간 같은 특성은 우리가 사는 연령주의 사회에 만연하다. 따라서 **원로**가 되려면 이것이 새로운 환경에서 다시 등장하는 어린 시절의 상처라는 점을 인식해야 한다.

70세의 내담자인 다이앤은 가족이 자신에게 연락도 안 하고 고마워하지 않아서 힘들어했다. 그림자 캐릭터가 계속해서 말을 했다. "나는 투명 인간이야. 나는 필요 없어. 나는 그들에게 중요하지 않아. 내가 원하는 걸 절대로 얻지 못할 거야."

다이앤은 자신의 그림자 캐릭터에게 '투명한 여자'라고 이름을 붙였다. 나는 그녀에게 가족들에게 다음과 같이 말해 자신의 요구사항을 소통할 수 있다고 제안했다. "내가 취약해진 것 같아. 대화를 조금 더 하고 싶어. 일주일에 한 번씩 안부 전화를 해줄래?" 다이앤은 자신의 욕구를 표현한 적이 없었기 때문에 지금 말할 수 없을 것 같다고 대답했다.

그렇다면 대안으로 가족들이 다이앤의 욕구를 충족시키게 하려는 노력을 그만하고 친구나 전문가와 같은 다른 사람들로부터 인정을 받고 보살핌을 받으려 할 수 있다.

또는 내면 작업을 통해 스스로 자신의 욕구를 충족시킬 수 있다. 현재 이 순간에 머물고, 자신의 인생을 인정하며, 자신이 누구인지 기억함으로써 다이앤은 **원로**가 되는 필수 과업을 완성할 수 있다. 그녀는 '**내면의 원로**'를 자원으로 활용해 부모로부터 받지 못한 사랑과 인정을 나누어줄 수 있다. 다시 말해, 투명 인간이라는 상처는 문턱을 넘지 못하게 막을 수도 있고, 문을 열어줄 수도 있다.

또 다른 내담자인 65세의 로완은 저항하는 영웅들의 다른 특성을 떠올리게 했다. "저는 원로가 될 만큼 아는 게 많이 없어요. 저는 가르칠 게 없어요."

평생 자신에 대한 의구심으로 자신은 자격이 없다고 느꼈고, 그래서 **원로**로의 전환을 꺼렸다. 그는 아버지에 대한 이상적인 이미지를 가졌던 것처럼 **원로**에 대한 이상적인 이미지를 가지고 있었다. 각각의 경우에 **비평가** 그림자 캐릭터는 그가 기준에 부합하지 않으며, 그러므로 그는 훌륭하지 않다고 말했다.

로완이 인생 회고를 마치면서, 그는 이전에는 의식하지 못했던 잠재적인 기여를 인식하기 시작했다. 그는 먹는 것을 좋아했고, 따라서 요리와 영양과 약으로 쓰일 수 있는 음식에 대해 많은 것을 배웠다. 그에게는 가르칠 거리가 있었고, 그는 가난한 지역사회의 기아 문제와 식량 교육을 연계하는 자원봉사 단체에 자신의 열정을 집중하기 시작했다. 내가 그를 마지막으로 보았을 때, 그는 이전보다 자신감이 있었고, 영혼의 사명에 대해 말하는 그에게선 빛이 났다. 로완은 이제 막 그의 재능과 세상이 필요로 하는 것 사이의 교차점을 발견한 **원로**가 된 것이다. 그는 자기중심적인 생각에서 벗어나 그가 주고받는 더 큰 시스템과의 상호 연결성을 느꼈다.

65세의 내담자인 크레이그도 젊지도 늙지도 않고, 더는 세상을 정복하지 않지만 그렇다고 일을 완전히 중단한 것도 아니며, 영웅은 아니지만 그렇다고 **원로**도 아닌 두 세계 사이에 살고 있다고 느꼈다. 어느 날, 잠에서 깨어난 그는 아버지가 돌아가셨을 때의 나이보다 지금 자신의 나이가 더 많다는 사실을 깨달았다. 기분이 이상했고 혼란스러웠다.

"저는 아버지의 발자국을 따라 인생을 살고 있었어요. 하지만 이제 그 발자국이 사라진 거죠. 저에게는 아무런 지도가 없어요."

영웅으로서 크레이그는 시나리오 작가로 크게 성공했고, 여성과 최고의 경험을 찾아다녔고, 항상 모든 것을 더 원했다. 이제 그에게 평화를 안겨 줄 손에 잡히지 않는 '그것'을 쫓고자 하는 경향은 줄어들기 시작했다. 그는 더 많은 경험이 필요하지 않다는 사실을 깨닫기 시작했다. 그는 깊이가 필요했고, 내면으로 향해야 했다.

크레이그는 과거의 역할이 의미를 잃고, 그의 세계가 공허하게 느껴지는 전이 공간으로 들어갔다. 의식적으로 이 길을 선택한 것이 아니었기에, 그는 절망과 무력감을 느끼며 무의미함 속에서 갇혀 있을 수도 있었다. 아니면 그는 겉에서부터 내면으로 변화하려고 노력하면서 그가 할 일에 취미 몇 가지를 더 추가할 수 있다. 아니면 그는 일종의 동면에 들어가 **원로**가 되는 문턱을 건너기 위해 노년의 내면 작업을 할 수도 있다. 나는 그에게 딜레마를 제시했다.

처음에 크레이그는 지금까지 다른 모든 일을 해온 방식대로 밀어붙이고, 노력하고, 책을 읽고, 논리적인 방식으로 분석해 길을 찾으려 했다. 그는 워크숍에 가서 **원로**에 관한 책 세 권을 읽고 돌아왔다. "이제 알겠어요. 다 해결됐네요. 다음은 뭐죠?"

그러다 어머니가 돌아가셨고, 뒤이어 여동생이 사망했다. 내 사무실에서 그는 주체할 수 없이 흐느꼈다. "저에게도 일어날 수 있는 일이에요." 그가 속삭였다.

"맞아요. 언젠가는요." 내가 대답했다.

그는 초롱초롱한 눈으로 나를 올려다보았다. 그는 죽음의 인식을 받아들였다. 그는 자신이 통제할 수 없다는 사실을 인지했다. 나이가 그를 움직이게 받아들였다.

나는 크레이그가 살아온 인생과 살지 않은 인생에 관해 인생 회고를 하라고 집으로 돌려보냈다. 몇 달 동안, 우리는 그가 경험했던 사건들과 사람들과 과도기를 탐구했다. 우리는 또한 희생되고 어둠 속에 남겨져 있던 면들을 발견했다. 그는 피터 팬처럼 "난 어른이 되지 않을 거야!"라고 말하는 내면의 **저항가** 캐릭터와 지나치게 동일시한 탓에 자신이 무의식적으로 이 단계(노인이라니, 으!)에 진입하는 것을 저항하고 있었다는 사실을 깨닫기 시작했다. 성인기를 깊이 받아들이지 않고 어떻게 **원로기**를 받아들일 수 있을까?

크레이그는 죽음에 직면해 마음을 열었기 때문에, 그는 계속해서 그를 계속 젊게 유지했지만, 성인기의 완전한 책임감과 한계를 받아들일 수 없게 하던 이 그림자 캐릭터를 사랑했다.

나는 그가 자신의 몸을 더 잘 알게 되면서, 오래전에 잃어버린 꿈인 기타를 드는 모습을 지켜보았다.

내가 노화를 대하는 그의 말과 제스처의 변화를 알아차렸을 때, 자신의 **내면의 원로**와 만날 수 있도록 아래와 같은 수련법을 알려주었다.

내면의 원로와 만나기
입문

수십 년 동안 심리학에서 '내면의 아이'는 무의식에서 우리의 상처와 지혜, 어릴 적 상처와 순수함을 담고 있는 내적 인물로 널리 알려져 왔다. 1970년대 회복 운동에서 '내면의 아이'는 학대, 상처, 중독으로부터 치유하는 열쇠를 쥐고 있는 하위성격이나 그림자 캐릭터로 유명해졌다. 수십 년 전, 융은 지혜와 순수함을 가진 원형의 밝은 측면에 집중해서 우리 내면의 '신성한 아이'에 대한 글을 썼다.

마찬가지로 우리는 모두 **내면의 원로**를 가지고 있다. 의식적 인식에서는 사라졌지만, 우리의 직관적 지혜, 윤리적 지침, 영적 연결성을 가지고 있는 숨겨진 캐릭터이다. 융은 이 원형을 우리의 꿈과 신화에 등장하는 영혼의 '말하는 수원(speaking fountainhead)'인 '현명한 노인'으로 묘사했다. 영웅에서 **원로**로의 변화는 지혜롭고, 이끌며, 시작하고, 근원과 연결된

'내면의 원로' 또는 이 '현명한 노인'과의 의식적인 관계 형성이 필요하다.

내면의 원로는 우리를 초월적인 근원이나 영적 근원과 연결하는 보편적인 원형의 개인별 이미지로 생각할 수 있다. 진정한 **원로**가 되려면 자신의 **내면의 원로**에 귀를 기울여야 하며 이 통과 의례의 일부로써 **내면의 원로**와의 대화를 시작해야 한다.

살아 있는 **원로**는 의도적으로 명상하고 순수한 인식을 배양하지 않았을지 모르지만, **내면의 원로**는 근원에 도달한다. 살아 있는 **원로**는 의식적으로 그림자 작업을 수련하지 않았을지 모르지만, **내면의 원로**는 영혼과 연결되어 있다. 살아 있는 **원로**는 의식적으로 죽음의 인식을 수련하지 않았을지 모르지만, **내면의 원로**는 죽음은 언제라도 가능하다는 사실을 과거에도 항상 알았고 지금도 알고 있다. 이 원형은 시간 밖에서 살며, 개인의 시간의 끝을 인식한다.

도입부의 우화에서 보았듯이, 이 내면의 인도자는 가정의 주인이다. 자아나 집사가 **내면의 원로**나 영적 근원에 고개 숙일 때, 내면의 역학이 바뀐다. 그 후 우리에겐 직관적인 내면의 지침이 생기고, 우리의 그림자 캐릭터의 목소리를 더욱 목격하거나 공간이 생기며, 자아를 넘어선 무언가와 연결된다.

원로의 긍정적이고 사랑스러운 경험과 내면세계를 일부분 인식하는 극소수의 사람들은 **내면의 원로**와의 연결이 일찍이 시작될 수 있다. 내 블로그를 읽었던 한 여성이 자신에 관해 긴 이메일을 나에게 보냈다. 어릴 적 그녀는 집단 학살, 스페인 독감, 대공황, 결핵, 히틀러, 매카시즘으로부터 살아남은 5세대에 걸친 가족에 둘러싸여 자랐다. 그녀는 그들에게 경외심을 느꼈다.

그들은 그녀에게 자기 가족들의 이야기와 아끼는 보물과 소중한 노래를 들려주었다. 그녀는 그들과 같아지고 싶었다. 그래서 수십 년 뒤 미래에 자신의 자녀와 손자들에게 이 이야기들을 들려주는 자신의 모습을 상상했다. "내 할머니의 할머니와 내 할아버지의 할아버지 목소리에 내 운명이 있었죠. 제가 어른이 되었을 때, 그러니까 많이 늙었을 때, 어떤 사람이 되고 싶은지 알았어요."

어릴 때부터 그녀는 마음의 눈으로 보던 이미지가 있었다. 백발의 긴 머리에 지혜롭고 고독하며, 신보다 더 나이들었고 봄철보다 젊은 한 여성의 이미지로, 그녀는 숲속 개울가 오두막에 살았다. 야생 동물들이 그녀를 찾아왔다. 새들은 그녀의 휘파람 소리에 모여들었다. 너구리는 새끼들을 그녀의 집 테라스로 데려왔다. 그녀는 기타를 연주하고 낯선 말로 노래를 부르는 고대의 집시였고, 여행자들을 위해 타로 카드를 읽었고, 열정적으로 빙글빙글 돌면서 러시아 춤을 추었다.

나에게 이메일을 보냈을 당시 그녀는 70세였다. 자신은 '정말로 멋진 할머니'가 되어 그 야심찬 내적 이미지를 드러내고 있다고 말했다.

"어떠한 거창한 성공보다도, 일부 거창한 성공들이 있었지만, 의미 있는 도전이 있을 때마다 어릴 적의 내가 본 게 지금의 내가 되어가는 바로 그 모습이라는 걸 깨달았어요. 방어적이고 격동적인 소녀에게 이 모습을 보여주며 '네가 어떤 사람이 될지 봐!'라고 한 거죠."

우리 대부분과는 달리, 이 여성이 평생 쌓아온 **원로**, 그리고 **내면의 원로**와의 관계는 우리 사회의 만연한 연령주의와 대척점에 서 있다.

그녀는 내면의 연령주의자 없이 성장했고, 나이가 들고, 다양한 색깔을 가지며, 독특하고 현명할 미래의 자신의 모습을 열렬히 기대했다.

그녀를 보고 조니 미첼의 노래가 떠올랐다. "나이 드는 아이들을 위한 노래가 온다. 나이 드는 아이들, 나도 그중 하나다."•

여기에 내가 내담자인 크레이그에게 권한 **내면의 원로** 시각화 연습법이 있다. 이 부분을 잘 읽은 후, 책은 내려놓고, 한번 따라해 보자.

중심에서 조용히 앉아 눈을 감고, 들숨과 날숨을 관찰하자. 준비가 되면, 마음의 눈으로 자신의 내면의 원로에게로 나아가는 문으로 연결된 계단을 걸어 올라가는 모습을

• Songs to aging children come. Aging children, I am one. 조니 미첼의 1969년 노래 〈Songs to Aging Children Come〉의 가사.

상상하자. 그 문에 노크하자, 무한한 온정과 지혜를 상징하는 여러분의 자각한 자아가 따뜻한 포용과 함께 여러분을 환영한다. 내면의 원로의 눈을 지그시 응시하자, 여러분은 지금까지 자신이 달성한 성취에 대해 안도감이 들면서 원로의 무조건적 사랑을 느낀다.

가장 높고 가장 넓은 지혜의 근원을 마주한 순례자처럼, 여러분을 괴롭히는 문제에 대해 내면의 원로에게 조언을 구하자. 이러한 문제들은 실질적인 고민에서 형이상학적인 문의까지 다양할 수 있다. 질문을 한 다음, 수용의 상태에 머물며, 여러분의 의식에 사인이나 상징이나 내면의 인식으로 답이 스스로 각인되게 하자.

답을 받았을 때, 한동안 침묵 속에서 머무르자. 그런 다음, 자신의 높은 자아의 눈을 들여다보면, 용기를 북돋는 말을 듣게 된다. "자신의 길을 계속해서 걸어가면서 자신 있게 축복 속에서 여행을 떠나라. 더 많은 조언이 필요할 때마다 언제든 나를 다시 찾아라."

깊이 감사하며, 내면의 원로를 떠나 계단을 내려오자. 잠시 침묵 속에 앉아 있자. 서서히 눈을 뜨고 깨어나자. 여러분이 받은 인상과 직감을 일기장에 기록하자.

– 랍비 잘만 섀크터-샬로미·로널드 S. 밀러,『에이징에서 세이징으로』

크레이그가 이 같은 시각화를 경험한 후, 내 사무실을 다시 찾아왔을 때 그는 확실히 충격을 받은 상태였다.

"이 일이 있기 전까지 사실 당신을 믿지 않았어요. 저는 길게 땋은 머리에 주름이 깊은 나이 든 원주민 한 명을 보았어요. 그 노인은 담요를 두르고 있었어요. 친절함을 담은 그의 눈이 저를 꿰뚫어 보았어요. 지금까지 그렇게 저를 본 사람은 없었어요.

이제 저는 젊지도 늙지도 않은데, 앞으로 인생을 어떻게 살아야 하냐고 그에게 물었죠. 앞으로 남은 시간에 저에게 주어진 사명에 관해 물었어요."

그러자 그 노인이 대답했다. "전쟁은 끝났다네. 자네의 무기와 전략과 방패를 내려놓게. 자네가 잃어버린 것을 슬퍼하게. 그리고 자네보다 더 큰 무언가가 자네를 앞으로 나아가도록 인도한다고 믿는 법을 배우게. 나머지는 저절로 해결될 걸세."

크레이그는 무릎에 손을 올려놓고 눈은 크게 뜬 채 그곳에 앉아 있었다. 우리는 한동안 말을 하지 않았다. 그런 다음 그가 물었다. "그 남자가 저인가요? 제가 그것을 알았나요?"

그 **내면의 원로**는 우리 안에 숨어 있는 청사진으로, 반갑게 인사하고 우리를 인도하려고 기다리고 있다. 너무나도 오랫동안, 우리는 자신도 모르게 신호가 아닌 소음에 귀를 기울이면서 그림자 캐릭터의 목소리에 순종했다. 우리는 내면의 비평가를 받아들였고, 비평가의 강요를 따랐고, 자신을 파괴하는 행동을 했다. 이제 **원로**로서 **내면의 원로**의 목소리를 경청하고, 의식적으로 관계를 쌓고, 그가 우리를 문턱 너머로 인도할 수 있게 해야 할 때이다. 숨결마다 눈에 보이지 않는 **내면의 원로**를 받아들이게 되면, 우리는 보이지 않는 외부의 **원로**, 우리 주변의 소외된 많은 노인들을 더 쉽게 포용할 수 있다. 그리고 우리는 그들 안에 숨겨진 보석을 발견하게 될 것이다.

새로운 시작
내면에서부터 원로를 다시 생각하다

노년기를 여행하는 동료 여행가인 여러분이 이 책을 읽는다면, 여러분은 나이가 들면서 자연스럽게 **원로**의 의미를 다시 생각하게 될 것이다. 누구나 노년기의 기회와 한계를 만나면서, 자연스럽게 자신만의 방식으로 **원로**를 구현하게 될 것이다.

내가 세이징 인터내셔널에서 **원로**(그곳에서는 '세이지'로도 불린다)가 되는 일 년 동안의 수련에 들어갔을 때, 나는 조금 걱정스러웠고, 노년기에 대해 갈피를 잡지 못했다. 과거의 역할들은 내려놓았지만, 내 미래와 노년기의 의미에 대해서는 매우 불확실했다. 상실을 직면했지만, 잠재적인 이익은 인지하지 못했다. 끝은 직면했지만, 새로운 시작은 아직 인지하지 못했다. 나는 전이 공간에서 버둥거리고 있었다. 방향을 재정립하려면 새로운 원형과 인생에서 이 시기에 대한 새로운 신화를 찾아야 한다는 사실을 알았다.

원로가 되는 수련을 준비하기 위해, 나는 『에이징에서 세이징으로』에서 설명한 내면 작업을 마치는 동시에 그림자 작업의 측면도 더했다. 나의 영웅적인 갈망과, 내가 옳고 확실해야만 한다는 욕구를 내려놓고자 했다. 나는 나의 자아와 정신이 아닌 떠오르는 신비에 귀를 기울이고 그것을 따르고 싶었다.

그 수련은 고무적이고 심오했다. 마지막 통과 의례를 거치고 다른 **원로**들의 인정을 받은 후, 나는 너무나도 기뻤고 목적의식을 느꼈다. 의식에 대한 정보를 전파하겠다는 내 평생의 사명을 자연스럽게 확장하는 의미에서, 이러한 노년기를 향한 방향성을 다른 사람들과 공유하고 싶었다.

나와 수련에 같이 참여한 이들 중 대다수가 비슷한 경험을 가진 60~80세였다. **원로**가 되는 것에 대한 그들의 생각을 묻자, 한 여성은 이렇게 말했다. "제 비전은 본질에 뿌리를 내리고, 사랑하며, 그 모든 것을 온전히 살아가는 거예요."

다른 사람은 이렇게 대답했다. "제 의도는 당신 안에서 나를 보고, 내 안에서 당신을 보는 거예요. 저는 모든 곳에서 일체감을 깨달을 초대를 받았어요."

한 남성이 말했다. "원로가 된다는 것은 남을 판단하지 않는 인식을 발산하며, 권력에 진실을 말하고, 결과에 대한 집착이 줄어드는 거예요."

다른 사람은 말했다. "저는 목표 달성에서 사회 공헌으로 나아가고 있어요."

그리고 한 여성이 말했다. "저는 의식을 통해서 인생을 신성하게 만들고, 제 그림자와 친해지고, 빠르게 세이지의 길을 선택하려고 해요."

다시 말해, 그들은 '해야 한다는 의무'에 끌려온 것이 아니라 비전의 부름을 따르고 있었다. 이 단계의 인식에서, 우리 대다수는 봉사를 위한 고요한 심화를 느꼈고, 지혜의 보유자이자 수호자로, 멘토이자 인도자로, 돌보미이자 자원봉사자로, 조부모이자 지구의 수호자로서 행동할 수 있다고 느꼈다.

또 다른 **세이지**가 나에게 말했다. "저는 서서히 나이듦의 옳음과 신체의 쇠퇴와 제 역할과 정체성의 상실을 깨닫기 시작했어요. 잘 설명할 수는 없지만, 또 다른 깊이 있는 정체성으로 변하는 과도기에 있어요."

내가 그녀에게 당신은 역할에서 영혼으로 변화 중이라고 말하자, 그녀의 표정이 환해졌다. 그때까지 자기 내면의 경험을 마땅히 설명할 단어가 없었는데, 그 말이 적절했기 때문이다.

신화학자 마이클 미드와의 인터뷰

유명한 작가이자 이야기꾼이며 신화학자인 마이클 미드를 인터뷰했을 때, 그는 65세 생일에 자녀들과 배우자들과 오랜 벗들에게 둘러싸여서 자신은 이제 법 밖에 있다고 선언했노라 나에게 말했다. 그는 황도 십이궁을 다섯 번이나 지나왔고, 이제 분류에서 벗어났다. "그래서 이제 나는 법 안에 있는 사람(in-law)이 아니라 법 밖의 사람(outlaw)이 될 겁니다. 이제는 더 높은 법을 보고 섬기니까, 더는 어떤

한 기대도 없어요."

원로들은 이 세계와 다른 세계에 한 발씩 걸치고 있다고 마이클이 나에게 설명했다. "그리고 정상적이고 일반적인 **원로**는 없어요. 우리는 자신의 그림자와 함께 살아왔고, 그곳에서 시간을 보냈고, 추락했다가 회복했고, 자기 지식과 공감을 발견했죠. 그래서 **원로**들은 지도 위에 존재하지 않아요. 마을의 움직임 밖에 살고 있죠."

또한, **원로**들은 희생해야 한다. 그러니까 '신성화(making sacred)'하는 것을 의미한다. 그들은 덜 영웅적이며, 덜 자아 중심적이고, 아름다움과 자연에 더 연결되어 있다고 그가 말했다.

어릴 적, 마이클은 멘토가 없다고 느꼈다. "네겐 특별한 게 있구나."라고 한 노인이 그에게 말했을 때, 이 문장은 그가 자신이 이 세상에 온 목적에 의문을 가지게 했고, '어떻게 하면 적응할까?'가 아닌 '내가 이곳에 존재하는 목적은 무엇인가?'라는 물음을 던지게 했다.

그는 전통적인 원주민 **원로**들과 시간을 함께 보냈고 그들의 태도를 흡수했다. 이 경험은 마이클 내부의 무언가를 움직이게 했다. 전통적인 문화들에서 나무와 동물은 **원로**의 역할을 했으며, 사람들은 자연에서 축복을 얻었다고 마이클이 나에게 말했다. "나는 **원로**들이 청년들에게 자연과 함께 하는 방법을 보여주어야 한다고 생각해요."

30년 전에 마이클은 위험에 처한 청년과 **원로**들에게 입문 교육을 제공하는 것이 그의 영혼의 사명이라고 생각했다. 30년 동안 그는 위험에 처한 청년과 그들을 축복하고 멘토가 되어준 노인들을 위한 피난처를 운영했다. "청년들에게 빠진 재료는 **원로**의 지도였어요. 이 청년들은 그들에게 영감을 주고 존경의 대상이 될 **원로**들을 강력히 원해요."

어느 날은 여러 해 동안 만나지 못했던 한 청년이 길거리에서 그에게 다가왔다. 그는 마이클에게서 받은 멘토링 덕분에 이제 그가 다른 사람들의 멘토가 되었다고 말했다. "지금도 제 침대 옆에 선생님의 책을 두고 있어요. 선생님이 제 **원로**예요."

"누군가 여러분을 그렇게 본다면, 여러분은 **원로**가 된 거예요."라고 마이클이 나에게 말했다.

이 선물은 반대가 될 수 있다. 젊은이가 **원로**에게 기술과 같은 것을 가르쳐 줄 수도 있다. 나는 우리 지역에 사는 한 여자 고등학생에게 부탁해 소셜 미디어를 배웠고, 페이스북과 트위터에 대한 편견과 '클릭'하는 두려움을 해결하고 온라인에서 사람들을 만나는 즐거운 경험에 눈을 떴다고 그에게 말했다.

마이클은 모든 **원로**에게는 **내면의 청년**이 있으며, 모든 청년에게는 **내면의 원로**가 있다고 말했다. 우리 **내면의 청년**은 활력과 희망과 미래에 대한 비전을 품고 있다. 나는 손자들과 아무런 걱정 없이 놀 때 나 자신의 이런 면과 다시 연결할 수 있다.

우리 **내면의 원로**는 지혜와 영원함과 운명을 가지고 있다. 나는 우리 시대의 사회적 대의를 지지하며 자신이 원하는 방향으로 운명의 모래를 움직이는 젊은이들에게서 이러한 존재를 느낄 수 있다.

허핑턴 포스트에 기고한 「현명한 사람들은 다 어디로 갔나?(*Where Have All the Wise Men Gone?*)」라는 에세이에서 마이클은 "나이가 들수록 계속해서 성장하는 사람들은 단기적인 욕구와 공통적인 필요에 눈이 먼 많은 이들과 달리 장기적인 비전을 기를 수 있다. 나이 드는 일(growing older)은 모두에게 일어난다. 그러나 현명해지는 것(growing wiser)은 인생의 더 큰 의미와 목적을 자각하는 사람들에게 일어나는 일이다."라고 썼다. (그리고 내 의견을 덧붙이자면, **내면의 원로**와 연결하는 사람들에게도.)

이처럼 더해진 관점이 없다면 우리 사회는 의미 있게 삶을 살아갈 방식을 찾게 도와주는 경험 많은 **원로**들보다 어떻게 해서라도 맹목적으로 인생에 매달리는 '노인들'을 만들어낸다고 마이클은 지적했다.

인터뷰 당시 74세였던 마이클은 콘퍼런스에 참석하던 삶에서 자택 근처 스튜디오에서 팟캐스트를 녹음하고 책을 발간하는 삶으로 전환했다. 신체적인 능력이 감소함에 따라 계속해서 사람들에게 자신의 목소리를 전하기 위해 그는 자신의 비영리단체인 '모자이크 다문화재단

(Mosaic Multicultural Foundation)'과 함께 세대를 초월한 사업체를 설립했다. 기술을 통해 마이클은 자신을 돌보는 동시에 살아 있는 유산을 만들었다.

"60년대는 청년 혁명이 일으킨 변화로 특징지어지지만, 현재의 난국은 각성하는 **원로**에 의해서만 변화 가능할지 모른다. 미국에서 생겨나길 기다리는 혁명은 문화와 자연이 처한 거대한 위기 속에서 **원로**들이 할 수 있는 역할의 필요성에 눈을 뜨는 것도 포함할지 모른다. 빈곤과 실직, 기후변화, 지속가능성 같은 문제들에는 자기희생과 진정한 용기가 혼합된 장기적인 비전이 필요하다. **원로**들은 선출직이 아니므로, 이념적인 정치나 선거 승리라는 단기적 사고의 특징들을 초월할 수 있다. 우리가 가진 **원로**의 일면은 죽음의 필연성을 받아들이므로, 진정으로 미래를 위한 결정들이 더욱 가능해진다."라고 그는 썼다.

미국 원주민의 가르침처럼, 마이클은 나에게 말했다. "모든 **원로**는 신체적, 정서적, 음악적 이야기라는 약을 가지고 있다. 우리만의 약을 세상에 주자."

시인이자 소설가, 활동가인 디나 메츠거와의 인터뷰

나는 살아 있는 **원로**를 찾으려면 언덕 위의 이웃집에 가기만 하면 된다는 것을 알았다. 인터뷰할 당시 82세였던 디나는 산이 내려다보이는 넓은 부지에 지어진 작은 집에 살고 있었다. 그녀는 이곳에서 30년 넘게 내담자들을 상담하고, 치유 의식을 위한 대규모 공동체 모임을 개최했다.

디나는 이야기가 가진 치유의 힘에 관한 열정이 있었고, 최근에는 서양 의학과 전통 의술을 통합한 '리비저닝 의학(ReVisioning Medicine)'에 관심을 두고 있었다. 그녀는 인간과 자연 세계의 연결성을 탐구한 책을 여러 권 집필한 저자로, 가장 최근에는 기후변화에 관한 소설을 출간했다.

나무가 일렬로 심어진 파티오를 지나 안락한 거실로 들어서니 익숙한 느낌이 들었다. 수년 전에 나는 디나의 글짓기 그룹에 참여했다. 그녀는 다른 많은 사람을 비롯해 나의 멘토이기도 했다.

내 책의 주제를 알게 된 디나는 다음과 같은 이야기를 들려주면서 대화를 시작했다.

"1980년대에 오메가 연구소로 가르치러 갔는데, 내가 어릴 때는 여름학교였던 곳이었어. 건물도 식당도 그대로였지. 당시 우리 부모님은 식사하러 위층으로 가셨고, 아이들은 아래층으로 내려갔지. 나는 위층으로 향하면서 시간이 흘러가는 걸 인지했고, 그 시간 동안 내가 어떤 사람이 되었는지 인지했지.

젊은 여성이 갑자기 나에게 걸어와서는 이렇게 말했어. '저희를 위해 **원로**가 되어주셔서 고마워요.'

나는 생각했지. '내가 언제?' 당시에 나는 50대에 불과했어.

하지만 나는 내 마음의 외침을 들었어. 좋든 싫든 **원로**가 어떻게 행동할지 알아야 했어. 나는 북미와 아프리카 원주민 **원로**들에 대해 조금은 알고 있었어. 하지만 지금, 현재 우리 세계의 **원로**들에 대해서는 아는 게 전혀 없었지. 그리고 그 일이 계기가 되어 나를 이 길로 인도했어."

디나는 책과 워크숍과 행동주의와 공동체 만들기를 통해 유명한 선생님이 되었다. 그녀는 해를 끼치지 말고, 자기중심적인 물질적 가치를 포기하고, 지구와의 더 거대한 조화 속에서 살도록 가르쳤다. 그녀는 글쓰기를 통해 창의적인 흐름에 문을 열고, 자신의 꿈에 주의를 기울이고, 선조들을 존경하며, 권력 앞에 진실을 말할 것을 가르쳤다.

1970년대에 유방암 진단을 받은 디나는 통상적인 치료법을 거부했다. 그녀는 유방 절제술을 받고, 그 흉터 위에 나무 문신을 함으로써 자신의 상처를 신성한 상처로 전환하기로 했다. 최종적으로 그녀는 치유의 경험에 관한 책 『나무(Tree)』를 발간했다. 상반신을 벗은 채 양팔을 벌리고 찍은 그녀의 사진은 유명한 포스터가 되었다.

그녀가 나에게 말했듯이, "계획으로는 결코 이런 삶을 살지 못했을 거야. 내가 암에 안 걸렸다면, 치유에 대해 생각을 하거나, 책을 쓰거나, 치유에 대해 가르치면서 미국 전역을 돌아다니지 않았겠지."

암은 우리가 이해할 수 없는 언어로 말한다고 그녀가 말했다. "증상은 우리에게 어떤 특정한 길을 가라고 자세하게 말해. 영성과 연결되도록 방향을 제시하지. 병에 걸리면 영성이 우리 인생에 다가오거든."

그녀의 본질적인 통찰력은 바로 이것이다. '인생을 치유하라, 그러면 인생이 여러분을 치유할 것이다.' 병과 질병은 우리의 삶을 바꾸게 하는 전령일 수 있다고 그녀는 말했다. 이러한 생각은 여러 해에 걸쳐서 '치유하는 이야기'라는 활동으로 발전했다. 디나의 표현에 따르면, 질병과 영적, 정서적 위기, 공동체, 정치적, 환경적 붕괴를 해결하기 위해 '고통이 말하는 이야기'를 치료적으로 활용한다는 것이다.

수십 년 동안 동시성, 꿈, 사람들과의 만남에서 나타난 단서들을 따르면서 그녀의 열정과 축복은 인생으로 엮였다.

"그 젊은 여성이 나에게 **원로**가 되어줘서 고맙다고 감사를 표한 뒤 여러 해가 지나서, 나는 꿈을 꾸었어. 내가 지원하지 않았던 대회에서 세 번이나 우승하는 꿈이었지. 상은 뉴욕에 가서 원주민 **원로**가 되는 수련을 받는 것이었어. 질문들이 나를 괴롭혔지. 내가 그 의식을 통합할 수 있을까? 식민지화되지 않은 원주민 **원로**는 무엇을 할까?"

그녀는 오랫동안 이 질문들을 생각했고, 마침내 그 대답으로 『밤새의 비(*A Rain of Night Birds*)』를 썼다. "이 **원로**

는 세포 단위로 우리 안에 존재한다. 이것은 자기인식, 엄격한 윤리관과 넓은 식견을 가지고 있으며, 지구 전체라는 공동체의 최고의 이익을 위해서만 반응한다. 사소한 일은 신경 쓰지 않는다."

내가 그녀에게 현재 격변하는 사회, 정치, 환경에 관해 질문을 던지자, 그녀는 이렇게 말했다. "시대가 얼마나 암울한지, 우리가 반드시 어떻게 책임을 져야 하는지에 대해 충분히 소통해야 해. 내가 이런 말을 하게 될 줄은 몰랐는데, 더는 참을 수가 없어. 전미총기협회(NRA)는 발언권을 가질 자격이 없어. 기후변화를 부정하는 사람들도. 민주주의를 없애려는 사람들도 마찬가지야. 우리는 눈 돌리지 않고 계속 희망을 품은 채 있는 그대로의 시대를 맞이하는 증인이 되어야 해."

디나는 자신의 말대로 행동하는 사람이다. 81세에 그녀는 스탠딩 록(Standing Rock)에 가서 원주민 수(Sioux) 부족의 땅에 송유관을 건설하는 것에 반대하는 청년들에게 말했다. "**원로**로서 내가 여러분을 돕겠습니다."

그녀의 유산은 무엇일까?

"『밤새의 비』가 내 유산이야. 독자들은 제멋대로에 이기적이며, 권력에 굶주린 서구적인 시각에서 벗어나 내면의 지혜로운 문화의 잔재들을 볼 수 있겠지. 그들은 지구의 존재를 느끼고 그 지혜와 연결돼서 사는 법을 배울 수 있어."

내가 그녀에게 어떤 영적인 수련을 하느냐고 질문하자, 그녀는 이렇게 대답했다. "내 수련법은 영혼과의 대화를 이어가는 거야. 내면의 수다가 아니라 기도와 선물, 칭찬, 감사함 뿐이야."

~~~~~~~~~~~~~~~~~~~~~~~~~~~

~~~~~~~~~~~~~~~~~~~~~~~~~~~

융 학파 정신분석가 라이오넬 코벳과의 인터뷰

라이오넬 코벳은 캘리포니아 퍼시피카 대학원 교수로, 내가 그곳의 학생이던 시절에 그는 융 학파 심리학과 영성을 연결하는 데 집중하고 있었다. 젊은 시절 그는 잉글랜드에서 노인정신과 의사로 교육을 받았다. 그는 『정신의 종교적 기능(*The Religious Function of the Psyche*)』과 『정신과 성스러운 것(*Psyche and the Sacred*)』의 저자이자, 선집 『융과 노화(*Jung and Aging*)』의 공동 편집자다.

"노화에는 심리적, 영적 중요성이 있습니다. 저는 후손에게 공헌하기 위해 가르치고, 할아버지로서의 제 역할을 즐깁니다. 하지만 제 직업, 제 소명은 나이가 들면서 더 분명해졌습니다. 그것은 주어진 것이지 자아가 선택한 것이 아닙니다. 바로 융과 영성에 관한 글을 쓰는 것입니다."

융의 백과사전적 연구와 유명한 인도 베단타 철학을 비교한 그는 융이 정신 차원의 이미지나 생각의 움직임에 집중했지만, 베단타는 이러한 현상의 기저에 놓인 순수한 인식의 공허함에 집중한다고 지적했다. "융은 되어가는 과정에 집중했고, 베단타는 결과인 존재에 집중합니다."

그러나 라이오넬은 융의 사고방식에서 비이원적인 것을 발견했다. 융은 자기(Self)가 정신의 총합이라고 정의했고, '우누스 문두스(unus mundus),'● 즉 하나의 현실에 대해 광범위한 글을 썼다. 그는 자아(Ego)와 자기(Self) 사이의 역학은 발달[개별화]과 함께 변했다고 생각했지만, 궁극적으로 자아는 필수 불가결하다고 강조했다. "융에게 자아초월성의 가능성은 없었다."라고 라이오넬이 말했다.

라이오넬의 추측에 따르면, 융은 "순수한 인식을 모호하게 만드는 것을 제거하면서 마음을 잠잠히 다스리는 방식으로 명상하는 습관이 없었다. 따라서 그는 순수의 인식을 직접 경험하지는 못했을 것이다. 그러므로 그의 연구는 의식의 내용을 변형시키는 것을 목표로 하지만, 비이중 철학에서 바로 이러한 내용과 우리가 그것들과 관계하는 방식을 반드시 이해하고 꿰뚫어 보아야 한다."

그는 다소 자아초월적인 경험이 있는 많은 **원로**가 어떻게 물질적이고 실용적인 삶에 대한 접근에서 더 자아 성찰적이고 덜 이기적인 접근으로 발전할 수 있었는지 나에게 설명했다. 성스러운 것과 연결되지 않은 사람은 상실로

● 라틴어로 '하나의 우주', '통일된 세계'를 뜻한다.

인해 씁쓸함과 위축으로 이어질 수도 있다고 그가 말했다.

"우리는 자아의 짐을 내려놓고 다른 큰 무언가를 위해 봉사해야 해요. 인생의 신비로운 주제들을 살펴보면, 우리의 시야는 넓어질 수 있어요. 모든 것이 더 거대한 일이 전개되는 데 필요했다는 사실을 알게 될 수 있어요. 우리는 사건의 깊은 흐름에 자신을 맞추고 그 속에서 우리의 자리를 인식할 수 있어요."

"과거를 돌이켜보면, 사람들이 저의 세상에 어떻게 들어왔는지 볼 수 있어요. 그리고 일에는 의미 있는 순서가 있어요. 그것은 제가 통제할 수 없었죠. 하지만 이제, 이걸 보면서 불가피한 것을 급진적으로 받아들이는 것을 연습해요. 더는 크게 저항하지 않아요."

라이오넬은 노년기가 창의적인 시간이기도 하다고 말했다. "창의성과 영성은 자아초월적인 측면에서 나오죠. 창의성은 우리의 목소리를 자유롭게 해방하고, 의미를 부여하며, 자아에 다시 활력을 불어넣죠. 우리가 내면의 창의적인 충동을 따를 때, 우리는 더 큰 현실에 참여하게 돼요."

내가 죽음의 인식에 관해 질문하자, 그는 이렇게 대답했다. "죽음은 인생의 일부이지 동떨어진 의미 없는 사건이 아니에요. 배가 떠날 때 부두를 붙드는 건 아무 의미가 없어요."

나의 원로를 기리며
융 학파 정신분석가 마리온 우드만

이제는 고인이 된 멘토이자 친구인 융 학파 분석가 마리온 우드만과 내가 마지막으로 함께 했을 때, 그 방의 공간은 큰 광야로 개방되었다. 대화를 나누면서 우리의 마음과 정신이 함께 만나는 것을 느낄 수 있었고, 그 방은 확장되어 더 큰 그릇에 우리를 담았다. 우리는 자아를 넘고, 각자의 역할과 칭호를 벗어난 영혼의 연결을 경험했다.

마리온은 그때까지도 여전히 활기찼고 의식이 또렷했다. 비록 이후에 치매에 무릎을 꿇고 2018년에 세상을 떠나게 됐지만, 바로 그 소중한 순간, 산타바바라의 그 봄날에 그녀는 '나이의 왕관(the crown of age)'에 대해 이야기했다. 그리고 60세의 나는 당시에 그녀의 말뜻을 이해하지 못했었다는 사실을 고백한다.

그때까지 나는 내면의 연령주의자를 인식하지 못했고 노년기의 내면 작업에 대한 경험이 없었다. 귀를 기울여 들었지만 이해하지 못했다.

이제는 내적 발달과 외적 발달의 정점을 상징성을 가진 '일종의 왕관을 썼다'라고 표현한 것을 안다. 그 왕관은 넷플릭스 시리즈 〈더 크라운(The Crown)〉에서 클레어 포이가 재연한 엘리자베스 여왕의 영광스러운 순간, 처음으로 그녀가 왕관을 쓰던 때를 떠올리게 한다. 그 장면에서 우리는 그녀가 개인에서 상징으로, 작은 고민을 가진 인격에서 우주적 고민을 품은 왕실의 존재로 변하는 것을 지켜본다.

그렇다고 해서 우리 **원로**들이 세속적인 세상에서 왕과 왕비로 군림해야 한다는 뜻은 아니다. 완벽하게 치유되지 않았을 수도 있는 **원로**들이 신성한 세계에서 새로운 상징으로 서야 한다는 뜻이다. 역사의 흉터를 가진 **원로**들이 우리의 회복력 안에 서 있다. 마음의 고통을 겪었던 **원로**들은 모든 생명체를 연민하며 서 있다.

나는 마리온 우드만의 저서와 그녀와 나눈 개인적인 대화로부터 많은 가르침을 얻게 되었음에 감사함을 느낀다. 특히나 '나이의 왕관'이라는 이 이미지에 감사함을 느낀다.

그림자 작업 수련법

원로 되기

- 여러분의 영웅의 여정에서 **원로**나 멘토는 누구였나?
- 그들은 여러분에게 어떤 은총과 유산을 주었나?
- **원로**의 어떠한 그림자 자질이 행동했나? 그들은 지배하거나, 독단적이거나, 남을 판단하거나, 다른 것을 했나?
- 새롭게 태어나는 **원로**가 되기 위한 여러분의 비전은 무엇인가?
- 여러분은 문턱을 넘기 위해 어떤 의식을 상상하나?
- 누가 여러분의 참관자인가?
- 지금 세상이 필요로 하는 여러분의 특별한 선물, 지식, 재능이나 통찰력은 무엇인가?

내려놓기

- 어떤 정체성이나 이야기가 자아의 손에 여전히 붙들려서 **원로**가 되기 위한 문턱을 넘어가지 못하게 막나?
- 과거의 어떤 그림자 캐릭터가 여러분을 과거에 가둬두고 인생의 성취를 할 수 없도록 여러분이 순종하게 하거나 계속 저항하게 하나?
- 자만심을 내려놓고 주목을 포기하지 못하게 여러분을 막는 것은 무엇인가?
- 어떤 그림자 캐릭터가 바쁜 드라마에 중독되어 고요함에 귀 기울이지 않으려 하나?
- 여러분이 존중이나 도움이나 보살핌을 부탁하지 못하게 막는 것은 무엇인가?

내려놓기를 위한 의식

다음은 2017년 진행된 온라인 수업 〈영성과 수련법〉 중 "인생의 과도기를 항해하기(*Navigating Life's Transitions*)"에서 롬 페브니가 제안한 의식이다. (인용에 그의 허락을 구했다.)

1. **원로**가 되면서 여러분이 내려놓을 가장 중요한 것을 반추해 보고 하나를 고르자. 여러분이 내려놓은 후에 얼마나 해방감을 느낄지 상상해 보자.
2. 내려놓지 않았을 때 치러야 하는 대가를 상상하자.
3. 자신의 준비성을 평가하자. 이것을 준비하기 위해 정서 회복 작업이 더 필요한가?
4. 사진이나 기념품이나 편지와 같이 탈피할 오래된 피부를 상징하는 물체를 찾자. 그것을 특별한 장소에 놓고 여러분의 에너지를 투자하자.
5. 준비되면, 의식용 불을 피우거나 땅에 작은 무덤을 만들자.
6. 신성한 것의 존재를 호출하고 이 물건과 그 의미를 기리고 해방해 줄 여러분의 의도를 확인하자.
7. 여러분이 그것을 내려놓으면 어떤 기분이 들지 다시 확인하자.
8. 여러분의 신성한 물건을 불에 태우거나 땅에 묻고 그때 생겨나는 감정들을 존중하자.

전이 시간: 세계와 세계 사이에서 살기

- 여러분은 늙지도 젊지도 않으며 다시 태어나기를 기다리며 누에고치 속에 있다는 것을 느꼈는가?
- 여러분의 두려움은 무엇인가?
- 그림자 캐릭터가 여러분에게 어떤 목소리를 내고 있는가?
- 여러분은 자신의 길을 밀고 나가길 원하는가? 아니면 폐쇄된 채로 남아 있길 원하는가? 아니면 간단하게 지금 여기에 존재할 수 있는가?

내면의 원로 만나기

1. **내면의 원로**의 관점에서 여러분의 인생을 회고해 보자. 그에게 여러분의 인생사를 축복해달라고 부탁하자. 지금 여러분을 인정하고 인생의 비전을 확인해달라고 부탁하자.

2. 여러분 **내면의 원로**에게 부모님의 인생사를 축복하고 그들이 여러분에게 남긴 선물을 확인해달라고 부탁하자.

3. **내면의 원로**로부터 젊은 자신(내면의 아이, 청소년, 청년, 또는 중년인 성인인 자신)에게 편지를 쓰자. 여러분에게 제공되지 않았던 이 젊은이로서 여러분을 알거나 느끼기 위해 무엇이 필요한가? 여러분 **내면의 원로**는 그것을 지금 제공할 수 있다. 그는 보이지 않고 무가치하다고 느낀 여러분의 상처를 치유할 수 있다. 그는 지금의 당신에게, 당신처럼, 신적인 존재가 될 수 있다.

영적 수련법

원로를 다시 만들기

- 지금 여러분은 누가 될 자유가 있는가?
- **원로**로서 여러분은 인식의 세 가지 관문을 어떻게 통과해서 여행하는가?
- 여러분은 자신의 영적 목적에 귀 기울이나? **원로**로서 그것을 어떻게 구체화하는가?

원로의 지혜, 그리고
나이듦을 각성으로 이끄는 부름

우화

비를 부르는 사람 (중국 설화)

큰 가뭄이 들었다. 여러 달이 흐르도록 단 한 방울의 비도 내리지 않았고, 상황은 최악으로 치달았다. 가톨릭 신자들은 행렬을 했고, 개신교 신자들은 기도했으며, 중국인들은 향을 태우고 총을 쏘아 가뭄의 악귀를 쫓아내려 했지만 아무 소용이 없었다. 마침내, 중국인들이 말했다. "우리가 비를 부르는 사람을 데려오겠다."

다른 지방에서 삐쩍 마른 노인이 나타났다. 그가 유일하게 부탁한 것은 작고 조용한 집이었고, 그는 사흘 동안 그 집에서 나오지 않았다. 나흘째가 되던 날, 구름이 모였고 거대한 눈 폭풍이 불어 닥쳤다. 마을은 비를 부르는 그 놀라운 사람에 대한 소문으로 무성해졌다. 한 방문자가 어떻게 눈 폭풍을 불렀냐고 물어보러 갔다.

"사람들이 당신을 '비를 부르는 사람'이라고 부릅니다. 어떻게 눈을 만들었는지 말씀해주시겠어요?"

그러자 노인이 대답했다. "저는 눈을 만들지 않았습니다. 제가 한 게 아닙니다."

"그러면 지난 사흘 동안 무엇을 하셨나요?"

"아, 그건 설명할 수 있어요. 저는 질서정연한 나라에서 왔어요. 여기는 질서가 없어요. 하늘의 명에 따라야 하는 데 따르지 않고 있죠. 그래서 나라 전체가 도에 머물고 있지 않습니다. 질서가 없는 나라에 있다 보니 저 역시 자연의 질서에 머물고 있지 않았죠. 그래서 저는 제가 도의 상태로 돌아갈 때까지 사흘을 기다려야 했어요. 그랬더니 자연스럽게 비가 내렸습니다."

-칼 융, 『융합의 신비(*Mysterium Coniunctionis*)』 중 리처드 빌헬름이 들려준 이야기를 각색

물이 없는 세상과 비를 부르는 현자에 대한 이 이야기는 영웅의 업적에 관한 설화가 아니다. 그 노인은 문제와 같은 수준에서 문제를 해결하려 하면서 해결책을 찾기 위해 세상을 돌아다니지 않는다. 그는 사람들의 생각을 바꾸려 하지 않는다. 그는 악귀들에 대적하기 위해 주술의식을 치르지도 않는다. 그는 물

리적이든 주술적이든 어떠한 행동도 생명의 물과 연결성을 만들 수 없다는 점을 알고 있다.

따라서 이 설화는 소리굽쇠의 역할을 하는 현명한 **원로**, 여기서는 '도'라고 불리는 더 큰 무언가와 연결하려 하고, 그래서 세상이 다시 조화로 돌아올 수 있었던 것에 관한 설화이다. 그 이야기는 우리에게 내면을 바라보고 그가 도에서 벗어났을 때를 인지하고 돌아가는 방법을 아는 **영적 원로**에 대한 비전을 제시한다. 그 노인은 자기 내면의 힘이 흐트러진 것을 느낀다. 그는 그가 방문한 세상에서 그것을 느낀다. 그리고 메마르고 깨진 세상에서 그가 분리될 수 없다는 사실을 안다.

그 노인은 근원과 연결하게 되고, 자연은 이에 반응하며 전체 공동체가 다시 일치하게 된다. 따라서 그의 내면 작업은 공동체를 위한 그의 외적 작업과 분리되어 있지 않다. 그는 자신의 영혼을 치유하면서, 세상의 영혼도 치유한다.

이것이 고대 중국의 도교에서 말하던 무위(無爲), 즉 행동하지 않음의 원리이다. 이것은 정신 상태 또는 인식의 상태에서만 수행되며, 내면과 외면의 상태에 귀를 기울여 순간적인 필요에 따라 자발적으로 행동이 일어난다. 이것은 의지나 분리, 분노 또는 독선에서 생겨난 행동이 아니다. 이것은 '도와' 주거나, '해결'하거나, '통제'하기 위한 행동이 아니다.

물론, 그 노인의 자아가 공을 얻는 것은 아니다. 그는 도에게 공을 돌린다. 그는 입문한 **원로**로 존재와 행동, 내면과 외면, 인간과 자연, 정신과 물질이라는 이중성 사이의 다리이다. 그는 순수한 인식과 연결하며, 자신의 운명을 완성한다. 달리 표현하자면, 그는 자신의 행동이 아닌 자신의 존재와 인식의 단계를 통해 임무를 완수한다.

반면에 우리 중 많은 이들은 이러한 가능성을 부정하고 저항할 것이다. 어쩌면 지금도 여러분은 자신에게 말할지 모른다. "이것은 단지 전설일 뿐이야. 비를 내리는 노인 같은 건 없어." 하지만 이러한 부정은 또 다른 내면의 장애물이다. 우리가 좁고 분리된 자아감과 계속해서 동일시한다면, 우리는 모든 문화의 신비로운 전통이 묘사하듯이 더 큰 무언가(정신, 존재, 직감, 또는 신 등)와 연결하고 인식의 높은 단계로 이동해 자신의 방향을 재정립할 기회를 잃어버리게 된다. **원로**에서 **영적인 원로**로 변할 기회를 놓치게 된다.

10장을 읽으면서, 지금도 여러분 안에서 동요하는 원형인 **영적인 원로**가 여러분이 원하는 이미지가 되도록 허락하자.

최후의 신성한 전령
승려의 외침

비를 내리는 사람의 이미지와 함께 이 책의 서두에 수록된 신성한 전령을 처음으로 만난 석가모니에 관한 이야기로 돌아가 보자. 석가모니는 질병과 늙음과 죽음을 본 이후, 영적인 각성을 위한 잠재력을 내재한 승려를 염탐한다. 큰 충격으로 방향을 상실한 석가모니는 이제 영성(Spirit)으로 방향을 전환한다.

대부분의 오래된 영적 전통들은 노년기를 이러한 전환에 집중하고 영적 진화라는 약속을 완성할 시기로 언급한다. 인도 전통에서는 사람들이 학생, 가장, 조부모의 의무를 완수한 후에 자신이 소유한 것과 책임을 남겨놓고 자유롭게 내면으로 방향을 전환한다. 오렌지색 승려복을 입고 손에는 공양 그릇을 들고 길거리를 배회하는 인도 승려나 유행승(sannyasin)의 이미지는 편안한 삶을 사는 우리에게는 극단적으로 보일 수 있다. 갈색 수도복을 입은 기독교 수사의 이미지나, 검은색 수녀복을 입고 수녀원 밖 세상으로 나가지 않는 수녀의 이미지도 마찬가지다. 그러나 이러한 이미지들은 우리보다 더 큰 무언가를 믿으면서 미지의 세계로 발을 들여놓고 **영적인 원로**로 탄생하면서 과거의 정체성과 역할과 의미를 내려놓는 잠재성을 나타낸다.

영적인 원로로서 우리는 노화를 '자연스러운 수도원'으로 활용할 수 있다. 감각의 쇠퇴와 신체적 한계를 이용해 외부의 산만함에서 벗어나 내면으로 눈을 돌리는 것이다. 우리는 자연적인 속도 감소를 바뀐 시간관념으로 확장할 수 있다. 감정적 상실의 단절에서 벗어나 타인의 고통에 대해 더 깊이 있는 연민을 느낄 수 있다. 우리의 몸과 마음의 쇠퇴는 개인의 이야기와 감정과 믿음을 내려놓고, 영원한 것과 연결하기 위한 영혼의 여정의 마지막 부분으로써 분리를 연습할 수 있게 한다. 이것은 단지 외부와 단절하는 것이 아니다. 자아의 통제력을 포기하고 자아가 노화에 영향을 미칠 수 있다는 믿음을 내려놓음으로써 내면에서부터 자유를 찾아 매 숨결마다 자아를 벗어나는 것이다.

마침내 노화가 우리의 인식과 세상에 대한 경험을 바꾸면, 우리는 더 깊은 정체성에 눈을 뜨게 된다. 우리는 우리의 신체가 아니다. 우리는 우리의 정신이 아니다. 우리는 우리의 이야기가 아니다. 우리는 우리의 생각을 통해서 보며, 서서히 영혼의 시각으로 떨어지게 된다. 결국에 세계는 더 이상 우리와 분리되지 않는다. 힌두교의 경전에서 말하듯이, "나는 그것이다. 너는 그것이다. 이 모든 것은 그것이다." 상반되는 것들의 이중성이 사라지고, 우리는 집에 도착한다.

물론, 다양한 사람들이 있는 만큼 잠재적인 **영적 원로**의 버전도 다양하게 존재한다. 2017년 **영적 원로**의 행동주의에 관한 강좌(《영성과 수련법》)에서, 로버트 앳슬리는 어떤 사람을 세이지나 **영적 원로**로 분류하게 하는 자질들에 관해서 설명했다. (그와의 인터뷰는 본 장의 후반에서 다뤄질 것이다.)

- 영적 깊이에 대한 깊은 친밀감 (순수한 인식)
- 도전을 직면한 상황에서의 평정심
- 판단이나 섣부른 결론이 아닌 개방성
- 마음이 아닌 지금 여기에 주의를 집중할 수 있는 능력 (현존)
- 욕망이나 두려움에 흐려지지 않은 명료성
- 타인의 고통에 대한 연민

- 깊은 사색의 산물인 성찰적이고 큰 그림을 보는 지식
  (그림자의 인식)
- 자아를 넘어선 겸손

노년기에 익숙한 많은 상실이 우리 주변에 만연하지만, 이러한 이익도 완전한 진실의 한 부분이다. 노화는 하락이자 상승이다.

람 다스는 66세의 나이에 장애를 갖게 한 뇌졸중 이후의 내적 경험을 〈유니티 매거진〉의 케이티 쿤츠에게 설명했다. "뇌졸중 이후에 저는 새로운 사람이 되었어요. 그 전에는 첼로를 연주하고, 골프를 치고, 비행기를 조종하고, 고급 차를 운전했죠. 미혼 남성이 할 수 있는 모든 것을 했어요. 그러나 뇌졸중으로 신체의 오른쪽을 거의 쓸 수 없게 되었고, 예전의 생활은 인생에서 잘려나갔죠… 저는 밖에서 행복을 찾던 것을 그만두었어요. 내면을 들여다보기 시작했고, 즐거움, 즐거움, 즐거움을 느끼기 시작했어요! 이것은 축복이죠. 그 순간부터, 제 영혼이… 모든 것을 사랑할 수 있고 온 우주가 저에게 사랑을 베푼다는 인식을 느꼈어요."

그는 말을 이어나갔다. "여러분은 '나는 사랑의 인식이다… 나는 사랑의 인식이다… 나는 사랑의 인식이다.'와 같은 주문을 읊으면서 주의를 집중하고 생각과 자신을 동일시하는 행동을 마음속으로 끌어내릴 수 있어요. 그러면 영혼 또는 '영혼의 땅'으로 통하는 문, 즉 또 다른 의식의 차원인 심장에 도달

하게 되죠."

더 높은 단계의 인식으로 깨어나기

요가와 아드바이타 베단타, 불교, 수피즘, 기독교, 유대교, 기타 밀교 학파뿐 아니라 인본주의 심리학, 자아초월 심리학, 통합 심리학 안에는 신비주의의 길에서 인간 발달의 앞선 단계들을 보여주는 지도들이 많이 있다. 여러분이 가장 좋아하는 것이 인도의 차크라 시스템이건, 불교의 깨달음의 단계이건, 마하리 시의 의식 단계이건, 켄 윌버의 각성 단계이건, 영적 수련을 할 때는 앞선 이들의 발달에 대한 비전을 가지고 그 길에 있는 이 정표를 아는 것이 중요하다. 언어와 구체적인 내용은 다를지 몰라도, 각각은 내려놓기, 전이성, 재탄생의 내부적인 단계들을 설명한다. 그리고 그들 모두는 명상 수련의 한 가지 목표를 설명한다. 바로 자아실현 또는 '자기'로서의 작은 자아의 실현이다. 이중적이지 않은 하나의 경험 또는 하나의 현실을 경험하는 것이다.

　　다니엘 골먼과 리처드 데이비드슨이 공동 집필한 『명상하는 뇌(*Altered Traits*)』●는 이 목표에 도달했거나 근접한 높은

● 　미산·김은미 옮김, 김영사, 2022.

단계의 각성에 도달한 불교 명상가들에 대한 최신 뇌연구결과를 제시한다. 그림자 캐릭터의 회의적인 생각('이론적으로나 훌륭하지, 실제로 해낸 사람은 아무도 없어.')을 듣는다면, 여러분은 그들의 연구 결과가 궁금할지 모른다. 여러 차례에 걸친 뇌 스캔을 통해, 연구자들은 명상가들의 뇌가 더욱 느리게 노화하는 것을 발견했다. 또한 명상은 열린 감각, 텅 빈 명료함, 노력 없는 집중 등 모든 활동 중에 지속적으로 인식할 수 있는 기능이 되었다. 그들은 스트레스에 대한 낮은 반응성과 무한한 평정심을 보여주었다. 이 명상가들은 인식의 일시적인 높은 단계에서 안정적인 높은 단계로 변하는 목표를 달성했다.

신경신학, 즉 뇌와 종교적 경험 간의 관계를 연구하는 신경과학자인 앤드류 뉴버그는 쉐마(Shema)를 기도하는 랍비의 뇌를 스캔했고, 그런 다음 비종교적인 노래를 부르는 동안 그의 뇌를 다시 스캔했다. 그는 그 결과를 같은 활동을 하는 자신의 뇌를 스캔한 것과 비교했다. 뉴버그는 랍비의 뇌가 자신의 뇌보다 더욱 강한 집중력을 보여주었고 내려놓기 또는 기도의 과정에 빠져드는 것을 발견했다. 수년 동안 랍비가 "명상하는 뇌"를 발달시켰는지 궁금해지는 발견이다. (뉴버그는 데이비드 헬편과 공동 집필한 『랍비의 뇌』라는 책에서 그의 연구 결과를 발표했다.)

진 휴스턴이 '의식의 아인슈타인'이라 부른 켄 윌버는 변화된 특성이 더 높은 단계로 안정화되는 과정의 지도를 만드는 작업에 수십 년을 쏟았다. 그는 자아의 확립이전(prepersonal)에서 자기실현(personal)과 자아초월(transpersonal)로, 또는 그의 표현을 따르자면 '성장'에서 '각성'으로 변하는 과정을 추적했다. 그는 인식이 진화함에 따라 우리가 각 성장 단계를 통합하고, 그 이상으로 나아갈 때 이를 포함한다고 말했다.

다시 말해 우리는 과거의 정체성과 의미를 여전히 우리 안에 간직한 채 내려놓고, 불확실성 속으로 이동해 새로운 단계로 나아간다는 것이다. 하지만 그것들이 더는 우리의 가치관이나 자아를 지배하지 않는다. 이 새로운 단계에서는 내적·외적 경험을 해석하는 방식이 모두 달라진다. 그리고 각 단계에는 장점과 그림자, 즉 사각지대가 존재한다.

『통합영성』에서 윌버는 인식의 단계 지도를 설명했다. 첫 번째 단계인 자아 중심적 인식은 유아에게서 나타나거나 정신 질환이 있는 사람들에게서 본능적인 생존의 필요로 나타난다. 자아가 아직 타인과 구분이 되지 않아서 개인적인 자기 인식이 없다.

그다음 우리는 어린이처럼 변한다. 충동적이고 도덕관념 없이 행동하고, 우리가 원하는 것을 가진다. 자기통제를 향한 단계에서 우리는 분리되고 취약하다고 느끼기 시작하며 투쟁-도피 반응으로 자기 보호를 위해 반응한다.

그런 다음, 민족 중심적(ethnocentric)인 단계로 이동하면서 우리는 의무, 애국심, 자기희생, 흑백논리와 같이 집단의 규범에 순응하면서 정체성과 안정성과 목적을 만든다. 우리는 미국의 청교도주의와 모든 종교의 근본주의자들에게서 이 단계를 관찰할 수 있다. 집단이나 부족의 정체성은 우리와 타인을 나누는 그림자 투사로 더욱 강화된다. 윌버는 사람들이 개인적인 직접 경험보다 독단을 강조하면서 진화를 막는 전통적으로 조직된 종교에 의해 이 단계에 사로잡히게 된다고 지적한다.

세계 중심적(worldcentric)인 단계로 들어가면 기업가들과 정치인에게서 볼 수 있듯이, 처음에는 이성적으로 행동하고 진보와 전략과 승리를 높이 평가한다. 그런 다음, 사람들을 돕는 직업군의 종사자들이나 구호는 다른 종교에서도 이루어진다는 제2차 바티칸 공의회의 선언에서 보듯이, 남들과 평화와 조화를 모색하며, 환경에 민감하게 반응하고, 평등한 기회와 다원주의를 추구한다. 이 단계에서 우리는 더 큰 시스템과의 관계에서 자신을 보기 때문에, 다른 사람의 관점에 열려 있고 우리 자신의 필요를 상대화할 수 있다. 이 단계는 **원로**가 된다는 것이 무엇을 의미하는지 알려준다.

윌버는 1960년대 포스트모던 시대를 상기시키면서 인구의 10%는 이성주의에서 다원주의로 전환했다고 지적한다. 그는 2015년에 인구의 10%가 상호 연결된 시스템의 진리대로 살면서 온 우주 중심적(kosmocentric) 또는 통합적 단계로 이동했다고 제시했다. 점차 우리는 자아를 관통해서 보고 인생을 인식과 사고와 행동의 상호작용으로 재구성할 때까지 정신과 영혼의 전체성을 깊이 경험하는 단계로 들어간다. 그리고 마침내, 자아초월과 함께 우리는 정신과 만물의 통합과 연결되어 **행동가**와 동일시하던 과거에서 벗어나 인생과 함께 흘러가는 능력과 함께 상호의존적인 시스템 안에 있는 존재로서 살게 된다. 이 단계에서 내려놓기는 분리로 승화된다.

통합적 단계에서 우리는 이전의 모든 단계가 진화의 일부로 그만의 가치가 있다는 사실을 이해하고 각각의 고유한 관점을 포함해야 한다는 점을 이해한다. 이러한 단계들은 **영적 원로**가 된다는 것의 의미로 향한다.

윌버는 진화의 충동이나 성스러운 갈망으로 움직인 사람들은 이 같은 고차원의 단계에서 계속해서 우리의 인식을 확장하고 포용, 전체론, 조화, 상호 연결성, 비언어적 영성의 가치들로 문화를 채운다고 말한다.

여러분은 이러한 단계를 성찰하고 지도에서 자신을 찾으려 할 수 있다. 당연히 우리는 우리가 사는 단계를 전혀 모르며, 심지어 그 단계가 나이에 대한 우리의 인식과 믿음과 가치와 행동을 형성한다는 사실을 인지하지 못한다. 그러나 우리가 개인적으로 알든 아니든 다른 사람의 단계를 감지할 수 있다면, 우리로서는 가치관과 행동을 이해할 수 없는 타인을 향해 더 큰 연민을 느낄 수 있을지 모른다.

윌버의 틀을 사용해 기후변화를 예로 들어보자. 만약에 자아 중심적인 단계에 있는 노인들이 식량이나 주거가 불안정하고, 안전하지 않고 정서적 필요를 충족하지 못하고 산다면, 기후변화라는 거대한 현실은 인식하기에는 너무나 큰 문제일지 모른다. 대신 그들은 단절감과 고립감을 느끼고 위험에 처한 사람들을 신경 쓸 수 없거나 자신의 생존보다 더 큰 그림을 붙들고 있을 수 없다고 느낀다.

그들의 생존을 위한 욕구가 충족된다면, 그들은 민족 중심적인 단계로 나아갈 수 있다. 즉, 그들은 집단에 합류해 환경에 대한 행동을 정하는 일련의 믿음들인 '부족의 인식'을 띠게 된다. 이런 사람들이 종말을 주장하며 신자들이 천국으로 인도될 것이라고 믿는 교회에 들어간다면 기후 변화를 특정한 방식으로만 보게 될 것이다. 이러한 독단적 교리에 오랫동안 동조하면 이 단계를 넘어서지 못하고 성장이 멈출 수도 있다.

반면에 창조를 신의 선물로 생각하고, 인류를 그 선물을 지키는 관리인으로 생각하는 교회에 다니게 된다면, 그들은 또 다른 방식으로 기후변화를 바라보게 될 것이다. 이들은 시간을 가지고 더욱 이성적이고 자율적인 주체로 진화하고, 그런 다음에 세계 중심적인 단계에서 인간관계를 잘 맺고 온정 있고 관대한 사람으로 진화할 기회를 얻게 될지 모른다. 어쩌면 그들은 종들이 점차 멸종하고 있다는 이야기를 듣고 모든 생명체의 상호의존성을 깨닫기 시작할 것이다.

끝으로 영적인 돌파구와 함께 우리의 가상의 구도자들은 이 통과 의례를 지나 윌버가 말한 생명체의 상호의존성을 아는 데서 그치는 것이 아니라 실제로 그 시스템 안에서 사는 것을 의미하는 온 우주 중심주의 단계에서 **영적 원로**로 탄생하게 될 것이다. 이제 그들은 새로운 렌즈를 통해 기후를 본다. 인류가 비이중적인 현실을 보지 못하는 현상은 우리를 자만심의 정점과 파괴의 끝으로 인도했다.

이 예에서 우리는 인식의 단계를 통해 영혼의 진화를 본다. 우리 피험자들은 정체성이 믿음과 이야기와 함께 무의식의 본능에서 자아와 정신으로, 영혼과 깊은 진화적인 목적으로, 그런 다음 모든 것을 가지고 통일성으로 이동한다는 것을 안다. 이 지도는 인류의 최전선에 있는 이들과 합류할 때까지 한 단계에서 다음 단계로 우리가 횡단해야 할 영토를 보여준다.

우리는 기후변화에 대한 우리의 문화전쟁이 인류의 현 인식단계의 증상이라는 것을 안다. 주술적인 사고, 근본주의자의 종교적 사고, 이기적인 수익 창출, 영웅적인 자아 중심주의는 우리를 자연 세계와 다른 단계에 있는 집단으로부터 분리했다. 이러한 발달의 단계들은 끝없는 고통으로 이어졌고, 깊은 비이원적 현실을 볼 수 없게 만들었다.

지구 온난화는 시급한 외침이지만 원인은 아니다. 이것은 우리의 인식단계의 증상이다. 모든 생명체와 상호의존성을 깊이 느끼는 사람들이 지구를 자신의 탐욕을 위해 소비할 하나의 사물로 대한다는 것은 상상하기 힘들다.

2020년 코로나바이러스 유행에 대한 사람들의 반응 역시 그들의 인식 단계의 반영으로 살펴볼 수 있다. 즉, 그들은 그들이 속한 단계의 세계관을 통해 위기를 보게 될 것이며, 그에 따라 대응할 것이다.

일반적으로 이처럼 지속되는 스트레스는 사람들을 발달의 초기 단계로 퇴보하게 만들어 무력감, 불안감, 심지어 편집증으로 이어질 수 있다. 어떤 사람들은 그 위험성을 부정할 것이다. 또 다른 사람들은 희망에 집중하면서 그것을 이상화할 것이다. 각각은 혹독하고 생각할 수 없는 현실에 대한 방어책이다.

자아 중심적인 인식에 놓인 사람들은 자신의 안전에 집중할 것이며 타인의 생존 필요에 대해서는 알지 못할 것이다. 그들은 집단과 전혀 연결성을 느끼지 못하기 때문에, 식량을 사재기하고, 벙커에 숨으며, 다른 사람들은 불필요하다고 생각할지 모른다. (한 남성은 팬데믹 초반에 세정제를 17,000병 구매했다.) 이 단계에서 사람들은 위험성에 대해 다른 집단을 비난하며 자신의 집단의 믿음에 매달린다.

사람들이 이런 위기 동안 민족 중심적인 단계로 넘어가면 소속감이 중요해진다. 가족이든, 교회이든, 인종 집단이든, 또는 정당이든지 상관없이, 그들은 무의식적으로 자신의 부족과 동일시하게 되며 타인을 다른 모든 사람에게 투사하게 될 것이다. ("민주당을 지지하는 주들은 구제받지 못할 거야.")

그들이 더욱 이성적인 자치를 향해 계속해서 발달한다면, 사람들은 위기에 대한 과학적인 해결책을 모색할지 모른다. 그들은 상황을 분석하며, 허구와 사실을 구분하고, 비판적 사고를 적용하고, 해결책(더 많은 침상과 마스크와 호흡기, 백신 개발)들을 마련할 것이다. 이 단계의 사람들은 함께 협력하고 혁신을 이룰 수 있지만, 그들의 관심은 오로지 밖을 향한다.

피험자들이 자기 성찰을 통해 진화적으로 큰 도약을 이루면 그들은 맥락 속에서 자신과 다른 사람을 보기 시작한다. 각 관점이 초기 학습과 삶의 경험에서 비롯된 것이라면, 누가 옳을까? 피험자들은 자신의 믿음이 만들어진 것임을 알게 되고 종교적이든, 정치적이든, 과학적이든 더는 진정한 신봉자를 신뢰하지 않게 된다. 그러나 이들은 타인의 내적 경험과 자신의 발전에 관심이 있다.

세계 중심적 단계를 향해 더욱 진화하면, 이들은 복잡성과 그림자 문제 모두에 있어서 전 세계가 서로 연결되어 있음을 더욱 명확히 보게 될 것이다. 우리가 모든 것에 관해 이야기를 만들어낸다는 사실을 알게 되고, 또 이러한 이야기들이 현실이 아님을 알기에 경직된 입장에 계속해서 의문을 제기할 것이다. 이들은 바이러스 이야기와 음모론을 자신의 마음을 비추는 거울로 이해하게 된다. 예를 들어 그림자 캐릭터의 목소리는 부정을 표현할 수 있다. "정부가 내게 이래라저래라할 순 없어요." "나는 병에 걸리기엔 너무 젊어요." 아니면 어둠을 부정하고 상황을 낭만화할 수도 있다. "너무나도 많은 희망이 보여요."

아주 드문 온 우주 중심적 단계를 향해 나아가면서, 사람들은 정신의 근원으로 순수한 인식을 경험할 것이며, 그들은 마음속에 나타나는 이야기와 믿음이 아닌 순수한 인식과 동일시하기 시작할 것이다. 마음이 어떻게 작용하는지 그리고 태생적으로 상호 연결된 모든 것으로부터 그들을 어떻게 분리하는지 관찰하면서 '내면의 목격자'가 나타날 것이다.

비이중적 현실감과 함께 그들은 그들이 경험했던 이전의 단계들을 초월하고 포함하게 되며, 이제는 타인에게서 그런 단계들을 볼 수 있고 그들과 통일성을 느낄 수 있다.

어쩌면 인류 전체가 노년기에 접어든 것일지도 모른다. 기후 위기와 바이러스 팬데믹의 상황에서 현실을 직시하고 개인으로서 우리의 방식을 근본적으로 변경해야 하는 것은 비단 노인들만이 아니다. 어쩌면 인간이라는 종족으로써 우리는 소중한 지구를 살리고 지구의 아름다운 생명체들을 살리기 위해서 고립된 자아의 통제를 깊이 내려놓고, 집단적인 통과 의례를 거쳐서, 깊은 영적 현실과 연결하라는 외침을 귀담아들어야 할지 모른다.

지혜란 무엇인가?

'현명함'과 '노인'이라는 단어는 종종 일상 언어에서 한 세트처럼 등장한다. 이것은 인생의 끝에서야 지혜가 시작된다는 것을 의미할까?

게인즈빌에 위치한 플로리다대학의 사회학 교수 모니카 아르델트는 일반적으로 신체 건강과 정신건강, 자원봉사, 인간관계와만 연관을 짓는 노년의 만족감에 대한 연구를 확장하길 원했다. 그녀는 지혜(자기 중심성이 감소하고, 다양한 관점에서 인생을 바라보며, 타인에 대한 관용을 갖는 것)가 있다면 요양원에 있거나 불치병에 걸린 사람들도 행복감, 의미, 노년의 어려움에 대한 만족도가 높다는 사실을 발견했다. 그녀는 "현명한 사람은 평정심을 가지고 현실을 있는 그대로 받아들일 수 있다."라고 결론 내렸다. (아르델트의 연구에 대한 세부 사항은 2014년 3월 12일 뉴욕 타임스에 실린 필리스 코르키의 기사 "노화와 지혜의 과학"을 참고하자.)

흥미로웠지만, 나는 더 많은 의문을 품게 되었다. 그렇다면 진정으로 지혜는 무엇일까? 그것은 추상적이고 찾기 힘든 개념일까? 아니면 일상의 삶을 살아가는 일련의 기술적 수단일까? 지혜는 우리의 일상적인 선택과 가치관과 행동에서 조금씩 드러날까? 지혜로운 사람이 부도덕한 행동을 할 수 있을까?

지혜란 유전자에 달려있는가? 아니면 지혜는 건강한 뇌나 뇌의 특정 영역에 달려있는가? 지혜는 높은 IQ에 달려있는가? 심리적 안녕에 좌우되어 정서적 성숙함을 필요로 하는가?

지혜는 지구와 어떻게 조화롭게 살아야 하는지에 관한 원주민의 지혜나 유일신이나 신들과 어떻게 조화롭게 살지에 관한 철학과 종교적 교리를 물려준 고대 현자들과 성인들의 지혜와 같은 문화적 전파에 달려있는가?

지혜는 나이에 달려있는가? 그렇다면 우리가 살아온 날들을 측정하는 것은 우리의 지혜를 측정하는 것과 같은가? 지혜는 특정 인생 경험과 그 경험을 어떻게 소화했는지에 달려있는가?

이러한 질문들로 나는 궁금증이 생겼다. 지혜는 의도적으로 함양해야 할 필요가 있는가? 우리는 어떻게 지혜를 추구할 수 있을까? 영적 발달을 추구하는 사람들은 지혜가 없어도 인식의 단계로 나이들 수 있을까? 아니면 반대로, 지혜는 깨우침과는 어떻게 다른가? 지혜는 인식의 여러 단계에서 어떻게 다른가?

인식의 발달, 정서의 발달, 도덕성의 발달, 관계의 발달은 필요하지만 내가 말하는 지혜로 이어지기에 충분한 발달은 아니라는 사실을 깨닫게 되었다. 지적 통찰력은 심지어 기후 과학을 포함해 과학의 전체 역사가 보여주는 지식의 증가와 같이 상대적인 지혜를 가져올 수 있다고 나는 생각한다. 치료와 그림자 작업을 통한 자의식과 같은 정서적 통찰력은 상대적 지혜로 이어질 수 있다. 점점 더 윤리적이거나 이타적인 행동으로 나아가게 하는 도덕적 통찰력은 상대적 지혜로 이어질 수 있다. 사랑하는 사람을 어떻게 대할지 또는 낯선 사람을 비난하지 않고 공감으로 대하는 것과 같은 관계적 통찰력은 상대적 지혜로 이어질 수 있다. 심지어 비이중적 현실에 대한 지식이나 이해로만 남아 있는 영적 통찰력도 상대적 지혜로 이어질 수 있다. 이 모든 것은 중요하다. 그러나 이것들은 인식의 내용이다.

오직 영적 경험만이 절대적 지혜로 이어질 수 있다. 모든 명상 전통에서는 자신과 현실에 대한 진정한 본질을 직접적으로 인식하는 것을 내재적인 영적 발달의 최고 단계로 정의한다. 이 직접적인 인식은 상대적인 형태와는 다른 지혜를 불러온다. 이것은 내용이 아니다. 이것은 정신, 생각, 이미지를 넘는 초월적, 비이원적 또는 신성한 현실의 지혜, 즉 절대적 지혜이다.

『세상의 위대한 지혜(*The World's Great Wisdom*)』에서 로저 월시는 세월이 흘러도 변치 않는 가르침과 '지혜의 기술'을 함 양하는 다양한 전통적 방법들을 연구하는 전문가들을 모았다. 예를 들어, 랍비 라미 샤피로의 설명처럼, 호크마(Chochmah, 지 혜를 뜻하는 유대교 용어)를 얻는 것은 평생의 프로젝트이다. 그의 말을 인용하자면, 우리는 지혜를 모른다. 우리는 지혜에 각성 한다. "지혜의 핵심은 유일신의 상호의존적인 측면으로써 현 실의 진정한 본질을 드러내는 것이다. 유일신 안에서, 유일신 과 함께, 유일신으로서, 만물의 비이중성을 깨닫는 사람은 모 든 소외감을 극복하는 인식의 단계를 달성하는 것이다." 그 결 과, "온정이 바로 호크마를 살아가는 방법이다." 그리고 이 목 적을 위한 유대교 수련법은 많다.

월시의 책에서 루크 디싱어가 설명했듯이, 기독교에서 사 도 바울은 지혜를 다음과 같이 말했다. "그리스도는 하느님께 서 주신 우리의 지혜이시다." 루크는 지혜란 관념이 아닌 사람 이라고 이 말을 받아들였다. 기독교인들은 자신의 말과 행동이 예수님의 가르침과 실천을 따르는 한도 내에서 현명하다. 그리 고 이러한 목적을 위한 기독교의 수련법들이 많다.

레자 샤 카제미에 따르면 수피즘에서 지혜의 근원은 실재 (the Real)에 영적으로 항복하고, 마음을 팽창시키고, 빛에 마음 을 열고, 신을 기억하는 것이다. 그 결과가 낮은 자기나 자아가 소멸하며 "어디를 보건 신의 얼굴이 있는" 신비로운 상태인 '파 나(fana)'이다. 그리고 이러한 목적을 위한 수피교의 수련법이 많이 있다.

힌두교에서 지혜는 게오르크 포이어슈타인의 설명처럼 상대적인 통찰력에서 현실에 대한 직접적인 자각, 즉 즈냐나(Jnana)로 발전한다. 이러한 자발적인 인식과 함께 상황은 정신이나 감정을 통해 걸러지지 않는 순수한 의식으로 있는 그대로 보인다. 주체/객체, 관찰자/관찰대상과 같은 상반된 상대적 현실은 비이중적인 진실에서 사라진다. 정신은 초월하게 된다. 더 이상 수련자는 정신, 몸, 또는 개인의 영혼과 동일시하지 않으며, 지혜가 나타난다. 이러한 목적을 위한 힌두교 수련법이 많이 있다.

아리 골드필드의 설명처럼 불교에서 "지혜(prajna)는 우리의 진정한 천성이자 외부 세계의 진정한 천성에 대한 선천적인 인지이다. 지혜는 경험적으로 넓고, 행복하며, 명확하다. 지혜는 사랑으로 가득 차 있다. 지혜는 이타적, 윤리적 행동과 분리할 수 없다."

달라이 라마는 지혜를 다음과 같이 표현했다. "지혜는 있는 그대로 상황을 보는 것을 포함한다." 이러한 이유로 불교에서 지혜의 원형인 만수슈리(Manjushri, 문수보살)는 정신의 환상을 뚫는 불타는 검을 흔든다. 이러한 목적을 위한 불교의 수련법이 많다.

심리학자 드류 크래프칙은 이 이론을 인간의 삶에 적용하기 위해 다른 사람들이 '지혜롭다', 즉 인생과 의미 있는 관계에 깊이 관여하고, 타인에 대한 봉사에 가치를 두며, 다른 사람을 상담하고, 자신의 내적 경험을 성찰할 수 있다고 표현한 20명의 사람들을 연구했다. 피험자들은 전반적으로 지혜를 미지의 영역에서 비롯되는 실용적인 것으로 정의했다.

피험자들 중 절반은 그들보다 앞서 걸어간 멘토와 스승을 롤 모델 삼아 지혜를 얻었다고 답했다. 그들은 배운 것을 실천했고, 내면으로 돌아가는 자신만의 방법을 찾는 데 도움을 받았다고 말했다. 그 중 절반 가량이 지혜를 내려놓고, 항복하고, 자신의 개별성보다 거대한 무언가의 등장을 경험하는 것이라고 말했다. 이들 중 1/3은 이 과정을 생각하는 정신과 동일시하는 것을 깨고 마음에서 벗어나는 것이라고 묘사했다.

마지막으로 드류의 피험자 중 2/3는 인생의 전체와 상호 연결되어 있다는 영적 통찰력이 핵심이라고 보고했다. "그리고 마침내 깨졌어요… 영적인 것도 다른 것도 없어요… 이것이 모든 것이고, 아무것도 남는 것이 없어요."라고 한 명이 말했다. 그래서 드류는 지혜가 더 큰 근원에서 떠오르며, 우리는 그 근원에 접근하는 방법을 배울 필요가 있다는 결론을 내렸다. (2015년 3월 〈Intergral Review〉에 수록된 그의 연구에 관한 "지혜로운 사람의 말"을 참고하자.)

따라서 지혜를 함양하고 **영적 원로**가 되는 길은 더욱 명확해진다. 비이중의 현실에 대한 직접적인 통찰력을 향한 길을 계속해서 나아가려면 의식의 구성되지 않은, 빈 구조인 순수한 인식을 직접적으로 계속해서 경험해야 한다. 일시적 통일 상태로 나아가게 하는 것이 우리의 명상 수련이다. 이를 통해 통찰력을 얻고 잠재적으로 안정적인 고차원의 단계로 나아가 절대적 지혜를 경험할 수 있다.

그림자 형성과 통합은 영적 발달의 본질적인 측면이기도 하다. 그림자 인식으로 우리는 통찰력을 사용해 우리 마음의 본질로 들어갈 수 있고, 그들과 동일시하거나 그들을 억제했을 때 우리의 발달을 막는 생각과 장애물을 통과해서 볼 수 있다. 그림자 인식이 없으면, 우리는 무의식적으로 과거의 정체성이나 그림자 캐릭터와 동일시하며, 내려놓는 길로 나아가지 않고 그 속에 갇히게 됨을 인지하지 못한다. 또는 의식화하는 것이 아니라 새로운 그림자 물질을 형성해 캐릭터를 거부하고 억누른다는 것을 볼 수 없다.

발달한 그림자 작업을 통해 우리는 두려움이나 욕망의 대상으로 부정적인 생각이나 감정을 볼 수 있고, 순수한 인식으로 돌아가, 마음이 그것들을 만들었다는 것을 목격할 수 있으며, 그것들을 투명하게 꿰뚫어 볼 수 있다. 우리는 모든 생각이나 소리나 호흡을 사용해 비이중적인 순수한 인식으로 돌아갈 수 있고, 우리의 관심의 대상을 목격할 수 있고, 그 대상과 동일시하거나 억압하는 것을 내려놓을 수 있다.

마음을 살펴보지 않으면, 우리는 인식의 상태(꿈이나 변형된 상태처럼 일시적인)와 인식의 단계(자아 중심적이나 세계 중심적인 것과 같은)를 통해서만 현실을 보고 있다는 사실을 알지 못할 것이다. 우리는 우리의 경험을 실제로 결정하는 이런 필터들을 보지 못하게 될 것이다.

죽음의 인식이 없이는 기본적인 비영구성과 만물의 상호 의존성을 볼 수 없다. 부처는 비영구성에 대한 명상을 '모든 명상의 왕'이라고 불렀다.

순수한 인식, 그림자 인식, 죽음의 인식은 신이든, 불성이든, 기독교의 본질이든, 아트만이든, 모든 생명체의 상호 연관성이든 우리가 무엇이라 부르든 간에 절대적 지혜를 직접적으로 경험하는 관문이다. 이러한 인식의 자질은 차이가 사라지고, 상반되는 것들의 연계성이 명확해지고, 단일성만 있는 현실에 눈을 뜨게 한다. 음과 양, 탄생과 죽음, 관찰자와 관찰대상, 씨앗과 열매, 몸과 영혼, 하나와 다수 등 모든 것은 그 본연의 단일성에 담겨있다.

이러한 관문을 열지 않는다면, 우리는 몇 가지 중요한 방식에서 지혜롭지 않고 심지어는 무지한 채 남아 있게 된다. 우리는 정신이 순수한 인식 속에서 쉬고, 자아가 물러나고, 과거의 우상이 쫓겨날 수 있을 만큼 깊이 내려놓길 거부한다. 그렇게 통과 의례에 실패한다.

그러나 우리가 지혜와 재앙 사이의 경주를 하고 있다면, 그 어느 때보다도 지금 통과 의례가 필요하다. 우리는 정보, 심지어 상대적 지혜의 홍수 속에 살고 있지만, 절대적 지혜에 굶주려 있다.

이 책의 서두에서 내가 말했듯이, 과학은 삶에 세월을 더해주었지만, 세월에 삶을 더하지는 않았다. 아마도 우리가 놓치고 있는 것은 절대적인 지혜일 것이다.

물론, 내면 작업만으로는 기후 위기와 다른 시급하고 진행 중인 재난들을 해결하지 못할 것이다. 그 점은 확실하다. 그러나 우리가 이중성을 넘어 단일성의 현실을 경험하고, 분단보다는 연결성을, 두려움보다는 사랑을 경험하라는 외침에 귀를 기울인다면, 어쩌면 인류는 지금 우리에게 요구되는 의식의 도약을 하게 될 것이다. 절대적 지혜에 대한 통찰력이 고통을 줄이기 위한 숙련되고 온정어린 행동으로 자연스럽게 이어진다면, 아마도 우리는 합심해서 제때 행동할 것이다.

나는 인생의 완전한 진실을 보고 그 속에 숨겨진 의미를 찾는 능력은 우리가 영성으로 방향을 재정립하고 인생의 더 깊이 있고 고차원적인 면, 자아와 자아의 고통스러운 분리의 경험을 넘어선 차원을 경험하는 데 달려있다고 생각한다.

결론을 내리자면, 지혜를 완벽하게 깨닫는다는 것은 제일 높은 단계의 각성과 계몽과 자유를 얻는 것이다.

후손들에게 지혜 전파하기

우리는 **원로**가 되거나 **영적 원로**가 되는 발달상의 과업을 깨닫기 시작할 수 있다.

- 절대적 지혜 함양하기
- 우리 자신의 상대적 지혜를 파악하기

- 이 모두를 어떻게 전파할지 방법을 파악하기
- 우리의 지혜를 받는 사람들을 파악하기
- 그들을 경청할 방법을 파악하기

지혜를 전파하는 모습을 상상할 때, 우리는 보통 상대적인 지혜를 나누는 것을 생각한다. 우리는 할머니가 어린이에게 정원을 가꾸는 방법을 가르치는 모습, 할아버지가 어린이에게 글 읽는 방법을 가르치는 모습을 상상한다. 우리는 부모가 고뇌에 잠긴 나이 든 자녀와 실존적 통찰을 공유하거나, 교사가 학생에게 학문 분야를 완전히 익히도록 돕는 모습을 상상한다. 이해와 기술의 조합은 상대적 지혜의 세계에 남아 있다. 물론, 이것도 중요한 교류이다.

그림자 작업과 같은 심층 치료조차도 의식적 또는 무의식적인 마음의 내용을 탐구한다. 우리는 자신의 상처를 이해하게 되고, 이전에는 의식하지 못했던 소재를 인정하고, 자아 단계에서 더 큰 자기 수용력을 키울 수 있다. 이처럼 모든 자기 인식은 행복과 성숙도가 커지는 결과로 이어진다. 그러나 상대적 지혜의 세계에 여전히 남아 있다.

직관적이고 초월적인 지혜가 개념을 넘어서고, 말을 넘어서고, 이미지를 넘어선다면, 그 지혜는 어떻게 전파될까? 그것은 직접적인 내적 경험에 달린 것처럼 보인다. 영적인 수련을 통한 마음 훈련이 필요하다. 그렇다면 우리는 '그것'을 타인에게 어떻게 전수할까?

이 책에서 인터뷰 한 각각의 **영적 원로**는 인식의 다른 상태를 경험했고, 인식의 다른 단계에 도달했다. 각자 타인에게 전수하고 싶어 하는 약간의 지혜를 가지고 있었다. 여러분이 각각의 인터뷰를 되돌아본다면, 여러분은 인생의 후반기임에도 나와의 대화에 시간을 할애할 수밖에 없게 만든 그들 영혼의 사명을 알게 될지 모른다. 성자들과 요가 수행자들과 스승들이 계속해온 것처럼 많은 **영적 원로**들도 타인이 절대적 지혜를 경험하도록 길을 열어주면서 그 길에서 그들을 따르는 사람들에게 명상 수련법을 계속해서 가르치고 있다.

내가 쓴 모든 책은 내가 평생 배운 것과 의식에 대한 정보를 전파하는 내 영혼의 사명을 나누는 것이다. 이 책을 쓰는 과정에는 특히나 건너기 힘든 장애물이 있었다. 하지만 내 영혼의 사명은 노년기를 여행하는 내 동료 여행자들과 나이가 들어가는 후손들에게 내가 가진 조금의 지혜를 전파한다는 목적을 가지고 매일 모니터 앞에 앉을 수밖에 없게 했다.

우리는 매일같이 우리의 지혜를 받을 수 있는 사람들에 둘러싸여 있다. 그 순간에 그들의 존재를 인지하지 않는다면, 기회는 지나간다. 전파는 사라진다. 그러므로 **영적 원로**로서 우리가 매 순간 이런 잠재적인 교류를 인식하는 연습을 할 것을 제안한다. 그리고 우리는 수신자, 청취자, 멘티를 조심스럽게 수용하고 그들과 조율할 방법을 찾아낸다. 그래야지만 비를 부르는 사람이 한 것처럼 그들에게 메시지를 전송할 수 있다. 그러기 위해서 우리는 그들이 느끼는 정체성과 인생의 단계와 그림자 문제들과 인식의 단계를 감지해 그들이 들을 수 있는 언어로 바꾸어야 한다.

특히나 우리의 마음을 더 넓고 넓은 원으로 개방하면서, 인생을 있는 그대로 받아들이고, 옳거나 그르다는 생각 없이, 더 큰 선을 위해 행동하겠다는 의도를 가지면 매 순간이 '유용한 경험'이 되면서 동시에 우리도 계속해서 지혜를 전송받는 사람이 될 수 있다.

각각의 내 영적 스승들과 함께 나의 수용체 부위는 저항 없이 흘러오는 전파에 개방되었다. 우리의 '주파수가 맞지' 않다면, 우리는 전파를 '수신'할 수 없고, 그래서 우리를 심대히 바꾸도록 할 수 없다.

20년 전 한 스승의 목소리를 들으면서 내 자신에게 말한 기억이 난다. "나는 단어를 듣지만, 그것을 해석할 프로그램이 없어." 마치 내 스승이 개별 단어의 의미를 그만의 언어로 바꾼 것만 같았다. 그가 나에게 보낸 전파는 잡음으로 가득했다. 그래서 나에게 전달되지 못했다. 여러분이 지혜를 전송할 때는 반드시 주파수를 조정해서 수신될 수 있게 하자.

통합철학자 켄 윌버와의 인터뷰

나는 켄이 통합연구소를 창립해 전 세계적으로 인기를 끌기 수십 년 전에 처음으로 그를 만났다. 캘리포니아주 멘도시노에 있는 목재 삼각형 주택에서 그의 옆에 서 있던 나는 목을 쭉 빼고 서 있었다. 그의 키는 182cm가 훨씬 넘었고, 155cm였던 나는 난쟁이가 된 것 같았다. 당시 나는 그가 쓴 글은 전부 다 탐독하고 있었고 내가 작성을 도왔던 게시판에서 그 글을 검토하고 있었다. 그 이후 몇 년 동안, '모든 것의 이론'에서 인생의 모든 측면을 포용하면서 그의 글은 더욱 복잡해지고 포괄적으로 발전했다. 그리고 그를 향한 나의 존경심은 더욱 깊어졌다.

그의 몇 가지 주요한 개념들로 인해 나는 깊고 지속적인 통찰력을 얻을 수 있었다. 인식의 상태가 단계로 변하는 것, 이전의 단계들을 초월하고 포용함으로써 진화하는 것, 발달의 다른 선들, 영적 우회, 아트만 프로젝트가 바로 그 개념들이다. 나는 켄에게 깊은 감사를 느낀다.

인터뷰를 위해 그에게 연락했을 때, 힘든 집필과 강의 일정에도 불구하고 마치 시간이 전혀 흐르지 않은 것처럼 그는 시간을 내 주었다. 당시 그는 70세였고, 나는 이 질문으로 그와의 인터뷰를 시작했다. "아직도 늙었다고 안 느껴지세요?"

"나의 일부는 늙었다고 느껴지고, 다른 일부는 내 경험을 그런 식으로 연결 짓지 않고 있어." 그가 대답했다. "그 어느 때보다도 지금이 더 좋게 느껴져."

그는 진화를 위해 노화의 과정을 어떻게 사용했을까?

"늙는다는 것은 우리의 우선순위를 재설정할 기회이지. 중요하지 않은 것들을 그만할 기회야. 우리가 계속해서 그렇게 한다면, 우리는 우리가 세상을 발견했을 때보다 더 온전한 모습으로 세상을 떠나게 되겠지. 모든 인간이 진정으로 이 선언을 할 수 있다면, 지구는 그런 가치들이 천천히 일관되게 늘어나는 것을 보게 될 거야."

그의 죽음은 자신의 선택에 영향을 미칠까?

"지금 시급함이 있어. 변명의 여지가 없지. 지혜의 보유자로서 우리는 사람들이 중요한 것을 찾게 도와야 해. 정서적 성숙함의 초기 단계들을 지나 위로 올라가고, 그림자 작업을 통해 정리하고, 영적 수련을 통해 각성하고, 세상에 인류를 위해 봉사해 모습을 드러내게 해야 해. 통증과 병원 진료 속에서도 이러한 우선순위들은 나이에 명료성을 부여하지. 섭심(攝心) 또는 영적 수련의 기간이 연장된 것과 같아. 평생의 지혜, 무엇이 성공하고, 무엇이 실패하는지에 대한 지식을 가지고 앉아서 인류를 어떻게 도울지 곰곰이 생각하는 거지."

저서 『내일의 종교(*The Religion of Tomorrow*)』는 자신의 유언이자 유서와 같다고 그가 말했다. "나는 50년 동안 자기 향상의 요소들을 연구해왔어. 미래를 위해 이 책에 내게 영향을 주었던 통찰들을 수록했어."

내 독자들에게 전할 메시지는 무엇일까?

"우리가 계속해서 내려놓고 계속해서 높은 단계로 옮겨가고 확장된 도덕심으로 이동한다면, 노화는 자연적인 움직임이 될 수 있습니다. 이런 식으로 우리는 더 깊은 가치와 이상을 세상에 불러오는, 타인을 위한 자원이 됩니다."

신비주의가 로버트 앳츨리와의 인터뷰

79세의 밥 앳츨리를 다시 만났을 때, 나는 함께하는 순간으로 나를 끌어당긴 그의 존재감에 매료되었다. 밥은 30년간 노인학을 가르쳤고, ASA(미국노화학회)의 회장이었고, 〈현대 노인학(*Contemporary Gerontology*)〉 저널을 창간했다. 그의 선구자적인 저서 『영성과 노화』는 노년기를 **원로**가 자아초월성과 순수한 인식과 연결될 영적 잠재력에 도달하는 단계로 서술했다.

밥은 그가 만족스러운 인생을 위해 사회의 처방대로 따랐다는 것을 알았지만 내면에 구멍이 뚫린 것 같은 느낌이 여전하던 때를 나에게 들려주었다. 무언가가 빠진 것 같았다. 그렇게 그의 영적 탐색은 시작되었다. 그는 앨런 와츠와 연구했고, 명상 수련회에 참석했고, 스와미 묵타난다를 만나기 위해 인도로 갔다. 그곳에서 1978년과 1979년에 그는 아드바이타 베단타 구루이자 『나는 그것입니다(*I Am That*)』의 저자인 평생의 스승이 될 스리 니사르가닷따 마하라지를 찾았다.

"니사르가닷따는 뭄바이에 인적이 드문 거리에 작은

아파트를 가지고 있었지. 내가 사다리를 올라가면 그는 축복하기 위해 그곳에 있곤 했어. 내가 그곳에 처음 들어갔을 때, '그래 자네가 왔군.' 하고 그가 말했지. 그 이후에 그는 나를 반겼지. '여기는 미소 짓는 밥이야.'"

구루의 존재 안에서, "엄청난 사랑이 그를 통과해서 나에게 다가왔고 나는 우주 공간으로 이동했지. 그 경험은 내 인생을 바꾸었고, 이성적이고 분석적인 사람에서 마음으로 움직이는 영적인 과정이 이어졌어." 그는 미소를 띠며 말했다.

밥은 플로리다에서 콜로라도 볼더로 이사했고, 나로파 대학에서 노인학 학과장으로 지냈다. 1992년에 그는 지혜로운 **원로**의 역할 회복에 대해 강연한 람 다스와 랍비 잘만 섀크터-샬로미와 함께 의식적 노화 컨퍼런스에 참석했다. 밥은 교육을 신청했고 이후에 수년간 세이징 인터내셔널에서 활동했다. 마침내 그는 공동체의 명예로운 세이지가 되었다.

그는 단기간의 같은 시기에 니사르가닷따, 람 다스, 랍비 잘만을 발견했다고 나에게 말했다. "사막에 자국을 남긴 사람들에게 너무나 감사해."

은퇴 이후 그는 작곡가 학교로 들어갔고 작곡이 그의 열정이 되었다.

"이제 나는 컨퍼런스의 음유시인이 되어 공개 행사에서 정신과 사회적 의식에 관한 사랑 노래를 전파해."

"나이가 들면서 당신의 영혼 진화는 어떻게 바뀌었나요?" 내가 질문하자 밥이 답했다. "비인격적인 인식과 계속해서 연결되어 있어. 우주만큼 큰 내면의 공간이지. 일이 생기면, 나는 어떤 상황에서도 그곳과 연결해."

밥은 이 소중한 대화를 나눈 날로부터 얼마 지나지 않은 2018년에 사망했다.

～～～～～～～～～

불교 교사 안나 더글러스와의 인터뷰

노던 캘리포니아와 애리조나주 투손에 있는 스피릿 록(Spirit Rock)에서 마음챙김을 30년간 가르친 후, 안나는 78세에 노화와 죽음에 관한 불교의 가르침에 관심을 가지게 되었다. 인터뷰에서 나는 그녀에게 그 이유를 물었다.

"예전에 뉴욕에서 살았어요. 공원에 있는 벤치에 앉아 있는 노인들을 관찰했죠. 신경이 쓰였어요. 저 자신에게 물었죠. 저 사람은 왜 저러는 거야? 왜 아무것도 안 하는 거야? 그들을 판단한 거죠. 이제 제가 그들 중 한 명이되었어요. (다시 말해, 안나는 내면의 연령주의자를 발견한 것이다.) 제 신체와 뇌와 기력의 변화는 이제 더 눈에 띄죠. 그리고 별로 많은 일을 하고 싶지 않아요. 한 번에 여러 가지 일을 하고 싶지 않아요. 지금 여기에 있는 것에 예전보다 쉽게 만족해요. 그리고 60세가 넘는 많은 베이비붐 세대가 노화의 고통으로 스피릿 록으로 와 대처할 방법과 체계를 찾고 있어요. 한 공간에 함께 있을 때면 의식이 크게 고양되죠."

나는 부처님의 가르침이 노년기에 신체적, 정신적, 정서적 변화에 어떻게 도움이 되는지 설명해달라고 요청했다. 그녀는 다음과 같이 대답했다.

"우리는 이제 다르마(dharma)가 예전보다 가까워졌고 더욱 심오하다는 것을 발견하고 있어요. 예컨대, 존재의 세 가지 표시나 특징을 살펴보죠. 첫째, 고통은 인생의 일부분이죠. 우리는 그렇지 않길 바라죠. 우리는 젊은 신체를 원해요. 그러나 우리가 할 일은 우리 신체의 노화는 실패가 아닌 자연적이라는 사실을 받아들이는 것이죠.

둘째는 비영구성이에요. 모든 것은 일시적이죠. 모든 신체적인 것과 정신적인 것은 나타났다가 사라지며 유동적이에요. 인간의 삶은 부패하고 죽어가는 노화의 단계에서 이러한 흐름을 나타내죠. 하지만 우리는 영원하길 바라죠. 이것이 커다란 고통을 만들어요. 그래서 우리가 할 일은 모든 것이 다 영원하지 않다는 것과 그 진실을 받아들이기 위해 노력하는 것이죠.

셋째, 근본적인 자신이란 없고 비어 있어요. 하지만 우리는 끊임없이 욕구, 일, 창조물, 아이들에게서 자기라는 영원성을 찾죠. 노화가 오면서, 우리의 역할과 자아상은 사라지죠. 우리의 기여도는 줄어들지 몰라요. 자기라는 강력한 느낌은 투명하고 비어 있는 것으로 더욱 쉽게 꿰뚫어 볼 수 있어요.

　노화와 함께 우리의 고통과 비영구성과 공허함이 더욱 실제 같고 분명해지죠. 그것의 뿌리는 우리가 몸과 자신을 동일시하는 데 있어요. 하지만 우리가 명상에서 무조건적인 정신이나 순수한 인식을 경험하면, 우리는 그렇게 길을 잃지는 않아요. 그러면 우리는 인식으로 문을 찾을 수 있어요.

　부처님의 말씀 중에 "몸은 병들어도 정신이 병들게 하지는 말라."는 말이 있어요. 그 뜻은 건강하게 정신을 수련하고 흘러가는 세상의 형태들을 단지 인식하라는 거에요."

　나는 나이가 들면서 마음챙김 수련법이 어떻게 바뀌는지 궁금해져서 질문을 던졌다.

　"마음챙김은 한 가지를 하라는 초대예요. 호흡하고, 현존하며, 인지하는 거죠. 노년기에 마음챙김은 더 쉬워져요. 왜냐하면 우리의 욕망으로 그렇게 바쁘지 않기 때문이죠. 우리의 갈망이 조금은 잠잠해져요. 그리고 우리의 신체 활동과 정신활동은 자연적으로 느려지죠."

　안나는 어떻게 마음챙김을 가르친 자신의 경험이 수십 년에 걸쳐서 변화했는지에 대해 말했다. "가부장적인 전통에서 여자로서 제 목소리를 찾는 데 오랜 시간이 걸렸어요. 이제 제가 가르칠 때 사랑과 진정성의 감정이 느껴져요. 제 인생의 경험과 영적 수련이 저를 무르익게 했거든요. 노화는 우리를 안정시켜요, 우리가 더 진정성을 갖게 하죠. 이것이 바로 항상 우리의 본질이 되기 위해서 노인에게 필요한 거죠."

"당신의 시간관념이 변했나요?" 내가 질문했다.

"이 시간은 풍부한 수련의 기간이에요. 미래는 눈에 보이지 않죠. 존재하지 않아요. 그러니까 일은 미래를 위한 것이 아니죠. 저는 인생의 본질, 경험의 축복을 느끼고 있어요." 그녀가 나에게 말했다.

"가장 놀란 일은 무엇인가요?"

"제가 이제 저의 인생을 돌이켜보고 살펴볼 때, 제가 실행하려고 했던 모든 계획과 목표들을 볼 수 있어요. 하지만 제 자아의 목표는 아무런 성과가 없었죠. 제가 산타모니카에서 살면서 치료사로 일했을 때, 저는 조셉 골드스타인의 강연을 홍보하는 전단지를 우연히 보았죠. 10명의 사람이 모여있는 작은 공간으로 들어갔고 처음으로 사성제(Four Noble Truths, 네 가지 고귀한 진리)를 들었어요.

저는 그것이 저의 길이라는 걸 즉시 인식했죠. 그래서 매사추세츠 바레에 있는 센터로 갔어요. 제가 캘리포니아로 돌아와 다른 스승들과 스피릿 록을 같이 여는 것은 큰 모험이었죠. 제가 계획할 수 있었던 그 어떤 것보다 훨씬 좋았죠. 이제는 그런 식으로 상황이 전개되어야 했다는 것을 알아요."

나는 그녀가 노화의 다르마에 대해 덧붙이고 싶은 말이 있는지 물었다.

"마음의 안정감을 기르고, 생각에 휩쓸리지 않도록 여러분의 자리에 있으세요. '나의', '내 것'처럼 소유에 관해 생각해보세요. 생각과 감정, 사람과 사물을 내려놓는 연습을 하세요. 노화는 내려놓기가 필요해요. 그리고 명상은 우리가 그 연습을 발전시키는 데 도움을 줄 수 있어요."

～～～～～～～～～～

나이의 영성은 어떻게 우리가 집단적 문화 가치와 우선순위에 의문을 품게 할까? 우리의 영적 발달은 공익에 어떻게 도움을 줄 수 있을까? 윌버의 단계들에서 보았듯이, 높은 발달 단계의 사람들은 자아의 근심을 넘어선다. 로저 월시가 나에게 말했듯이, "지혜, 자비, 윤리는 공통점이 강하며 상호의존적인 미덕들이죠. 사람들이 지혜로울수록, 더 많은 사람과 생명체에 이득을 주려고 노력하며, 더 깊은 종류의 이득을 주려고 노력할 거예요."

따라서 로저의 말처럼, 발달이 나에게서 우리로, 우리에서 모두로 이동한다면, **영적 원로**들은 모든 존재와 상호 연결성 속에 살고, 모든 존재에 도움이 되도록 봉사하려고 노력할 것이다. 힌두교의 위대한 현자들 중 한 명인 라마나 마하리쉬의 말처럼, "여러분이 베푸는 모든 것은 여러분 자신에게 베푸는 것입니다. 이 진실을 이해한다면, 누가 타인에게 베풀지 않겠습니까?"

그러므로 앞으로 있을 부르심은 신성한 봉사를 하라는 외침이다.

그림자 작업 수련법

- 여러분 안의 그림자 캐릭터가 여러분의 영혼과 일치하지 않는 믿음이
  나 태도를 자녀와 손주에게 전파하고 있는가? 무의식중에 연령주의
  나 다른 편견을 미래 세대로 전수하고 있지는 않은가?
- 이 그림자 캐릭터에 순종하게 되면 발생하는 결과는 무엇일까?
- 그것을 뿌리 뽑고 전파를 멈추기 위해 여러분은 그림자 작업을 시작
  할 수 있나?
- 여러분 안의 어떤 그림자 캐릭터가 영적 자각을 부정하거나 저항하
  나? 여러분은 여러분의 영적 발달에 회의적이거나 적대적이기까지
  한 그림자 캐릭터를 파악할 수 있나? 그 그림자 캐릭터는 여러분에게
  무엇을 말하고 있나?
- 이 그림자 캐릭터에 순종한 결과는 무엇인가?
- 여러분은 이 그림자 캐릭터를 관조하고, 이제 명상 수련법을 선택할
  수 있나?
- 어떤 외부의 장애물이 여러분의 수련을 방해하나? 여러분은 그 장애
  물들에 어떻게 대응할 수 있나?
- 여러분이 이 세상을 떠나면 사라지게 될 여러분만의 독특한 지혜는
  무엇인가? 그 지혜를 전파할 방법을 찾지 못하게 무엇이 여러분을 방
  해하는가?

영적 수련법

- 노화의 조건들을 어떻게 영적 수련법에 필요한 조건들로 만들 수 있을까?
- 전파할 지식으로 용서를 연습하자.
- 전파할 지식으로 감사함을 연습하자.
- 켄 윌버의 지도에서 여러분의 인식단계를 찾을 수 있나? 그것은 여러분의 현실을 어떻게 색칠하고 있나?
- 계속해서 연습하자. "나는 이 마음이 아니다." "나는 **행동가**가 아니다."
- 여러분은 영혼의 근원에 대한 갈망에 어떻게 귀 기울일 수 있나? 여러분의 정체성과 충성심을 영이나 신에게 돌리는 연습으로?
- 노년기의 모든 사람은 어떻게 함께 협력해서 인류의 확장된 인식의 직접적인 경험을 가속화 할 수 있을까?

각성으로 나이 들어가는 비이중성의 영적 수련법

비이중성이라는 말은 분리나 이중성의 끝과 관련해 '둘이 아님'을 뜻한다. 모든 전통의 신비한 수련법은 순수한 인식으로 나아가는 것을 목표로 한다. 즉, 필연적으로 인식의 높은 단계로 나아가는 것으로, 생각을 넘어서고 이미지를 넘어선 초월적 상태이다. 그들의 문화적 의미적 차이점들에도 불구하고, 그들은 모두 다 우리의 진정한 본질로 돌아가는 것들에 관한 것이다. 다음은 몇 가지 예이다.

– 네티 네티(Neti Neti)

힌두교의 네티 네티(이것이 아니고, 저것이 아니다) 수련법은 그것의 진정한 본질을 꿰뚫어 보면서 브라만이나 신성한 존재가 아닌 모든 것과 동일시하는 것을 어떻게 깰지 우리에게 가르쳐준다. 이것은 이 책 전체에서 우리가 살펴본 "나는 이 몸이 아니다.", "나는 이 마음이 아니다.", "나는 이 이야기가 아니다." 와 같은 수련법과 비슷한 개념이다.

– 요가(Yoga)

요가의 철학은 몸과 마음의 동일시가 근원으로부터의 분리, 즉 이원성이 생기는 근본적 오류라고 가르친다. 여러분이 동일시하는 것을 내려놓으면, 호흡마다 여러분은 영적인 존재, 몸과 마음을 통해 경험하는 영혼이라는 사실을 깨닫는다. 나이라는 맥락에서 여러분은 이 수련법을 "나는 이 나이가 아니다. 나는 만물을 통해 살고 숨 쉬는 것이다.", "나는 내 이름이 아니다. 나는 모든 것을 통해 살고 숨 쉬는 것이다. "와 같은 명상 선언까지 확장할 수 있다.

– 람 다스(Ram Dass)

그의 주요 수련법은 자신의 스승에 대한 헌신이다. 하지만 그는 몸과 마음과 동일시하는 것을 깨고, 사랑의 인식(또는 목격자)과 동일시하라고 가르친다. 가슴의 중앙에 있는 심장에 집중하고 심장에서 숨을 들이쉬고 내쉰다. 그런 후 계속해서 반복한다. "나는 사랑의 인식이다." 그러면 그 인식이 된다. 람 다스는 이것이 우리를 자아에서 영혼으로 하나로 이동시킬 것이라 가르쳤다.

– 족첸(Dzogchen)

티베트 불교 수련법인 족첸은 자발적인 개방적 존재에 머무르면서, 마음이 자연스러운 상태에서 쉬도록 준비하는 초기의 수련법을 따른다.

- 비파사나(Vipassana)

비파사나 전통에는 통찰력에 몇 단계가 있다. 정신적 신체적 상태를 비영구적이고 만족스럽지 않다고 보게 된 이후에 각성의 열망이 생겨난다. 각 후속 단계에서 수행자는 계속해서 떠오르는 생각을 알아차리고 내려놓는다. 여러 통찰 이후에, 마음은 욕망이나 집착의 불을 꺼트린다.

- 다라나(Dharana)

힌두교의 수련법인 다라나, 즉 6번째 차크라의 눈썹 사이에 집중해 깊은 집중력과 사마디(samadhi), 즉 비이중적인 인식을 끄집어내는 것을 목표로 한다. 이후에 6번째 차크라를 7번째 차크라 또는 크라운 차크라로 연결하는 데 집중한다.

- 자아탐구(Self-Inquiry)

아드바이타 스승인 라마나 마하르시에 의해 대중화된 이 수련법은 내가 누구인지를 탐구해 여러 겹의 정체성을 발견하고 그 정체성에서 떨어지려고 한다. 각각의 생각이 마치 사실인 양 따르지 않고 우리는 사색가로 돌아가 내가 누구인지를 탐구하며, 마침내 정신을 넘어서 단일성 또는 비이중적인 현실을 본다.

- 랍비 라미 샤피로가 제안한 유대교의 신비주의 수련법

히브리어로 신의 이름(Yud Hay Vav Hay)을 나타내는 4개의 히브리어 문자들을 검색해보자. 순수한 인식 속에 앉은 채 이 히브리어 글자들이 수직으로 쌓인 모습을 상상해 보자. 그러면 이 글자들은 막대기 인간처럼 보일 것이다. 이 형태의 글자들을 신의 이미지로 상상을 한 다음, 다시 글자의 형태로 해체하자. 그리고 이 과정을 반복하자. 이것은 티베트 불교의 본존요가(deity toga)의 수련법과 비슷하다. 공(空) 속에 앉아서 신/여신을 상상한 다음 그 형태를 공으로 돌려보내 해체한다.

- 제임스 핀리의 기독교 신비주의 수련법

목적 없이 가만히 앉아서 눈을 감고 손은 무릎 위에 얹자. 하나님의 사랑을 들숨으로 들이마시고 날숨으로 뱉어내자. 아무것에도 매달리지 않으며 아무것도 거절하지 않으며 현재에 존재하고 열려 있고 깨어있자. 모든 생각이나 느낌은 떠올랐다가 사라진다. 하나님은 떠오르고 사라지는 모든 것의 무한대이다. 하나님이 우리와 하나가 되는 느낌에 휩싸일 때 최대한 저항하지 않고 깊은 진심을 담아 자신을 사랑에게 맡기자.

- 포와(Phowa)

이 티베트 수련법은 정수리(크라운 차크라)를 통해 의식을 이동시키는 습관을 만들어 줌으로써 임종 시의 해방에 우리를 준비시킨다.

원로 행동주의, 그리고
우리 자신보다 더 큰 무언가를 위해
봉사하라는 부름

우화

미츠바 (유대교 이야기)

"내가 뉴욕에서 늙고 가난한 정통파 유대인과 함께
일했을 때, 오래된 유대교 회당을 수없이 만났다. 유
대교 회당들은 낡고, 더럽고, 부서져 있었다. 나는 항
상 유대교 회당에 대해 이중적인 감정을 느꼈다. 나에
게는 일종의 중립 지대였다. 유대교 회당은 유대인이
라는 정체성에 대한 나의 확신을 줄어들게 했다.

"그러나 어느 날, 무언가 나를 사로잡았다. 그날 저녁
나는 예배를 드리러 회당을 찾았다. 그곳에는 사람이
거의 없었고, 모두 다 가난하고 갈 데가 없는 사람들
이었다. 그런데 갑자기 내가 회당을 청소해야겠다는
생각이 불현듯 들었다. 그렇게 나는 청소를 했다.

"그렇게 시작되었다. 우리는 젊은이들을 데려와서 유대교 회당을 청소했고 청소를 통해서 회당의 진정한 의미를 찾았다. 사회 활동을 하는 장소가 아닌 사람들의 일평생과 하나님과의 지속적인 관계를 축복하는 장소이다.

"저 자신도 그곳에서 기도하기가 힘들었어요. 저는 그 단계에 있었죠. 하지만 다시 질서를 찾고 아름다움을 찾게 도왔어요. 저는 2,30년대에 팔레스타인에 온 유대인 세대에 무한한 존경심을 갖고 있었어요. 이들은 단순히 국토를 재건하려고 돌아온 게 아니라, 땅에 의해서 그들이 재건되고, 그 일 자체에 의해 그들이 재건되려고 돌아온 거죠.

"그 일이 저에게도 일어난 거죠. 이것이 봉사의 행위인 미츠바입니다. 하지만 저 자신도 그 일로 인해 재건되었어요. 제 전통과 동포, 살아있는 신앙과의 관계가 더욱 깊어졌죠."

-람 다스·폴 고만, 『내가 어떻게 도울 수 있을까요?』 중

어느 세대라도 젊은 활동가로 활동했던 사람들은 이상적인 행동주의에 대단한 열정을 가지고 있었다. 하지만 이들은 또한 상처받고, 분노했고, 독선적이었으며, 외부의 불의뿐만 아니라 내면의 악마와도 싸우고 있었다. 우리 대부분은 무의식

적으로 '내면의 구원자', '내면의 도우미', 또는 '내면의 보살'과 자신을 동일시하면서 우리는 어떤 방식으로든 세상을 구할 수 있다고 생각했다. 소수는 어떤 문제에 지대한 영향을 미치기도 했다. 하지만 우리의 이상적인 노력은 대부분 국방력, 화석연료 산업, 또는 거대 농기업과 같은 복잡하고 상호 연결된 기득권의 벽에 부딪혔다. 아니면 만연한 인종차별주의, 성 차별주의, 자아 중심주의와 같은 복잡한 내면의 그림자 문제의 벽에 부딪혔다.

우리가 노년의 내면 작업을 하면서, 이제 우리는 보다 성숙한 자의식과 더 정교한 사회정치적 인식을 행동주의와 봉사에 가져올 수 있다. 인생에 대해 장기적 관점에서 전체를 보는 시각과, 애착을 갖지 않고 경청하기 위해 현존할 수 있는 능력을 제시할 수 있다. **원로** 활동가로서 우리는 영웅의 여정에서 얻은 축복을 더 큰 세상에 돌려줄 수 있다.

노년기의 믿음과 도덕적 가치를 우리의 행동과 일치시킴으로써 힘들게 얻은 내적 정의를 세상에 사회 정의로 제시할 수 있다. 우리는 내면세계와 외부 세계 사이의 다리를 만들고, 분노가 아닌 슬픔으로, 자가당착이 아닌 온정으로 우리의 행동주의에 불을 지펴 공익을 위해 봉사할 수 있다. 그 결과 그림자 투사와 적을 만드는 일이 줄고, 영적 수련으로 더욱 봉사하거나 봉사로서 영적 수련을 더욱 하게 된다.

지금 노년기를 여행하는 동료 여행가들이여! 우리는 사회운동에 참여하는 젊은이들을 위해 **원로**가 되어야 한다. 우리는 대담하게 목소리를 내고, 용감한 청년들과 함께 행진하며, 학교와 거리에서 그들에게 조언하면서 우리의 지혜와 지식과 기술을 오늘날 문제들의 해법으로 제시해야 한다. 세대 간 협력을 끌어낸다면, 지구를 보호하고, 소득 불균형을 불식시키고, 총기 사고를 줄이며, 참정권을 높이고, 이민과 형법 정책을 개정하려는 그들의 노력이 열매를 맺어 입법으로 이어질 것이다. 모든 세대의 유산이 다음 세대의 유산에 더해질 것이다.

　잭슨 브라운이 노래했듯이, "나는 내 머릿속이 아닌 세상에 살고 싶다. 나는 세상에 살고 싶다. 나는 공개적으로 내 생각을 말하고 싶다."•

신성한 봉사와 원로 행동주의 촉구

본 장의 서두에 나온 이야기는 유대교 회당을 수리해 타인을 위한 봉사를 시작한 한 남자의 개인적인 이야기로, 그 과정에서 그는 자신을 고쳤다. 스승, 치료사, 사회복지사, 활동가, 대변인, 멘토, 의사, 치유사, 명상가, 자선사업가, 조부모 등 봉사의 외침을 듣는 많은 우리처럼 그는 타인의 고통을 느꼈고, 그

• I want to live in the world, not inside my head. I want to live in the world, I want to stand and be counted. 잭슨 브라운의 1996년 노래 〈Alive in the World〉의 가사.

510

경험이 타인을 돕고 싶어 하는 그의 갈망을 일깨웠다. 그의 내면에서 자연스러운 연민이 생겨나 그가 행동하게 촉구했고, 그가 사회에 환원하도록 인생의 방향을 재설정했다.

그는 '나는 혼자서 이 일을 할 수 없어,' '내가 무엇을 바꿀 수 있겠어?' 같은 고립감과 무력감과 자신을 동일시해서 자신의 행동을 중단하지 않았다.

'내가 이걸 해야 해 말아야 해?' '청소하는 건 내가 할 일은 아니잖아?' '이 일은 지겨워. 내 시간은 다른 일을 하면서 써야 해' 같은 내면의 저항 때문에 행동이 느려지지 않았다.

'내가 해야 할 다른 좋은 일들이 있잖아,' '다른 사람이 하면 되지,' '이 일은 끝이 없어' 같은 다른 생각이 그의 행동을 중단시키지 않았다.

'이것을 하면 내가 칭찬받을 거야. 어쩌면 내가 특별한 사람이라는 걸 사람들이 알게 될 거야' 같이 자아의 목적으로 행동이 제지당하지 않았다.

그는 단지 해야 할 일을 보았고, 즉흥적으로 올바른 행동을 했다. 그는 외침을 들었고, 그 외침에 귀를 기울였다.

결국 놀랍게도 그는 그가 베푼 만큼 얻었다. 타인을 도운 것만큼 그도 도움을 받았다. 주는 자/받는 자, 돕는 자/도움을 받는 자와 같은 상반된 개념들이 이 신성한 자선 행위에서 사라졌다.

본 장에서 우리는 **원로**의 내면에서부터 들려오는 신성한 봉사의 외침을 살펴보고자 한다. 우리는 봉사의 외침을 어떻게 들을까? 그것은 자아, 즉 **행동가**인가? 아니면 영혼의 외침인가?

우리는 그 외침에 어떻게 저항하는가? 이타적인 배려가 자연스럽게 밖으로 흘러나오는 것을 막는 그림자 캐릭터는 누구인가? 도움의 그림자 측면은 무엇인가? 우리는 자아를 위한 배려에서 영혼을 위한 배려로 봉사활동을 어떻게 바꿀 수 있을까?

그리고 봉사에서 영혼의 진화는 무엇인가?

오늘날 봉사의 외침은 우리 안에 생생하게 살아있다. 현재 퇴직자의 25% 정도가 자원봉사를 하길 원한다. 2016년 미국에서 55세 이상의 노인은 공식적으로 33억 시간의 봉사활동을 통해 사회경제적으로 크게 공헌했다고 국가 및 지역사회 봉사단(Corporation for National and Community Service)이 발표했다.

최근에 Encore.org는 6개 지역사회 단체를 대상으로 **원로** 자원봉사자들의 영향을 파악하기 위해 설문조사를 실시했다. 대부분의 **원로** 자원봉사자들은 자신의 기술과 노동력을 단체에 제공해 활동에 도움을 주고 지역사회의 회복력을 형성했다. 많은 **원로**가 단체에 새로운 아이디어, 접근법, 또는 도구를 제공했다. **원로**의 자원봉사활동은 단체의 활동반경을 넓히고, 기부자들에게 단체에 대한 인식을 높이고, 운영비를 절감하거나 서비스를 개선하고, 신규 프로그램을 출시하는 데 도움을 주었다. 또한 **원로** 자원봉사자들은 코칭을 제공하고, 멘토가 되었고, 타인과의 관계를 구축했다.

자원봉사에 참여한 **원로**들은 스트레스와 우울이 감소했고, 자원봉사를 하지 않는 **원로**들보다 신체 건강이 더 좋은 것으로 보고되었다. 게다가 노화의 내면 작업의 관점에서 보면, 봉사의 외침에 저항한 사람들은 영혼의 진화에도 저항했다.

점점 더 많은 **원로**가 봉사의 외침을 귀담아들으면서, 이들은 전 '의식 있는 원로들의 네트워크'였던 '원로들의 행동 네트워크(Elders Action Network)'와 같은 단체에서 자신과 비슷한 사람들을 만나고 있으며, 이 문화적 순간에 상호연결된 문제들에 자신만의 고유한 선물을 제공하겠다고 약속하고 있다. 그들은 사회 정의, 기후 변화, 동등한 기회, 민주정치를 지지하는 네트워크를 구축하고 있다. 또한, 그들은 '원로들의 행동 네트워크'의 린 이저 회장이 말하는 '**원로의 도덕적 목소리**'를 찾고 있다.

봉사의 가르침은 모든 종교의 전통에서 나타난다. 유대교에서 '세상을 고친다'라는 뜻의 '티쿤 올람(tikkun olam)'의 실천은 베푸는 행위인 봉사를 통해 창조물 사이에 흩어져있는 성스러운 불꽃을 모아야 한다고 촉구한다. 선행의 실천(본 장의 도입부에 수록된 우화의 미츠바)은 토라 공부와 규례적인 계명과 함께 세상을 고치는 한 가지 방법이다. 기독교에서 봉사와 선행은 예수님의 삶을 따르려는 노력이다. 수피즘에서 봉사는 타인에게 봉사함으로써 사랑하는 이를 위해 봉사하는 것을 의미한다. 불교에서 사랑하는 사람들인 스승과 모든 생명체에 대한 연민과 봉사는 팔정도와 사홍서원(四弘誓願)의 한 부분이다. 틱낫한은 이러한 가르침을 사회적, 정치적, 환경적 부당함에 적용해 '참여하는 불교'로 확장했다.

힌두교에서 카르마 요가(Karma yoga)는 정신을 정화하고 마음을 여는 신성으로의 길이다. 카르마 요가 수행자들은 자아가 결과에 집착하지 않고 타인의 이익을 위해 행해지기 때문에 이타적인 올바른 행동은 일종의 기도와 같다고 가르친다. 카르마 요가를 통해 우리는 신에게 그런 행동을 헌정하고, 완벽하게 행하며, 결과에 대한 집착을 내려놓으면서 영적 수련법으로써 일상의 행동에 집중한다.

로저 월시는 이러한 지침들이 자아를 넘어선 초개인적 목적과 합쳐진다고 나에게 말했다. 이것은 개인을 뛰어넘고 자아 중심적인 통제를 내려놓는 것이 필요한 완전 무결성에 대한 약속이다. "우리는 세상에서 더 효과적으로 나가기 위해 우리 자신의 영적 수련으로 들어갑니다. 그리고 카르마 요가의 수련과 각성하는 봉사를 통해 자신에게 더 깊이 들어가기 위해 세상으로 나갑니다. 우리와 세상이 하나라는 사실을 깨달을 때까지 우리는 이 과정을 계속해서 반복합니다."

모든 훌륭한 전통은 봉사를 통한 영혼의 진화에 대해 가르친다. 삶의 순간적인 환경에 마음을 열고 내면의 외침에 주의를 기울여, 우리의 작은 자아에 대한 집착을 넘어서, 자아의 목적을 내려놓고, 타인의 영혼과 연결하면, 봉사는 영적인 길이 된다. 봉사는 우리가 진화하는 수단이 되며, 영적 수련 덕분에 온정이 깊어지고 넓어지는 자연스러운 결과를 얻게 된다.

봉사의 발전을 위한 연구소(Institute for the Advancement of Service)의 대표인 수잔 트라우트는『봉사하기 위해 태어난(*Born to Serve*)』에서 다음과 같이 말했다. "인생의 목적과 봉사의 목적은 영혼의 지식을 각성하는 것입니다. 우리의 경험을 사용해 영혼을 각성시키는 과정은 미켈란젤로가 동상을 조각하듯이 우리의 운명을 조각합니다."

이렇게 우리는 확장된 인식과 함께 봉사와 행동주의를 내면에서부터 다시 생각하고 있다.

봉사의 그림자 측면

나이와 마찬가지로 봉사는 의식 속에 구조화되어 있다. 다시 말해, 우리가 하는 봉사의 질은 순수한 인식과의 연결성과 그림자 인식과의 연결성에 달려있다. 우리의 인식의 단계는 우리가 어떻게, 왜 봉사하는지를 결정한다. 그 인식의 단계가 외침을 경청할지 부인할지 우리의 숨겨진 의도에 영향을 미친다.

우리의 자아의 목적이 가치나 인식이나 권력을 얻고, 내적 공허함을 채우는 데 있다면, 우리는 자신도 모르게 이러한 요구에 부응하기 위한 노력으로 봉사의 외침에 귀 기울일지도 모른다. 우리는 자기반성이 아닌 밖을 향하게 될 것이며, 우리 자신의 내적 경험에 대해 책임지지 않을 것이다. 대신 흑/백, 옳고/그름으로만 세상을 보게 될 가능성이 커져서 자신에게서 볼 수 있는 것들을 타인에게 투사하면서 이중적인 방식으로 타인에게 봉사하게 될 것이다.

우리는 자신의 무력감은 보지 않으려 할지도 모른다. "너는 도움이 필요해. 내가 너를 도와줄 수 있어."

우리는 경직된 믿음 체계와 자신을 동일시하면서 우리의 불확실성을 부인할지 모른다. "내가 옳다고 확신해. 어떤 상황인지 너는 몰라."

우리는 자신의 결핍이나 의존성을 보지 못할지 모른다. "너는 희생자야. 내가 너를 구해줄 수 있어."

이처럼 숨겨진 동기는 무의식적인 우리의 역할(**행동가, 도우미, 해결사, 구원자**)과 무의식적으로 동일시하게 될 열등/우등의 역학관계인 힘의 그림자로 이어진다. **행동가**를 봉사의 영역에 데려와 목표 달성에 대해 인정받으려 하면, 우리는 그 힘이나 영향력을 자신과 동일시하고 자신의 내면 작업은 무시할 위험에 빠질 수도 있다. 자신이 쓸모 있다고 느끼거나 우월감을 느껴야 하는 우리 자아의 욕구는 충족될지 모른다. 그러나 자신이 좋은 일을 한다고 생각할지라도, 우리는 자신의 한계를 부정할 것이며, 어느 날, 힘이나 돈이나 섹스를 둘러싼 그림자 문제들이 문제행동으로 나타날지 모른다.

게다가 우리는 봉사 대상이 되는 사람의 마음 깊은 곳을 열지 않으며, 그들의 아름다움과 재능을 보지 못하게 될 것이다. 그렇게 영혼과 영혼이 만나지 못하게 될 것이다.

대신 역할에 바탕을 둔 역학관계에 갇혀서 우리는 자기 행동의 결과(예컨대, "나는 성공했어." 나 "나는 실패했어.")와 타인이 자신을 어떻게 볼지("당신은 정말 관대하시네요." 나 "그 여성은 당신이 있다는 게 얼마나 행운인지 몰라요.")에 점차 집착하게 될 것이다. 그래서 우리는 피해자에게 우월한 도우미의 역할, 환자에게 간병인의 역할, 소외된 사람에게 힘 있는 사람의 역할을 유지하기 위해서 그림자 속에서 무의식적으로 기존의 고통스러운 상황이 지속되길 바랄지 모른다.

이런 식으로 봉사를 하는 사람들은 대개 지나치게 노력하고 자기 돌봄은 등한시해서 번아웃이나 '동정피로(compassion fatigue)'를 경험할 수도 있다. 이들은 특히 일 중독자와 상당히 흡사한 내적인 갈등(남을 속이는 기분, 실패에 대한 두려움, 내면의 근원과의 단절)으로 힘들어한다.

무의식적인 행동주의도 마찬가지다. 우리의 자아가 옳거나 우월해야 할 때, 우리는 그림자를 투사해 다른 자아(an Other)를 만들어낸다. 이 자아는 우리 자신에게서 보이지 않는 특징들(무식, 특권의식, 분노, 편견 등)을 수행한다. 우리 세대가 '기득권'에 분노했을 때, 우리는 전쟁, 물질만능주의, 소비지상주의에 관해 타당한 비평을 했다. 그러나 그들 모두를 믿지 못하게 되면서 우리는 안전과 안정에 대한 스스로의 욕구 또한 포기했다.

봉사에 참여하든, 행동주의에 참여하든, 우리가 내면의 근원에서 분리되고 타인의 영혼에서 분리될 때, 우리는 희생양을 찾고 적을 만들며, 오늘날에는 이런 상황을 명확히 볼 수 있다. 사실 세계의 일부 지도자들은 바로 이 그림자 투사라는 무기를 사용해 이슬람 혐오주의나 반유대주의 같은 공포와 이민자에 대한 두려움을 만들어낸다. 극단으로 가면 그들은 타인을 비인 격화하거나 제거하기 위해 전쟁과 노예제도와 인종 학살을 정당화시킨다. 우리는 이러한 현상을 십자군 전쟁과 이단심문, 유럽의 제국주의 시절 전 세계에서 일어난 원주민 학살, 신세계에서 자행된 노예제도, 그리고 홀로코스트를 통해 목격했다. 안타깝게도 우리 시대에도 국경 캠프에서 이민자들을 수용하는 정책들에서 이와 같은 그림자의 투사가 정책으로 전환되는 현상을 본다.

"생태 시대(ecological epoch)의 의식 있는 행동주의"라고 지칭한 주제로 책을 쓴 어스웨이즈 재단(EarthWays Foundation)의 창립자 앤드류 비스는 세상을 우리/그들로 나누는 과정이 자연을 대할 때도 똑같이 벌어진다고 말했다. "우리는 자연을 사물화시켜서 자연의 신성한 아름다움의 가치를 깎아내립니다. 그러면 우리는 자연의 남용을 정당화하고 우리의 상호 연결성을 부정할 수 있습니다. 그래서 우리는 계속해서 사리사욕만 추구할 수 있습니다."

의식 있는 행동주의의 핵심적인 특성은 '적이 없다'는 것이라고 앤드류가 말했다. 우리는 자신과 타자라는 분리된 자아를 넘어서야 한다. "이것이 우리의 영적 발달을 행동주의에 적용할 수 있는 방법입니다."

내가 그에게 우리의 위기가 악화하는 상황에 수십 년간 환경운동(행동주의)을 어떻게 계속할 수 있었는지 질문하자, 그는

"제가 가진 특권이 책임감을 느끼게 했습니다. 저는 목적과 의미가 있는 인생을 살고 있어요. 상황은 바뀔 수 있고, 바뀌지 않을 수도 있죠. 저는 긍정적이지만 낙관적이지는 않습니다."라고 말했다.

오랫동안 우리가 개인과 집단의 그림자 문제에 깨어있고 영적 수련을 한다면, 우리는 우리가 찾는 것이 '밖에' 있는 것이 아니라는 사실을 깨닫게 된다. 우리가 회복하고 자기반성에 시간을 들이면서, 우리는 우리의 믿음과 가치를 다시 생각할 수 있고 건강한 방식으로 봉사하는 방향으로 인생을 재설계할 수 있다.

우리는 세 단계로 봉사를 통한 영혼의 진화를 볼 수 있다. 첫 번째 단계에서 봉사는 우리의 숨겨진 욕구를 충족시키는 활동에서 회복과 보상이라는 더 큰 세계로 우리를 이끈다. 우리는 자아의 욕구가 결과를 통제하는 것이 아니라 인생이 우리를 통해 흐르는 경험을 한다.

예를 들어, 나는 노던 캘리포니아의 일부 백인 거주민들이 '원로들의 행동 네트워크'의 "우리 역사에 눈뜨기(Waking up to Our History)"라는 프로그램을 통해 원주민 부족과 만나, 자신의 조상들이 그 지역의 원주민들을 대우한 방식에 대해 그들의 슬픔을 공유한다는 사실을 배웠다. 그리고 그들은 원주민의 의식을 위한 땅을 매입하기 위한 모금 활동을 벌여 그들에게 보상하려고 한다.

또 다른 백인 여성은 인종차별로 인한 세대 간의 상처를 치유하려는 사명을 가진 단체 '대화(Coming to the Table)'에서 교육을 받은 뒤, 한 흑인 여성을 만나 함께 협력하고 있다고 나에게 말했다. 그 백인 여성의 조상들은 흑인 여성의 조상들을 노예로 삼았다. 그들은 함께 그들 가족사의 진실을 직시했고, 그에 대한 수치심과 슬픔을 표현했으며, 지역사회에 봉사하며, 우리/그들이라는 이분법적 사고를 끝내고, 순환의 고리를 끊었다.

두 번째 단계에서 우리는 자신과 봉사를 받는 사람을 서로 보살핌과 에너지, 사랑을 주고받는 더 큰 시스템의 일부로 인식하기 시작한다. 숨을 들이쉬면서 받고, 숨을 내쉬면서 준다. 우리는 자아의 숨은 동기를 내려놓으며, 완전하지만 부서진, 완벽하지만 수리가 필요한 더 큰 영역에 속한다고 느낀다.

이제 우리는 외부의 환경을 우리 내면세계를 비추는 거울처럼 보기 시작한다. 우리는 자신의 그림자 문제들이 어떻게 우리가 하는 봉사를 결정하는지를 보며, 그림자 작업을 통해 그림자 문제들에 대한 책임을 질 수 있다. 그리고 우리는 침묵으로 들어가 이러한 내면의 목소리를 목격하면서, 타인에게 하는 투사를 되찾아올 수 있다. 가난한 사람/부유한 사람, 도움이 필요한 사람/도움을 주는 사람, 받는 사람/주는 사람이 사라진다. 그리고 이상적으로 우리는 자신이 **행동가**가 아니라는 사실을 기억하면서 우리 내면의 인도를 귀담아들을 수 있다. 우리는 봉사하는 영혼이다.

세 번째 단계에서, 주는 사람과 받는 사람이라는 개념은 집단적 무의식, 세상의 영혼을 반영하게 된다. 커다란 의식의 벌판에서 나는 다른 사람에게 봉사하며, 그 사람은 나에게 봉사한다. 그 자체가 우리를 형성하고 우리를 통해 형성된다. 우리는 힌두 신화에 나오는 인드라의 그물 속, 만물의 거대한 상호의존성에 대한 현대 물리학의 발견을 반영하는 매듭이다. 인드라의 그물은 우주의 거미줄처럼 교차점이 무한한 네트워크다. 그물의 각 매듭마다 보석이 다른 모든 보석을 홀로그램처럼 반사하며 빛난다. 이러한 성스러운 봉사의 비이중적 단계는 모든 생명체의 거대한 상호 연결성에 경의를 표한다.

내 남편의 형제인 스티븐 슈이테뷔르더는 이러한 상호 연결성과 관련해 깜짝 놀랄만한 개인적 경험을 이야기했다. 심리학자인 스티븐은 내면 작업을 세상의 갈등 상황에 적용하는 프로세스 지향 심리학의 전문가이다. 그는 유엔과 기업과 교육 기관에 프로세스 지향 심리학을 소개했다.

스티븐의 유대인 부모님은 어린 시절 1920년대에 유럽에서 남아프리카로 이주했다. 스티븐과 내 남편이 자랄 때, 가족은 홀로코스트에 관해 이야기하지 않았다. 그러나 1999년에 스티븐이 워싱턴 D.C.에 있는 홀로코스트 박물관을 방문했고 슈이테뷔르더라는 그와 똑같이 독특한 성을 가진 사람들이 수용소에서 사망한 기록을 읽고 충격을 받았다. 분노와 슬픔 속에서 스티븐은 자신의 가계도를 연구하기 시작했고 그의 가계도에서 사라진 남성, 여성, 아이들에 관해 더 많은 정보를 찾기 시작했다. 그는 반유대주의에 동참하고 나치즘과 결탁했다는 이유로 유럽 전체에 분노했다.

어느 날, 인쇄소에 간 스티븐은 한 노인이 독일어 억양으로 이야기하는 것을 들었다. 스티븐은 그 노인이 세계 2차 대전 당시 군인이었을 수 있다고 생각했다. 그는 노인에게 다가가 전쟁을 문제 삼았다. 그 노인은 자신이 오스트리아 출신으로 전쟁 중에 독일로 이송되어 (스티븐은 움찔했다) 강제수용소에서 풀려날 때까지 있었다고 답했다.

"그분이 유대인이라는 사실을 깨닫자 제 얼굴이 창백해졌던 기억이 나요. 상황을 알아차리는 데 시간이 걸렸어요. 그 남성의 억양이라는 특성을 가지고 일반화시켜서 그를 나치라고 생각했던 거죠. 이렇게 일반화시키는 행동은 히틀러가 유대인들에게 한 행동이라는 걸 알았어요. 그들은 전체 그룹에 투사했고 탄압했어요. 저 역시 일반화로 공격할 능력이 있었던 거죠. 그 경험이 제 관점을 바꾸었고 사람들과의 교류를 개선했어요. 그리고 이 경험은 봉사를 위한 사전작업으로 내면 작업의 중요성을 일깨워주었어요."

스티븐은 이 경험을 다수의 학생들과 공유했다. 다음 날 아침, 그중 한 독일인 학생인 데이비드가 스티븐의 이야기가 불편했다고 말했다. 그는 그 전쟁 동안 독일 국민이 겪은 고통에 관해 말했다. 스티븐은 데이비드에게 다가갔고 그 둘은 포옹을 했다. 스티브는 이것이 자신과 데이비드의 포옹이 아니라 유대인과 독일인의 포옹이며, 역사의 고통에 대한 화해라는 사실을 깨닫자 마음속 깊이 감동했다고 나에게 말했다.

이후에 스티븐은 자기 조상들의 고통이 그를 통해서 이동하게 허락했고, 자리에 앉아서 흐느끼기 시작했다. 그런 다음 이 슬픔의 파도는 확장되어 독일인의 고통과 독일의 분단과 전쟁 기간에 그들에게 행해진 폭력까지 포용했다. 그다음, 우리 몸속의 DNA가 거대한 고통을 모두 안고 있다는 사실을 깨달으면서 그 파도는 모든 인간에게까지 확장되었다. 우리는 모두 살아남으려고 발버둥 친 조상들의 고통을 담고 있다.

다음 날 아침, 한 여학생이 스티븐에게 다가왔다. 그 학생들 앞에서 이러한 내면 작업을 했던 날, 그 여학생은 자신의 동네 페이스북 페이지에서 한 메시지를 받았다. 한 남성이 거리에 놓인 3개의 기념석 사진을 게시한 것이다. 각각의 기념석에는 홀로코스트로 사망한 사람의 이름과 그들의 출생일과 사망일, 사망 장소가 새겨진 동판이 있었다. 그 동판에 새겨진 이름들은 슈이테뵈르더였다. 세 사람, 스티븐의 조상들. 우리는 모두 우리를 연결한 눈에 보이지 않는 실로 연결되어 있다.

내면 작업과 외적 작업. 개인의 영혼과 세계의 영혼.

부름에 귀 기울이거나 부정하기
저항하는 원로를 위한 내면 작업

봉사의 외침은 여러 형태로 들을 수 있다. 돈을 기부하거나, 자원봉사를 하거나, 공직에 출마하거나, 시위행진에 참가하거나,

굶주린 사람들에게 먹을 것을 주거나, 사랑하는 사람을 돌보거나, 우리의 지혜를 나눠주거나, 청년의 멘토가 되거나, 지구를 보호하거나, 손자들을 돌봐줄 수 있다.

우리가 자신의 소리를 경청하고 내면의 대화를 가까이서 듣는다면, 자석처럼 우리를 끌어당겨 사회에 환원하도록 우리의 방향을 다시 설정할 것이다. 사랑이 그 길을 보여줄 것이다. 인생계획네트워크(Life Planning Network)의 브루스 프란켈은 뉴욕의 성 소수자 노인을 매우 걱정했다. "그들은 뉴욕에서 제일 교육을 잘 받고, 제일 가난하며, 제일 외로운 사람들이에요."라고 그는 나에게 말했다. 그는 이들을 위한 신기술을 가진 공동체를 만드는 꿈을 꾸었고, 이들의 고립을 끝내고 보살핌을 더 받을 수 있는 가상의 마을을 만들었다.

캘리포니아 산불 소식을 들은 한 치료사 친구가 내게 말했다. "소방관들을 돕고 싶어. 그들이 트라우마에서 회복하도록 돕고 싶어." 그녀는 외침을 들었고 그 일을 할 수 있는 교육을 찾았다.

또 다른 남성은 1960년대에 평화봉사단의 일원으로 라이베리아를 다녀왔다. 수십 년 뒤, 그가 은퇴했을 때, 그는 그곳으로 돌아가라는 외침을 들었다. 그는 그곳의 생활 환경이 더 나빠졌다는 사실을 알게 되었고, 그래서 라이베리아에 조명을 제공하겠다고 마음먹었다. 그는 집, 사업장, 병원에 태양열 조명 수천 개를 설치했다.

한 지인은 기업을 떠나 커뮤니티 대학에서 환경 수업을 가르치는 일을 찾았다. 그녀는 나에게 말했다. "지금 기후 변화보다 더 중요한 일은 없어요. 후손들을 교육해 이 문제에 이바지할 방법을 찾고 있어요."

한 보험회사 임원은 더 많은 공동체를 갈망했고 자신이 나가는 유대교 회당에 자신의 비전을 세울 수 있도록 회당의 대표가 되기로 했다. 한 이웃은 한 달에 한 번 교도소에서 명상을 가르친다. 그는 자신이 주는 것만큼 얻는다고 말한다.

내가 사는 산동네의 몇몇 여성은 노숙자 가족을 지원하는 꿈이 있었다. 그들은 시와 협력해서 30명으로 구성된 여성단체를 꾸렸고, 도움이 필요한 가족을 위해 무료 임시 숙소를 꾸몄고, 매달 그 숙소를 가구와 음식으로 채운다.

'분노한 할머니들(The Raging Grannies)'은 노인 여성 '무리'로 구성된 풀뿌리 네트워크로 우리에게 "빈둥거리지 말라"고 촉구한다. 그들은 북미 전역에 걸쳐 사회 정의와 지속가능성의 문제들과 관련해 지역단위로 조직적인 단체행동을 한다. 시위와 법원 청문회에서 그들은 구호를 외친다.

가능성은 무한하다. 하지만 우리는 세상의 울음에 귀를 닫지 말고 경청할 수 있어야 한다. 그림자 캐릭터는 세상의 울음을 부인할 것이다. "내가 그 일에 뭘 할 수 있었어?" "모르는 편이 나아." "그냥 내 노년이나 즐길래." 우리가 그것을 부정하거나 다른 곳에 신경을 쓰고 그것을 차단한다면, 우리는 그 외침에 주의를 기울일 수 없다.

반면에 우리는 세상의 울음에 파묻히지 않고, 참을 수 없는 고통에 화내지 않고, 슬픔이나 연민, 무력감이나 죄책감에 빠지지 않으면서 그 소리를 들을 수 있어야 한다. "모든 곳에 고통과 기아와 질병과 죽음이 있어. 나 자신도 간신히 돌보는 데."

이 과정은 의식적인 노화와 유사하다. 우리는 반드시 나이에 관한 완전한 진실을 직시하지 않으려는 우리의 부정의 틀을 깨고 지금 우리가 원하는 인생을 만들어야 한다. 마찬가지로, 우리는 봉사의 외침을 부정하는 것을 깨고 세상의 아름다움과 공포, 무한한 가능성과 비참한 고난이라는 완전한 진실을 보아야 한다. 우리는 모든 현실의 스펙트럼에서 살기 위해 이러한 상반된 것들 사이의 긴장감을 유지해야 한다.

그런 후, 행동하려면 우리는 내면의 세계에 관심을 두고 내면의 목소리에 귀 기울여야 한다. "나는 그 문제에 관심 있어." "내 열정은 여기에서 생겨나." "그 필요성에 대해서 내가 무언가 할 수 있어." "이 부당한 문제가 나에게 가장 중요해." "나에게는 이런 사람들을 위한 선물이 있어."

곧바로 대부분은 그림자 캐릭터의 소리를 들을 수 있다. 그래서 우리는 조용한 명상에 들어가 떠오르는 부정, 저항, 산만함을 목격한다. 예를 들어, 우리가 줄 것이 아무것도 없다는 두려움을 목격한다. 내 친구 로리는 교사로서 기후 변화 문제에서 자신도 이 두려움에 힘들다는 사실을 알게 되었다고 나에게 말했다. 10년 전, 앨 고어의 기후현실프로젝트(Climate Reality Project)에서 교육을 들은 그도 벅찬 문제라고 느꼈고, 무력감을 느꼈다. 그는 자신이 이렇게 말하는 것을 들었다. "그 문제는 너무나 커. 나는 그 문제에 영향을 미칠 만한 기술이 없어."

그러나 1년 뒤, 그는 교육청에서 건물을 개조하고 에너지 효율과 재생 에너지에 대한 수업을 시작하고 싶어한다는 사실을 알게 되었다. 그가 거기에 있었다. 그는 자격이 있었고, 준비되어 있었다.

무력감과 투명인간 같다는 감정들이 습관적으로 생겨날 수 있다. 특히나 연령주의를 직면할 때 그렇다. 그래서 우리는 그 외침을 부정한다. "나는 지금 너무 피곤하고, 너무 늙고, 힘이 없어." 내면의 연령주의자가 사회적 연령주의와 결탁해 아무것도 하지 못하게 만들지 모른다. 그렇지만 발걸음을 멈추고, 속도를 줄여서, 들어보자. 이것은 여러분의 본질이 아닌 그림자 캐릭터라는 사실을 기억하자. 그리고 여러분은 그림자 캐릭터가 여러분을 중단시킬지 아니면 여러분의 영혼에서 떠오르는 그 외침에 귀를 기울일지 선택할 수 있다. 그리고 자신보다 더 큰 무언가를 위해 나아갈 수 있다.

고통에 지나치게 가까이 다가간다는 두려움이 생길지 모른다. 내 친구 클레어는 난민들을 도우라는 외침을 들었다. 그 목소리는 계속해서 들렸지만, 그녀는 그런 곤궁에 처한 사람들에게 다가가는 것이 두려웠고, 그들의 고통에 압도되거나 심지어 물들지 않을까 무서웠다. 이민 위기가 미국 국경에까지 도달하고 연방정부에서 아이들을 가족과 분리하자, 그녀는 자신만의 대응법을 찾았다. 아이들에게 옷과 목욕용품을 차에 가득

실어서 가져다주는 것이었다.

이렇게 봉사를 거울처럼 사용해서 우리는 일상생활에서 지속해서 깨지지 않는 영적 수련을 하고 있다. 그리고 우리는 행동주의와 영성 사이의 단절을 치유하고 있다.

간디의 말처럼, "종교는 정치와 아무런 상관이 없다고 말하는 사람들은 종교의 진정한 의미를 모른다."

오늘날, 불교의 스승인 잭 콘필드는 이 점에 동의했다. "명상과 묵상이 불자의 길을 완성한다고 믿지 말자. 내면의 평화, 자유, 기쁨은 미덕과 존중과 서로 돌보라는 외부의 가르침들과 함께했을 때만 발전한다."라고 2016년 에세이 "지금이 일어날 때입니다(Now is the Time to Stand Up)"에서 말했다.

"이것은 정치적인 문제가 아닙니다. 인간의 가장 기본적인 원칙들과 도덕적인 행동과 해로운 것을 예방하기 위해 일어서는 것입니다. 이것은 세상의 문제 속에서 다르마를 나타냅니다… 여러분은 오랫동안 이것을 위해 수련했습니다. 마음을 잠재우고 마음을 여는 법을 수련해 배웠습니다. 여러분은 공허함과 상호의존성을 배웠습니다. 이제 평정심과 용기, 지혜와 온정을 가지고 세상을 향해 앞으로 나가야 할 때입니다."

우리가 자아의 목적에서 영혼의 사명으로 방향을 조정하고 우리 자신보다 더 큰 무언가를 위해 봉사하라는 외침을 경청하면서, 우리는 순수한 인식에 기반을 둘 수 있다. 우리는 자기 인식을 심화하고 그림자 작업을 통해 저항을 없애고 내면의 그림자의 목소리를 들을 수 있다. 그 결과, 우리는 언제 참여할지,

얼마나 참여할지, 왜 참여할지를 의식적으로 선택할 수 있다.

〰〰〰〰〰

원로들의 행동 네트워크 창립자 존 소렌슨과의 인터뷰

우리가 인터뷰할 때 77세였던 존은 노년기의 사명을 찾기 위한 오랜 여정 끝에 '원로들의 행동 네트워크(EAN, 전 '의식 있는 원로들 네트워크')'를 창립했다. 그는 기술 회사를 매각한 후 자신이 "영적으로 죽었다"고 느꼈다고 나에게 말했다. 그는 인생의 힘을 되찾고 싶었다. 그는 수업을 들었고 자신의 목적의식에 다시 불을 지피기 위해 심리치료를 했다.

그러다가 비전 탐구에서 자신의 주된 그림자 캐릭터를 만났고, 그 그림자는 그에게 이렇게 말했다. "너는 잘못하고 있어." 그가 이 메시지와 그 메시지가 어떻게 그를 파괴하는지 알게 되었을 때, 그는 그 메시지에 더는 순종하지 않을 수 있었다. "그건 사실이 아니라는 것을 알았어요. 그리고 이 시간을 사회에 환원하는 데 쓰고 싶었어요. 그런데 어떻게 하죠?"

존은 내면의 목소리를 들었다. "리더십을 가르쳐라." 그는 멈춰서 귀를 기울였다. "미국의 원로들을 모아라."

그는 "몸에 딱 맞는 옷을 입은" 것 같은 느낌이 들었고 그래서 자신의 사명을 찾았다는 것을 알았다. 존이 이 사명을 들었을 때, 그는 광장에 서길 원하는 그와 같은 열정을 가진 사람들을 찾기 시작했다. "우리는 자아를 행동으로 보여주는 게 아니에요. 우리는 칭찬을 원치 않아요. 우리는 모든 답을 갖고 있지 않아요. 하지만 있는 그대로를 말해줄 **원로**들의 활동이 필요하다는 것을 압니다."

두 부류의 **원로**들이 나타났다고 존은 말했다. 외적인 활동에 집중하는 부류와 내적 활동에 집중하는 부류였다. "우리는 의식 속에서 성장하겠다는 목적을 가지고 외적 활동을 해요. 우리는 비폭력 소통과 그림자 작업과 신성한 행동주의를 실천해요. 우리는 적을 만드는 일을 하지 않으려고 원의 형태로 내면 작업을 수련하죠."

계속해서 성장하고 있는 특수이익단체들은 사회 정의, 기후 변화, 지속 가능한 생활을 위한 **원로** 활동가들을 포함한다. EAN은 노년층에게 **원로**에 대한 저항을 넘어서서 세상에서 힘을 가질 수 있도록 변하자고 가르친다. "내적으로 그리고 외적으로 연령주의가 만연해요. 하지만 그것 때문에 제가 멈추진 않을 거예요. 저에게 에너지와 목적의식이 있다는 사실에 너무나 감사해요. EAN은 후손들을 위한 토대를 만들고 있어요. 그것은 소중한 유산이죠."

～～～～～～～～～～～～～～～～～

～～～～～～～～～～～～～～～～～

LA 선 센터의 전 주지스님
웬디 에교쿠 나카오 선사와의 인터뷰

웬디는 행동주의와 영성 또는 봉사와 수행의 결합을 대표하는 인물이다. 그녀는 선불교 승려로 선불교의 영적 지도자이며, 그녀의 원래 스승은 유명한 조동종(Soto Zen)을 미국에 소개하는데 일조한 마에즈미 선사였다. 그녀는 수련의 길로 명상과 사회적 활동을 통합한 것으로 유명한 '젠 피스메이커 오더(Zen Peacemaker Order)'를 창시했던 고 버나드 글래스만 선사의 후임자이기도 하다. 이 오더의 영성을 기반으로 한 사회적 참여는 노숙자이든, HIV 보균자이든, 전 재소자이든 상관없이 도움이 필요한 사람들에게 일자리를 제공하는 그레이스톤 베이커리로 성장했다.

내가 웬디 선사와 대화를 나누었을 때, 그녀의 영성에 관한 관심은 다문화 가족과 그들의 차이점에서 의미를 찾아야 할 필요성에서 생겨났다고 말했다. 1975년에 한 친구가 그녀에게 7일간 선불교의 침묵 안거(安居)에 들어가서 좌선에 도전하라고 제안했고, 그녀는 그 제안을 받아들였다. "아무런 지시도 없었어요. 우리는 앉아 있었고, 벨이 울리고, 우리는 다리를 풀었다가 다시 앉아 있었어요. 하지만 제 안에서 무언가가 건드려졌어요. 저는 집으로 돌아와 남편에게 떠나겠다고 말했어요."

그녀는 혼자서 이 길을 가야 했다고 말했다. 그녀는 더 긴 수행에 들어갔고 마에즈미 선사를 만났다. 5년 뒤, 그녀의 마음은 여전히 번잡했고, 그녀는 마음 챙김을 배웠다. "놀랍게도 제가 원하는 대로 앉을 수 있었어요. 선불교처럼 엄격하지 않았죠."

그녀는 내면의 고요함을 쌓기 시작했고 마음이 어떻게 움직이는지 보이기 시작했다. 한번은 긴 수행에서 그녀는 자신의 마음속에 있는 이미지인 이상적인 사람이 되려고 한다는 것을 깨달았다. "저는 단순히 제가 되어야만 한다는 것을 알았어요." 그녀는 마에즈미 선사에게 돌아갔고, 선 승려로 임명받았다. 그런 후 그녀는 젠 피스메이커스에서 버나드 선사와 함께 수행했다.

마에즈미 선사가 제자들과 성적인 관계를 맺는 알코올 의존자라는 사실이 밝혀지자 로스앤젤레스 젠 센터는 뒤흔들렸고, 학생들 대부분은 절망감에 그곳을 떠났다. 웬디 선사는 젠 센터 부지에 화재가 발생한 이후 적극적으로 나서서 안팎을 재건하기로 했다. 그녀는 센터에 남아 있는 회원들이 스승에게 느낀 엄청난 환멸감을 해소하고 견해차를 해결하도록 수련시켰다. "우리는 면벽 수련을 했어요. 평의회에서 우리는 서로 마주 보았어요. 그것은 좌선의 또 다른 형태죠."

그녀는 마음으로 듣고 말하는 것과 같은 소통의 기술을 배웠다. 그리고 공동체의 그림자 문제들, 영성의 사각지대를 직시했다. "우리는 이제 우리의 정서적 통합과 잠재적 분쟁을 감지할 분별력을 얻기 위해 노력해요. 저는 어떤 것을 빛으로 끌고 와야 한다면 그 에너지의 장(energetic field)을 읽고 감지할 수 있어요."

그녀는 불교의 그림자를 지적했다. 불교는 남자 수도

승의 관점에서 만들어졌다. "부처님의 버려진 아내와 초기에 그를 따르던 많은 추종자와 같은 여성들의 목소리가 그의 인생 이야기에 쓰이지 않았다면 수행은 어떤 모습이 될까요?"

젠 센터에서 웬디 선사는 전통적인 계급구조를 깨고 공동의 관리를 위해 공동체라는 동료 승가(sangha)를 만들었다. 자율적인 단체가 젠 센터를 운영하며 전체와 조화를 이룬다. 이 모든 것은 의도적인 영적 공동체를 위한 새로운 공간을 만들었으며, 문제가 생겼을 때, 그 공간은 강력하게 남아 있다. "예전의 형태는 무너졌지만, 40명의 사람이 함께 모여 새로운 구조를 만들었고, 우리의 역사에 대해 진실을 말하고, 또 다른 공동체를 어떻게 만들지에 대해 배우고 있어요."라고 웬디가 말했다.

그녀는 말을 이어나갔다. "지난 20년 동안 우리는 의식적으로 젠 센터에 많은 실을 엮었어요. 빛과 그림자, 수직적, 수평적 차원, 여성적, 남성적 에너지를 포함해 새롭게 탄생한 이야기와 일정한 형태의 회복력이 있는 천으로 만들었죠. 우리는 부처님의 옷을 한 땀 한 땀 꿰맸어요. 깨달은 자의 옷, 해방과 봉사의 옷이죠."

이것은 우리가 큰 수행으로 향하게 한다고 웬디가 말했다. 불교 신자들에게 귀의한다는 것은 우리의 집착보다 훨씬 더 큰 인생에 몸을 의탁한다는 것을 의미한다. "그것이 새로운 방식으로 여러분을 확장하고 부르게 허락하죠."

젠 피스메이커는 세 가지 교리를 가지고 있다. 첫째, 알지 못함, 자신과 타인과 우주에 대한 고정된 생각 버리기이다. 웬디 선사의 말처럼, "수년에 걸쳐 저는 알지 못함의 거대한 영역이 마음속 깊은 곳에서 떠오르는 모든 것들을 들으라고 저를 부른다는 사실을 발견했어요. 이처럼 제한된 '자아감'은 이상하고 낯선 것들을 포용하도록 확장됩니다. 제가 알 수 있는 능력을 넘어서는 것들, "내가 아니다"라고 생각했을 수 있는 것들로 확장이 되죠. 끊임없이 흐르는 상호작용의 복잡성에서 모든 것은 팽창하고 수축해요."

"그래서 저는 이렇게 말하길 좋아합니다. '자신이 무엇을 지지하는지 알라.' 우리는 모두 다 연관되어 있으며 절대로 분리될 수 없습니다. 우리가 모두 함께 살고 있다는 생명의 상호 연결성을 확인하는 저의 손과 말과 마음의 일상에서의 행동들은 무엇일까요?"

두 번째 교리는 세상의 기쁨과 고통의 증인이 되면서, 우리에게 주어진 상황들을 직면하는 것이다. "여러분 인생의 현재 환경은 여러분의 각성을 위한 완벽한 수단입니다. 자아를 잊고, 계명을 수행하며, 타인에게 봉사하기 위해 우리는 어떻게 이러한 환경들을 사용할 수 있을까요?"

세 번째 교리는 알지 못함과 증인이 되는 것에 뿌리를 둔 행동을 포함해 모든 사람과 모든 것을 아끼고 봉사하자이다. 그림자의 목소리가 "나는 할 수 없어"라고 말할 때, 우리는 반드시 우리가 자신에게 말하는 내용을 듣고 그림자와 대화해야 한다고 웬디는 말한다.

이러한 교리들은 젠 센터의 회원들이 영적 수행으로 지역사회에 봉사하는 방향으로 나아가게 했다. 지역의 노숙자들을 돌보고, 지역 교회를 위한 음식 바구니를 만들고, 십 대들에게 비폭력 교육을 제공하고, 교도소에서 법회를 진행하며, 지역에서 나무를 심는다. 젠 센터는 어린 노숙자들이 성인기로 이행할 수 있는 안정적인 환경을 만들기 위해 아파트를 제공한다. 그들은 또한 재소자들이 사회에 재진입을 할 수 있도록 도우며 위탁가정에서 성인기로 이행하는 청소년들에게 음식 제공을 돕는다.

봉사의 외침은 비단 자신만이 아닌 모든 존재의 계몽을 위한 영적 수행을 통해 모든 생명체를 해방하는 보살서원(Bodhisattva vow)의 일부이다. "우리는 나 자신을 위한 깨우침에서 모두 서로 연결되어 있다는 깨달음으로 마음을 바꿉니다. 그래서 봉사의 환경에서 수행이 진행됩니다. 그리고 봉사가 수행입니다."라고 웬디가 말했다.

웬시 선사는 2019년 5월 젠 센터의 주지스님의 자리에서 사임했다.

〰〰〰〰〰〰〰〰〰〰〰

의식적인 조부모 되기
어린아이들의 영혼 돌보기

내 주변의 많은 친구들이 임신하거나 임신을 갈망할 때, 나는 나에게 부족한 게 있다고 생각하곤 했었다. 모성애나, 욕망이나, 어떠한 종류의 충동이라도 생기길 기다렸지만 아무 소용이 없었다. 내가 아는 한 그 기간에 내가 원한 것은 단 한 가지, 깨달음을 얻는 것뿐이었다.

19세에 나는 명상과 명상의 약속에 매료되었다. 그리고 내 주변에서 온통 고통을 보았을 때, 나는 단지 그 고통에서 벗어나고 싶었다.

내 어머니는 이 일로 크게 충격을 받았다. 어머니는 초창기 페미니즘에 빠졌었고, 자신과는 다르게 내가 경력도 쌓고 아이도 가질 거라고 생각했다. 그러나 둘 중 어떤 것도 내 영적 비전에 대한 기도처럼 나를 부르지 않았다.

그 후 20년 뒤, 내 생체시계는 자정을 넘겼다. 나는 영적 기도가 나만큼이나 열정적인 한 남자를 만났고, 그에게는 자녀들이 있었다. 또다시 20년 뒤, 그들에게도 자녀들이 생겼고, 나는 코니 할머니가 되었다.

부모로서의 경험이 없고 나에게 **원로**로서 긍정적인 조부모의 역할을 한 사람이 없었기 때문에 나는 손자들이 성장하는 동안 나도 할머니로 성장하겠다고 마음먹었다. 내가 어렸을 때 가졌던 나이에 관한 무의식적인 부정적인 이미지의 상당 부분이 우리 조부모님으로부터 왔다는 것을 알았기 때문에 나는 아이들에게 내가 미칠 영향을 절실히 느끼고 있었다.

오늘날 미국의 18세 미만의 인구보다 50세 이상 인구가 더 많은 상황에 많은 노인은 손자들과 이처럼 깊은 관계를 맺지 않는다. 우리의 문화는 여러 세대가 함께 살던 가정에서 연령별 분리가 만연한 가정으로 변했으며, 어린이들은 오랜 시간 학교에 있으며, 중년은 오랜 시간 일을 하며, 노인들은 실버타운이나 양로원에 있다. 연령 분리는 인종 분리만큼 널리 퍼져있다.

그 결과, 많은 수의 청년들은 **원로**들과 긴밀한 인간관계를 맺지 못하고 성장하며 자연스럽게 고정 관념을 갖게 된다. (내면의 연령주의자를 조심하자!) 그리고 노인들은 청년들과 인간관계의 활력과 가족에게 봉사할 기회를 잃게 된다.

이처럼 지리적으로 떨어져 있고, 같이 살지도 않지만, 우리는 우리가 전파하고 물려주고 싶은 **원로**의 지혜를 인정해야 한다. 세이징 인터내셔널의 이사인 84세의 증조할아버지 제롬 커널은 조부모 되기를 주제로 강연하고 글을 쓴다. 그의 어머니는 일하셨기 때문에, 할머니가 그의 주 양육자였고 할머니의 조건 없는 사랑은 그의 정서를 조절하는 역할을 했다고 나에게 말했다. 아이들에게 조부모는 부모의 권위와 학업 성적, 경쟁이 치열한 스포츠와 그 외에도 높은 기대치의 무게를 느끼게 하는 장소들의 부담감을 줄여줄 수 있다고 그는 말했다. 조부모가 없다면, 아이들은 이러한 정서 조절을 찾기 위해 소셜 미디어, 비디오 게임, 마약과 같은 다른 위험한 탈출구로 눈을 돌린다고 말했다.

7명의 손자를 둔 할머니이자 유니테리언 보편주의자 목사로 세이징의 리더이기도 한 팻 호드도퍼는 가치와 소속감을 전파하는 독특한 가족의 전통에 대해 나에게 설명했다. 2009년에 그녀의 가족은 여름마다 일주일간 조부모와 손자손녀 간 관계를 형성하기 위한 커즌스 캠프(Counsins Camp)를 시작했다. "우리는 우리의 핵심 가치를 실천하고 가족의 전통을 전수하며, 상상력을 발휘하고 서로로부터 배우고 땅과 가깝게 살며, 함께 놀려고 노력해요. 강 주변에서 하는 활동들과 게임, 미술과 이야기 시간을 즐기죠. 책임을 나누고, 특권도 나누고, 캠프 평의회에서 갈등을 해결하고, 사랑을 축복해요."

그들은 친절한 말과 함께 행동하기, 도와주기, 사랑하는 마음, 열린 마음, 경청하는 귀, 걸어 다니기와 같이 커즌스 캠프의 약속사항을 정하면서 일주일을 시작한다고 말했다. 그들은 이 여섯 가지의 약속을 상의하고 매일같이 실천하는 데 동의한다.

회의 시간에 그들은 어떻게 더 잘할 수 있을지 의견을 나눈다. 그리고 가족을 위한 긍정의 말로 회의를 마친다. "당신은 사람입니다. 당신은 특별합니다. 당신은 중요합니다. 당신의 외모 때문이 아니고, 당신의 재산 때문이 아니고, 당신의 능력 때문이 아닙니다. 단지 당신은 당신이기 때문입니다." (이 책의 주제 관점에서 보면, 이 가족은 자아에서 영혼으로 그들의 관계를 변화시키기 위해 소통을 사용하고 있다.)

나는 팻의 이야기에 깊은 감명을 받았다. 하지만 이러한 이상향을 충족할 수 있는 가족은 많지 않다는 사실을 깨달았다. 어떤 가족들은 세대 간에 가치가 상충하거나 서로 불신한다. 할머니인 한 내담자는 손자의 부모들의 물질주의적이고 소비지향적인 가치가 매우 싫다고 나에게 말했다. 그녀는 손자의 부모가 손자에게 정서적 지원이 아닌 물질을 제공하고 있다고 생각한다.

한 조부는 성인이 된 자식들이 손자들과 함께 상상 놀이를 할 시간을 내주지 않는다고 나에게 말했다. 자식들은 너무나도 완벽주의적인 성과에 집중한 나머지 벌써 손자들이 불안 증세를 보인다고 말했다.

또 다른 조모는 손자들이 아이패드나 텔레비전 앞에 매일같이 몇 시간씩 앉아 있다고 말했다. 그녀는 이 가슴 아픈 상황에서 자신은 아무런 힘이 없다고 말하면서 울었다.

나도 그녀의 걱정이 타당하다고 생각한다. 크리스 로완이 〈버추얼 차일드〉에서 발표한 연구에 따르면 주의력 장애, 공격적인 행동, 공감 부족, 학습 장애, 비만이 어린이들 사이에서 전염병과 같이 확산하는 이유는 기술의 지나친 사용과 관련이 있다는 사실을 확인해 준다. 몇몇 온라인 콘텐츠와 게임은 시끄럽고 폭력적·선정적이며, 아이들은 학교 운동장에서 이를 모방한다. 로완에 따르면, 오늘날 75%의 아이들이 자신의 방에 기술(전자기기)이 있어서, 충동 조절이 부족한 뇌로 발전하는 '비디오 게임 뇌'를 발달하게 될 수 있다고 한다.

장기적인 결과로 아이들은 가족과 멀어지게 되고, 외로움을 느끼며, 우울해하고, 비만과 당뇨의 위험에 처할 수 있다. 앉아만 있는 생활 습관과 지나친 자극이 합쳐져서 위험한 상황을 만든다. 정상적인 뇌 발달과 인간의 상호작용이 없으면 끔찍한 결과를 초래한다.

해결 방안은 자연에서 시간을 보내며 ADHD와 관련한 증상을 줄이는 것이다. 규칙적인 유산소 운동은 집중력을 높인다. 신체 접촉은 신경계를 진정시킨다. 깊은 경청은 정서적 조절과 공감을 가능하게 한다.

이러한 발견사항들은 의식 있는 부모 역할과 조부모 역할에 지침이 된다. 우리는 모두 이러한 해독제를 제공할 수 있다. 우리는 자연 세계에서 노는 즐거움과 운동의 보상과 새로운 것을 탐구하는 것의 보상을 함께 나눌 수 있다. 우리는 삶의 현실과 게임의 환상에 대해 말할 수 있다. 우리는 아이들에게 자신의 몸과 감정, 자기표현에 귀를 기울이는 방법을 가르칠 수 있다. 그래서 디지털 네이티브임에도 아이들은 자신과의 연결성을 잃지 않는다.

우리는 조부모로서 손자들의 그림자를 어떻게 양육할 수 있을까? 다시 말해, 어른들의 소통방식이나 아이들이 분노와 같은 특정 감정이나 울음 같은 행동을 받아들이지 않는 태도에 의해 불가피하게 형성된 무의식적인 것을 의미한다.

심리학자인 한 조모는 자신의 성인이 된 아들이 손자에게 어떻게 두려움을 전파하는지를 관찰했다고 나에게 말했다. 그런 뒤, 그녀는 손자가 불안장애를 겪는 것을 지켜보았다. "하지만 주말마다 어린 손자가 저와 함께 있을 때는 안정감을 느끼게 했어요. 아이는 제 몸의 안정과 제 마음의 평온을 느낄 수 있어요. 그리고 무슨 일이 있어도 사랑받는다는 걸 느끼죠.”라고 그녀가 나에게 말했다.

분명히 가족마다 그들만의 역학관계가 있다. 세대 간에 열린 대화를 허용하는 가족이 있지만, 그렇지 않은 가족도 있다. 어떤 가족은 아이들이 분노, 두려움, 또는 슬픔을 표현하게 허용하지만, 그런 감정을 표현하게 허용하지 않는 가족도 있다. 전혀 기술(비디오 게임 등)을 허용하지 않는 가족도 있지만, 허용하는 가족도 있다. 하지만 우리가 해독제가 될 수 있다는 사실만 기억한다면, 우리는 방법을 찾을 수 있을 것이다.

나는 인터뷰를 통해서 조부모 되기는 **원로**에게 영적 수련이 될 수 있다는 사실을 분명히 깨달았다. 부모들이 없거나 다른 곳에 집중하는 동안 우리는 손자들과 현재에 존재하기를 수련할 수 있다. 부모들이 자아정체성을 형성하고 이미지에 대해 걱정하면서, 그들의 기준에 맞지 않는 손자들에게 비판적일 수 있다. 우리는 수용과 용서를 연습할 수 있다. 부모는 성적에 집중하지만, 우리는 자신만의 선물을 찾는 영웅들에 대한 이야기책을 읽어줄 수 있다. 이 모든 경험은 **원로**와 어린이 둘 다의 성장에 도움이 된다.

끝으로, 나는 손자들과 내 가치를 공유할 간접적인 방법들을 찾았다. 손자들의 부모에게 맞서지 않는 방법들이다. 예를 들어, 내 손자 제이든은 7세에 우리가 함께 있을 때 질문하기 게임을 함께 했다. "잔디는 왜 자라지?", "신발은 어디서 오지?"

어느 날, 제이든이 질문했다. "물은 어디서 와요?"

나는 어떻게 비가 산꼭대기에 내려서, 눈으로 얼었다가, 강물로 녹아서, 파이프를 통해 우리가 마실 물이 되는지 설명을 시작하자, 아이의 눈이 반짝이는 모습을 지켜보았다. 이렇게 묻고 대답하기를 통해서 어떤 특별한 일이 벌어지고 있었다. 나는 어떻게 우리의 몸이 물로 만들어지며 어떻게 모든 것이 서로 연결되어 있는지, 하나의 거대한 몸처럼 하나의 살아 있는 시스템에 관해서 더 설명했다. 한순간이긴 하지만 거대한 진실을 느낀 그 작은 아이가 흥분하는 게 느껴졌다. 분명히 이것은 지적인 이해가 아니라 모든 생명체에 대한 개방감이었다. 제이든은 물이 하늘에서 강으로 흐르고 다시 물을 마시면서 그에게 돌아가는 것처럼 그 물이 그를 통해서 흐르고, 그의 엄마와 아빠를 통해서 흐르는 것을 상상하면서 단절감과 고립감을 덜 느낄 수 있다.

비록 어머니가 된 적은 없지만 지금 내가 할머니라는 사실에 너무나도 감사하다.

기후 변화
죽음에 대한 집단적 인식

우리는 돌아서서 개인의 죽음을 마주하기 위해 몸을 뻗었다.

이 여정에서 습관적이고 유혹적인 부정과 구획화의 양상에서 벗어나 나 또한 반드시 죽는다는 진실을 직시하기 위해 우리는 몸과 마음과 정신을 뒤틀었다.

이제 나는 여러분에게 더 멀리 몸을 뻗어 집단적 죽음의 가능성을 바라볼 것을 요청한다. 인류도 반드시 죽는다. 지구 상의 모든 생명체는 죽는다.

나도 이런 말을 쓰고 싶지 않다. 이 생각할 수도 없는 진실을 상상은커녕 집중도 할 수 없다. 나는 호흡을 가다듬기 위해서 일어나서 원을 그리며 걷는다.

하지만 다시 자리에 앉아 보면, 집 주변 산길은 산불에서 벗어난 지 채 몇 주 되지 않아 홍수가 일어났다. 그리고 그 모든 것(인간의 문명, 동물, 지구 그 자체)이 위험에 처했다.

우리는 집단적인 통과 의례를 경험하고 있다. 문턱이 아닌 완전히 그 안에 놓여있다.

호스피스 조산사로 오래 근무한 내 친구 미치 메츠너는 호스피스 병동에 있는 사람처럼 지구가 생명과 죽음의 사이 또는 재탄생의 전이 시간에 있다고 말한다.

그래서 나는 이 책에서 계속해서 제기한 똑같은 질문을 던진다. 완전한 진실을 두고, 이제 우리는 어떻게 살길 원하는가?

잠시 이 진실을 직시하려고 몸을 돌리자, 분노와 슬픔과 무력감이 파도처럼 우리를 덮친다.

지금 여러분의 그림자 목소리를 들어보자. "작가는 왜 이 부분을 건드렸지?" "이 부분은 읽고 싶지 않아." "나는 기후변화가 아니라 노화에 관한 책을 샀어." "나는 재활용을 해. 그 외에 내가 뭘 더 할 수 있어?"

우리는 이 '불편한 진실'을 직시하고 싶어 하지 않는다. 우리는 우리가 알았을 때 감당할 수 없거나 바꿀 수 없는 것은 알고 싶어 하지 않는다. "맞아. 내가 무언가를 해야 해. 하지만 내가 뭘 한다고 해도 소용없어. 이 문제는 내가 전혀 영향을 미칠 수 없어."

그러나 아무 일도 안 하는 것도 참을 수 없다. 그것은 불안감과 죄책감과 공포심을 키운다. 그래서 우리는 이렇게 참을 수 없는 감정을 다시금 밀쳐두고 이 책을 내려놓는다. 그리고는 텔레비전을 켠다.

이해한다. 나 역시 이렇게 행동했다. 우리는 태양을 오랫동안 바라볼 수 없다. 하지만 우리가 그 벅찬 감정과 이 특정 지식을 그림자 속에 묻어두면서, 인식의 아래로 억누르면서, 다른 일이 벌어진다. 우리는 무감각해진다. 그리고 무의식적인 두려움과 슬픔이 우리의 몸 전체에 퍼져나간다. 결국에는 다른 방식으로 수면 위로 올라온다. 사람들은 동물들이 위험을 감지하는 것처럼 포스(the Force)가 흐트러지는 것을 감지한다. 그들은 "제겐 미래가 없어요."라고 나에게 말한 한 고등학생처럼 이유를 알 수 없는 불안과 만연한 우울증을 호소한다.

이제 '기후 변화 슬픔', '기후 트라우마'처럼 이 상태를 지칭하는 명칭이 있으며, 전례가 없는 이런 상태는 항상 존재하며 인식은 계속해서 자라나고 있다.

미래가 없다는 감각. 우리 세대의 사람들, 베이비붐 세대는 냉전이 최고조에 달했을 때 이런 상태에 직면했다. 당시에는 조안나 메이시가 우리의 절망감을 공유해 작고 개인적인 근심을 넘어서서 세계로 나가라고 글을 쓰고 가르쳤다. 우리의 절망감은 생명의 거미줄에서 서로에게 속한다는 인식을 향한 관문이라고 그녀는 가르쳤다. 더욱 고립을 초래하기보다는 공통된 절망감은 공동체와 우리가 모든 생명체와 연대하게 한다.

이제 80대인 조안나는 『연인인 세계, 자기인 세계(*World as Lover, World as Self*)』에서 "미래가 있을 것이라는 확실성의 상실은 우리 시대의 주된 심리적 현실이다."라고 썼다.

우리는 알고 싶지 않을지 모른다. 관심을 다른 데로 돌리거나 이 진실을 부정할지도 모른다. 하지만 의식적인 인식을 하든 안 하든 상관없이 우리는 안다. 멸종이 확산되면서 동물들도 안다. 그리고 아이들도 안다.

디나 메츠거는 이것에 '멸종병(extinction illness)'이라는 다른 이름을 붙였다. 그녀는 최근에 이렇게 글을 썼다. "멸종병은 오늘날 모든 정신적, 육체적, 영적 질병의 원인일 수 있다. 멸종병, 자신의 생명, 자기 민족의 생명, 모든 생명이 위협받는, 혈통이 사라지고, 우리가 모두 아주 짧은 시간 안에 멸종될 수도 있으며, 미래가 사라진다는 중요한 세포 지식과 공포." (디나의 에세이 전문은 2019년 1월 3일 티쿤 매거진의 블로그 사이트에 "멸종병"이라는 제목으로 게재되어 있다.)

1980년대에 기후 변화에 대해 처음으로 알게 되었을 때,

나는 인류가 공통의 위협과 지속 가능한 세상을 만들자는 공통의 목표 아래 단결할 것이라는 환상을 가졌다. 디나의 글처럼, "우리의 생명을 구하려면, 우리는 인간과 인간이 아닌 것을 포함해 모두의 생명을 구해야만 한다."

그러나 국제회의와 국가협정에도 불구하고 전 세계적 행동은 대대적으로 일어나지 않았다. 이제 과학자들은 최악의 시나리오를 막기까지 10년도 채 남지 않았다고 말한다.

창조영성(Creation Spirituality)의 창립자인 영성 신학자 매튜 폭스는 이것을 '인류의 어두운 밤'이라고 불렀다.

위대한 생태신학자 토마스 베리는 『지구공동체에 대한 선집(*Selected Writings on the Earth Community*)』에서 이렇게 표현했다. "20세기에 인간의 영광은 곧 지구의 황폐화가 되었다. 지구의 황폐화는 인류의 운명이 되었다."

오늘날 **원로**가 되라는 외침은 **지구의 원로**가 되라는 외침이다. 내가 글을 쓰고 있는 이 시기에 노년기를 겪고 있는 사람들은 환경재난에 대해 알게 된 최초의 세대다. 젊은 시절 우리는 화석 연료에 대한 의존이 가져올 결과를 막연하게 또는 심각하게 인식하게 되었다. 그러나 의미 있는 행동을 취한 이는 거의 없었다.

오늘날 우리 개개인에게 벌어지는 일은 우리 모두에게 벌어지는 일이라는 점을 안다. 오늘날 우리는 부정의 무아지경에서 깨어나고 있다. 우리는 모든 생명체를 위해 우리의 역할을 하기 위해 **원로**의 도덕적 목소리를 내라는 부름을 받았다.

여러분에게는 그 외침이 들리는가? 여러분의 영혼에서, 세상의 영혼에서부터 올라오는 외침이다. 이것은 여러분의 꿈 속에서 말하거나, 직감을 이끌거나, 슬픔을 통해 쏟아지거나, 자연에 대한 사랑을 통해 움직일 수도 있다.

이것은 일부 **원로** 활동가들이 널리 참여하는 분야로 그들 은 탐사 기사를 쓰고, 환경을 파괴하는 석유 추출 기술(fracking, 수압파쇄법)과 송유관에 대해 시위하며, 시민의 기후 로비와 함 께 로비활동을 벌이며, 퇴직연금이 화석연료 투자를 중단하고, 기후유권자들을 동원하며, 학교 시위 동안 아이들과 함께 행진 하고 있다. 많은 이들은 '신성한 지구 기사단' 선서를 했다. "나 는 할 수 있는 한 최대한 대자연 지구의 최고의 연인이자 수호 자가 될 것을 약속합니다."

"우리는 조상으로부터 지구를 물려받지 않는다. 우리는 후손들에게서 지구를 빌린 것이다."라는 아메리카 원주민 속 담이 있다.

손자나 증손자가 여러분에게 "기후 위기에 대해서 알았을 때 무엇을 하셨나요?"라고 질문할 때 여러분의 대답은 무엇이 될 것인가?

그림자 작업 수련법

- 자신보다 더 큰 무언가에 봉사하라는 외침을 듣나?
- 여러분 안에서 가장 큰 열정을 불러일으키고 그것을 향해 나아가라는 외침의 대의나 문제를 파악할 수 있나?
- 타인에게 봉사하거나 이 문제에 관해서 공공 영역에서 목소리를 내는 자신의 모습을 상상하자. 여러분이 참여하지 못하게 막는 것은 무엇인가?
- 오직 여러분만이 줄 수 있는 여러분 특유의 선물은 무엇인가? 그 선물을 주지 못하게 막는 것은 무엇인가?
- 간디는 "내 인생은 나의 메시지이다."라고 말했다. 여러분의 메시지는 무엇인가?

영적 수련

힌두교 신화 속 신 람(Ram)의 하인인 하누만이 람에게 말했다. "제가 누구인지 모를 때, 저는 당신을 섬깁니다. 제가 누구인지 알 때, 저는 당신입니다." 봉사를 통한 여러분 영혼의 진화가 보이는가? 어떻게 하면 여러분이 간절히 바라는 세상의 변화가 될 수 있을까?

카르마 요가를 통한 신성한 봉사의 10가지 단계

로저 월시는 그의 글 "카르마 요가와 깨우침의 봉사(Karma Yoga and Awakening Service)"에서 이 단계들을 다음과 같이 요약해 설명한다.

1. 모든 활동을 시작하기 전에, 멈추고, 숨을 쉬고, 자신의 목적의식에 존재하라.

2. 여러분의 이해와 상관없이 하나님이나 신에게 활동을 공양하라.

3. 의도를 선택하라. 자신에게 물어라. "이것의 목적은 무엇인가? 생존인가, 편안함인가, 각성인가, 타인을 위함인가, 아니면 다른 동기가 있는가?"

4. 최대한 완벽하게 그 활동을 이행하라.

5. 신경을 쏟고, 자신의 행동과 의도와 정신 상태를 관찰하라.

6. 불안감, 분노, 자신감, 희망, 실망과 같이 떠오르는 모든 반응에 대해 작업하고, 그림자 작업을 여기에서 사용하라.

7. 결과에 대한 집착을 내려놓아라. 그것을 내려놓기 위해 목격하는 방법을 사용하라.

8. 활동의 끝에 멈추어라.

9. 자신의 행동과 그 행동의 결과, 여러분의 자아와 마음과 집착에 대해 반성하고 배우라.

10. 모두의 안녕을 위한 편익을 제공하라.

불교의 육바라밀(6 Perfections)

선사 조안 할리팩스는 자신의 저서 『연민은 어떻게 삶을 고통에서 구하는가(Standing at the Edge)』에서 보살의 성스러운 봉사를 구현하는 자비로운 자질인 육바라밀을 반영하는 명상 기도를 제시한다.●

● 김정숙·진우기 옮김, 불광출판사, 2022.

내가 너그러워지게 하소서.

내가 청렴함과 존중심을 키워나가도록 하소서.

내가 인내하며, 타인의 고통을 바르게 볼 수 있게 하소서.

내가 활동적이고, 꿋꿋하며, 온 마음을 다하게 하소서.

내가 모든 존재에 온정을 가지고 봉사할 수 있도록 고요하고 포용적인 마음을 기르게 하소서.

내가 지혜를 키우고, 내가 가진 모든 통찰의 이익을 다른 이들에게 나누게 하소서.

4부

삶의
완성

칼 융은 인생이란 두 개의 신비 사이에서 빛나는 멈춤이라고 썼다. 4부는
우리를 인생의 완성과 다른 세상과의 조우로 데려가면서, 마지막 신비를
향해 우리를 더욱 멀리 인도한다.

완성된 삶을 향해 나아가다

우화

모세는 소명을 다하고 죽었는가?

캐롤 오스본은 "모세: 벤치 신세가 되다"라는 블로그 게시물에서 40년간 광야에서 방황했지만, 생애 말에 약속의 땅에 들어가는 것을 하나님으로부터 금지당한 모세의 이미지가 마치 우리의 인식단계에 관한 로르샤흐 테스트와 같다고 말한다. 그녀는 묻는다. 모세는 인생을 완성하고 죽었나?

어떤 사람들은 모세가 인생의 마지막에 화가 나고 배신감을 느끼며 절망의 눈물을 흘렸다고 상상한다. 다른 사람들은 그가 임무를 완수하기 전에 죽었기 때문에 실망했으리라고 생각한다. 하지만 다들 그런 식인지도 모른다. 우리는 모두 뭔가를, 중요한 것조차 남긴 채 떠난다.

모세는 120세에 약속의 땅이 아닌 사막에서 사망했

다. 그러나 하나님은 그의 입에 입맞춤으로 그의 영혼을 받았다. 모세는 용서를 받았고 임무를 완수했다.

어쩌면 완성은 우리가 배운 모든 것을 전수했고 다음 세대가 우리의 임무를 계속 수행하도록 그들을 준비시키는 것이라는 사실을 아는 데서 비롯될지 모른다. 모세는 바로 이것을 했다. 그는 여호수아와 새로운 세대의 지도자들이 앞으로 나아가게 했고, 그들이 번영하고 하나님이나 성령을 따를 것이라는 희망을 품고 그들을 보냈다.

만일 모세가 실패했다고 생각한다면, 우리는 목표 지향적인 렌즈에서 그를 판단하는 것이다. 유일한 목표란 약속의 땅에 들어가는 것이라는 렌즈 말이다. 그러나 이처럼 편협한 시각에서 보면 우리는 좌절감과 절망감을 느낄 수밖에 없다. (우리는 영혼의 여정에서 전체를 보는 시각을 놓치고 있다.)

그러나 또 다른 렌즈로 본다면 모세의 인생의 여정은 소중하지만, 미완성으로 볼 수 있다. 그는 더 많은 것을 희망하면서 토라(히브리어로 '가르침'을 뜻하며, 구약성서 앞부분의 창세기, 출애굽기, 레위기, 민수기, 신명기를 일컫는다—옮긴이)를 전수했다.

-캐롤 오스본, 2018년 5월 1일 글 "모세: 벤치 신세가 되다 (Moses-Benched)"를 인용

554

인생의 완성이란 무엇인가? 그것은 감사나 행복이나 용서의 감정에 바탕을 두는가? 그것은 구원이나 구조나 환생의 믿음을 기반으로 하는가? 그것은 외적인 목표 달성을 기반으로 하는가? 그것은 새로운 세대에게 유산을 전수하는 것을 기반으로 하는가? 그것은 내면의 영적 인식단계의 달성을 기반으로 하는가?

만일 우리의 진화가 앞서 논의한 모든 내면의 장애물을 극복할 수 없는 무능력으로 인해 방해받는다면, 만일 우리가 자신의 부정을 넘어서서 노년의 내면 작업을 할 수 없다면, 우리는 의식적으로 인생을 완성하는 작업을 할 수 없다.

노년기의 많은 사람은 수년간 사막과 같은 풍경 속에서 방황했고 집을 갈망했으며, 때로는 절망의 눈물을 흘리고 때로는 사랑하는 사람과 만족감에 둘러싸였다.

모세처럼 우리는 소중한 선물을 받았고, 모세처럼 우리는 어떤 것, 어떤 곳으로 들어가지 못하게 거부당했다고 느낀다.

약속의 땅의 이미지는 그림자 때문에 시야에서 사라졌다. 아마도 우리는 꿈이나 예술에서 그것을 살짝 본 적이 있을 것이다. 전통적인 종교 정체성을 가진 사람들의 경우, 약속의 땅은 천국이나 하나님의 손안에 있다고 타인들이 정의했다. 보다 동양적이거나 신비주의 정체성을 가진 사람들에게 그것은 현실의 진정한 본질을 자각하고, 모든 것의 통일성을 직접적으로 인식하는 의식의 수준으로 인식했다.

의식적이든 무의식적이든 이 이미지는 도달할 수 없는 것에 도달하려는, 새로운 약속의 땅에 들어가려는 우리의 영혼의 갈망을 자극하는 미끼와 같은 역할을 했다. 그것은 우리의 영적 갈증을 유발했고 우리의 방향을 지시했으며, 심지어 자신도 모르는 사이에 방황하는 우리에게 방향을 제시했다.

여러분에게 약속의 땅은 무엇인가? 누가 출입을 금지했는가?

인생은 완벽하지만, 미완성일 수 있는가?

우리 각자는 때가 되면 개화할 꽃봉오리처럼 이러한 질문들을 짊어지고 그 질문들을 탐구하면서 살 수 있다.

이러한 탐구는 더 많은 것을 하려는 버킷 리스트나 남의 인정을 받는 유산을 원하는 자아의 욕망을 위한 것이 아니다. 오히려 지금까지 여러분의 여정을 인도한 영혼의 갈망을 위한 것이다. 바로 영혼의 유산에 관한 것이다.

제임스 힐만의 갈망에 관한 에세이 『느슨한 매듭(Loose Ends)』에서 표현했듯이, "당신이 열망하는 것을 저에게 말해주세요. 그러면 제가 당신이 누구인지 말해드릴게요."

한 번도 결혼한 적이 없는 내 친한 친구 헤더는 68세에 자신의 약속받은 땅은 연인 관계라고 나에게 말했다.

의식적으로 연인 관계를 갈망했지만, 그녀는 상대방에게 헌신할 필요가 없도록 무의식중에 자신에게 헌신하지 않을 남자를 선택했다는 사실을 이제 이해한다. 불치병과 싸우며 그녀는 이루지 못한 로맨스의 꿈에 슬퍼한다.

81세의 내담자인 톰에게 약속의 땅은 나이의 제약에서의 자유, 영생의 느낌이다. 나는 그의 고통은 남들이 그를 노인으로 보는 것이 아니라 그가 그렇게 믿는 것임을 지적했다. 그것은 그의 영적인 갈망, 영원한 영혼에 대한 갈망이었다. 그는 자신의 분리된 자아상의 구조를 깨기 위해 말년에 샤머니즘적인 사이키델릭 여정을 떠나기로 했다.

또 다른 내담자인 디나는 어머니가 평생 천주교 신자였다고 나에게 말했다. 그러나 임종을 앞두고 침상에 누워있을 때, 어머니는 고민했다. "이 모든 게 다 거짓이라면? 내가 천국에 갈 수 없다면? 아니면 천국이라는 게 없다면?"

어머니는 자신이 사랑하던 약속의 땅을 밟을 마지막 가능성에 가까워지면서 마지막 숨을 쉴 때가 되어서야 **회의가** 수면 위로 올라오게 허락했다.

또 다른 친구 토니는 77세에 자신에게 약속의 땅은 손자들이 자라는 모습을 보는 거라고 나에게 말했다. 그는 부분적으로 그의 사랑 덕분에 손자들이 성숙하고 잘 사는 모습을 상상했다. 그것은 낙원처럼 느껴졌다. 비록 그가 그때를 즐기기 위해 그곳에 있지는 않을 것을 알았음에도 불구하고 말이다.

12살 때 폴란드 바르샤바의 유대인 거주지역을 탈출한 홀로코스트 생존자인 릴리한은 홀로 숲속에 숨어지내면서 살아남았다. 나치로부터 자신을 숨기기 위해 그녀는 '앨리스'라는 이름으로 세례를 받은 후, 자신의 종교적 정체성을 지운 채 미국으로 향했다. 그곳에서 치료사가 되었고 가족이 생겼다. 이제 88세인 그녀의 약속된 땅은 무엇일까? 자신의 손자 세 명이 생존했다는 사실로 '히틀러가 틀렸다는 것을 보여주는 것'이다.

68세의 제임스는 저명한 대학에서 종양학자이자 교수로 성공적인 경력을 쌓았다. 그는 수십 년 동안 전염병과 같은 암을 종식할 과학적 돌파구를 발견하는 꿈을 꾸었다. "나는 모든 특권을 누렸습니다. 그것을 최대한 활용하고 싶었습니다. 그리고 제 환자들을 도왔지만 암 분야에서 뭔가 대단하고 삶을 변화시키는 일을 하고 싶었습니다. 그래서 이제 제 경력의 끝자락에서 저는 슬픔을 느낍니다. 실패한 느낌이 듭니다."

제임스에게 약속의 땅은 도달할 수 없는 곳에 있다. 그의 자아가 너무나 컸고, 그의 성공의 기준이 너무나 높아서 실패를 피할 수 없었던 것일까? 제임스의 일은 그에게 충분한 공헌이 되었나? 초기 그림자 캐릭터가 그의 만족감과 인생의 완성을 방해하는가? 그의 영혼의 사명은 그가 믿었던 사명과 달랐는가?

이러한 질문들은 원대한 꿈을 가졌고, 어느 분야든 무엇인가를 성취했지만, 지금 그런 성취는 '충분하지 않다'고 느끼는 노년기의 우리에게 적용될 수 있다. 우리는 더 많이 해야 했다. 우리는 더 많이 할 수 있었다. 하지만 어쨌든 우리는 그러지 않았다.

알버트 아인슈타인의 전설적인 이야기는 미완성으로 남겨진 소중한 유산을 보여준다. 죽기 전날 그는 메모지에 뭔가를 갈겨썼다고 한다. 그의 약속의 땅, 통일장 이론은 손을 뻗으면 닿을 곳에 있는 것 같았다. 그러나 그가 세상에 한 기여는 부인할 수 없다.

이 주제를 곰곰이 생각하다 보니 슬픔이 밀려와 며칠 동안 조용히 울고 또 울었다. 약속된 것, 본질적으로 얻을 수 없는 무언가에 대한 갈망으로 가슴이 아팠다. 내게 약속의 땅은 손에 잡히지 않는 통일된 또는 비이중적인 의식 수준이었다. 50년 동안의 수련으로 내 인식의 단계는 큰 변화를 겪었지만, 각성이라는 약속의 땅을 안겨주지는 않았다. 그래서 나는 손에 손을 붙잡고 내 스승들과 수련에 감사하면서 멀어져가는 꿈에 슬퍼하며 살아왔다.

오늘날 나는 진화의 한계를 받아들이고 더 높은 인식을 향해 항상 노력하는 나의 한 부분인 내면의 **구도자**를 내려놓는가? 나는 언제부터였는지 기억이 안 날 정도로 이 목소리와 감정을 나와 동일시해왔다. 나는 그것이 오래 전 내 영혼의 약속을 짊어지고 있었다고 생각하게 되었다.

그러나 어쩌면 자기만의 목적을 위해 협력하던 **구도자**와 동일시했던 것은 내 자아일 것이다. 어쩌면 내 안의 **구도자**는 인생을 완성하지 못하게 막는 장애물인 그림자 캐릭터가 되었다. 나는 그것과 동일시하던 것을 내려놓고, 있는 그대로 나 자신을 받아들이며, 남은 인생을 즐길 수 있을까?

요즘 기후와 민주주의라는 두 가지 위협이 내 슬픔에 무게를 더한다. 아마도 내 안의 **활동가**도 인생을 완성하지 못하게 막는 그림자 캐릭터가 되었을지 모른다. 나는 그것과 동일시하는 것을 내려놓고, 내 노력 없이도 인생을 펼쳐질 것이고 믿으면서 있는 그대로의 나 자신을 받아들일 수 있을까?

　내 스승 중 한 분의 말처럼, "우리는 지구가 파괴를 위해 만들어지지 않았다는 점을 계속해서 믿어야만 한다. 지구는 영혼을 정화하는 행성이다."

　신경학자이자 작가인 올리버 색스는 사람의 60대를 안식일, 즉 제7일에 비유했다. 휴식을 취하고, 자유를 느끼며, 즐겁게 지내며, 아름다움을 감상하고, 어쩌면 신성한 것을 묵상하는 시간이다. 모세와 같이 색스의 작업이 전수되었고, 그래서 죽음에 가까워진 그는 '시간 밖의 시간'으로 더 깊이 들어갈 수 있다고 느꼈다.

　그러나 내 마음은 저항한다. 색스는 더 높은 인식의 단계에 대한 갈망을 몰랐다. 이 약속의 땅은 50년 동안 나를 유혹했다. 내 불안한 영혼이 어떻게 휴식으로 만족할 수 있을까? 아니면 지금이 결과에 대한 자아의 집착을 줄이면서 **구도자**를 강화하고, 내 내면의 신의 이미지인 요기를 되찾고, 내 수련의 강도를 높일 바로 그 순간인가?

　나는 한동안 이 딜레마를 안고 있었다. 그러다가 문득 생각이 떠올랐다. 내 영혼의 사명인 의식에 관한 정보 전수는 **행동가** 서사의 일부이다. 지금은 전수를 중단하고 의식이 되어야 할 때이다.

　심호흡을 한다….

　1960년대에 성인이 된 베이비붐 세대의 많은 구성원은 개인적인 차원에서 지속적인 내면의 변화를 갈망했지만, 집단적인 차원에서도 지속적인 유산을 원하고 기대했다. 우리의 출발점으로 돌아가 보자. 1967년, 우리는 평화, 인권, 자유, 자기표현, 인종 평등, 영적 발달에 대한 우리의 비전이 인간 역사의 물길을 구부려 현실이 될 거라고 열렬히 믿었다. 그러나 2020년인 오늘날 우리가 사는 세상은 전쟁이 계속되고 인권이 끊임없이 유린 되며, 식량과 주거와 건강과 경제적 기회의 기본권조차도 침식당하고 있다. 우리는 계속해서 정치적 양극화와 민주주의가 침식되는 상황에 살고 있다. 우리의 기본 투표권과 독립적으로 선출된 대표를 가질 수 있는 권리까지 침해받고 있다. 그리고 인류 대부분은 모든 생명체의 타고난 상호의존성을 포함한 이성, 탈이성, 또는 높은 영적 인식의 단계가 아니라 두려움과 투사에 반응하는 변연계 뇌에 의해 작동하고 있다는 신랄한 인식과 함께 살고 있다.

존 레논이 "모든 사람이 모든 세상을 함께 공유하는 모습을 상상하라●"고 노래할 때 우리가 꿈꿨던 새로운 시대는 실현되지 않았다. 그렇다. 사람들은 우리가 몽상가라고 말했다. 그러나 오늘날에도 꿈꾸는 사람이 우리뿐인 것은 아니다.

모세를 위해 바통을 이어받은 여호수아처럼 우리의 의지를 이어갈 후손들이 있다. 우리는 총기사고를 없애기 위해

● Imagine all the people sharing all the world. 존 레논의 1971년 노래 〈Imagine〉의 가사.

싸우는 고등학생들, 선거에 출마한 젊은이들, 모든 곳에서 영적 각성이라는 꿈을 이어가는 젊은 명상가들과 요가 학생들과 함께 할 수 있다. 무엇보다도 우리는 기후변화에 맞서는 썬라이즈 운동(the Sunrise Movement), 넥스트젠 아메리카(NextGen America), 아이매터(iMatter), 제로 아워(Zero Hour), 제너레이션 어스(Generation Earth), 아워 칠드런스 트러스트(Our Children's Trust)와 같은 청년 운동과 함께 할 수 있다. 그들은 우리 시대의 도덕적 목소리이다.

그리고 우리는 자신의 재능이 더는 사회 전체에 필요하지 않게 되리라는 믿음을 향해 끊임없이 나아가면서 스스로의 재능을 존중할 수 있다.

자아초월 심리학의 개척자
스타니슬라프 그로프와의 인터뷰

유럽에서 스탠 그로프를 찾았을 때, 그가 인터뷰를 승낙해서 너무 기뻤다. 나는 체코 정신과 의사이자 사이키델릭 **원로**인 스탠을 자아초월 심리학의 정점에서 알게 되었다. 그는 깊고 빠른 호흡을 통해 인식을 변화시키는 홀로트로픽 호흡법을 통한 변형된 상태에 관한 저명한 연구자가 되었다. 출산 전후의 삶과 출생 외상에 대한 초기 연구와 영적 응급상태에 관한 이후의 연구(그의 작고한 아내 크리스티나와 함께 진행)는 나에게 지대한 영향을 끼쳤다. 86세의 스탠은 신혼이었다.

스탠은 다른 많은 사람에게서 들었던 두 가지 코멘트로 말을 시작했다. 지금 와서 돌이켜 보니 한 삶에서 여러 생애를 산 것만 같다고. 그리고 일찍이 영혼의 사명을 발견했기에 자신이 일하고 있다는 느낌을 받은 적이 없다고 했다. "내 일평생 관심 있는 일을 하면서 돈을 받다니 놀라웠어요."

1967년까지 프라하에서 살던 그는 미국으로 이주를 했고, 제약 없는 자유에 무척 즐거움을 느꼈다. 그는 사이키델릭을 연구하기 시작했고, 그 연구는 그를 변화시켰다. "변형된 상태는 제가 예상하지 못한 방식으로 영성에 눈을 뜨게 만들었어요. 우주와 직접 연결되는 느낌을 받았죠. 그리고 지금까지도 저는 중재자가 없이도 그 연결성을 느껴요."

첫 번째 결혼이 끝난 후, 스탠은 크리스티나와 결혼했고, 그들은 호흡을 통해 변형된 상태를 탐구하며 에살렌 인스티튜트에서 함께 가르쳤다. 홀로트로픽 호흡법은 그의 유산으로 전 세계에서 교육되고 있다.

또한 스탠은 국제자아초월협회를 창립했고, 크리스티나와 함께 붕괴한 듯이 보일 수 있는 자연스러운 영적 돌파구를 가진 사람들을 인도하는 '영적부상네트워크(Spiritual Emergence Network)'를 구성했다.

"이 일은 정말 보람이 있어요. 정신의학에서 저를 구

했죠." 스탠이 나에게 말했다.

크리스티나가 매우 아팠을 때, 그는 그녀를 위해 몇 년간 속도를 늦추었다. 그녀의 사망 후, 그는 호흡법에 대해 교육하면서 다시 세계를 여행했다. "저는 에너지가 많아요. 지친 건 아닌데, 그렇다고 예전과 동일한 사람은 아니에요. 인생은 제가 하고 싶은 걸 할 만큼 충분히 길지 않아요."

독일에서 새 아내와 사는 스탠은 계속해서 의식을 탐구하며 유산을 남기는 사명에 임하고 있다. "지금 15개 대학에서 사이키델릭 연구가 재부상했어요. 외상 후 스트레스 증후군을 앓는 전역 군인들을 위해 MDMA(엑스터시)를 시험하고 있죠. 기쁜 일이에요."

우리가 대화를 나누던 당시, 그는 매 순간을 열심히 살면서 인생의 완성을 향해 나아가고 있다. 그는 사후에도 그의 생각들이 온라인상에 남을 수 있도록, 미래의 심리학을 주제로 한 원격강좌 두 개와 홀로트로픽 치료에 대한 비디오 시리즈를 제작했다.

～～～～～～～～～～

자아초월 심리학자 프랜시스 본과의 인터뷰

인본주의 심리학과 자아초월 심리학의 전성기에 지금은 고인이 된 프랜시스 본을 알았다. 내가 타쳐출판사(Tarcher

Publishing)에서 근무했을 때, 우리는 『자아를 넘어서는 길 (*Paths Beyond Ego*)』을 비롯해 그녀의 선구자적인 몇 권의 책들을 발간했고, 그녀의 남편 로저 월시와 같이 공동편집 인을 맡았다. 그녀가 말하길, 사이키델릭을 통해 삶을 바꾸 는 신비한 경험을 한 다음, 프란시스는 학교로 돌아와 "지 식이 경험을 따라갈 수 있게 했다." 그녀가 부단히 자아를 넘어선 심리적 발달과 영적 발달 사이에 다리를 만들려고 노력했을 때, 우리는 모두 다 그 의도의 수혜자들이었다.

82세에 로저의 재촉으로 프란시스는 나와 이야기를 나누기로 동의했다. 그녀는 이후 머지않아 사망했다.

"인생은 배우는 경험이에요. 우리가 여기에 있는 한, 우리가 나타나는 것에 마음을 연다면 배우고 있는 거예 요. 우리가 나이가 들면서 과거를 내려놓고 현재에 더 최 선을 다해 살아요. 우리가 완수하지 못한 일과 지나간 것 에 대한 집착을 내려놓으면 자유로워져요. 이것은 여정의 마지막 단계에요. 짐이 필요 없죠. 그래서 저는 사람들이 과거에 대해 그만 집착하고, 죄책감과 두려움과 분노를 내려놓고, 그냥 현재의 순간에 사랑과 기쁨을 경험하라고 말해요."

프란시스는 자신이 자녀가 있는 이혼녀였고, 큰 계획 을 세우고 있었고, 손자 5명을 둔 할머니라고 계속해서 말 을 이어갔다. 그녀가 이혼하고 나서 2년 뒤, 2명의 십 대 자 녀가 있을 때, 그녀는 로저를 만났고 그런 상황은 계획할 수 없었을 것이다. 그녀는 프리랜서로 치료를 40년간 했고, 기관의 워크숍에서 가르쳤고, 책을 쓰고, 젠과 비파사나의 영적 수련법과 '기적수업(the Course in Miracles)'을 심리학과 통합시켰다.

돌이켜보면 그녀의 인생에서 10년마다 큰 변화가 있었지만, 그녀의 인생은 계속해서 좋아졌다는 것을 안다. 그녀는 마음과 의미와 함께 노력하는 자신의 방식을 찾았고 내담자들과 그들의 성스러운 갈망으로부터 너무나도 많은 것을 배웠다. 그녀는 있는 그대로가 아닌 무엇이 되어야 하는지에 관한 그들의 두려움과 믿음과 판단 때문에 그들이 불필요한 고통을 어떻게 만들었는지를 알았다. 그녀가 이 외침을 따랐고 자기 영혼의 사명을 발견했다는 사실에 깊은 축복을 느꼈다.

그 사명은 그녀의 공식적인 일이 끝난 뒤에도 계속되었다. "봉사의 외침은 모든 곳에 있어요. 내 남편을 위해, 아이들을 위해, 이웃을 위해서 말이죠. 저는 이제 큰 대의를 위해 봉사할 에너지는 없어요. 하지만 저에게는 고통을 발견하는 모든 곳에서, 항상 고통을 해소하고 타인이 평화를 찾게 돕는 기회가 있어요."

프란시스가 사망했을 때, 자아초월 및 통합 정신과 의사인 로저는 수십 년 동안의 명상 수련의 결과 깊은 지혜와 사랑이 그녀로부터 흘러나왔다고 썼다. "그러나 그녀가 우선적으로 집중한 것은 사랑과 봉사를 실천하고, 진실을 말하는 장소인 일상의 삶과 인간관계였어요. 그녀는 우아한 인생을 살았고, 자신의 지혜를 찾는 많은 사람에게 통찰력을 주고 지지를 보냈죠."

그녀의 생애 마지막 날에, 한 친구가 그녀에게 어떤 영적 수련을 진행 중인지 질문했다. 프란시스는 대답했다. "나는 감사함을 수련하고 있어."

그림자 작업 수련법

- 여러분은 모세의 운명을 어떻게 상상하는가?
- 약속된 땅에 대한 여러분의 숨겨진 이미지는 무엇인가? 목표 달성인가, 영적 상태의 도달인가, 죄를 용서받는 것인가, 그 외 다른 것인가?
- 여러분은 건너왔는가? 그것이 가능한가?
- 여러분의 가장 큰 미완성은 무엇인가? 이제는 받아들일 수 있는가? 또는 그림자 캐릭터가 여러분이 인생을 완성했다는 느낌을 방해하는가?
- 이제 여러분의 노년의 내면 작업으로 잠시 돌아가 인생의 완성을 향해 가기 위해 과거의 정체성, 믿음, 감정을 움켜쥔 손을 풀 수 있는지 살펴보자.

영적 수련법

- 이제 여러분이 영혼으로 살 수 있도록 자신의 인생 이야기를 완성하려면 무엇이 필요한가?
- 아직 전수하지 못한 지식은 무엇인가?
- 여러분이 생각하는 존재가 아닌 자신의 본질을 기억하는 수련을 하자.
- 영혼으로 죽으려면 여러분은 무엇을 완성해야 하는가?
- 자신의 호흡을 관찰하며 날숨에 내려놓음을 수련하자. 마치 그것이 여러분의 마지막 숨인 것처럼.

- 죽음에 대한 두려움을 내려놓고 다음 단계로 들어가면서 내면의 빛을 따라가는 수련을 하자.

반야심경

영적 완성을 설명하는 『반야심경』은 다음과 같은 기도로 외워진다.

가고 가서, 끝에 이르렀네.
모두 강 저편으로 이르렀네.
깨달음으로, 각성으로, 경사로다.

마지막 의식으로서 죽음을 다시 상상하기

우화

사마라에서의 약속 (고대 바빌로니아 전설)

바그다드에 식량을 사기 위해 하인을 시장에 보낸 상인이 있었다. 조금 뒤, 하인이 창백한 얼굴로 부들부들 떨면서 돌아왔다. "주인님, 방금 시장에 갔을 때, 군중 속에서 한 여자가 저를 밀쳤어요. 뒤를 돌아보니, 저를 밀친 것은 죽음이었어요. 그녀가 저를 보고 위협적인 몸짓을 했어요. 그러니 주인님의 말을 빌려주세요. 그러면 저는 이 도시를 떠나 제 운명을 피하겠어요. 사마라로 가겠어요. 그러면 죽음은 저를 찾지 못할 거예요."

상인은 하인에게 말을 빌려주었다. 하인은 말에 올라탄 뒤 말 옆구리를 발로 찼다. 그러자 말은 전속력으로 달렸다.

그런 뒤 상인은 시장에 내려가 군중 속에 있는 죽음을 보았다. 그는 죽음에게 다가가 물었다. "오늘 아침에 내 하인을 봤을 때 왜 위협적인 몸짓을 했습니까?" "그것은 위협적인 몸짓이 아니었네. 단지 내가 놀랐을 뿐이지. 그를 바그다드에서 봐서 놀랐다네. 오늘 밤 사마라에서 그와 약속이 있어서 말이야."
–윌리엄 서머싯 몸 각색

우리는 모두 죽음과 약속을 하고 있다. 우리가 누구이든, 무엇을 믿든, 무엇을 먹든, 얼마나 많은 공헌을 했든 상관없이 개개인으로서 우리는 사망한다. 역할에서 영혼으로, 영웅에서 **원로**로 문턱을 건넜고, 죽음이 우리를 **원로**에서 조상으로 문턱을 건너게 인도할 것이다.

우리는 죽음을 부정하고 싶거나, 별개로 분리하고 싶거나, 우리의 인식에서 완전히 사라지게 하려 할지 모른다. 무엇을 하든, 어디에 가든, 언제이든, 우리의 죽음은 우주의 달력에 예정되어 있다. 본 장의 목적은 '나 또한 지나가리라'는 노화의 온전한 진실로 방향을 전환하도록 돕는 데 있다.

마음은 우리의 끝을 생각할 수 없다. 자아는 자신의 종말을 참을 수 없다. 우리는 죽음을 원형으로 생각하기보다는 '나의 죽음'을 모든 생명체의 순환에 처음부터 들어있는 청사진이라고 상상한다. 우리는 도토리가 떨어져서, 썩어서, 떡갈나무로 돌아가는 것이 아니라 죽음을 침략자로, 죽음을 도둑으로, 죽음을 적으로 상상한다. 또는 바다에 떨어져서, 구름을 만들려고 대기로 상승했다가, 다시 떨어져서 근원으로 용해되는 빗방울처럼 생각하지 않는다.

이러한 단절과 자신을 동일시할 때, '나다움(my-ness)'을 제거했을 때, 우리의 고립감은 죽음이 생명만큼이나 영원하다는 사실을 못 보게 막는다. 순수한 인식으로 향한 관문이 없다면, 모두가 서로 연결된 단일성의 직접적인 경험이 없다면, 우리는 죽음을 개인화하며, 죽음을 극복하려고 한다.

내가 이 책을 쓰는 지금, 우리는 코로나 바이러스의 시대를 살고 있다. 우리의 세상은 자전을 멈추었다. 뉴스를 보거나 신문 머리기사를 읽으면 우리 주변에는 온통 죽음이 보인다. 코로나로 인해 잃어버린 소중한 생명의 수는 계속해서 늘어나고 있다.

그러나 지금조차도 이 끔찍하고 이상한 순간에 누군가는 계속해서 자신의 약점을 부정할 것이다. 그들은 한계를 거부하고, 과거처럼 인생을 계속 살려고 할 것이다. 그러나 다른 사람들은 이 순간 죽음에 눈을 뜨고, 가느다란 생명의 실을 더욱 통렬하게 인식하며, 우리 주변에 사랑의 선물을 주며, '이 또한 지나가리라'라는 깊은 진리를 인식할 것이다.

죽음을 사라지게 하려는 노력과 함께 과학계에서는 죽음에 대한 부정이 최고조에 달하고 있다. 과학자들은 컴퓨터에 마음을 업로드하여 '우리'가 육신 없는 포스트 휴먼이나 트랜스 휴먼으로 살아갈 수 있게 한다. 이 물질주의자들은 인간이 아닌 인공지능이 육체(그리고 영혼도?)를 무의미하게 만드는 미래를 상상한다.

이것이 '진보'인가? 아니면 죽음의 불안이 미쳐서 날뛰는 것인가?

성찰하지 않는 인생에서 젊음은 마법이다. 그것이 노년기에도 계속 우리를 사로잡는다면, 내면의 연령주의자는 자기혐오라는 괴로움을 낳고, 우리가 필사적으로 나이를 극복하려 할 때 노년기의 보물은 찾을 수 없게 된다.

죽음 역시 원치 않는 끝으로 우리를 끌고 가는, 무시할 수 없는 힘에 의해 발동되는 마법이다.

하지만 우리가 나이 들어가며 주변 시야로 죽음을 인식하고, 죽음이 서서히 우리 시야로 다가온다면 우리는 다른 끝을 선택할지도 모른다. 우리가 이 세상에 살려면 영원하지 않은 것을 반드시 사랑해야 한다는 점을 받아들이게 될지 모른다. 고통스럽지만 어쩔 수 없이 내려놓아야만 한다.

노년기의 우리는 이제 가장 가까운 친구들이 죽는 것을 보고 있다. 부고란은 우리와 동년배인 작가, 록스타, 발명가들로 가득하다. 부정의 왕궁을 아무리 공고히 세운다 해도, 우리는 매일 조금씩 죽음의 그림자를 만나고 있다. 우리는 떠나기 직전의 삶을 살고 있다. 이것은 우리가 알고 있는 세상에 미지의 세상이 스며들었다는 것을 의미한다.

만약에 우리가 그림자의 인식, 순수한 인식, 죽음의 인식이라는 세 가지 관문을 준비하지 않는다면, 두려움, 불안, 분노, 슬픔, 후회와 같은 강렬한 감정들이 터져 나올 수 있다. 이것은 자연스러운 현상이다. 우리가 죽음을 부정하고, 죽음을 바라보길 거부하고, 죽는 것과 자신을 동일시한다면 그러한 두려움이 생길 것이다. 우리 모두에게.

그 대신에 준비를 위해 우리는 근본 작업으로 돌아갈 수 있다. 호흡을 통해 명상하거나, 묵상하거나, 기도하는 시간을 가짐으로써 순수한 인식에 집중할 수 있다. 만트라, 마음챙김, 선, 챈트, 또는 스승이나 신에 대한 헌신 등 우리를 붙들어주고 마음을 열어주는 수련법을 사용할 수 있다. 우리는 자신의 이면에 있는 것, 우리의 역할 이면에 있는 것과 연결할 수 있다. 있는 그대로의 현재와 발맞추고, 상상을 거듭해 몸, 생각, 감정과의 동일시를 내려놓을 수 있다.

책 『서로를 집에 데려다주기(*Walking Each Other Home*)』에서 람 다스는 이렇게 표현했다.

"우리 스스로 사랑의 바다에 녹아들게 하는 것은 단순히 신체를 떠나는 것만이 아니라, 우리가 여기에 머무르는 동안 우리 내면의 존재, 영혼과 하나가 되고 일치시키는 길이기도 하다. 살고 사랑하는 방법을 안다면 죽는 방법도 알 수 있다."

의식적으로 나이 들며 영혼으로 살기 위한 이야기를 완성해 나가면서, 자아는 신비(Mystery)에 눈을 뜬다. 젊음의 주술과 진보에 대한 영웅의 잘못된 생각, 끝없는 힘에 대한 꿈들과 끝없는 여행과 끝없는 희망을 내려놓으면 우리는 끝을 우아하게 맞이할 수 있다. 청춘과 나이, 건강과 질병, 독립성과 의존성, 득과 실, 행동과 존재와 같은 상반된 것을 움켜쥐던 손에 힘을 풀면, 우리는 집착을 내려놓을 수 있다.

람 다스는 이것을 부연 설명한다. "죽음의 예술은 그 순간에 삶을 붙잡지도 밀쳐내지도 않는 것입니다. 여러분은 밀어내지도 당기지도 않습니다. 내려놓아야 할 때 계속해서 붙들게 하는 것은 바로 (삶에 대한) 매력과 (죽음에 대한) 혐오감입니다."

우리는 다시 또다시 영혼을 향해 내면으로 나아가는 내면에서부터의 죽음을 상상할 수 있다. 우리는 죽음을 신성한 통로로 마지막 입문(initiation)에 접근할 수 있다.

그림자는 알고 있다
끝을 위한 은밀한 준비

내가 이 페이지를 쓰는 이 순간에 절친 중 한 명인 셰리는 죽어가고 있다. 오늘 아침 나는 흐느끼면서 잠에서 깨어나, 그녀에게 가서 함께 있어야 한다는 생각을 했다. 나는 그 외침을 기다린다.

그녀는 호스피스 병동에서 편안하게 지내고 있다. 폐암 진단을 받기 8개월 전, 그녀는 부드러운 손길로 망자를 목욕시키는 법을 배우면서 존엄성을 가지고 망자를 돌보는 꿈을 꾸었다. 챈팅을 했고 망자를 위해 기도를 한 다음, 축복으로 관을 칠했다.

"내가 다음 시신이야." 셰리가 나에게 확신에 차서 말했다.

그녀는 꿈을 따라 죽음의 산파(death midwife)와 함께 사후 관리를 계획했다. 그녀가 세상을 떠나면 우리는 그녀의 몸을 씻기고 실크 천으로 감싸서 드라이아이스 위에 3일간 눕힐 것이다. 친구와 가족들은 촛불이 켜진 방을 돌며, 그녀의 영혼이 무사히 가기를 기원하면서 명상할 것이다.

열렬한 환경주의자인 그녀는 친환경 장례를 하려 했다. 그러나 이 도시에는 더이상 남은 공간이 없었다. 화장도 고려했지만, 그 과정이 환경에 끼치는 피해를 알게 되고 주저하게 되었다. 그녀와 죽음의 산파는 불 대신 물을 사용하고 환경에 덜 해로운 친환경 화장을 찾아보기도 했는데, 이 새로운 기술은 아직 상용화되지 않은 상태였다.

그래서 그녀는 수장을 선택했다. 그녀의 몸은 항구로 운반되어 그곳에서 배의 선장이 그녀를 물로 돌려보내기로 동의했다. 이 계획을 통해 그녀는 무독성 제품을 판매하는 미국 최초의 친환경 기업을 설립하고, 특수 교육 교사가 된 후 치료사와 명상 교사가 되기까지 자신의 삶을 재창조했던 것처럼 자기 죽음도 재창조하고 있었다.

이제 현실이 다가온다. 전화벨이 울렸고 나는 그녀의 목소리를 들었다. "난 포기할 수 없어. 기적이 필요해." 그녀는 끔찍한 부작용이 있는 신약을 시도하길 원한다. 어제 그녀는 내려놓고 있었다. 오늘 그녀는 붙들고 있다. 많은 사람처럼 그녀는 자기 통제력을 잃고 자신에게 벌어지는 일에 영향을 미칠 수 있는 능력을 상실했다는 사실에 힘들어하고 있다. 사랑의 봉사를 하려던 긴 인생의 꿈을 상실한 것이다.

지금, 이 순간 셰리는 자신이 죽어가고 있으며… 곧 죽을 거라는 사실을 받아들일 수 없다. 그녀 안의 '전사'가 깨어나 냉엄한 진실을 아는 그녀의 다른 부분과 싸우고 있다. 그녀는 삶과 죽음, 시간과 영원, 확신과 신비 사이를 갈팡질팡한다. 그리고 그 사이의 긴장감은 견딜 수 없을 정도다.

그때 나는 호스피스가 전이 공간이라는 사실을 깨달았다. 오래된 세상과 새로운 세상, 우리의 역할뿐 아니라 삶 그 자체도 손을 놓고 죽음을 받아들이는 사이의 공간이다. 호스피스에서 환자의 몸, 정신, 마음은 공중그네들 사이에 매달려있다. 과거도 미래도 없다. 다시 한번 문턱을 건너는 것이다. 그러나 이번에는 완전한 미지의 세계로.

셰리가 마지막 공중그네를 붙잡는 순간이 있었다. 완치의 희망을 가진 암환자로서의 정체성 말이다.

나는 내 친구에게서 이 신성한 과정을 지켜보았다. 나 역시 붙들고 있고 내려놓고 있다. 그녀를 삶으로 밀어주고 싶다가도 다시 놓아주고 싶은 내 자신의 욕망을 느낄 수 있다. 주변 사람들도 마찬가지다. 내 슬픔은 그녀가 호흡하기 힘들어하는 것을 반영하듯이, 가슴을 짓누르는 묵직한 무게처럼 느껴졌다.

나는 죽어가는 내 친구에게 나 자신의 감정과 믿음을 투사하고 싶지 않다. 그러면 나는 있는 그대로의 그녀와 함께하지 못할 것이다. 나는 그녀에 대한 내 생각, 그리고 지금 그녀가 무엇을 해야 하는지에 대한 내 생각과 함께할 것이다. 그러면 안 돼. 나는 숨을 쉬면서 나 자신에게 말했다. 우리는 각자 어떻게 죽을지 선택할 권리가 있어.

그러나 나는 셰리의 고요함이 없는 모습에 신경이 쓰였다. 그녀는 속도를 늦추고 내면으로 들어가 자기 영혼의 목소리를 듣기보다는 사랑하는 사람들에게 둘러싸여 끊임없이 그들의 조언을 구했다. 내가 부드럽고 조심스럽게 물었다. "너를 사랑하는 사람들이 많아. 그런데 밤낮으로 네 주변에 이런 목소리들이 있는데 너 자신의 목소리를 들을 수 있어? 너의 내면의 목소리를 들을 수 있니?"

"아니. 내 직감의 소리를 들을 수 없어. 나는 60년을 타인과 어떻게 관계를 쌓을지, 어떻게 그들을 사랑할지를 배웠어. 이제 나는 떨어져야 해. 모든 사람을 내려놓아야 해. 나는 준비되지 않았어. 혼자 있기 두려워."

셰리는 평생 타인을 돌보며 '행동'적 연결을 하느라 바빠서, '존재'의 연결을 놓치고 있었다. 즉, 그냥 존재하는 상호연결된 생명의 거미줄을 인식하지 못하고 있었다. 그리고 이 감정적 분주함은 결정적인 순간에 그녀 내면의 인도를 삼켜버리고 있었다. "네 안의 누가 죽음의 진실을 알고 있어? 과거에는 누가 널 인도했고, 지금은 누가 너를 인도하니?" 나는 물었다.

"아, 샤머니즘 여행에서 흰 독수리가 나에게 왔어." 그녀는 이제 미소를 지었다. "내가 잊고 있었던 영의 안내자야."

"지금 그 독수리에게 안내해 달라고 부탁할 수 있어?"

"죽는다는 것은 샤머니즘 여행과 같다고 독수리가 말해. 몸에서 멀리 떠나서, 내 두려움과 그 두려움이 만들어낸 이미지를 넘어서 다른 세계로 가는 거래. 그걸 해봤어. 어떻게 하는지 알아."

"다른 건?" 내가 물었다.

"독수리가 말하길, 죽는 건 안전하대(dying is safe)." 그녀는 침대에 누워 몸의 긴장을 풀면서 나에게 말했다.

며칠 뒤, 대화는 멈췄고, 그녀는 의식이 오락가락하기 시작했다. 나는 침대 옆에 앉아서 그녀의 호흡 패턴에 내 호흡 패턴을 맞추고는 그녀처럼 눈을 감은 채, 조용한 현존으로 들어갔다. 그러자 친구와 동료의 역할을 버리고, 단지 영혼 대 영혼으로 그녀를 사랑하면서 가까워진 느낌이 들었다.

나는 그녀의 임종을 보지는 못했다. 그러나 그녀는 가장 친한 친구의 손을 잡고 평화롭게 마지막 숨을 쉬었다. 그녀의 계획 하나하나가 실현되었다. 배가 그녀의 몸을 바다로 데려가자, 수십 마리의 돌고래가 주위를 돌며 물 위로 뛰어올랐다.

나는 융이 죽음을 노년기에 무의식적으로 살아가는 목표, 즉 그림자 속의 목표라고 표현했다는 놀라운 사실을 알게 되었다. 「J.S.를 추억하며」(1927)에서 그는 이렇게 썼다. "만약 우리가 우리의 깊은 본질의 잠잠한 목소리를 듣게 된다면, 우리 인생의 중반을 넘어선 직후에 영혼이 은밀한 일, 즉, 떠날 준비를 시작한다는 사실을 알게 될 것이다."

다시 말해, 그림자는 안다. 셰리의 꿈은 특이하지 않다. 죽어가는 사람들의 꿈에 관한 최근의 연구가 이러한 생각을 뒷받침한다. 뉴욕주에 있는 호스피스 및 완화 치료 기관인 '호스피스 버팔로(Hospice Buffalo)'의 한 팀은 59명의 불치병 환자들을 대상으로 그들의 꿈과 환영을 알아보고 이것을 통해 임종 시점을 예측할 수 있는지를 알아보기 위해 인터뷰를 진행했다. 그들의 결론은 다음과 같다. 임종이 다가오면서, 이런 환상이 나타나는 빈도가 많이 증가했다. 특히나 고인이 된 사랑하는 사람을 보는 경우가 증가했다. 그리고 이것을 경험하면 섬망과는 대조적으로 내면의 평화가 찾아온다.

〈넥스트 에비뉴〉에서 에밀리 거논이 보고한 연구 결과에서는 환자 중 88%가 사랑하는 이의 죽음에 대한 꿈이나 환영을 최소 한 번은 경험했으며, 99%는 실제라고 믿었다고 말했다. 공통된 주제로는 여행, 사랑하는 이와의 만남, 그들로부터 받는 위로 등이 있었다.

그렇다면 영웅적 자아와는 달리 영혼에게 죽음은 실패가 아니다. 자아의 부정이라는 요새 뒤 그림자 속에 무언가는 우리가 끝을 준비하게 시킨다. 이 무언가는 의식적인 정신과는 분리되어 있다. 하지만 우리가 노화와 죽음이라는 고귀한 과업으로 방향을 정하도록 돕는다는 목적이 있다.

덧붙이자면, 이 무언가가 영혼의 진화적인 충동이나 성스러운 갈망으로, 대귀환(great return)으로 우리를 인도한다. 이 무언가가 죽음을 침략자가 아닌 귀환으로 그린다. 우리가 이것과 조화를 이루면, 우리는 자연의 순환만이 아닌 진화 그 자체와 조화를 이루게 된다.

따라서 그림자와의 관계와 죽음의 관계는 긴밀하게 연결되어 있다. 이 연결고리는 죽은 자가 사후 세계의 문턱을 넘도록 인도하는 선한 조언자로 알려진 그리스 신화 속 지하 세계의 신 하데스로 구현된다. 하데스는 조용히 우리 자신의 심연으로, 자기만의 지하 세계로 인도하는 내면의 목소리에 귀를 기울이도록 가르친다.

우리가 이 외침에 저항할 때, 우리는 죽음의 그림자를 부정한다. 부정 속에서 자아는 그림자 속에서 벌어지는 준비에 마음을 열지 않는다. 부정 속에서 우리는 마치 절대로 죽지 않을 것처럼 살며, 인생을 완성하지 못한다. 우리는 **원로**가 되지 못한다. 역할에서 영혼으로 건너가지 못한다. 부정 속에서 우리는 때로는 한 번도 살지 않았던 것처럼 죽는다.

대신에 우리가 자아와 그림자 사이에 소통의 통로를 열어서 그들 사이의 벽이 더 투과되도록 한다면 어떨까? 결국 이것이 이 책에서 우리가 탐구해온 내용이다. 우리는 자아가 물러나고 어둠 속의 소리 없는 목소리를 듣게 허락했다. 우리는 그들이 인식으로 나오도록 부드럽게 달래었고 그들의 귀중한 선물들을 발견했다.

이제 우리는 우리가 통제할 수 없는, 그 자체의 목적을 가진 비인격적인 힘, 즉 죽음의 그림자를 만난다. 하데스의 속삭임에서 우리는 어떤 메시지를 들을 수 있는가? 우리가 상담사로 죽음을 만난다면? 죽음에 저항하기 위한 영웅적인 전략을 내려놓고 죽음이 우리에게 말을 걸도록 설득한다면?

나의 사랑스럽고 다정한 친구는 죽음의 속삭임을 들었고 그 외침에 귀를 기울였다. 불과 몇 달 전만 해도 운동선수였지만 임종을 앞둔 환자가 된 셰리도 숙련된 명상가이자 틱낫한의 제자였다. 그녀는 가장 깊은 진실을 알았다. 우리의 개인성은 죽고, 우리의 개별성은 죽는다.

그러나 우리의 영적인 본질은 파괴될 수 없다. 우리가 이 본질을 원자로 보든, 유전자로 보든, 생태계로 보든, 생명의 거미줄로 보든, 환생하는 영혼이나 초월적 영으로 보든지 간에 우리는 '그것'이다. 그리고 '그것'은 영원하다.

집에 간다, 집에 간다
물가에 나는 내 뼈를 둘 것이다.
강물이 부르는 달콤한 노래를 들어보라
내 영혼을 달래는
그레이트풀 데드 – 〈부서진 왕궁(*Brokedown Palace*)〉

영적 지도자 미라바이 부시와의 인터뷰

나는 람 다스의『서로를 집에 데려다주기: 사랑과 죽음에 관한 대화』(2018)를 공동 집필한 당시 78세의 미라바이 부시와 대화를 나누었다. 그녀는 1970년 인도에서 람 다스를 만났으며, 두 사람이 '마하라지-지'라고 불렀던 스승(구루) 님 카롤리 바바와 함께 2년을 보내며 근본적인 변화를 겪었다. 그들이 미국으로 돌아왔을 때, 리처드 앨퍼트는 람 다스가 되어『지금 여기에 살라(*Be Here Now*)』를 출간했다. 이후 그의 행보는 널리 알려져 있다.

미라바이는 모든 분야의 전문가들, 심지어 육군과 구글의 엔지니어들에게도 영적 수련을 전파하기 위해 '사회 속 관상적 마음을 위한 센터(Center for Contemplative Mind in Society)'를 세웠다고 나에게 말했다.

람 다스는 60대에 자신의 여정을 설명하는 1997년 출간 도서『성찰(*Still Here*)』*을 비롯해 여러 권의 책을 쓰면서 계속해서 모범을 보이면서 가르쳤다.『성찰』의 결말에 다다라 완성을 앞두고 있을 때, 그는 심한 뇌졸중으로 인해 전신 마비와 실어증을 겪었다. 그러나 자신의 봉사와 공헌을 포기하지 않고 계속해서 우리가 가진 노화와 질병에 대

---

* 강도은 옮김, 씨앗을뿌리는사람, 2002.

한 두려움을 중심으로 그의 새로운 한계에 대해 가르쳤다. 그는 두려움과 한계가 우리를 더욱 진실되게 할 것과 그것들을 '축복'으로 볼 것을 촉구했다. 다시 말해, 거짓되고 한계가 있는 모든 것을 내려놓고 영혼과 동일시하라는 촉구였다.

그가 87세가 되었을 때, 실어증에도 불구하고 자신이 배우고 있는 것을 계속해서 전수하고 싶다고 미라바이에게 표현했다. 람 다스가 죽음을 준비하고 이 경험을 더 친밀히 알게 되는 과정에서 그녀는 그의 목소리가 되었다.

"난 어떻게 해야 할지 몰랐어요. 그가 예전처럼 말을 할 수 없었거든요. 그렇다면 이제 그가 아는 것을 어떻게 전파할 수 있을까요? 나와 대화를 통해서죠. 그래서 저는 지금 그의 있는 그대로를 보여주겠다고 결심했어요. 저는 그냥 듣기만 하고, 떠오르는 모든 내용과 함께했고, 저의 기대를 내려놓는 수련이었어요. 저로서는 규율이 필요했죠. 하지만 사랑이 있어서 쉬웠어요. 독자분들도 그와 함께 있었던 것처럼 느낀다면 좋겠어요."

주요 주제는 죽음을 어떻게 준비할까였다. "목격자, 인식, 영혼과 동일시하기 위해서 이제 나 자신은 내 몸과 거리를 두어야 할 시간입니다. 제 몸은 끝나고 있지만, 영혼은 계속, 계속, 계속 있을 겁니다. 나는 영혼을 향해 내면으로 계속해서 들어갑니다."라고 람 다스가 말했다.

그는 훌륭한 스승들과 연구했고, 죽음에 관한 경전을

읽었고, 사이키델릭으로 상징적인 죽음에 직면했고, 죽음과 함께 여러 해 동안 좌선을 했다. 그러나 이제 그의 차례가 되었다. "죽음은 단지 나의 수련에서 마지막 단계가 됩니다. 나는 '뇌졸중 환자' 역할과 같은 역할들을 버려왔습니다. 후회를 내려놓고, 있는 그대로 과거를 사랑합니다. 생각일 뿐이죠. 핵심은 여러분의 마음속에 머무는 것입니다. 그냥 계속해서 사랑하세요."

람 다스는 우리가 가진 죽음에 대한 공포의 근원과 관련해 장문의 글을 썼다. 분리의 감정, 자아가 느끼는 '다른 사람이 된 것 같은' 기분. "자아는 세상에서 기능하는 독립된 개체로서 우리를 조종하는 메커니즘입니다. 자아라고 불리는 프로그램이 제 컴퓨터에 설치된 것이죠. 나는 내가 누구이고, 당신이 누구이고, 그래서 내가 살아남을 수 있도록 어떻게 기능할지에 관한 모델을 개발했습니다."

그러나 그 과정에서 어떤 일이 벌어졌다. "나는 내가 영혼이었다는 것을 잊어버렸습니다. 나는 내가 컴퓨터 프로그램이라고 생각하기 시작했습니다. 그런 다음 '누군가'에서 '특별한 누군가'가 되었습니다." 그리고 훌륭한 하인인 자아가 주인이 되었다.

"문제는 자아 그 자체가 아니라, 우리가 자아와 얼마나 동일시하느냐입니다. 영적 진화의 과정에서 당신은 자아를 파괴하지 않습니다. 단지 자아와 동일시하는 것을 멈춥니다."

내 관점에서 노년기는 이러한 인식의 변화를 만들 수 있는 이상적인 기회이다. '특별한 사람'이라는 자아의 정체성은 나이, 질병, 죽음과 같은 매우 공평한 것들과 함께 무너지기 시작한다. 우리가 충분히 알아차릴 수만 있다면, 그 경험은 마음과 그 자아 개념 뒤에 있는 광대한 공간을 열 수 있다.

"노화는 자유입니다. 신경 쓸 일이 줄어듭니다. 과거에 저는 벗겨진 머리를 걱정하며 머리를 빗었습니다. 이제는 대충 빗습니다. 대머리면 어떻습니까!"

그러나 두려움은 내적 공간을 축소할 수 있다. "두려워하지 않으면서 변화를 맞이할 수 있는 장소를 찾아야 합니다. 변화와 함께하세요. 변화와 함께 일하세요. 하지만 동시에 폭넓은 인식을 함양하세요. 이것이 바로 깊은 영적 작업입니다."

람 다스는 우리가 가진 죽음에 대한 두려움에 다가가라고 조언한다. 이것은 죽음의 모든 증거를 그림자 속으로, 수의 아래로, 커튼 뒤로 사라지게 하는 서양 문화의 패턴과는 반대된다. 인도의 성스러운 도시 바라나시를 방문했던 때가 떠오른다. 불이 인간의 육신을 삼키는 광경을 지켜보려고 작은 배에 앉아서 갠지스강에 있는 화장터에 가까이 다가가려 했다. 매캐한 공기를 들이마시면서 음악과 챈트를 들으며 나는 죽은 사람들이나 그들의 가족들과 분리된 느낌이 들지 않았다. 공동체의 신성한 의식에 참여하는 기분이 들었다.

갠지스강의 그 순간들에서 나는 내 죽음의 인식이 깊이 파고들게 놔두었다. '모든 것은 지나가야 한다. 나 또한 지나가리라. 나의 특별함도 지나가리라. 나의 유산도 지나가리라.'

그렇다면 지금 나는 어떻게 살고 싶은가? 끝에 다가가면서 나는 이 시간을 어떻게 다시 생각하는가?

그렇다. 나는 **영적 원로**들과 대화를 나눌 특권이 있다. 그렇다. 나에게는 이 책을 쓰고 이 지혜를 물려줄 선물이 있다. 그렇다. 나는 남편과 손자들을 사랑한다. 나는 댄스와 우쿨렐레 수업을 좋아한다. 하지만 이 모든 것은 행동이다. 그리고 이 모든 것은 끝날 것이다.

이것은 내 질문에 대한 답이 아니다. 나는 의식에 대한 정보를 전달하는 것에서 순수한 의식이 **되는** 것으로 옮겨가야 한다.

미라바이와 이야기를 나누는 동안, 나는 애정이 담긴 교류가 말보다 더 중요하다는 느낌을 받았다. 그 인식은 인식의 내용보다 더 위대하다.

나는 이러한 통찰력을 공감하는 또 한 명의 **원로**를 발견해서 기뻤다. 노년기를 재창조하고 있는 또 다른 영혼의 단짝을 발견해서 감사했다.

람 다스와의 프로젝트를 위해 동부와 마우이를 비행기로 수 차례 왕복한 미라바이에게 나이듦은 어땠냐고 물었다. "75세 때 저희 어머니는 늙고, 말수가 적고, 사회에서 물러나 배우는 일엔 관심이 없으셨죠. 그리고 적극적일 수 없었어요. 그런데 저에게는 이 나이가 대단해요. 젊은 사람들과 교류하고, 항상 배우고, 묵상 수련 강의에 대한 수요가 있죠. 75세의 저는 엉덩이에 티타늄으로 된 인공 뼈를 넣었고, 결혼했어요!"

나는 미라바이에게 그녀의 영적 수련이 노년기에 어떻게 바뀌었는지 질문했다. "요가가 체력과 유연성에 더 중요해졌어요. 명상은 이제 훈련이 아닌 저의 일부예요. 그리고 저는 마하라지-지의 단순한 교리대로 살고 있어요. 모든 사람을 사랑하고, 모든 사람을 섬기고, 신을 기억하는 거죠. 매일같이요."

나는 마하라지-지의 추종자는 아니었다. 그러나 나에게 남은 시간 동안 그의 교리를 실천하고 싶다는 것은 깨달았다. 나는 람 다스의 말처럼 감정이 아닌 존재의 한 가지 방식으로 사랑하고 싶다. 나는 역할로써 사는 삶에서 영혼으로 사는 삶으로 변하고 싶다. 만약 다른 사람이 내 자아를 힘들게 한다면, 그 사람도 여행중인 한 영혼임을 기억하고 싶다. 나는 영원한 영과 연결된 내 영적 중심에서 살고 싶다.

"사랑으로 존재하는 것은 죽음을 위한 최고의 준비입니다. 갈 곳도 없고, 두려움도 없고, 내 주변의 모든 것은 매 순간 변하지만, 사랑의 인식은 변하지 않습니다. 지금 여기에 존재하고, 그 순간, 지금, 죽음의 순간에 불멸이 됩니다."

~~~~~~

그리고 나는 모든 사람을 사랑하고, 모든 사람을 섬기고, 신을 기억하기 위해 나의 명상의 자리로 돌아가 순수한 인식의 바다로 녹아들고자 한다. 그곳에서 함께하자.

나의 끝에 나의 시작이 있다.

In my end is my beginning.

– T.S. 엘리엇

맺음말

손주들에게 남기는 유언장

너희들은 내 마음을 훔쳤단다. 이 사랑은 놀라움이었고, 내 노년기에 가장 소중한 선물이었어. 나는 엄마가 된 적이 없었고, 그래서 할머니가 될 거라고도 생각하지 않았지. 하지만 내가 닐과 결혼하고 너희들이 세상에 태어났을 때, 나는 '코니 할머니'가 되었단다. 내 마음은 너희들의 모습, 소리, 냄새, 촉감으로 부풀었어. 이 놀라운 사랑은 너희들이 성장할수록 내 마음도 더 넓게 열도록 했단다.

너희는 빛나. 나는 그 빛을 꺼트리는 어떠한 일도 하고 싶지 않단다. 그래서 쇠약해지는 기운으로도 그 빛을 만나려고 해. 너희들이 뛰고, 장난치고, 자전거를 타고, 킥보드를 탈 때 함께하려 하지.

나는 너희들의 아름다움을 본다. 너희들의 가치는 너희가 무엇을 하는지 또는 무엇을 가졌는지가 아닌 너희들의 존재 자체에 있단다.

나는 모든 것에 대한 너희들의 호기심, 글자를 배우고, 글자를 알아보고, 단어를 만들려는 너희들의 열정을 본다. 그래서 나도 너희들이 배울 때 너희들만큼이나 즐겁게 영감을 얻으며 함께하려고 해. 호기심은 평생의 보물찾기에서 너희를 인도해 줄 단서란다.

나는 너희들의 놀이를 본단다. "날이 밝았어. 놀 시간이야!" 그리고 우리가 일요일에 모험을 떠날 때, 특별한 가족 여행을 갈 때, 생일과 휴일을 기념할 때, 너희들의 얼굴에 서린 기쁨을 봐. 그 기쁨은 내 안에 젊고, 순수하고, 활발한 기쁨을 일깨운단다. 우리 내면의 아이는 모든 나이에 살아있고, 놀이로 불씨를 되살릴 수 있단다.

그리고 나는 너희의 유일무이함을 본단다. 이전에도 너희와 같은 사람은 아무도 없었고, 앞으로도 없을 거야. 너희의 미소, 목소리, 지문을 가진 사람은 아무도 없어. 그리고 너희를 원하고 필요로 하는 곳에서 그 역할을 대신할 사람 또한 없단다. 너희들은 빛이고, 너희의 일은 그 빛이 환하게 빛나도록 두는 거야.

너희들이 나를 통해 인생 전체는 풍부하고 의미가 있다는 것을, 그리고 우리는 한 번도 놀이나 학습이나 사랑을 멈춘 적이 없다는 것을 보기 바라. 나는 너희가 나에게서 무조건적인 사랑의 존재, 너희의 모든 본질을 포용하며 너희를 안전하게 붙잡아주는 손, 따뜻하고 포근한 무릎을 느끼길 바라.

계속 자라 십 대가 되고 성인이 되면서, 너희는 세상이 안전하지만은 않고, 모든 사람이 다 따뜻하거나 포근한 것은 아니라는 사실을 발견하게 될 거야. 기후 위기에 처한 이 행성과 서로 너무나도 다른 삶을 사는 잘 사는 사람과 가난한 사람이 공존하는 사회를 보게 되겠지. 모두가 그렇듯이 때로는 실망하고, 상처받고, 화가 날 거야. 상심할 때도 있을 거야. 건강에 문제가 생기거나 금전적인 문제로 힘들어질지도 몰라.

하지만 나는 너희들이 내 사랑을 가져가길 바라. 심장 옆에 자리한 목걸이 로켓처럼, 너희의 타고 난 사랑스러움으로 내 사랑을 들고 다닐 수 있길 희망해. 나의 긍정적인 관점을 너희의 타고난 가치에 대한 기억으로 가지고 다니길 바라.

훌륭한 교육과 만족스러운 경력을 위한 자신만의 길을 찾고, 어떻게 사랑을 주고받을지 배워가는 과정에서, 너희만큼 운이 좋거나, 사랑받거나, 안전하거나, 행복하지 못한 아이들이 있다는 사실을 기억하렴. 그리고 너희가 준비되면, 그들에게 손을 내밀고 사랑과 긍정적인 시선을 내어주렴. 그리고 너희가 받았던 모든 것을 돌려주길 희망한단다.

다른 사람이 너희를 정의하거나 한계를 정하게 두지 말렴. 너희들 중 누군가는 유대인으로, 누군가는 기독교인으로, 또 다른 누군가는 불가지론자로 한 가족 안에서 자랐지. 하지만 지금 내가 말하는 가치들은 그런 차이들을 초월해. 그 가치들은 종교, 인종, 성별, 지리, 나이를 초월하는 공유된 이상향이야. 그리고 너희를 의미 있고 목적이 있는 인생으로 이끌어 줄 수 있단다.

기술이 너희를 사람들과의 진정한 연결에서 멀어지게 하지 말렴. 인생은 문자나 페이스북, 인스타그램, 스냅챗, 왓츠앱,

그 외에도 너희를 매료시키려 새롭게 등장하는 많은 플랫폼에서 일어나는 게 아니야. 인생은 얼굴을 마주하고, 눈을 맞추고, 피부를 맞대면서 일어난단다. 인생은 햇빛 아래에서, 빗속에서, 숲속에서, 야생에서, 바다에서, 야외에서 펼쳐진단다. 그러니까 핸드폰, 태블릿, 컴퓨터, 콘솔과 같은 기계들은 너희를 섬기기 위해서 사용되는 것이지 너희가 그 기계들을 섬기는 것이 아니라는 사실을 기억하렴. 그리고 잠자리에 들기 전에 마지막으로, 아침에 일어나서 제일 먼저 보는 것이 그 기계들이 되도록 두지 말렴.

항상 너희보다 더 거대한 무언가와 연결되고자 노력하렴. 그게 어떠한 형태로 다가오든지 말이야. 그러면 너희는 의미 있는 삶을 찾게 될 거야.

그건 우주, 인간사, 우리 뇌나 세포의 신비를 풀기 위해 어떻게 생명이 시작되었는지 이해하려고 노력하는 것일 수 있어. 그렇다면 과학(천체물리학, 양자물리학, 인류학, 신경과학, 생리학 또는 미생물학)을 탐구하렴. 그리고 과학이 만들어온 방대한 지식의 바다에 너희만의 개성을 더하려무나.

그건 왜 사람들이 어떤 일을 하는지, 무엇이 그들을 움직이는지, 왜 다른 사람들에게 상처를 주고, 어떻게 상처에서 회복하는지를 이해하려 노력하는 것을 의미할 수도 있어. 그렇다면 닐, 셰어, 세이지 그리고 내가 그랬듯 심리학을 공부하렴.

그건 자연 세계의 아름다움을 이해하려 하거나, 우리를 행성, 동물, 모든 생명체와 연결하는 생명의 우아한 거미줄을 지지하려 노력하는 것일 수도 있어. 그렇다면 식물학, 동물학, 지속가능성과 기후 과학을 공부하렴.

그건 창의력을 통해 사람들에게 영감을 주기 위해 노력하는 걸 수도 있어. 그렇다면 시각 미술, 행위예술, 시와 음악을 탐구하렴.

그건 다른 사람을 위한 변화를 일으키기 위해 노력하고, 그들의 고통을 경감시키고, 그래서 공익에 이바지하려고 노력하는 것을 의미할 수도 있어. 그렇다면 열정이 있는 대의(기후 변화, 인종차별, 성차별, 노숙자, 기아, 총기 폭력, 빈곤, 교육, 난민, 동물복지)를 찾아 너 자신의 대의로 만들렴. 너에게 주어진 자원과 재능을 가지고, 지지자, 활동가, 교사, 의사, 자원봉사자, 변호사, 언론인, 공직 후보가 되려무나.

그건 기계가 어떻게 작동하는지 알고자 노력한다는 것을 의미할 수 있어. 그렇다면 기술(로봇학, 인공지능, 소셜 미디어)을 탐구해 공익을 위해 사용될 수 있도록 움직이렴.

그건 우리가 보거나 만질 수 있는 겹겹의 삶 뒤, 작은 자아를 넘어선 위대한 신비와 연결하기 위해 노력하는 걸 수도 있어. 그렇다면 종교, 영성, 철학을 공부하고 조용히 앉아 너희 영혼의 속삭임을 듣는 법을 가르치는 명상 수련을 찾으렴. 어쩌면 위대한 신비주의자들이 그랬듯 우리의 환상을 덮고 있는 베일을 뚫고 너희의 진정한 근원과 목적지를 알게 될지도 몰라.

어른으로서, 그다음엔 **원로**로서 자신의 이상적인 모습이 되기 위해 노력하렴. 너희가 가졌거나 추구하는 관대하고 자비로운 롤모델이 되려무나. 닐과 내가 너희를 위해서 되려고 노력한 할머니 할아버지, 아니 우리보다 더 나은 조부모가 되렴.

내가 할머니로서 완벽한 사람은 아니었어. 중요한 순간에 자리를 비운 일, 너희의 분노나 눈물에 보였던 나의 조급함, 나의 이상대로 너희를 만들려 한 지나친 열정을 용서해 주렴. 나는 항상 불완전했고, 너희에게 불완전한 세상을 물려주는구나.

우리 세대가 끝내지 못한 일이 너희에게 남겨졌어. 나는 인종 평등을 위해 싸웠고, 인류애가 깨어나는 순간들을 지켜보았어. 그런 다음 우리나라에서 일부가 다시 잠드는 모습을 슬퍼하며 지켜보았지. 나는 양성평등을 위해 싸웠고, 인류애가 깨어나는 순간들을 지켜보았어. 그런 다음 일부가 다시 잠드는 모습을 비통해하며 지켜보았지. 그리고 나는 환경 정의를 위해서 싸웠고, 인류애가 깨어나는 순간들을 보았어. 그런 다음 미국이 석유회사에 의해 목이 졸리고, 기후 변화를 부정하고, 지속 가능한 지구를 위한 외침을 거부하는 것을 공포에 질려 지켜보았지. 그래서 비극적이게도 오늘날 이러한 싸움을 너희에게 물려주고 있구나. 고된 유산이지만 너희에게 의미 있는 삶을 제공할 수 있는 중요한 사회적 대의란다.

내가 이 글을 쓰는 지금, 미래는 너희 어린이들의 마음과 정신에서 그리고 성별, 인종, 문화, 계급과 상관없이 모든 곳에 있는 모든 어린이 안에서 형성되고 있단다. 보살핌을 받았다고 느끼든 버림받았다고 느끼든, 안전하다고 느끼든 두렵든, 자신감이 있든 불안하든, 배가 고프든 배가 부르든 상관없이 미래는 너희에게 놓여있어.

미래는 너희가 바라보는 롤모델 속에 있어. 너희 부모님들, 노인들, 영웅들. 그들은 무엇을 위해 노력할까? 그들에게 성공한 삶이란 어떤 삶일까?

미래는 친절함, 관대함, 공감, 봉사, 개인의 발전, 지구에 대한 사랑과 같이 너희에게 전수되는 영적, 도덕적 가치에 있어. 너희 선생님과 지도자들은 이러한 가치를 어떻게 실천하고 있어? 그들은 그 가치를 구현하는 생활을 하고 있니?

미래는 우리가 너희에게 전수하는 비전에 있어. 너희가 태어나기 훨씬 전 내가 십 대였을 때, 나는 TV에서 우주비행사가 우주에서 찍은 지구의 사진을 봤어. 우리는 처음으로 어둠 속에 떠 있는, 국경도 명칭도 없는 작은 파란색 공을 봤어. 그리고 우리 모두 한배를 탔고, 조그마한 서식지를 함께 공유하며, 같은 운명을 겪을 수밖에 없다는 현실에 인류가 깨어나는 순간을 봤어. 하지만 많은 사람은 너무나도 빠르게 오직 차이점과 자신의 작은 이기심만 기억하면서 다시 잠들었지. 오늘날 기후변화는 그 모습을 강렬하게 회상시켜. 지구는 하나의 살아 숨 쉬는 유기체야. 우리를 먹이고 지탱하며, 우리의 선택에 반응하고, 보살핌을 구하고 있어.

그러니 미래는 바로 너희란다. 너희 각자는 모두를 위한, 보다 유망한 미래를 위한 연약하고도 강력한 힘이야.

너희가 축복으로 나를 채워 주었듯이, 나도 너희를 축복한단다.

감 사 의 글

내 부모님 티나와 마이크 츠바이크에게. 매일같이 보내준 사랑과 지혜에 감사드립니다. 내 여동생 제인. 우리 사이의 성장하고 깊어지는, 사랑 가득한 우정에 감사해.

내 성스러운 갈망을 자극해 준 SGR, 그리고 그 갈망을 인도해 준 MMY에게 감사드린다. 루트 스승인 샨카라와 영감을 준 요가난다, 우리 세대의 정찰병이 되어 항상 길을 밝혀준 람 다스에 감사드린다. '역할에서 영혼으로'라는 문구를 주신 것에 감사드린다.

스와미지와 조안 해리건께. 소중한 수련에 감사드립니다. 영적 가족이 되어 준 해리와 사트상들에게, 내 꿈으로 찾아와 준 메블라나 루미에게 감사 인사를 전한다. 하미드 알리의 탐구 수련에 감사드린다. 통합철학자 켄 윌버에게, 가장 위대한 지도를 작성해 주신 점에 감사드린다.

우리의 손을 잡고 그림자 속으로 안내하고 미지의 세계를 소개한 칼 융에게 감사드린다. 언제나 나와 함께한 보살멘토 마릴린 퍼거슨과 제레미 타쳐에게 감사드린다. 나를 원로로 입문시키고 노년기에 대한 새로운 방향성을 제시한 『에이징에서 세이징으로』와 '세이징 인터내셔널' 단체를 포함해 유산을 남기신 랍비 잘만 섀크터-샬로미에게 감사드린다. 특히나 나의 세이징 멘토인 샬럿 칼슨과 잔느 마쉬의 친절하고 지혜로운 존재에 감사드린다. 아무런 조건 없이 이 분야에서의 평생 경험을 전수해 준 릭 무디에게 감사드린다. 모든 분께 감사의 큰 절을 올린다.

나의 저작권 대리인인 바바라 몰톤의 맹렬한 끈기와 애정 어린 지원에 감사드린다.

이너 트래디션스(Inner Traditions)의 직원들에게 감사드린다. 협력적이고 관대한 편집장 자마이카 번스 그리핀과 똑똑하고 꼼꼼한 교열자 낸시 링거와 뛰어난 표지 디자이너 애런 데이비스, 에후드 스펄링, 지니 레비탄, 존 그레이엄, 패트리샤 라이들, 엘리자 호믹과 열정적인 홍보담당자 애슐리 콜레스닉에게. 내 아기를 세상으로 인도해주심에 감사드린다.

인터뷰와 관련해, 사회 속에서 명상하는 마음센터의 설립자 미라바이 부시에게 자비로운 선물의 대화에 감사드린다. 향심기도를 설립한 고인이 되신 토마스 키팅 신부, 고인이 되신 자아초월 심리학자 프란시스 본, 통합정신과의사 로저 월시, 연령 차별 반대 활동가 애쉬튼 애플화이트, 자아초월적 홀로트로픽 호흡 정신과의사 스타니슬라프 그로프, 소설가 디나 메츠거, 로스앤젤레스 젠 센터 웬디 에교쿠 나카오 선사, 스피릿 록 명상 센터의 불교 스승 안나 더글라스, 키르탄 마스터 크리슈나 다스, 랍비 로라 겔러, 원로 트레이너 론 페브니, 융 학파 분석가 제임스 홀리스, 랍비 라미 샤피로, 융 학파 분석가 라이오넬 코벳, 신화학자 마이클 미드, 작고한 명예로운 세이지이자 신비주의자 로버트 앳츨리, 융 학파 분석가 앨런 코엔, 작가 캐롤 오스본, 인본주의 심리학의 선구자 톰 그리닝, 치료사 릴리안 트릴링, 환경운동가 앤드류 비스, 사이키델릭 원로 제임스 파디만, 치료사 하워드 월만, 친구 론 클레페타와 릭 바이스, 지금 95세인 치료사 레이 앤더슨에게 감사드린다.

이 책을 쓰는 동안 그들 중 세 명이 떠났다. 토마스 키팅 신부, 프란시스 본, 로버트 앳츨리. 그들의 삶의 끝자락에 슬기로운 말을 들을 수 있어서 너무나 감사드린다.

가장 소중한 나의 내담자들에게. 여러분의 용기와 내게 여러분을 모실 기회를 준 것에 감사드린다. 여러분도 나의 스승이었다. 영혼의 단짝이자 공동 저자이며 공모자인 스티브 울프에게 감사한다. 다르마 친구이자 형제인 아론 킵니스와 인생의 끈에서 가장 중요한 것이 무엇인지 가르쳐준 셰리 모델에게 감사드린다.

내 절친들 닐, 스티브, 폴라, 로다, 라일리, 린다, 말콤. 아낌없는 사랑과 웃음과 지원에 고마움을 느낀다. 2019년 11월 나는 내 영혼의 자매 린다를 떠나보냈다. 매일 그녀가 그립다. 그리고 2020년에 우리는 라일리를 잃었다. 그는 우리 모두에게 침착하게 죽음을 맞이하는 방법을 보여주었다. 우리는 진정으로 서로를 집으로 데려다주고 있다.

나의 상담그룹. 닐, 패트리샤, 바바라, 빌, 가브리엘의 깊은 통찰력과 정직함은 훌륭한 우정의 영감이자 원천이 되고 있다.

나의 가족. 닐, 세이지, 레일라, 셰어, 브랜든은 나의 소중한 선물이다.

나의 손주들. 제이든, 시에나, 칼렙, 엘리는 내 사랑이며 노년의 깜짝 선물이다.

의식적인 나이 들기를 위한
그림자 작업 안내

사랑하는 노년기의 동료 여행자들이여, 여러분은 이제 나이의 많은 그림자 문제들을 탐험했다. 하지만 여러분이 배워왔듯이, 우리의 그림자 캐릭터는 우리가 의식화하고 사랑하기 시작할 때조차도 계속해서 모습을 드러낸다. 아래 과정들은 그림자 캐릭터가 나타나는 순간을 파악하고, 그림자와 의식적인 관계를 형성할 수 있도록 그림자를 의인화시키며, 노년기의 보물을 찾을 수 있도록 다른 선택을 하면서 노년의 내면 작업을 계속하도록 여러분에게 지침을 제공한다.

1. 그림자를 만나자. 여러분의 나이에 대해 수치심, 불안감, 마비, 후회나 우울감을 느끼게 하는 태도나 행동을 파악하자. 여기에 몇 가지 예가 있다. "늙으면 쓸데없어." "늙으면 추해." "나는 그걸 더이상 할 수 없어." "나는 투명인간 같아." "나는 목소리가 없어." "나는 실수를 너무 많이 해." "죽을 날만 기다리고 있어."

2. 그러한 믿음이나 태도를 자신에게 크게 설명하자. 그래서 내면의 목소리를 받아서 그 목소리를 말하자.

3. 그 내면의 목소리와 함께 떠오르는 감정은 무엇인가? 슬프거나, 무기력하거나, 무력하거나, 침묵하거나, 후회하거나, 상실감을 느끼거나, 매력적이지 않다고 느끼거나, 다른 감정을 느끼는가?

4. 이 감정과 수반되는 신체적 감각은 무엇인가? 속이 메스껍거나, 어깨가 뭉치거나, 가슴이 철렁 내려앉거나 다른 증상이 있나?

5. 이것들은 연령주의 그림자 캐릭터가 등장하고 있다는 정신적, 정서적, 신체적 조기 경보 신호들이다. 여러분은 그 이미지를 볼 수 있나? 그 이미지의 나이와 성별은 무엇인가?

6. 이 그림자 캐릭터에게 이름을 붙여주자. 그런 다음 인식의 세계로 크게 환영하자. "나는 내면의 연령주의자인 네가 보여." "나는 시간을 끄는 네가 보여." "나는 내면의 비평가인 네가 보여." "내 인식으로 들어온 걸 환영해."

7. 여러분의 개인사와 가족의 패턴에서 이 그림자 캐릭터의 뿌리를 추적하자.

8. 위에서 말한 생각, 감정, 또는 감각을 경험하는 자신을 관찰할 때, 여러분의 주의를 끌기 위해 그 그림자의 이름을 크게 반복하자.

9. 그림자를 사랑하자. 향심 수련이나 명상 수련을 하고, 그림자를 주시하기 위해 복식호흡을 하자.

10. 이 그림자에 순종한 결과 여러분과 다른 사람들에게 어떠한 영향을 미쳤는지 자신에게 물어보자. (여러분은 다른 사람에게 상처를 줄 것인가? 여러분은 수치심이나 후회를 느끼게 될까? 여러분은 자신을 방해할 것인가? 그것이 여러분의 건강과 행동에 어떻게 영향을 미칠까?)

11. 자신의 선택을 탐구하자. 이 그림자 캐릭터가 등장한다는 것을 인지했을 때, 현재 자신의 삶에 어떻게 다르게 대응할 수 있을까?

12. 자신의 저항을 관찰하자. 다르게 대응하지 않기로 선택했다면, 그 선택의 내·외적 결과를 알아차리자.

13. 새로운 방식으로 대응하기로 한다면, 더 높은 인도인 영혼의 목소리를 듣자.

14. 그림자 캐릭터가 이전보다 여러분에게 미치는 영향력이 줄어들면서 물러갔다가, 돌아왔다가, 다시 물러가는 것을 지켜보자.

15. 타인을 사랑하고 봉사하면서, 자신의 진정한 본질을 기억하자.

참고문헌

_ 국내 출간된 책인 경우 원서 서지사항 뒤에 국내 출간 서지사항을 병기하였습니다.

Aaronson, Louise. *Elderhood: Redefining Aging, Transforming Medicine, Reimagining Life*. New York: Bloomsbury Publishing, 2019.

Adams, Susan. "How Daily Table Sells Healthy Food to the Poor at Junk Food Prices." Interview with Doug Rauch. *Forbes*, April 26, 2017.

Adelman, Marcy, et al. "LGBTQ Aging at the Golden Gate." San Francisco LGBTQ Aging Policy Task Force, March 2014.

Age Wave/Merrill Lynch. *Leisure in Retirement: Beyond the Bucket List*. Bank of America Corporation, 2016.

American Cancer Society. *Cancer Facts & Figures 2019*. "Facts and Figures Annual Report." Atlanta: American Cancer Society, 2019.

Anzick, Michael, and David A. Weaver. "Reducing Poverty among Elderly Women." Social Security Office of Policy report, January 2001.

Applewhite, Ashton. *This Chair Rocks: A Manifesto against Ageism*. New York: Celadon Books, 2020.

Arrien, Angeles. *The Second Half of Life: Opening the Eight Gates of Wisdom*. Boulder, Colo.: Sounds True, 2007. (안젤레스 에리엔 지음, 김승환 옮김, 『아름답게 나이 든다는 것』, 눈과마음, 2008)

Atchley, Robert. *Spirituality and Aging*. Baltimore, Md.: Johns Hopkins Press, 2009.

Au, Wilkie W., and Noreen Cannon Au. *Aging with Wisdom and Grace*. New York: Paulist Press, 2019.

Beath, Andrew. *Consciousness in Action*. New York: Lantern Books, 2005.

———. *New Creation Story*, vols. 1 and 2. Malibu, Calif.: New Epoch Books,

2014.

Becker, Ernest. *The Denial of Death*. New York: Free Press, 2007. (어니스트 베커 지음, 노승영 옮김, 『죽음의 부정』, 한빛비즈, 2019)

Berman, Phillip L., and Connie Goldman, eds. *The Ageless Spirit*. New York: Ballantine Books, 1992.

Berrin, Susan, ed. *A Heart of Wisdom: Making the Jewish Journey from Midlife through the Elder Years*. Woodstock, Vt.: Jewish Lights Publishing, 1997.

Berry, Thomas. *Selected Writings on the Earth Community*. Maryknoll, N.Y.: Orbis Books, 2014.

Blackburn, Elizabeth. "The Telomere Effect." *The Guardian*, January 29, 2017.

Blackman, Sushila. *Graceful Exits: How Great Beings Die*. Boston: Shambhala Publications, 2005.

Bly, Robert. *A Little Book on the Human Shadow*. New York: HarperCollins, 1988.

———. *The Sibling Society*. New York: Vintage Books, 1996.

Bolen, Jean Shinoda. *Crones Don't Whine*. York Beach, Maine: Red Wheel/Weiser, 2003.

Boyle, Patricia. A., et al. "Effect of Purpose in Life on Relation between Alzheimer's Pathological Changes on Cognitive Function in Advanced Age." *Archives of General Psychiatry* 69, no. 5 (May 2012).

Bredesen, Dale. *The End of Alzheimer's: The First Program to Prevent and Reverse the Cognitive Decline*. New York: PenguinRandom, 2017. (데일 브레드슨 지음, 박준형 옮김, 『알츠하이머의 종말』, 2018)

Broadway, James M., and Brittiney Sandoval. "Why Time Seems to Go By More Quickly as We Get Older." *Scientific American*, July 1, 2016.

Bush, Mirabai, and George Kohlreiser. *Working with Mindfulness*. Florence, Mass.: More than Sound, 2013.

Butler, Robert. "An Interpretation of Reminiscence in the Aged." *Psychiatry: Interpersonal and Biological Processes* 26, no. 1 (1963): 65 – 76.

Campbell, Joseph. *The Hero with a Thousand Faces*. Princeton, N.J.: Princeton University Press, 1968. (조지프 캠벨 지음, 이윤기 옮김, 『천의 얼굴을 가진 영웅』, 민음사, 2018)

Campbell, Todd. "9 Baby Boomer Retirement Facts That Will Knock Your Socks Off." *Motley Fool*, March 19, 2016.

Carstensen, Laura L. "Growing Old or Living Long." *Issues in Science and Technology* 23, no. 2 (Winter 2007).

————. "The Influence of the Sense of Time on Human Development." *Science* 312 (June 30, 2006): 1913 – 15.

Casteel, Beth. "Patients 80 and Older Would Benefit from Aggressive Treatment." *American College of Cardiology Journal*, March 16, 2015.

Chinen, Allan B. *In the Ever After: Fairy Tales and the Second Half of Life*. Wilmette, Ill.: Chiron Publications, 1989. (앨런 B. 치넨 지음, 김승환 옮김, 『어른스러움의 진실』, 현실과미래, 1999)

————. *Once Upon a Midlife: Classic Stories and Mythic Tales to Illuminate the Middle Years*. New York: Tarcher, 1992. (앨런 B. 치넨 지음, 이나미 옮김, 『인생으로의 두번째 여행』, 황금가지, 1999)

Chittister, Joan. *The Gift of Years: Growing Older Gracefully*. New York: Blue Bridge Publishing, 2008. (조앤 치티스터 지음, 이진 옮김, 『세월이 주는 선물』, 문학수첩, 2010)

Clark, Maria. "22 Real-World Baby Boomer Health Care Statistics." Etactics (online), September 10, 2020.

Cohen, Gene D. *The Creative Age: Awakening Human Potential in the Second Half of Life*. New York: HarperCollins, 2000. (진 코헨 지음, 김성은 옮김, 『창조적으로 나이 들기』, 동연출판사, 2016)

Cole, Thomas R. *The Journey of Life: A Cultural History of Aging in America*. Cambridge, U.K.: Cambridge University Press, 1992.

Conforti, Michael. "Intimations in the Night: The Journey toward New Meanings in Aging." In *Jung and Aging*, edited by Leslie Sawin, Lionel Corbett, and Michael Carbine. New Orleans: Spring Journal Books, 2014.

Corbett, Lionel. *Psyche and the Sacred*. New York: Routledge, 2020.

————. *The Religious Function of the Psyche*. New York: Routledge, 1996.

————. "Successful Aging: Jungian Contributions to Development in Later Life." *Psychological Perspectives* 56, no. 2 (2013): 149 – 67.

————. *Understanding Evil*. New York: Routledge, 2018.

Coughlin, Joseph. "Why 8,000 Is the Most Important Number for Your

Retirement Plan." *Forbes* (online), April 13, 2019.

Cowan, Rabbi Rachel, and Lindal Thal. *Wise Aging*. Springfield, N.J.: Behrman House, 2015.

Dass, Ram. *Be Here Now*. San Cristobal, N.M.: Lama Foundation, 1978.

―――. *Still Here: Embracing Aging, Changing, and Dying*. New York: Riverhead Books, 2000.(람 다스 지음, 강도은 옮김,『성찰』, 씨앗을뿌리는사람, 2002)

Dass, Ram, and Mirabai Bush. *Walking Each Other Home*. Boulder, Colo.: Sounds True, 2018.

Dass, Ram, and Paul Gorman. *How Can I Help? Stories and Reflections on Service*. New York: Knopf, 2005.

Davidson, Sara. *The December Project*. New York: HarperCollins, 2014.(새러 데이비드슨·잘만 섀크터-샬로미 지음, 공경희 옮김,『인생의 아름다운 준비』, 예문사, 2015)

Desbordes, Gaelle, et al. "Effects of Mindful Attention and Compassion Meditation on the Amygdala." *Frontiers of Human Neuroscience* 6 (November 2012): 292.

"The Economics of Longevity." *The Economist*, special report, July 8, 2017.

Eden, Jill, Katie Maslow, Mai Le, and Dan Blazer, eds, *Mental Health and Substance Use Workforce for Older Adults*. Washington, D.C.: The National Academies Press, 2012.

Eisenberg, Richard. "Why Isn't Business Preparing More for the Future of Aging?" *Next Avenue* (online), May 9, 2017.

Eitel, Barry. "The Rise of Baby Boomer Entrepreneurs." *Lendio* (online), May 27, 2019.

Ellin, Abby. "Finding Success, Well Past the Age of Wunderkind." *New York Times*, March 20, 2015.

Emerman, Jim. "New Stanford Research Demonstrates Power of Purposeful Adults 50+." Encore.org, March 13, 2018.

Emling, Shelley. "The Age at Which You Are Officially Old." AARP (online), June 14, 2017.

"Enterprising Oldies." *Schumpeter* (a blog of *The Economist*), February 25, 2012.

Erikson, Eric H., and Joan M. Erikson. *The Life Cycle Completed*. New York: Norton Books, 1997.(에릭 H. 에릭슨·조앤 에릭슨 지음, 송제훈 옮김,『인생의 아홉 단계』, 교양인, 2019)

Eyre, Harris. A., Prabha Siddarth, Bianca Acevedo, Kathleen Van Dyk, Pattharee Paholpak, Linda Ecroli, Natalie St. Cyr, Hongyu Yang, Dharma S. Khalsa, and Helen Lavretsky. "A Randomized Controlled Trial of Kundalini Yoga in Mild Cognitive Impairment." *International Psychogeriatrics* 29, no. 4 (2017): 557–67.

Ferguson, Marilyn. *Aquarian Conspiracy.* York Beach, Maine: Redwheel/Weiser Books, 2005. (매릴린퍼거슨지음, 정성호옮김, 『의식혁명』, 민지사, 2011)

Frank, Steven J. "In the Valley of the Shadow of Death." *Psychological Perspectives* 55, no. 3 (2012): 293–313.

Franz, Gilda. "Aging and Individuation." Psychological Perspectives 56, no. 2 (2013): 129–32.

Fredriksen-Goldsen, Karen, Charles Emlet, Hyun-Jun Kim, Anna Murco, Elena Erosheva, Jayn Goldsen, and Charles Hoy-Ellis. "The Physical and Mental Health of Lesbian, Gay Male, and Bisexual (LGB) Older Adults: The Role of Key Health Indicators and Risk and Protective Factors." *The Gerontologist* 53, no. 4 (2013): 664–75.

Freed, Rachael. *Your Legacy Matters: Harvesting the Love and Lessons of Your Life.* Minneapolis, Minn.: Minerva Press, 2013.

Freedman, Marc. *Prime Time: How Baby Boomers Will Revolutionize Retirement and Transform America.* New York: Public Affairs, 2002.

Gawande, Atul. *Being Mortal: Medicine and What Matters at the End.* New York: Metropolitan Books, 2014. (아툴가완디지음, 김희정옮김, 『어떻게죽을것인가』, 부키, 2022)

Geronimus, Arline T., Margaret T. Hicken, Jay A. Pearson, Sarah J. Seashols, Kelly L. Brown, and Tracey Dawson Cruz. "Do U.S. Black Women Experience Stress-Related Acceleration of Biological Aging?" *Human Nature* 21, no. 1 (March 2010): 19–38.

Goldberg, Elkhonon. *The Wisdom Paradox: How Your Mind Can Grow Stronger as Your Brain Grows Older.* New York: Penguin, 2005.

Goleman, Daniel, and Richard J. Davidson. *Altered Traits.* New York: Avery, 2017. (다니엘골먼·리처드J.데이비드슨지음, 미산·김은미옮김, 『명상하는뇌』, 김영사, 2022)

Graham, Judith. "Learning to Advance the Positives of Aging." Interview with Kathy Greenlee. Kaiser Health News (online), November 2017.

Greenberg, Jeff, Sheldon Solomon, and Tom Pyszczynski. "How the Unrelenting Threat of Death Shapes Our Behavior." *The Atlantic*, May 4,

2012.

Grof, Stanislav. *The Way of the Psychonaut*, vols. 1 and 2. Santa Cruz, Calif.: MAPS, 2019. (스타니슬라프 그로프 지음, 김명권 옮김, 『심혼탐구자의 길』, 학지사, 2022)

Grof, Stanislav, and Christina Grof. *Spiritual Emergency*. New York: Tarcher/ Putnam, 1989.

————. *Stormy Search for the Self*. New York: Tarcher/Putnam, 1992.

————. *Holotropic Breathwork*. New York: SUNY Press, 2010. (스타니슬라프 그로프·크리스티나 그로프 지음, 김명권·신인수·이난복·황성옥 옮김, 『홀로트로픽 숨치료』, 학지사, 2021)

Gross, Daniel A. "This Is Your Brain on Silence." *Nautilus* 16, ch. 3, August 21, 2014.

Gruenewald, Tara, L. Arun S. Karlamangala, Gail A. Greendale, Burton H. Singer, and Teresa E. Seeman. "Feelings of Usefulness to Others, Disability, and Mortality in Older Adults." *Journals of Gerontology, Series B: Psychological Sciences* and Social Sciences 62, no. 1 (January 2007).

Guillen, Mauro F. "How Immigration Can Reverse America's Aging Population Problem." *Boundless*, September 23, 2020.

Gurnon, Emily. "What the Dreams of the Dying Teach Us about Death." *Next Avenue* (online), October 26, 2015.

Halifax, Joan. *Being with Dying*. Boston: Shambhala, 2008.

————. *Standing at the Edge*. New York: Flatiron Books, 2018. (조안 할리팩스 지음, 김정숙·진우기 옮김, 『연민은 어떻게 삶을 고통에서 구하는가』, 불광출판사, 2022)

Hanh, Thich Nhat. *The Blossoming of a Lotus*. Boston: Beacon Press, 2009.

Hanson, Rick. *Buddha's Brain*. Oakland, Calif.: New Harbinger, 2009. (릭 핸슨·리처드 멘디우스 지음, 장현갑·장주영 옮김, 『붓다 브레인』, 불광출판사, 2010)

————. *Neurodharma*. New York: Harmony Books, 2020. (릭 핸슨 지음, 김윤종 옮김, 『뉴로다르마』, 불광출판사, 2021)

Heilbrun, Carolyn G. *The Last Gift of Time: Life beyond Sixty*. New York: Ballantine Books, 1997.

Helburn, Judith. "Making Peace with Death and Dying." Spirituality & Practice e-course, October 2016.

Hesse, Hermann. *The Seasons of the Soul*. Berkeley, Calif.: North Atlantic

Books,2011.

Hillman,James. "Betrayal." In *Senex and Puer*,vol.3 of *Uniform Edition of Writings of James Hillman*.Thompson,Conn.:Spring Publications, 2015.(제임스힐먼지음,김성민옮김,『노인의원형과소년원형』,달을긴는우물,2020)

————.*The Force of Character and the Lasting Life*.New York:Ballantine Books,1999.(제임스힐먼지음,이세진옮김,『나이듦의철학』,청미,2022)

————.*Loose Ends: Primary Papers in Archetypal Psychology*.Thompson, Conn.:Spring Publications,1975.

Hoblitzelle,Olivia Ames.*Aging with Wisdom*.Rhinebeck,N.Y.:Monkfish Publishing,2017.

Hollis,James."Amor Fati."*Parabola* 40,no.4 (Winter 2015 –2016):10 – 15.

————.*Finding Meaning in the Second Half of Life*.New York:Gotham, 2006.

————.*Living an Examined Life: Wisdom for the Second Half of the Journey*. Boulder,Colo.:Sounds True Publishers,2018.(제임스홀리스지음,이정란옮김, 『나는이제나와이별하기로했다』,빈티지하우스,2020)

Hu,Winnie."Retire?These Graying Encore Entrepreneurs Are Just Starting Up."*New York Times*,September 17,2018.

Intriago,Joy."Older Americans Voting Patterns." Report on the website SeniorsMatter.com,February 20,2016.

Jenkins,JoAnn.*Disrupt Aging*.New York:Public Affairs,2016.(조엔젠킨스지음, 정영수옮김,『나이듦,그편견을넘어서기』,청미,2018)

Josey,Alden."The Last Renaissance:Individuation in the Ages 70 – 90." *Psychological Perspectives* 56,no.2 (2013):173 – 83.

Jung,Carl G.*Aion*.Vol.9,part 2 of *The Collected Works of C. G. Jung*. Princeton,N.J.:Princeton University Press,1969.(칼구스타프융지음,정명진· 김세영옮김,『아이온』,부글북스,2016)

————. "Memorial to J.S. (1927)." In *The Symbolic Life: Miscellaneous Writings*,vol.18 of *The Collected Works of C. G. Jung*.Princeton,N.J.: Princeton University Press,1977.

————.*Mysterium Coniunctionis*.Vol.14 of *The Collected Works of C. G. Jung*.Princeton,N.J.:Princeton University Press,1970.(칼구스타프융지음, 정명진·김세영옮김,『융합의신비』,부글북스,2017)

————. "The Personal and the Collective Unconscious." Vol.7 of *The*

Collected Works of C.G. Jung. Princeton, N.J.: Princeton University Press, 1977.

———. "The Stages of Life." In *Structure & Dynamics of the Psyche*, vol. 8 of *The Collected Works of C. G. Jung*. Princeton, N.J.: Princeton University Press, 1970.

Kadlec, Dan. "The Real Retirement Struggle: Defining Yourself as More than the Sum of a Long Career." *Time*, September 22, 2016.

Kalanithi, Paul. *When Breath Becomes Air*. New York: Random House, 2016. (폴 칼라니티 지음, 이종인 옮김, 『숨결이 바람 될 때』, 흐름출판, 2016)

Kanter, Rosabeth Moss, Peter Zimmerman, and Penelope Rossano. "Advanced Leadership Pathways: Doug Rauch and the Daily Table." Harvard Business School Case 316-105, March 2016.

Kaplan, Stephen. "The Restorative Benefits of Nature." *Journal of Environmental Psychology* 15, no. 3 (1995): 169–82.

Keating, Thomas. *Intimacy with God: Introduction to Centering Prayer*. New York: Crossroad Publishing, 2020.

———. *Invitation to Love: The Way of Christian Contemplation*. London: Bloomsbury Publishing, 2012.

Kerman, Sarah, and Colette Thayer. "Job Seeking among Workers Age 50+." AARP (online), October 2017.

Kita, Joe. "Workplace Age Discrimination Still Flourishes in America." AARP (online), December 30, 2019.

Kivipetto, Miia, and Krista Hakansson. "A Rare Success against Alzheimer's." *Scientific American*, April 2017.

Koontz, Katy. "Ram Dass On Being Infinite." *Unity* (September/October 2017). Reprinted on RamDass.org website.

Korkki, Phyllis. "The Science of Older and Wiser." *New York Times*, March 12, 2014.

Kornfield, Jack. *No Time Like the Present*. New York: Atria Books, 2017.

———. "Now Is the Time to Stand Up." *Lion's Roar* magazine, December 7, 2016.

Krafcik, Drew. "Words from the Wise." *Integral Review* 11, no. 2 (March 2015).

Kubler-Ross, Elisabeth. *On Death and Dying*. New York: Scribners, 1969. (엘리자베스 퀴블러 로스 지음, 이진 옮김, 『죽음과 죽어감』, 청미, 2018)

Lamb, Erin, and Jim Gentry. "Denial of Aging in American Advertising." *International Journal of Aging and Society* 2, no. 4 (2013): 35 −47.

Lee, Michelle. "Allure Magazine Will No Longer Use the Term 'Anti-Aging.'" *Allure*, August 2017.

Leider, Richard J. *The Power of Purpose: Find Meaning, Live Longer, Better*. Oakland, Calif.: Berrett-Koehler Publishers, 2015. (리처드 J. 라이더 지음, 정지현 옮김, 『파도치는 인생에서 다시 길을 찾는 법』, 위즈덤하우스, 2020)

Leider, Richard J., and David A. Shapiro. *Claiming Your Place at the Fire: Living the Second Half of Life on Purpose*. Oakland, Calif.: Berrett-Koehler Publishers, 2004.

Leroy, Angie, S., Kyle W. Murdock, Lisa M. Jaremka, Asad Loya, and Christopher P. Fagundes. "Loneliness Predicts Self-Reported Cold Symptoms after a Viral Challenge." *Health Psychology* 36, no. 5 (2017): 512 −20.

Levine, Stephen. *A Year to Live: How to Live This Year as If It Were Your Last*. Boston: Beacon Press, 1997. (스티븐 레빈 지음, 정경란 옮김, 『만약 내가 1년만 산다면 오늘은 어떻게 살아야 할까?』, 숨, 2020)

Levy, Becca. "Improving Memory in Old Age through Implicit Self-Stereotyping." *Journal of Personality and Social Psychology* 71, no. 6 (1996): 1092 −1107.

———. "Mind Matters: Cognitive and Physical Effects of Aging Self-Stereotypes." *Journal of Gerontology Series B 58*, no. 4 (July 2003): 203 −11.

Levy, Becca, Luigi Ferrucci, Alan B. Zonderman, Martin D. Slade, Juan Troncoso, and Susan M. Resnick. "A Culture-Brain Link: Negative Age Stereotypes Predict Alzheimer's Disease Biomarkers." *Psychology and Aging* 31, no. 1 (2016): 82 −88.

Levy, Becca, M. Slade, S. Kunkel, and S. Kasl. "Longevity Increased by Positive Self-Perceptions of Aging." *Journal of Personality and Social Psychology* 83, no. 2 (2002): 261 −70.

Lief, Judith. *Making Friends with Death: A Buddhist Guide to Encountering Mortality*. Boston: Shambhala Publications, 2001.

Luders, Eileen, F. Kurth, E. Mayer, et al. "The Unique Brain Anatomy of Meditation Practitioners." *Frontiers in Human Neuroscience* 6 (February 29, 2012).

Luke, Helen. *Old Age*. Great Barrington, Mass.: Lindisfarne Books, 2010.

─────.*Such Stuff as Dreams Are Made On*.New York:Parabola,2000.

Lustbader,Wendy.*Life Gets Better: The Unexpected Pleasures of Growing Older*.New York:Tarcher,2011.(웬디 러스트베이더 지음,이은정 옮김,『살아가는 동안나를기다리는것들』,국일미디어,2012)

Macy,Joanna.*World as Lover, World as Self*.Berkeley,Calif.:Parallax Press, 2007.

Marko,Eve Myonen,and Wendy Egyoku Nakao.*The Book of Householder Koans: Waking Up in the Land of Attachments*.Rhinebeck,N.Y.: Monkfish Books,2015.

Martin,William.*The Sage's Tao Te Ching*.New York:The Experiment,LLC, 2000.

Maugham,W.Somerset."The Appointment in Samarra,"1933.

McGreevey,Sue."Eight Weeks to a Better Brain." *Harvard Gazette*,January 21,2011.

Meade,Michael.*Awakening the Soul*.Vashon,Wash.:Greenfire Press,2018.

─────.*Fate and Destiny: The Two Agreements of the Soul*.Vashon,Wash.: Greenfire Press,2010.

─────.*The Genius Myth*.Vashon,Wash.:Greenfire Press,2016.

─────.*The Water of Life*.Vashon,Wash.:Greenfire Press,2019.

─────."Where Have All the Wise Men Gone?" *HuffPost Contributor* (blog), September 11,2011;updated November 10,2011.

Menezes,Carolina Baptista,Maria Clara de Paulo Couto,Luciano G. Buratto,Fatima Erthal,Mirtes G.Pereira,and Lisiane Bizarro."The Improvement of Emotion and Attention Regulation after a 6-Week Training of Focused Meditation." *Evidence-Based Complementary and Alternative Medicine* 2013 (2013):984678.

Metzger,Deena."Cancer Is the Answer." *The Sun* 110 (January 1985).

─────."Extinction Illness:Grave Affliction and Possibility." *Tikkun* magazine blog post,January 3,2019.

─────.*A Rain of Night Birds*.Topanga,Calif.:Hand to Hand,2017.

─────.*Writing for Your Life*.San Francisco:Harper,1992.

Mogenson,Greg."Dreaming the Father:A Son's Bereavement in Archetypal Perspective." *Quadrant* 27,no.1 (Winter 1996-97):35-59.

Montgomery, Kathleen, ed. *Landscapes of Aging and Spirituality*. Boston: Skinner House Books, 2015.

Moody, Harry R. "Baby Boomers: From Great Expectations to a Crisis of Meaning." *Generations: Journal of the American Society on Aging* 41, no. 2 (Summer 2017): 95 –99.

———. "Dreams for the Second Half of Life." Unpublished manuscript.

Moody, Harry R., and David Carroll. *Five Stages of the Soul*. New York: Anchor Books, 1997.

Moore, Thomas. *Ageless Soul*. New York: St. Martin's Press, 2017. (토마스 무어 지음, 노상미 옮김, 『나이 공부』, 소소의책, 2019)

Narboe, Nan, ed. *Aging: An Apprenticeship*. Portland, Ore.: Red Notebook Press, 2017.

National Institute on Drug Abuse. "Substance Use in Older Adults." Drug Facts report, July 2020.

National Institute on Retirement Security. "No Retirement Savings for Typical U.S. Households of Color." December 2013 press release.

National Institute on Retirement Security. "Shortchanged in Retirement: Continuing Challenges to Women's Financial Future." March 2016 press release.

Neumayer, Eric, and Thomas Plumper. "Inequalities of Income and Inequalities of Longevity." *American Journal of Public Health* 106, no. 1 (January 2016): 160 –65.

Newberg, Andrew, and David Halpern. *The Rabbi's Brain*. Nashville, Tenn.: Turner Publishing, 2018.

Newhouse, Meg. *Legacies of the Heart*. N.p.: EBook Bakery Books, 2015.

Oakley, Diane. National Institute on Retirement Security, Report, March 2016.

O'Donohue, John. *To Bless the Space between Us: A Book of Blessings*. New York: Doubleday Press, 2008.

Officer, Alana. World Health Organization *Bulletin* 96 (March 9, 2018): 299 – 300.

Orsborn, Carol. *Fierce with Age* (newsletter), May 2018.

———. *Older, Wiser, Fiercer*. Nashville, Tenn.: Fierce with Age Press, 2019.

———. "Wondrous and Wild." *Quarterly Journal of Life Planning Network* 4, no. 2 (Spring 2017): 9 – 10.

Ostaseski, Frank. *The Five Invitations: Discovering What Death Can Teach Us about Living Fully.* New York: Flatiron Books, 2017. (프랭크 오스타세스키 지음, 주민아 옮김, 『다섯 개의 초대장』, 판미동, 2020)

Palmer, Parker. *On the Brink of Everything.* Oakland, Calif.: Berrett-Koehler Publishers, 2018. (파커 J. 파머 지음, 김찬호·정하린 옮김, 『모든 것의 가장자리에서』, 글항아리, 2018)

Penick, Douglas. "Taken Away and Given." *Tricycle*, Fall 2015.

Perera, Sylvia. "Circling, Dreaming, Aging." *Psychological Perspectives* 56, no. 2 (2013): 137 – 48.

Pevny, Ron. *Conscious Living, Conscious Aging.* New York: Atria Books, 2014.

———. "Navigating Life's Transitions." *Spirituality & Practice*, 2017.

Pillemer, Karl. *30 Lessons for Living.* New York: Plume Penguin, 2011. (칼 필레머 지음, 박여진 옮김, 『내가 알고 있는 걸 당신도 알게 된다면』, 토네이도, 2022)

———. *30 Lessons for Loving.* New York: Penguin RandomHouse, 2015. (칼 필레머 지음, 김수미 옮김, 『이 모든 걸 처음부터 알았더라면』, 토네이도, 2015)

Plotkin, Bill. *Soulcraft.* Novato, Calif.: New World Library, 2003.

Ramana Maharshi. *The Spiritual Teachings of Ramana Maharshi.* Boston: Shambhala, 1988.

Ramirez-Valles, Jesus. *Queer Aging.* New York: Oxford University Press, 2018.

Remen, Rachel Naomi. "Seeing with New Eyes." *Institute of Noetic Sciences Review* 44 (Winter 1997).

Remington, Katie, and Matt Bendick. "An Encore for Purpose," Stanford University, *Cardinal at Work*, September 21, 2016.

Rhee, Nari. National Institute on Retirement Security, Report, December 2013.

Richmond, Lewis. *Aging as a Spiritual Practice.* New York: Gotham Penguin, 2012.

———. *Every Breath, New Chances: How to Age with Honor and Dignity, A Guide for Men.* Berkeley, Calif.: North Atlantic Books, 2020.

Rinpoche, Soygal. *The Tibetan Book of Living and Dying*. New York: Harper Collins, 1992.

Robinson, John C. *The Three Secrets of Aging*. U.K.: O-Books, 2011.

————. *What Aging Men Want: The Odyssey as a Parable of Male Aging*. U.K.: Psyche Books, 2013.(존 C. 로빈슨 지음, 김정민 옮김, 『남자답게 나이 드는 법』, 아날로그, 2014)

Rohr, Richard. *Falling Upward: A Spirituality for the Two Halves of Life*. San Francisco: Jossey-Bass, 2000.

————. *Immortal Diamond: Search for Our True Self*. San Francisco: Jossey-Bass, 2013.(리처드 로어 지음, 김준우 옮김, 『불멸의 다이아몬드』, 한국기독교연구소, 2015)

Rosenberg, Larry. *Living in the Light of Death*. Boston: Shambhala Publications, 2013.(래리 로젠버그 지음, 임희근 옮김, 『잘 죽는다는 것』, 나무를심는사람들, 2017)

Roszak, Theodore. *The Making of an Elder Culture*. British Columbia, Canada: New Society Publishers, 2009.

Rothe, Cydny. "Musings on Death." *Psychological Perspectives* 56, no. 2 (2013): 184-99.

Rowan, Cris. *Virtual Child: The Terrifying Truth about What Technology Is Doing to Children*. Sechelt, British Columbia: Sunshine Coast Occupational, 2010.

Russell, Bertrand. *Portraits from Memory and Other Essays*. New York: Routledge, 2021.

Sacks, Oliver. "My Own Life." *New York Times*, February 19, 2015.

————. "Sabbath." *New York Times*, August 14, 2015.

Sarton, May. *At Seventy: A Journal*. New York: Norton Books, 1984.

Sawin, Leslie, Lionel Corbett, and Michael Carbine, eds. *C. G. Jung and Aging: Possibilities and Potentials for the Second Half of Life*. Washington, D.C.: Spring Publications, 2014.

Schachter-Shalomi, Zalman, and Ronald S. Miller. *From Age-ing to Sage-ing: A Revolutionary Approach to Growing Older*. New York: Warner Books, 1995.

Scott-Maxwell, Florida. *The Measure of My Days*. New York: Penguin Books, 1968.(플로리다 스콧 맥스웰 지음, 신명섭 옮김, 『늙는다는 것의 의미』, 종합출판,

2006)

Shah, Idries. *Fatima: The Spinner and the Tent*. Los Altos, Calif.: Hoopoekids Press, 2006.

———. *Tales of the Dervishes*. London: Idries Shah Publishing, 1967.

Shapiro, Rabbi Rami. *Hasidic Tales*. Woodstock, Vt.: Skylight Paths Publishing, 2011.

———. *Holy Rascals*. Boulder, Colo.: Sounds True, 2017.

———. *Perennial Wisdom for the Spiritually Independent*. Woodstock, Vt.: Skylight Paths Publishing, 2013.

———. *Surrendered*. Woodstock, Vt.: Skylight Paths Publishing, 2019.

Shapiro, Rabbi Rami, and Marcia Ford. *Sacred Art of Lovingkindness*. Woodstock, Vt.: Skylight Paths Publishing, 2006.

Sherman, Edmund. *Contemplative Aging*. New York: Guardian Knot Books, 2019.

Sinclair, David A. *Lifespan*. New York: Simon & Schuster, 2019. (데이비드 A. 싱 클레어·매슈 D. 러플랜트 지음, 이한음 옮김, 『노화의 종말』, 부키, 2020)

Singh, Kathleen Dowling. *The Grace in Aging*. Somerville, Mass.: Wisdom Publications, 2014.

———. *The Grace in Dying*. New York: Harper Collins, 1998.

Smith, J. Walker, and Anne Clurman. *Generation Ageless: How Baby Boomers Are Changing the Way We Live Today*. New York: Harper Collins, 2007.

Smith, Stacey L., Marc Choueiti, and Katherine Pieper. *Over 60, Underestimated: A Look at Aging on the Silver Screen*. University of Southern California Annenberg School for Communications and Journalism, February 2017.

———. *Seniors on the Small Screen: Aging in Popular Television Content*. University of Southern California Annenberg School for Communications and Journalism, 2017.

———. *Still Rare, Still Ridiculed*. University of Southern California Annenberg School for Communications and Journalism, January 2018.

Soeng, Mu, Gloria Ambrosia, and Andrew Olendzki. *Older and Wiser: Classic Buddhist Teachings on Aging, Sickness, and Death*. Barre, Mass.: Barre Center for Buddhist Studies, 2017.

Soffer, Kim. "To Reduce Suicides, Look at Guns." *Washington Post*, July 13, 2016.

Steindl-Rast, Brother David. "Learning to Die." *Parabola* 2, no. 1 (Winter 1977): 22-31.

Terrell, Jessica. "Make Early Retirement Enticing to Teachers." District Administration (online) March 16, 2016.

Terry, Sabrina. "Poor Old People: The Graying of Racial and Gender Wealth Inequality." Report from National Community Reinvestment Coalition, November 20, 2019.

Thomas, Bill. *Second Wind: Navigating the Passage to a Slower, Deeper, More Connected Life*. New York: Simon & Schuster, 2007.

Tornstam, Lars. *Gerotranscendence: A Developmental Theory of Positive Aging*. New York: Springer, 2005.

Trout, Susan. *Born to Serve: The Evolution of the Soul through Service*. Alexandria, Va.: Three Roses Press, 1997.

Turrell, Kenneth. "Age Discrimination Goes Online." *AARP Bulletin*, Nov. 7, 2017.

Ulanov, Ann. *Religion and the Unconscious*. Philadelphia: Westminster Press, 1975.

Vaillant, George E. *Aging Well*. New York: Little Brown, 2002. (조지 베일런트 지음, 이덕남 옮김, 『행복의 조건』, 프런티어, 2010)

Vaughn, Frances. *Awakening Intuition*. New York: Anchor Books, 1979.

———. *Shadows of the Sacred*. Wheaton, Ill.: Quest Books, 1995.

Walsh, Roger. *Essential Spirituality: 7 Central Practices to Awaken Heart and Mind*. New York: Wiley, 1999. (로저 월시 지음, 김명권·문일경·백지연 옮김, 『7가지 행복명상법』, 김영사, 2007)

———. "Karma Yoga and Awakening Service." *Journal of Transpersonal Research* 5, no. 1 (2013): 2-6.

———. "Wisdom: An Integral View." *Journal of Integral Theory and Practice* 7, no. 1 (2012): 1-21.

———, ed. *The World's Great Wisdom*. Albany: State University of New York Press, 2014.

Walsh, Roger, and Frances Vaughn, ed. *Paths Beyond Ego*. Los Angeles: Tarcher, 1993.

Weber, Robert, and Carol Orsborn. *The Spirituality of Age*. Rochester, Vt.: Park Street Press, 2015.

Weller, Francis. *The Wild Edge of Sorrow: Rituals of Renewal and the Sacred Work of Grief*. Berkeley, Calif.: North Atlantic Books, 2015.

Wheeler, Mark. "Memory Loss Associated with Alzheimer's Reversed for First Time." UCLA Newsroom, October 2, 2014.

Wheelwright, Jane Hollister. "Old Age and Death." *Quadrant* 16, no. 1 (1983): 5–27.

Wight, Richard, et al. "Internalized Gay Ageism, Mattering, and Depressive Symptoms among Midlife and Older Gay Men." *Social Science and Medicine* 147 (December 2015): 200–208.

Wilber, Ken. *The Atman Project*. Wheaton, Ill.: Quest Books, 1990.

———. *Integral Meditation: Mindfulness as a Path to Grow Up, Wake Up, and Show Up in Your Life*. Boston: Shambhala Publications, 2016. (켄 윌버 지음, 김명권·김혜옥·박윤정 옮김, 『켄 윌버의 통합명상』, 김영사, 2020)

———. *Integral Psychology*. Boston: Shambhala Publications, 2000. (켄 윌버 지음, 조옥경 옮김, 『켄 윌버의 통합심리학』, 학지사, 2008)

———. *Integral Spirituality*. Boston: Shambhala Publications, 2006. (켄 윌버 지음, 김명권·오세준 옮김, 『켄 윌버의 통합영성』, 학지사, 2018)

———. *The Religion of Tomorrow: A Vision of the Future of the Great Traditions*. Boston: Shambhala Publications, 2017.

———. *Sex, Ecology, Spirituality*. Boston: Shambhala Publications, 2001. (켄 윌버 지음, 김철수·조옥경 옮김, 『켄 윌버의 성, 생태, 영성: 진화하는 靈 – 상·하』, 학지사, 2021)

Wilber, Ken, Terry Patten, Adam Leonard, and Marco Morelli. *Integral Life Practice*. Boston: Shambhala Publications, 2012. (켄 윌버·애덤 레너드·테리 패튼·마르코 모렐리 지음, 조효남·안희영 옮김, 『켄 윌버의 ILP』, 학지사, 2014)

World Health Organization. "Dementia." World Health Organization (online), September 21, 2020.

Yalom, Irvin D. *Staring at the Sun: Overcoming the Terror of Death*. San Francisco: Jossey-Bass, 2009. (어빈 D. 얄롬 지음, 임경수 옮김, 『태양을 직면하기』, 학지사, 2023)

Yogananda, Paramahansa. *Autobiography of a Yogi*. Los Angeles: Self-Realization Fellowship, 1998. (파라마한사 요가난다 지음, 김정우 옮김, 『요가난다, 영혼의 자서전』, 뜨란, 2014)

621

Zweig, Connie. *Meeting the Shadow of Spirituality*. Bloomington, Ind.: iUniverse, 2017.

———. *A Moth to the Flame: The Life of the Sufi Poet Rumi*. Lanham, Md.: Rowman & Littlefield, 2006.

Zweig, Connie, and Jeremiah Abrams. *Meeting the Shadow*. New York: Tarcher, 1990.

Zweig, Connie, and Steve Wolf. *Romancing the Shadow*. New York: Ballantine Books, 1997.

오십부터 시작하는
나이듦의 기술

2024년 5월 7일 초판 1쇄 발행

지은이 코니 츠바이크 • 옮긴이 권은현
발행인 박상근(至弘) • 편집인 류지호 • 편집이사 양동민
책임편집 하다해 • 편집 김재호, 양민호, 김소영, 최호승, 정유리
디자인 쿠담디자인 • 제작 김명환 • 마케팅 김대현, 김선주, 이선호 • 관리 윤정안
콘텐츠국 유권준, 정승채, 김희준
펴낸 곳 불광출판사 (03169) 서울시 종로구 사직로10길 17 인왕빌딩 301호
　　　　대표전화 02) 420-3200 편집부 02) 420-3300 팩시밀리 02) 420-3400
　　　　출판등록 제300-2009-130호(1979. 10. 10.)

ISBN 979-11-93454-83-1 (03180)

값 30,000원